Impressum

In der Abenteuer REISEN-Reihe bisher erschienen:
Band 1: „Geliebtes Australien" von Barbara Barkhausen (978-3-95503-012-4)
Band 2: „Verrücktes Australien" von Daniel Kramer (978-3-95503-032-2)
Band 3: „Geliebtes Kanada" von Marc Lautenbacher (978-3-95503-051-3)
Band 4: „Geliebtes Griechenland" von Kurt Schreiner (978-3-95503-054-4)
Alle Bücher sind auch als E-Book erhältlich.

Bildnachweis:
Alle Fotos von Klaus D. Günther

Bibliografische Information der Deutschen Bibliothek
Die Deutsche Bibliothek verzeichnet diese Publikation in der deutschen Nationalbibliografie. Detaillierte bibliografische Daten sind im Internet unter http://dnb.ddb.de abrufbar.

© 2016 MANA-Verlag, www.mana-verlag.de
Das Werk ist in allen Teilen urheberrechtlich geschützt. Jede Verwertung außerhalb der engen Grenzen des Urheberschutzgesetzes ist ohne Zustimmung der Verlage unzulässig. Das gilt insbesondere für Vervielfältigungen, Übersetzungen, Mikroverfilmungen und die Einspeicherung und Verarbeitung in elektronischen Systemen.

Disclaimer
Die in diesem Buch dargestellten Zusammenhänge, Erlebnisse und Ansichten entstammen den Erfahrungen und/oder der Fantasie des Autors und/oder geben seine Meinung wieder. Die Fakten wurden mit größter Sorgfalt recherchiert, können aber weder Aktualität noch Vollständigkeit garantieren.

Umschlagentwurf und Layout
MANA-Verlag

Redaktion und Satz
MANA-Verlag

Druck
Dardedze, Riga, EU

ISBN
978-3-95503-064-3

KLAUS D. GÜNTHER

GELIEBTES BRASILIEN

DAS LAND DER KONTRASTE

EINE KRITISCH-HUMORVOLLE

LIEBESERKLÄRUNG

AN DAS LAND DER TRÄUME

Inhalt

Prolog 7
  Pedro Álvarez Cabral: „Brasilien war meine Entdeckung!" 8
  Davi Kopenawa Yanomami: „Nicht die Weißen haben Brasilien entdeckt!" 12
  Meine Entdeckung Brasiliens 17
  Sie nannten mich Gringo 21

Teil I – Die Brasilianer 22
  Gemeinsamkeiten der Brasilianer 25
  Brasilianer vor der Kamera 27
  Die Brasilianische Musik 30
  Die Brasilianer und der Sport 33
  Fußball im Maracanã 34
    Woher kommt das brasilianische Talent? 35
  Die Fernsehsucht der Brasilianer 36
    Telenovelas aus der Traumfabrik 37
  Die Philosophen der Landstraße 41

Teil II – Das Tor zu Brasilien: der Südosten 44
  Rio de Janeiro 45
    Die Begegnung 50
    Cariocanische Essgewohnheiten 58
    Der Karneval in Rio 61
    Die Bürger in ihrer Stadt 65
    Die anderen Cariocas 70
    Das Weihnachtsgeschenk 77
  São Paulo 80
    Die Hauptstadt São Paulo 81
    Ein Sonntag wie jeder andere 86
  Minas Gerais 90
    Die Hauptstadt Belo Horizonte 91
    Schätze aus der Kolonialzeit 91
    Caipira-Humor 94

Teil III – Europäisch geprägt: der Süden 97
  Paraná 99
    Die Hauptstadt Curitiba 100
    Eisenbahn-Abenteuer 101
    Das gewaltigste Naturschauspiel der Erde 102

Santa Catarina 104
Die Hauptstadt Florianópolis 107
Blumenau 108
Pomerode 109
Rio Grande do Sul 111
Die Hauptstadt Porto Alegre 112
Die Gaúchos 113

Teil IV – Tierparadies Zentraler Westen 121
Der Regierungsbezirk Brasília 122
Die Landeshauptstadt Brasília 123
Was ist eigentlich „Cerrado"? 125
Mato Grosso 127
Die Hauptstadt Cuiabá 129
Abenteuer Pantanal 130

Teil V – Der Nordosten mit Sonnengarantie 149
Unterwegs mit dem alten Chico 152
Bahia 159
Die Hauptstadt Salvador 159
Die geduldigen Götter 162
Candomblé in einer Favela 166
Die Selbstverteidigung der Sklaven 179
Pernambuco 182
Die Hauptstadt Recife 183
Die Nachbarstadt Olinda 185
Der Markt von Caruaru 188
Rio Grande do Norte 193
Die Hauptstadt Natal 194
Was ist eigentlich Caatinga? 194
Komm-Komm 195
Ceará 203
Die Hauptstadt Fortaleza 204
Floßfischer und Traumstrände 205
Jangada-Regatta 206
Piauí 211
Die Hauptstadt Teresina 212
Fome Zero – Null Hunger 213

Maranhão 218
Die Hauptstadt São Luis 219
Die Auferstehung des Ochsen 219
Die Bettlaken von Maranhão 221

TEIL VI – Der Norden – Amazonien 224
Pará 225
Die Hauptstadt Belém 225
Die Insel Marajó 230
Amazonas 232
Die Dschungelstadt Manaus 233
Das Rendezvous der Wasser 235
Der Amazonasstrom 236
Der Regenwald 237
Menschen in Amazonien 251

Teil VII – Brasiliens Ureinwohner 256
Begegnung mit den Ureinwohnern 259
Expedition in die Wildnis 261
Die Karajá 264
Der Fluss der Toten 269
Die Xavante 274
Das Totenfest der Xingu-Völker 287
Quarup 291
Vorurteile 306

Teil VIII – Wiedersehen mit Rio 308
Mein Enthusiasmus schwindet 330
Der Riese erwacht 336
Das umstrittene Projekt im Regenwald 339
Das Faß läuft über 341
Nach der WM 2014 344
Meine Flucht nach Belo Horizonte 346
Mein Garten 347
Die Prophezeiung 350

Epilog 354

Prolog

Ein halbes Jahrhundert habe ich unter den Bewohnern verschiedener Regionen Brasiliens verbracht und ihren Alltag geteilt, daher möchte ich meinen Lesern ein möglichst authentisches Bild dieser Menschen vermitteln. Die historischen, kulturellen und existenziellen Verschiedenheiten der Nachkommen portugiesischer Invasoren, afrikanischer Sklaven, indigener Einwohner, aus multiplen Mischungen hervorgegangener Mestizen, sowie späterer Einwanderer aus allen Teilen unseres Erdballs, sie alle haben ganz unterschiedliche Lebensgewohnheiten in diesem Land entwickelt und lassen sich kaum auf einen gemeinsamen Nenner als Volk oder als Nation bringen – obwohl die Lokalpolitiker dies gerne als Schlagwort verwenden.

Fast zwanzig Jahre habe ich in Rio de Janeiro gelebt und in der Tourismus-Branche gearbeitet, nachdem ich als ehemaliger Pressefotograf im ganzen Land herumgekommen bin, deshalb beziehen sich viele meiner Schilderungen auf den brasilianischen Südosten, besonders auf Rio de Janeiro, São Paulo und Belo Horizonte.

Unter den Großstadtbewohnern verbrachte ich die meiste Zeit, und sie sind deshalb auch am häufigsten Opfer meiner Kritik geworden. In meinen Beiträgen über die Ureinwohner, die Indios, wird Ihnen dagegen meine Bewunderung ihrer harmonischen Koexistenz mit der Natur und ihrer genügsamen Lebensweise auffallen. Meine Eindrücke aus dem Alltag der Menschen in verschiedenen Teilen des großen Landes stammen aus den Jahren 1961 bis 2011.

Man sollte vorzugsweise ein Abenteurer sein, wenn man nach Brasilien auswandern möchte. Und das bin ich, mit Leib und Seele. Für mich ist Routine die allerschrecklichste Vorstellung überhaupt, länger als drei Jahre habe ich es in keinem Job je ausgehalten, um nicht irgendwo anders etwas zu verpassen, denn schließlich ist unser Planet viel zu interessant und unser Leben viel zu kurz, um es mit dem Aufbau einer Karriere und dem Streben nach einem dicken Bankkonto zu vergeuden, zumal es dazu einer öden Beharrlichkeit bedarf, die mich ohne Zweifel krank gemacht hätte. Nach Reichtum und gesellschaftlichem Ansehen stand mir nie der Sinn, solche Sackgassen menschlicher Leidenschaften bedeuten mir nichts. Das persönliche Erleben einer ursprünglichen Natur und ihre so vielgestaltigen Lebewesen mit der Kamera festzuhalten und zu beschreiben – nicht aus der romantisierten Perspektive eines Touristen, sondern aus dem realistischen Blickwinkel eines Betroffenen – dafür habe ich mich begeistert engagiert.

Was ich erlebte, hat meinen Erfahrungshorizont erweitert, meine Seele bereichert und mir nicht zuletzt auch ein paar gute Freunde beschert. Nach Meinung meiner in Deutschland verbliebenen Angehörigen hätte ich mein Leben allerdings ganz anders gestalten sollen – „dann wäre etwas aus mir geworden", wie sie sich ausdrücken. Ich weiß, was sie meinen, aber dazu hätte mich unser Schöpfer eben ganz anders konstruieren müssen.

Innerlich hingezogen fühlte ich mich besonders zu den bescheidenen Menschen des Interiors, vor allem zu den noch weitgehend autark lebenden Indios und zu der phantastischen Natur Brasiliens. Sie haben meine Seele berührt. Und während ich an diesem Buch arbeite, sind sie es, die meine Erinnerung beleben und immer noch meine Träume ausfüllen.

Pedro Álvarez Cabral: „Brasilien war meine Entdeckung!"

Seine Flotte landete im Gebiet des heutigen Bahia, wo später eine erste Siedlung der portugiesischen Invasoren, rund um eine große und landschaftlich sehr reizvolle Meeresbucht, entstand, der sie nach dem Tag ihrer Entdeckung, dem 01. November des Jahres 1500, den Namen Allerheiligenbucht gaben. Die kleine Siedlung an ihrem Ufer, „Salvador da Bahia de Todos os Santos", entwickelte sich zur ersten Hauptstadt des Landes (1549) und diesen Status behielt sie über 200 Jahre lang bei – bis Rio de Janeiro sie im Jahr 1763 ablöste.

Historische Aufzeichnungen aus jener Epoche erzählen von so fantastischen Begebenheiten, dass man heutzutage versucht ist, sie ins Reich der Fabeln und Legenden zu verweisen. Zum Beispiel die Geschichte des portugiesischen Matrosen Diogo Álvares, der im Jahr 1510, als Schiffbrüchiger eines französischen Seglers, von den

Tupinambá-Indios in eben jener Allerheiligenbucht aus dem Wasser gezogen wurde und anstatt in ihre Kochtöpfe zu wandern – die Tupinambá waren als Kannibalen gefürchtet – nahmen sie ihn in ihre Stammesgemeinschaft auf, weil der clevere Diogo sich gleich Respekt verschafft hatte, indem er mit seiner Muskete einen Vogel im Flug vom Himmel holte. Sie nannten ihn Caramuru (Sohn des Donners), und Diogo entwickelte sich zu einem einflussreichen Mitglied ihres Volkes – legte mit seinen indigenen Freunden die ersten Zuckerrohr- und Baumwollfelder an und heiratete die Tochter des Häuptlings, die er selbst Catarina Paraguaçu getauft hatte. Diesem couragierten „Sohn des Donners" kommt der Verdienst zu, maßgebend an der Einsetzung einer offiziellen portugiesischen Regierung im neuen Land mitgewirkt zu haben.

1549 ernannte Dom João III. von Portugal den Politiker Tomé de Sousa zum Generalgouverneur von Brasilien und entschied, ihn am 12. Februar desselben Jahres zu seiner Mission zu entsenden. Seine Flotte, geführt von dem Flaggschiff Conceição, transportierte mehr als eintausend Personen über den Atlantik – unter ihnen Soldaten, Bauern, Fischer, Priester und Prostituierte. Nach sechsundfünfzig Tagen auf See erreichten sie den Hafen Vila Velha, wo sie von Caramuru und seinen Tupinambá festlich empfangen wurden.

Schon im Jahr 1507 war eine weitere portugiesische Flotte weiter südlich in São Vicente gelandet, in der Nähe der heutigen Hafenstadt Santos, und die Besatzung einer dritten ging bei Olinda, unweit des heutigen Recife, an Land. Die Siedler von São Vicente gründeten 1534 im angrenzenden Hochland ihre erste Stadt, die sie dem heiligen Paulus zu Ehren „São Paulo" tauften. Sie unterschieden sich als ärmere Nordportugiesen von den feudalistischen Herren aus dem Süden Portugals, die in Salvador und Olinda Fuß gefasst hatten. Allen Portugiesen gemeinsam jedoch war die Neigung, von eigener Hände Arbeit weniger zu halten als von spekulativem Profit: Zuerst zwangen sie die primitiven Indios zur Arbeit – und als diese sich an den aus Europa eingeschleppten Krankheiten infizierten und starben, setzten sie für die harte Arbeit auf den Pflanzungen schwarze Sklaven ein, die sie aus ihren afrikanischen Kolonien mit ihren Schiffen herüberholten. Die afrikanischen Sklaven waren, anstelle der unter Zwangsarbeit rasch dahinsterbenden Indios, zäher und ausdauernder, und ihre Frauen und Mädchen willkommene Objekte der Lebensfreude ihrer weißen Herren, mit dem Ergebnis, dass sich die brasilianische Durchschnittsfarbe zunehmend zum Milchkaffeebraun hin einpendelte, und man später sogar ein Gesetz schuf, das die Mischlingskinder von Sklavinnen zu freien Bürgern erklärte – man nannte es „Lei do Ventre livre" – das Gesetz des freien Schoßes.

Eine harte Konkurrenz zwischen dem reicheren Norden, der mit seinen Ausfuhrhäfen Salvador und Olinda näher an Europa gelegen war, und dem neidischen Süden setzte ein: Die Siedler von São Paulo stellten Expeditionen zusammen, um ihr Hinterland nach Gold zu durchkämmen. Diese so genannten „Bandeirantes" (von „Bandeira", der Fahne, die sie mit sich trugen) kamen auf ihren Märschen bis zum heutigen Colônia, im Süden (gegenüber von Buenos Aires), im Westen bis zum Rio Paraguay und im Nordosten bis dicht heran an die Zuckerplantagen ihrer ungeliebten Landsleute.

1698 stießen sie auf Gold im heutigen Bundesland Minas Gerais – kurz danach fanden sie noch mehr im heutigen Mato Grosso und um 1725 auch im Gebiet von Goiás. Als sie schließlich sogar Diamanten entdeckten, nördlich der Goldfelder von Minas Gerais, hatten sie die Feudalherren aus dem Nordosten endgültig überrundet.

Durch eine wachsende Konkurrenz aus der Karibikregion begann das Zuckergeschäft der nordostbrasilianischen Pflanzer auf dem Weltmarkt schließlich zu fallen, und sie investierten zunehmend in den steigenden Gold- und Diamantenboom, der im 18. bis zum 19. Jahrhundert riesige Profite brachte – bis die Minen versiegten.

Als Ausfuhrhafen für Gold- und Edelsteine hatte sich Rio de Janeiro bestens entwickelt und wurde 1763 die neue Hauptstadt des Vizekönigtums Brasilien. In Minas Gerais hatte der Reichtum die Stadt Ouro Preto (Schwarzes Gold) entstehen lassen – heute ein Nationaldenkmal erhabener Architektur und Bildhauerkunst aus jener Zeit.

Das nächste profitable Spektakel wurde der Kaffee. Nach seiner Einführung aus Französisch Guyana, widmete man sich, nach einem plötzlichen Anstieg der Weltmarktpreise, besonders zwischen Rio und São Paulo, seinem Anbau. Zwischen 1720 und 1850 beherrschte der brasilianische Kaffee den Weltmarkt. Und noch heute kommt ein

Drittel der Weltproduktion aus dem brasilianischen Staat São Paulo. Es gab eine Reihe weiterer Booms und Rezessionen, die man als brasilientypisch bezeichnen kann: Der bekannte „Gummi-Boom" vom Amazonas ist nicht vergessen – Konkurrenz aus Asien brachte ihn zu Fall (1912). Verwöhnt von immer neuen Profiten, die das reiche Land seinen Kolonisatoren, ohne großen persönlichen Arbeitseinsatz, in den Schoß legte, vernachlässigten sie seine Kultivierung sowohl in landwirtschaftlicher als auch in industrieller Hinsicht – bis sie sich dessen anhand zahlreicher Rezessionen schmerzlich bewusst wurden.

Heute treibt Brasiliens Wirtschaft vom Acker zur Industrie. Und obwohl 40% der Bevölkerung immer noch in der Landwirtschaft tätig sind, ziehen die Brasilianer den Begriff einer kommenden Industrienation vor. In der Tat exportiert Brasilien heute, neben seiner traditionellen Rolle als Rohstofflieferant, auch moderne Technologie in Form von Kraftfahrzeugen, Schiffen, Flugzeugen und sogar Computeranlagen.

Eingebettet in den zentral-orientalen Teil Südamerikas, mit einer Ausdehnung von 8,5 Millionen Quadratkilometern, ist Brasilien das einzige von Portugal kolonisierte Land des amerikanischen Kontinents – und das fünftgrößte der Welt. Es hat 23.086 km Grenzen – davon sind 15.719 km Festlandgrenzen und 7.367 km werden vom Atlantischen Ozean umspült. Mit Ausnahme von Chile und Ecuador sind alle anderen Nationen Südamerikas seine direkten Nachbarn. Seine Atlantikküste erstreckt sich von der Mündung des Rio Oiapoque, im Norden, bis zum Flüsschen Chuí, im Süden. Das Land hat annähernd die Form eines Dreiecks – Breite und Länge sind praktisch gleich: In Richtung Nord-Süd ergibt sich eine Länge von 4.320 km – vom Monte Caburaí, an der Grenze zu Guyana, bis zum Flüsschen Chuí, an der Grenze zu Uruguay. In Richtung Ost-West ergibt sich eine Breite von 4.328 km – von der Ponta do Seixas, an der Küste von Paraíba, bis zur Serra de Contamana, an der Grenze zu Peru. Das brasilianische Territorium, inklusive seiner ozeanischen Inseln, umfasst vier Zeitzonen, alle westlich des Null-Meridians von Greenwich, das heißt: zwischen 2 bis 5 Stunden zurück hinter der offiziellen Weltuhrzeit.

Brasilien unterscheidet sich ganz wesentlich von seinen südamerikanischen Nachbarn: in seiner Sprache, seiner Kultur, in der

Lebensweise seines Volkes, in den Präferenzen seiner Elite, in seiner Wirtschaft, im Relief seines Bodens und in der Konfiguration seiner Küste. Vom Nordkap bis zu den Kanarischen Inseln müsste man reisen, wollte man die Entfernung zurücklegen, die allein der brasilianischen Küste entspricht. Ein Staat, der innerhalb solcher gigantischen Maßstäbe eine ordentlich funktionierende Infrastruktur schaffen will, ist allein durch seine Ausmaße überfordert.

Politisch ist Brasilien heute in 26 Staaten unterteilt – dazu kommt der „Distrito Federal de Brasília", rund um die Hauptstadt des Landes. Diese Staaten sind wiederum in fünf Regionen zusammengefasst, deren eigenwillige sozialen, kulturellen und geografischen Charakteristika sie wie eigenständige Länder voneinander zu trennen scheinen – und doch sind sie alle ein Teil dieses riesigen Landes kaum vorstellbarer Gegensätze.

Mehr als 200 Millionen Menschen leben heute in diesem Land – davon sind 70% weniger als dreißig Jahre alt – junge Menschen, die dem Besucher freundlich und aufgeschlossen entgegenkommen, um ihm stolz die Schönheiten ihres Landes zu zeigen.

Davi Kopenawa Yanomami:
„Nicht die Weißen haben Brasilien entdeckt!"

Es ist lange Zeit her, dass meine Großeltern, die in einem sehr weit abgelegenen Dorf an den Quellen des Rio Tootobi lebten, sich aufmachten, um in der Ebene andere Angehörige ihres Volkes zu besuchen, die entlang des Rio Aracá wohnten. Und dort beggneten sie den ersten Weißen ihres Lebens. Diese Fremden waren damit beschäftigt, Fasern der Piaçaba-Palmen am Ufer des Flusses zu sammeln. Während der folgenden Besuche erhielten meine Großeltern ihre ersten Haumesser aus Metall. Diese Geschichte erzählten sie mir viele Male, als ich ein Kind war. In dieser Zeit bekam man Weiße nur zu sehen, wenn man sich sehr weit von seinem Dorf entfernte – aber man pflegte sie nicht einfach so, ohne Motiv, zu besuchen. Doch ihre Metallwerkzeuge hatten es den Menschenwesen (so bezeichnen sich die Yanomami selbst) angetan, denn sie besaßen lediglich kleine Stücke aus weichem

Metall (gemeint ist Gold), die unser Gott Omâma ihnen dagelassen hatte.

Auf diesen langen Reisen gelang es ihnen dann, ihre kleinen Metallstücke gegen die begehrten Metallwerkzeuge (Axt, Hacke, Spaten etc.) einzutauschen – die Weißen zeigten sich überaus interessiert an diesem Tausch, den die Menschenwesen als sehr vorteilhaft für sich selbst einschätzten. Und sie bearbeiteten von nun an ihre Pflanzungen, indem sie die wenigen wertvollen metallenen Werkzeuge untereinander ausliehen. Hatte einer seine Pflanzung angelegt, gab er seinen Spaten weiter an den Nächsten und so fort. Sogar zwischen dem einen und dem anderen befreundeten Dorf wurden diese Geräte ausgeliehen. Wegen Streichhölzern zum Beispiel machte niemand den weiten Weg zu den Weißen, denn dafür hatten sie ihre eigenen Methoden: Mit dem trockenen Holz des Kakaobaums verstanden sie ein Feuer fast so schnell zu entzünden, wie mit Streichhölzern. Aber zum Beispiel die Töpfe aus Aluminium fanden sie wunderschön und begehrenswert, doch selbst für die lohnte sich der weite Weg nicht: Sie hatten ihre Tontöpfe, um die Jagdbeute darin zu garen. Ja, es war tatsächlich nur wegen der Messer und Äxte, der Spaten und Hacken, weshalb man den langen Weg zu den Weißen unter die Füße nahm.

Sehr viel später, als wir in Marakana wohnten, mehr zur Quelle des Rio Tootobi hin, besuchten die Weißen unser Dorf zum ersten Mal. Zu dieser Zeit lebten noch alle unsere Ältesten und wir waren sehr zahlreich, daran kann ich mich deutlich erinnern. Ich selbst war ein Kind, aber gerade in dem Alter, in dem man die Dinge wahrnimmt. Dort wuchs ich auf und entdeckte die Weißen. Niemals vorher hatte ich einen von ihnen gesehen, wusste gar nichts über sie. Hatte nicht einmal daran gedacht, daß sie existierten. Als ich sie dann mit eigenen Augen sah, heulte ich vor Angst. Unsere Erwachsenen hatten sie schon einige Male zu Gesicht bekommen, aber ich – niemals. Dachte es wären Kannibalen-Geister, die uns auffressen würden. Und ich fand sie so fürchterlich hässlich, ausgebleicht und behaart. Sie waren so verschieden von den Menschenwesen, daß sie mich in Schrecken versetzten. Außerdem verstand ich keines ihrer verschlungenen Worte.

Als die Weißen auf unseren Dorfplatz traten, versteckte mich meine Mutter unter einem großen Korb aus Lianen, im dunklen Hintergrund unseres Hauses. Und sagte zu mir: „Hab keine Angst! Aber sag nicht ein einziges Wort!" Und ich kauerte mich zitternd unter den Korb und sagte nicht ein einziges Wort mehr. Ich muß tatsächlich damals sehr klein gewesen sein, sonst hätte ich wohl nicht unter diesen Korb gepasst. Meine Mutter versteckte mich, denn auch sie fürchtete, daß diese Weißen mich mitnehmen würden, so wie sie damals jene Kinder mitgenommen hatten. Und sie wollte mich damit auch beruhigen, denn ich war außer mir vor Angst und hörte nur auf zu weinen, weil ich mich unter dem Korb wieder sicher fühlte.

Auch die Ausrüstung der Weißen erschreckte mich. Ich hatte Angst vor ihren Motoren, vor ihren elektrischen Lampen, vor ihren Schuhen, vor ihren Brillen und ihren Uhren. Hatte Angst vor dem Rauch ihrer Zigaretten und dem Gestank ihres Benzins. Alles erschreckte und erschütterte mich zutiefst, weil ich nie vorher etwas ähnliches gesehen hatte – ich war eben noch sehr klein. Und als dann ihre Flugzeuge uns überflogen, war ich nicht der einzige, der Angst hatte. Auch unsere Erwachsenen ergriff die Panik – einige brachen tatsächlich in Schluchzen aus, alle rannten, um sich im Regenwald, rund um unser Dorf, zu verstecken. Wir sind Waldbewohner, wir kannten keine Flugzeuge, und sie erschreckten uns über alle Maßen. Wir dachten an übernatürliche, fliegende Wesen, die auf uns herabfallen würden, um uns alle zu verbrennen. Alle hatten wir Todesangst!

Später dann wuchs ich heran und begann richtig zu denken. Aber ich fuhr fort mich zu fragen: „Was wollen diese Weißen hier? Warum schlagen sie Wege in unseren Wald?" Und unsere Dorfältesten antworteten mir: „Sie kommen bestimmt, um sich unser Land anzusehen und später hier mit uns zu wohnen!" Sie verstanden jedoch nichts von der Sprache der Weißen, und deshalb ließen sie die Fremden in ihr Land eindringen, so wie Freunde. Wenn sie damals schon ihre Worte verstanden hätten, würden sie sie sicher aus dem Land gejagt haben. Denn diese Weißen hintergingen sie mit ihren Geschenken. Sie gaben ihnen Äxte, Haumesser, kleine Klappmesser und Stoffe. Und sagten ihnen, um ihre Aufmerksamkeit einzuschläfern: „Wir, die Weißen, werden Euch niemals unversorgt lassen, wir werden Euch viele unserer Waren geben, und Ihr werdet unsere Freunde werden!" Nur wenig später starben unsere Verwandten fast alle durch eine Epidemie – danach folgte die nächste. Später starben noch einmal viele andere Yanomami, als die Straße in ihre Wälder vordrang – und viele, sehr viele andere Yanomami mußten sterben, als die Goldschürfer mit ihrer Malaria in unser Gebiet einfielen. Aber zu diesem Zeitpunkt war ich bereits erwachsen und hatte gelernt richtig zu denken – und ich hatte verstanden, was die Weißen mit ihrer Invasion unseres Gebietes bezweckten.

Die Weißen sind geschickt und intelligent, sie haben viele Maschinen und Waren, aber sie entbehren der Weisheit. Sie interessieren sich nicht mehr für jene, die ihre Vorfahren waren, als sie geschaffen wurden. In der ersten Zeit ihrer Existenz waren sie wie wir – aber dann haben sie alle ihre antiken Worte vergessen. Später durchquerten sie das große Wasser und zogen in unsere Richtung. Und dann sagten sie, dass sie dieses Land entdeckt hätten. Und das habe ich erst verstanden, als ich gelernt hatte, ihre Sprache zu sprechen. Wir, die Bewohner des Regenwaldes, leben hier seit undenkbaren Zeiten – schon seit unserer Erschaffung durch Omama. Am Anfang aller Dinge gab es hier nur Waldbewohner, die Menschenwesen. Die Weißen nehmen heute für sich in Anspruch: „Wir haben das Land Brasilien entdeckt!" Das ist eine Lüge! Das Land existiert schon seit eh und je, und Omama hat uns mit ihm geschaffen. Schon unsere Urväter kannten diese Erde. Sie wurde nicht durch die Weißen entdeckt. Viele andere Völker, wie die Makuxi, die Wapixana, die Waiwai, die Waimiri-Atroari, die Xavante, die Kayapó und die Guarani lebten ebenfalls auf ihr. Trotzdem lügen die Weißen sich selbst in die Tasche und lehren ihre Kinder, dass sie dieses Land entdeckt hätten. So als ob es leer gewesen wäre. So als ob wir Menschenwesen es nicht schon seit Anbeginn der Zeit bewohnt hätten. Was die Weißen tatsächlich entdeckt haben ist, dass diese Erde schon vorher von uns entdeckt worden war!

Am Ufer des Gebietes, an dem sie anlegten, lebten schon andere Indios. Die Weißen waren damals noch nicht sehr zahlreich, also begannen sie zu lügen: „Wir, die Weißen, sind gut und großzügig! Wir geben Euch Geschenke und Nahrungsmittel. Lasst uns an Eurer Seite wohnen auf diesem Land. Wir möchten Eure Freunde sein!" Und mit eben denselben Lügen versuchten sie auch das Volk der Yanomami zu täuschen. Nachdem sie ihre Lügen unter den Indios verstreut hatten, zogen sie sich zurück – um schließlich in so großer Zahl zurückzukommen, wie Mücken in einem Schwarm. Anfangs, noch ohne eigene Häuser auf unserem Land, gaben sie sich freundlich gegenüber den Indiovölkern. Dann entdeckten sie die Schönheiten unserer Wälder und beschlossen, sich hier niederzulassen. Jedoch, seit sie sich bei uns eingenistet haben, seit sie ihre Häuser gebaut und ihre Pflanzungen angelegt haben, seit sie mit ihrer Viehzucht anfingen und den Boden nach Gold durchwühlen, haben sie ihre Freundschaft zu uns vergessen. Sie haben angefangen, die Waldbewohner zu töten, die in ihrer Nachbarschaft wohnten.

„Wir haben dieses Land entdeckt! Wir besitzen die Bücher, und deshalb sind wir die Bedeutenden!" sagen die Weißen. Aber das sind nur Lügen – die sie sogar aufgeschrieben haben. Sie haben nicht mehr geleistet, als den Waldbewohnern ihren Lebensraum gestohlen, um ihn zu verwüsten. Die gesamte Erde wurde einstmals als ein Ganzes von Omama geschaffen – die Erde der Weißen und unsere – zusammen mit dem Himmel. Und all das existiert schon seit allererster Zeit, als Omama uns schuf. Und deshalb glaube ich auch nicht an die Worte von der Entdeckung Brasiliens durch die Weißen. Dieses Land war nicht leer! Ich habe beobachtet, daß die Weißen nur daran interessiert sind, sich unser Land anzueignen – deshalb wiederholen sie stets diese Worte von der „Entdeckung".

Aber ich bin der Sohn der antiken Yanomami, ich bewohne den Wald, in dem meine Familie schon seit meiner Geburt gelebt hat, doch ich gehe nicht herum und sage zu den Weißen, dass ich den Wald entdeckt habe. Er war schon immer da, schon lange vor mir. Ich sage nicht: „Ich habe dieses Land entdeckt, weil meine Augen darauf gefallen sind, und deshalb gehört es mir!" Ich sage auch nicht: „Ich habe den Himmel entdeckt!" Und ich sage nicht: „Ich habe die Fische entdeckt und die Jagd!" Alle diese Dinge waren schon immer dort – seit Anbeginn der Zeit. Also kann ich höchstens sagen, dass ich mich ebenfalls an ihnen freue und mich durch sie ernähre – das ist alles.

Wir Yanomami möchten, dass der Regenwald so bleibt, wie er immer war – und für immer. Wir möchten in ihm leben, in guter Gesundheit, und mit uns die Geister Xapiripë, die jagdbaren Tiere und alle Fische. Wir kultivieren nur die Pflanzen, welche uns ernähren – wir brauchen keine Fabriken, keine Löcher in der Erde und keine verschmutzten Flüsse. Wir möchten, dass der Wald ein ruhiger Ort bleibt, dass der Himmel klar über uns steht, dass sich die Dunkelheit der Nacht weiterhin und mit aller Regelmäßigkeit über Mensch und Tier senkt, und dass man die Sterne sehen kann. Die Erde der Weißen ist verdorben, sie ist bedeckt von dem epidemischen Rauch Xawara, der sich bis zum Gewölbe ihres Himmels erhebt. Dieser Rauch fließt auch in unsere Richtung, aber noch hat er uns nicht erreicht, denn der himmlische Geist Hutukarari vertreibt ihn unermüdlich. Über unserem Wald ist der Himmel immer noch klar, weil es noch nicht lange her ist, daß sich die Weißen in unser Gebiet eingeschlichen haben. Aber eines Tages, vielleicht wenn ich schon tot bin, wird auch dieser Rauch sich so weit ausgebreitet haben, dass er die Erde verdunkelt und die Sonne zum Erlöschen bringt. Die Weißen denken nie an diese Dinge, welche die Schamanen schon seit langem befürchten, und deshalb haben sie keine Angst vor den Konsequenzen. Ihre Gedanken sind voll von Vergessenheit, deshalb müssen sie ihre Worte aufzeichnen. Wir dagegen bewahren die Worte unserer Vorfahren seit langer Zeit in unserem Kopf auf, und wir überliefern sie unseren Kindern. Die Weißen fahren fort, ihre Gedanken nur an ihre Waren zu verschwenden – so als ob sie ihre Geliebten seien.

Meine Entdeckung Brasiliens

Geboren bin ich im zerbombten Frankfurt am Main, als erster Sohn verkrachter Eltern, die mir trotz allem noch zwei Brüder bescherten, deren seelisches Gleichgewicht in diesem Elternhaus wesentlich mehr gelitten hat als meins, weil sie unter jenen Auseinandersetzungen zwischen Vater und Mutter noch ein paar Jahre länger aushalten mussten, während ich bereits weit weg im fernen Brasilien meine ersten Schritte als Einwanderer tat.

Ich hatte das Realgymnasium bis zur Mittleren Reife hinter mich gebracht, anschließend Marketing in Abendkursen studiert und war tagsüber bei einer internationalen Werbeagentur als Azubi tätig gewesen. Meine Mitgliedschaft bei den Christlichen Pfadfindern hat meine große Liebe zur Natur maßgebend gefördert und mir etwas Ablenkung vom familiären Desaster beschert. Als ich mein Marketing-Diplom bekam, hatte ich meine Schiffspassage bereits in der Tasche. Bestimmte Gründe für meine Brasilien-Wahl gab es eigentlich keine, ich wollte nur möglichst weit weg von zu Hause und verband mit diesem Land Träume von Sonne, Wärme, unberührter Natur und, schon seit meiner frühesten Kindheit, auch von wilden Indianern.

Meine persönliche Entdeckung Brasiliens begann im Oktober 1961, als ich nach einer langen Schiffsüberfahrt von einundzwanzig Tagen mit zwei Koffern und einem Sack voll fantastischer Vorstellungen in der Hafenstadt Santos an Land ging. Mein erster Eindruck war dann eher enttäuschend: Einwanderer und Touristen wurden über Stunden, auf ihrem Gepäck sitzend, in einem großen Zollgebäude festgehalten, um dann, wenn sie endlich an der Reihe waren, ihre gesamte Habe in allen Einzelteilen auf den dafür vorgesehenen langen Tischen vor den Zollbeamten ausbreiten zu müssen, während diese wahllos darin herum stocherten und nach abgeschlossener Inspizierung es zivilen Helfern überließen, alles wieder in die Kisten und Koffer der Betroffenen zurück zu stopfen, was bei jenen konvulsivische Schweißausbrüche und auch hie und da lautstarke Proteste auslöste.

Was ich anschließend aus dem Fenster des Busses sah, der mich die achtzig Serpentinenkilometer nach São Paulo hinaufbrachte, versöhnte mich wieder: Urwald in zahllosen Grünnuancen bedeckte die Berghänge, rosa, violett und gelb blühende Bäume dazwischen, Wasserkaskaden, die in grellem Weiß aus dem Grün herausblitzten – meine erste Begegnung mit dem Atlantischen Regenwald und der Natur der Tropen, die meine kühnsten Erwartungen übertraf. Es war Liebe auf den ersten Blick.

Die Metropole São Paulo empfing mich dagegen erschreckend monströs, laut und versmogt. Einem freundlichen Taxifahrer machte ich mit Händen und Füßen klar, mich zu einer billigen Unterkunft zu kutschieren. Und ich bin diesem netten Mann bis heute dankbar für seinen Einfall, mich vor jener kleinen Pension im Stadtteil Mariana abzusetzen, deren Besitzer sich als ein älteres deutsches Ehepaar entpuppten, die mich mit einer Herzlichkeit aufnahmen, welche einen entscheidenden Einfluss auf die spätere Entwicklung meiner brasilianischen Wurzeln haben sollte.

Auf der Suche nach einem Job gelang es mir, mich wenigstens mit der einen oder anderen Chefsekretärin in Englisch zu verständigen, denn auf der Straße half mir das überhaupt nichts, und in der portugiesischen Landessprache hatte mir eine erste schokoladenbraune Freundin leider nur ein paar wenige, sehr gefühlvolle Worte beigebracht, die ich in diesem Fall jedoch kaum hätte anbringen können. Trotz dieser Sprachschwierigkeiten fand ich innerhalb einer Woche meinen ersten Job bei einer amerikanischen Werbeagentur, bei der ich nicht viel reden, sondern eher gut hinschauen musste. Nach zwei Jahren flog ich wieder raus, weil ich mich weigerte, eine neue Kampagne für eine weltbekannte amerikanische Zigarettenmarke zu entwickeln, deren Mann mit dem Loch im Schuh „meilenweit für seine Zigarette geht", jedoch langsam zu alt für solche Anstrengungen geworden war. Dass ich als Nichtraucher „den Geschmack" einer Zigarette nicht marktfördernd nachempfinden konnte, das wollte man in der Chefetage nicht akzeptieren, also nahm ich, nach diesen zwei Jahren schon etwas selbstbewusster in der neuen Umgebung, meinen Hut und ging. Und weil die hektische, versmogte Großstadt São Paulo sowieso nicht meinen Brasilienträumen entsprach, fiel mir der Abschied nicht schwer.

Ich versuchte es mit Rio de Janeiro. Dem Redaktionschef einer bekannten Wochenzeitschrift gefiel, was ich so nebenbei fotografiert hatte, und so bekam ich meinen zweiten Job in einem Metier, das ich bisher nur als Hobby betrieben hatte – kam aber damit meinen Träumen schon ein bisschen näher. Bald wussten alle meine Kollegen, dass mich vor allem die wilde Natur ihres Landes faszinierte. Prompt schob man mich vor, wenn zum Beispiel ein Flugzeugabsturz im Amazonas-Urwald oder die Befriedung eines neu entdeckten Indiodorfes dokumentiert werden sollten, denn diese wilde Natur war meinen Kollegen zu unbequem, die Moskitos zu unangenehm, die Geschehnisse zu unberechenbar und oft sogar gefährlich. Die meisten von ihnen hatten Familie, sie brauchten abends ihr Bierchen und wollten am Wochenende an den Strand oder zum Fußball – also bekam ich diese Aufträge. Und ich liebte sie. Meine Bilder gefielen auch den Lesern, und bald begann man mich zu den abenteuerlichsten Aufträgen heranzuziehen: Mit den „Jangadeiros" des Nordostens war ich zum Hai-Fang auf hoher See – die „Caranguejeiros" fotografierte ich beim Krebsfang in den Mangrove-Sümpfen von Paraíba – bei den „Gaúchos" der südlichen Pampa lernte ich mit Wurfkugeln Rinder einzufangen, zwei Monate verbrachte ich bei Goldschürfern in der Serra dos Carajás und entdeckte den Weg zurück in die Steinzeit bei Indiovölkern des Mato Grosso und im Amazonasgebiet.

Schließlich befuhr ich die berüchtigte „Transamazônica" mit dem Motorrad, um mir ein persönliches Bild vom Raubbau des Menschen an diesem größten Ökosystem unseres Planeten machen zu können.

Nachdem ich meinen ersten Kontakt mit dem Volk der Xavante fotografiert hatte, entdeckte ich in mir eine unbändige Lust am Abenteuer – fast sieben Jahre lang durchstreifte ich die brasilianische Wildnis als selbständiger Fotograf und lernte mehr als dreißig indigene Völker kennen. Ihr einfaches Leben in Harmonie mit der Natur hat meine eigene Lebensphilosophie ganz wesentlich beeinflusst. Ein späterer Neuanfang in der Zivilisation misslang, weil mich ein geregeltes Büroleben schon nach kurzer Zeit anödete.

Einer blonden Eva aus dem Schwarzwald, die in Brasilien herumreiste, gelang es schließlich, mich wenigstens halbwegs für ein zivilisiertes Leben zurückzugewinnen. Es war ihre Idee, meine Erfahrungen mit dem freien Leben in unberührter Natur in einer Branche umzusetzen, die uns auch finanziell etwas einbringen sollte – dem Tourismus. Wir bauten ein Hausboot und führten damit internationale Brasilienbesucher durch die Wildnis des Pantanal – sie kochte an Bord und ich zeigte den Gästen die artenreiche Tierwelt. Es machte uns großen Spaß, und wie wir hörten und später in Berichten lesen konnten, unseren Gästen ebenfalls.

Nach einem Deutschlandaufenthalt von wenigen Wochen zurück in Cuiabá (Mato Grosso) mussten wir feststellen, dass unser Hausboot inzwischen verschwunden war – gestohlen. Zwar entdeckten wir es später in Trümmern wieder, aber das wertvollste Stück, der Dieselmotor, war weg. Eva wollte enttäuscht zurück in den Schwarzwald, ich wollte trotz allem in Brasilien bleiben. Also ging sie zurück – und ich blieb.

Eine deutsche Touristikagentur in Rio de Janeiro bot mir die Leitung ihrer Incoming-Abteilung an – immerhin ging ich jetzt auf die

Vierzig zu, und selbst wenn ich mich wieder in ein neues Abenteuer stürzen würde, bräuchte ich auch dazu Geld – also nahm ich an, denn der Job gefiel mir. So kam ich einmal pro Jahr dazu, anlässlich der Touristikmesse (ITB) in Berlin meine Brüder und deren Familien sowie alte Freunde wiederzusehen – allerdings hatte ich jedesmal nach wenigen Wochen wieder Heimweh nach Brasilien.

Sie nannten mich Gringo

Diese volkstümliche Bezeichnung für Ausländer, die aus einem englischen oder amerikanischen Kulturkreis kommen, ist in Brasilien eigentlich weniger gebräuchlich. Hier werden Ausländer in der Regel als „Estrangeiros" (Fremde) bezeichnet oder nach ihrem Heimatland benannt – also in meinem Fall als „Alemão", weil ich aus Alemanha (Deutschland) kam – und so nannten mich auch die meisten Brasilianer, die mich gerade erst kennengelernt hatten und denen mein Vorname noch nicht geläufig war.

Dass der Spitzname „Gringo" in unserer Redaktion an mir haften blieb, verdanke ich Júlio, dem Chefredakteur. Er war der erste, der mich so nannte. Von Haus aus Mexikaner, hat er mir die Entstehung der Bezeichnung „Gringo" folgendermaßen erklärt: Im Mexikanisch-Amerikanischen Krieg (1846-1848) begegneten die Mexikaner den in grüne Uniformen gekleideten Feinden mit der Parole „Greens go home" – oder der Kurzform „Green go" – aus der sich später bei ihnen die Bezeichnung „Gringo" für US-Bürger und alle englisch sprechenden Ausländer entwickelt haben soll. Bewiesen ist das nicht, aber eine interessante Anekdote.

Teil I

Die Brasilianer

Nachdem ich so viele Jahre meines Lebens unter diesen bemerkenswerten Lebenskünstlern verbracht habe, fühle ich mich berechtigt und verpflichtet, meine Erfahrungen mit ihren typischen Charaktereigenschaften, ihren überraschenden bis skurrilen Verhaltensweisen und ihren ungewöhnlichen Sitten und Gebräuchen niederzuschreiben. Es sind jedoch – das sollten Sie als Leser meiner Aufzeichnungen stets bedenken – die Erfahrungen eines Gringos. Genauer gesagt eines Deutschen mit einem typisch deutschen Kultur- und Erziehungsfundament, der sich Brasilien als Wahlheimat ausgesucht hat, nachdem er, wie so viele Erstbesucher Brasiliens, sich in dieses Land und seine so strahlend unbekümmert auftretenden Bewohner regelrecht verliebt hatte.

Diese multikulturelle Nation setzt sich aus Emigranten zusammen, die aus allen Ecken unseres Planeten im Lauf der Jahrhunderte in dieses Land der scheinbar unbegrenzten Möglichkeiten einströmten und ihre Sitten und Gebräuche, vor allem auch ihre Sprache, mitbrachten. Darunter haben fünf Nationen, stärker als alle anderen, durch ihre großen Einwanderungs-Kontingente die brasilianische Kultur maßgebend beeinflusst:

Die Portugiesen
Verantwortlich für die Invasion der Neuen Welt, waren sie praktisch die ersten Europäer in diesem Land. Gemischt mit den Ureinwohnern, den Indios, später auch mit afrikanischen Sklaven, bilden sie den europäischen Kern dieser Mischkultur, die wir als „brasilianisch" bezeichnen. Nach der Unabhängigkeit Brasiliens, und im weiteren Verlauf des 19. Jahrhunderts, wurden die Portugiesen infolge der Schwierigkeiten, denen sie in Portugal gegenüberstanden – der allgemeinen Armut des Landes, das sich in immer neue Kolonialkriege verstrickte und seine Kolonien nacheinander wieder verlor – erneut von Brasilien angelockt. Und die Übereinstimmung der Landessprache war bei

der Entscheidung, nach Brasilien auszuwandern, natürlich ein bedeutendes Argument. Ihre Einwanderung fand während des 20. Jahrhunderts in kontinuierlichen Schüben statt. Portugiesische Emigranten wurden auf verschiedenen Gebieten tätig, ihr bevorzugtes Arbeitsfeld war und ist jedoch der Kommerz.

Die Spanier
Die Präsenz der Spanier in Brasilien reicht ebenfalls weit zurück. Die große spanische Einwanderungswelle kam gegen Ende des 18. Jahrhunderts. Sie bestand hauptsächlich aus Bauern, die sich auf die Kaffee-Plantagen verteilten, um dort zu arbeiten. In dieser Epoche wanderten die Andalusier ein, wenig später die Katalanen, die Basken und die Valenzianer. Die Spanier waren diejenigen, welche sich am meisten auf den Staat São Paulo als neue Heimat konzentrierten – eine Zählung von 1920 belegt, dass sich 78% der eingewanderten Spanier in São Paulo angesiedelt hatten.

Die Italiener
Die Massenauswanderung der Italiener nahm ihren Anfang nach der Vereinigung Italiens, im Jahre 1871. Die erste große Welle von Einwanderern wurde auf die Kaffee-Plantagen im paulistanischen Hinterland geschickt. Zusammen mit den Spaniern ersetzten sie die befreiten Sklaven auf den Feldern. Sie hatten das Versprechen eines kleinen Grundstücks und einer guten Bezahlung in der Tasche, wurden aber von der Realität, die sie vorfanden, bitter enttäuscht. Deshalb gingen viele von ihnen wieder zurück in die Städte und fingen an, in Fabriken zu arbeiten oder im Warenhandel. Die Prägung dieses Volkes war aber nicht nur auf die Industrie begrenzt. Sie beeinflussten auch die Essgewohnheiten der Regionen, in denen sie sich festsetzten. Die Pasta, die Pizza und ihr Wein wurden rasch in die brasilianischen Menüs integriert.

Die Japaner
Man schrieb das Jahr 1908, als die ersten Japaner nach Brasilien kamen, es war eine von Brasilien subventionierte Einwanderung. Weil inzwischen die italienische Regierung Schwierigkeiten machte, ihre

Landsleute auswandern zu lassen, andererseits die brasilianischen Kaffee-Plantagen dringend Arbeitskräfte brauchten, wandte man sich mit einem Subventions-Vorschlag an Japan. Innerhalb kurzer Zeit entwickelten sich die Japaner zu kleinen bis mittleren Grundbesitzern. Anders als die übrigen Einwanderer, welche im Lauf der Jahre das Hinterland gegen eine Wohnung in der Stadt einzutauschen pflegten, blieb der größte Teil der Japaner der Landwirtschaft treu. Sie vervielfältigten die Produktion von Gemüse, Früchten und Federvieh und haben sich heute zu unentbehrlichen Lieferanten der meisten Agrarprodukte im Staat São Paulo entwickelt.

Die Deutschen
Bald nach der Unabhängigkeit Brasiliens (1822) erreichten die ersten deutschen Einwanderer brasilianischen Boden. Und im Lauf der nächsten einhundert Jahre haben insgesamt 250.000 deutsche Emigranten Brasilien gegen ihre Heimat eingetauscht. Verglichen mit der Zahl der Italiener oder Japaner fiel diese erste Einwanderung der Deutschen, besonders im Staat São Paulo, relativ gering aus. Aber es kam eine zweite Welle, ausgelöst durch die Nazi-Verfolgungen in Deutschland in den 1930er Jahren, die mehrheitlich aus deutschen Juden bestand. Die setzten sich in der Hauptstadt São Paulo in sogenannten ethnischen Stadtteilen, wie Bom Retiro und Santo Amaro, fest. Ihre Kolonie konzentrierte sich auf kommerzielle und industrielle Aktivitäten.

Im Grunde kann man deshalb dieses über 200-Millionen-Volk, das im fünftgrößten Land unseres Planeten lebt und aus eingeborenen Indios, portugiesischen Eroberern, eingeschleppten afrikanischen Sklaven und zugewanderten Emigranten aus allen Ecken der Welt hervorgegangen ist, auch heute noch nicht als eine Nation betrachten. Und man müsste sie eigentlich nach den einzelnen geografischen Regionen unterscheiden, in denen sie jeweils leben – also nach Brasilianern aus dem Norden, dem Nordosten, dem Mittelwesten, dem Südosten und dem Süden. Es liegen riesige Entfernungen zwischen den jeweiligen Zentren dieser ganz unterschiedlichen Landesteile, die von jenen 25%, die es sich leisten können, in der Regel per Flugzeug überbrückt werden, dagegen bringen zwei Drittel der Brasilianer höchstens einmal im Jahr die Mittel auf, sich per Bus tagelang auf prekären Landstraßen durchschütteln zu lassen, um ihre Angehörigen im Hinterland wiederzusehen. Für die Entfernung von Porto Alegre nach Manaus – auf dem Landweg rund 4.500 km – brauchen sie circa 64 Stunden, rund um die Uhr im Bus – wenn unterwegs kein Reifen platzt oder sonst irgendein Problem die ermüdende Reise unterbricht.

Geografische, klimatische und wirtschaftliche Bedingungen haben die Bewohner der jeweiligen Regionen zusätzlich geprägt und geformt.

Allerdings hat sich, den zahlreichen Kontrasten zwischen den einzelnen Regionen zum Trotz, die portugiesische Sprache im ganzen Land durchgesetzt – und zwar von Nord bis Süd fast dialektfrei. In ihrer Aussprache und Sprachmelodie weicht sie jedoch vom portugiesischen Original stark ab. Die gemeinsame Sprache und das gemeinsame Fernsehnetz halten die Brasilianer zusammen, besser als das die Regierung in Brasília könnte, die für die einen „viel zu wenig präsent" und für die anderen „Gott sei Dank weit weg" ist.

Gemeinsamkeiten der Brasilianer

Sie sind freundlich gegenüber Touristen, aufgeschlossen und hilfsbereit, wo immer sie ihnen begegnen. Also zögern Sie nicht, sie um eine Auskunft zu fragen. Allerdings sollten Sie nicht erwarten, dass Sie auf der Straße in Englisch verstanden werden – nicht einmal in Spanisch. Wenn Sie kein Portugiesisch sprechen, wenden Sie sich am besten an eine Hotel-Rezeption.

Sie hören gerne Lob und anerkennende Worte über ihr Land, ihre Stars und Sportler, ihre Familie, ihren Fußballclub u.a. – ganz besonders aus dem Mund eines Besuchers aus dem bewunderten Europa.

Sie sind nicht nur kinderfreundlich – sie sind geradezu kindernärrisch. Kindern gewährt man hier viele Vorrechte und drückt beide Augen zu, ohne sich aufzuregen.

Sie stellen sich an Bus-Haltestellen, vor Supermarkt-Kassen, in Banken, beim Einchecken am Flughafen etc. in eine Warteschlange. Mütter mit Kindern, Schwangere, ältere und behinderte Personen haben Vortritt.

Sie sind Meister der Improvisation, weniger der Organisation. Um nicht anzuecken, brauchen Sie also sehr viel Geduld und Verständnis.

Sie diskutieren gern über Politik, Fußball, Frauen und verwandte Themen. Am besten Sie halten sich aus solchen Diskussionen heraus. Geht das nicht, und werden Sie um Ihre Meinung gefragt, machen Sie eine positive Bemerkung. Ihre tatsächliche Meinung könnte sonst den Nationalstolz treffen – und dann haben Sie auf einmal alle gegen sich.

Sie sind neugierig auf Europa. Vermeiden Sie aber, im Gespräch Vergleiche zwischen Brasilien und Europa anzustellen – es sei denn, Brasilien kommt in diesem Vergleich besser weg. In diesem Fall haben Sie einen Stein im Brett.

Sie haben es gern laut. Der Begriff „Lärmbelästigung" ist in diesem Land weitgehend unbekannt, sowohl bei denen, die den Lärm verursachen, als auch bei jenen, die davon betroffen sind. Musik dröhnt tagsüber aus beinahe jedem Geschäft, nachts aus den meisten Wohnungen, bis die Verursacher zu Bett gehen. Frei nach dem Motto: Wenn Sie als Nachbar nicht schlafen können, dürfen Sie gerne rüberkommen und mitfeiern.

Sie nehmen sich für alles sehr viel Zeit. Eigentlich ist diese Gelassenheit beneidenswert. Wer sich als ungeduldig offenbart, drängelt und auf seine Rechte pocht, hat hier schlechte Karten, er wird in der Regel ignoriert. Dagegen kann man Unmögliches erreichen, wenn man die Ruhe bewahrt und freundlich bleibt.

Sie betrachten ausländische Besucher grundsätzlich als reiche Leute – wie sonst könnten sie sich eine solche Urlaubsreise leisten? Machen Sie sich also darauf gefasst, dass Taxifahrer, Kellner, Botenjungen und andere Dienstleistende versuchen werden, Ihnen erhöhte Preise abzuverlangen. Sie schützen sich gegen diesen Missbrauch, indem Sie vorher den Preis erfragen, zum Beispiel in einer Strandkneipe ohne Speisekarte, bei einem Taxifahrer ohne Taxometer oder bevor Sie einen Boten beauftragen. Das gilt hier nicht als peinlich, sondern als clever, und es bringt Ihnen Respekt ein. Peinlich wird es für Sie, wenn Sie hinterher lamentieren.

Brasilianern ist auch unser europäischer Perfektionismus ziemlich fremd. Zum Beispiel wird es Ihnen in dem einen oder anderen Restaurant passieren, dass das von Ihnen ausgesuchte Menü gerade nicht vorrätig ist. Die Speisenkarte ist manchmal nicht als Verzeichnis der allzeit lieferbaren Gerichte zu verstehen, sondern eher als Übersicht des Koch-Repertoires. Am besten Sie fragen vorher, was Sie bestellen können.

Brasilianer, ich sagte es schon, hören gerne Komplimente und teilen sie selbst auch gern und häufig aus. Aber machen Sie als Mann einem andern nicht unbedingt ein Kompliment über seine Frau – das wird er falsch verstehen. Und seiner Frau allein besser auch nicht – sie wird es ihm erzählen. Wenn Sie allerdings als Frau ihm allein ein Kompliment machen wollen – nur zu, er wird es ihr nicht erzählen. Aber hüten Sie sich, wenn sie dabei ist!

Mit einer Ausdehnung von 8,5 Millionen Quadratkilometern, etwa vergleichbar mit der Fläche Europas, ist Brasilien neben seiner geografischen Herausforderung natürlich auch eine wirtschaftliche. Eine Regierung, die in solchen Maßstäben eine ordentlich funktionierende Infrastruktur schaffen und kontrollieren will, ist ständig überfordert. Besonders wenn sie sich aus einer geradezu obszönen Zahl von korrupten Politikern zusammensetzt. Die Brasilianer dürften die einzige Nation der Welt sein, die einen Oscar für ihre politische Toleranz und Duldsamkeit verdient.

Brasilianer vor der Kamera

Ausdrucksstarke Gesichter, dunkle, oft mandelförmige Augen mit einer haselnussbraunen bis kohlschwarzen Iris, selbstbewusst und voll strahlender Freude am Leben, teils provokativ, manchmal auch in verhaltener Melancholie – die Menschen Brasiliens mit der Kamera festzuhalten, hatte ich mir schon vor Jahren vorgenommen.

Brasilianer lassen sich im allgemeinen gerne fotografieren. Sich vor einer Kamera zu präsentieren entspricht ihrer, wahrscheinlich angeborenen, Extrovertiertheit, die man besonders dort beobachten kann, wo mehrere Exemplare dieser Exoten aufeinandertreffen: in einer Bar an meiner Ecke in Botafogo oder vor einem Kiosk in Ipanema, am Strand von Copacabana oder im Grün des Botanischen Gartens, im Omnibus oder in der Metro, auf dem Flaniertrottoir der Avenida Atlantica oder im weiträumigen Flamengo-Park, in einem Shopping-Center oder einem Churrasco-Restaurant, beim bunten Straßenkarneval auf der Avenida Rio Branco oder im brodelnden Maracanã-Stadion beim Fußball.

Das authentische Brasilien beginnt allerdings außerhalb der Großstädte – weit weg von den Fünf-Sterne-Hotels. Die Menschen des Interiors sind die eigentlichen Repräsentanten typisch brasilianischer Lebensart, einer regionalen Kultur und Folklore, die sich seit Jahrhunderten kaum verändert hat. Also beginnt bei und mit ihnen auch das eigentliche Brasilienerlebnis – das Brasilien der „Gaúchos" (Rinderhirten des Südens), der „Caiçaras" (Fischer des Südostens), der „Pantaneiros" (Bewohner des Pantanals in Mato Grosso), der „Seringueiros" (Latexsammler in Amazonien), der „Índios" (Eingeborene des Hinterlandes), der „Caboclos" (Hinterwäldler, Mischung aus Indios und Weißen), der „Sertanejos" (Bauern aus dem nordöstlichen Sertão), der „Jangadeiros" (Floßfischer der Nordostküste), der „Caranguejeiros" (Krebsfänger aus dem Nordosten) und noch vielen weiteren Bewohnern des brasilianischen Hinterlandes.

Wir Menschen aus der westlichen Welt sind es gewohnt, alles, was wir in einem fremden Land sehen, auf einen gemeinsamen Nenner bringen zu wollen, um uns das, wie wir meinen, typische Bild eines Volkes und dessen Lebensstils zu machen. Brasilien liefert uns da ein eigenwilliges Paradox: Der gemeinsame Nenner sind seine Gegensätze. Kontraste, wie man sie hier findet, hätten wahrscheinlich jedes andere Land längst gesprengt.

Vor Jahren (zwischen 1965 und 1970) entstanden die Portraits meiner ersten Begegnungen mit brasilianischen Ureinwohnern, die seit Kolumbus „Indios" genannt werden und mich mit ihrem harmonisch in die Natur integrierten Lebenszyklus am meisten faszinierten, sodass ich mehrere Jahre ihr einfaches Leben teilte. Sie waren es, die mich den Umgang mit den natürlichen Ressourcen des Regenwaldes lehrten, und sie waren es auch, die in mir eine unstillbare Sehnsucht nach einem naturverbundenen Leben weckten – einem Ideal, dessen Ruf ich, wann immer es mir möglich war, folgte. Und das kann man in Brasilien leichter umsetzen als in Europa.

Ebenfalls schon vor Jahren (zwischen 1975 und 1985) entstanden meine Bilder aus dem trockenen brasilianischen Nordosten, von Menschen, die unter unglaublich bescheidenen Umständen mit dem Leben zurechtzukommen versuchen – oft noch ohne Elektrizität und immer abhängig vom Regen. Bei diesen Portraits kann von Extrovertiertheit kaum die Rede sein, denn die haben sie ihrer kontinuierlichen bangen Hoffnung auf eine Verbesserung ihrer kargen Existenz geopfert. Mit den sich von Jahr zu Jahr vertiefenden Furchen in ihren enttäuschten Gesichtern ist auch der Glanz ihrer Augen langsam erloschen. Nur ihre Kinder haben das Lachen noch nicht verlernt.

Von damals bis heute hat sich im materiellen Leben der Brasilianer im Hinterland kaum etwas wesentlich verändert, wenn man mal von der äußeren Erscheinung der Indios absieht. Sie haben inzwischen fast alle ihre ehemalige, mit bunten Federn und schwarz-roten Pflanzenfarbstoffen geschmückte natürliche Nacktheit gegen mehr oder weniger abgetragene Kleidungsstücke eingetauscht.

Im brasilianischen Nordosten scheint die Zeit stillzustehen. Trotz der ewigen Versprechungen der Politiker besteht das Leben der Menschen im trockenen „Sertão" immer noch mehr aus Hoffnung als aus realem Fortschritt. Für den Fotografen die gleichen fotogenen Impressionen wie vor dreißig Jahren: bunte Marktszenen unter freiem Himmel – Warentransport per Esel, Pferd oder Ochsenkarren – Fischfang auf offenem Meer mit vom Wind getriebenen Segelflößen – mühsamer Krebsfang im Schlamm der Mangroven – Kunsthandwerk aus geschickten, runzeligen Händen jener Menschen, die aus ihrer materiellen Not die besten Tugenden hervorgebracht haben: materielle und persönliche Bescheidenheit, Ehrlichkeit, Ausdauer und Beharrlichkeit, tiefe Religiosität und eine Hoffnungsbereitschaft, die mich immer wieder beschämt. Und ich habe sogar die einen oder anderen inzwischen mal lachen gesehen – mit mehr oder weniger Zähnen im Mund und unter tief eingegrabenen Sorgenfalten. So ein Ereignis nimmt einen richtig mit, kann ich Ihnen sagen. Aber dann erst das Lachen der Kinder – ihre Unbeschwertheit haut einen glatt um.

Die vielen Kontraste sind es auch, die eine Reise durch Brasilien so interessant, erregend und abenteuerlich machen. Während die Zeit in den Großstädten dahineilt und die Stadtlandschaften unglaublich schnell verändert, scheint sie im Interior Brasiliens stillzustehen. Hier kann man den meisten Szenarios von vor vierzig Jahren auch heute noch unverändert begegnen. Solche Gegenden sind für den persönlichen Komfort eines Europäers zwar nicht immer die reine Freude, aber bestimmt für jeden begeisterten Fotografen, in dem, wer wollte das leugnen, ja stets auch ein Abenteurer steckt.

Die Brasilianische Musik

Natürlich wäre es unfair, über Brasilianer zu schreiben, ohne ihre Musik und ihre zweifellos bewundernswerte musikalische Kreativität zu erwähnen.

Ob in der Großstadt oder im Hinterland, Musik ist in Brasilien allgegenwärtig. Sie schallt aus den Plattenläden, dröhnt aus Reklame-Lautsprechern, aus Autofenstern und oft live aus der einen oder anderen Bar – besonders an Wochenenden. Auf dem Sand der Strände oder einem Rasen im Park bilden sich kleine Gruppen um eine Gitarre herum – oft geht das Instrument von Hand zu Hand, und jeder gibt seinen Beitrag, der Rhythmus kann mit einem Stäbchen auf einer Bierdose akzentuiert werden, oder auf einem Plastikbecher. Auf vieles können Brasilianer verzichten, nicht aber auf Musik und Rhythmus. Musik bedeutet Nähe und Geborgenheit – Alleinsein wird tunlichst gemieden.

In Brasilien ist die Musik ein wichtiges Medium der allgemeinen Kommunikation: Eine schöne Melodie versetzt die Seele in Schwingungen und öffnet sie für einen informativen oder gefühlsbetonten Text. Der kommt oft als kleine, dramatische Geschichte daher – als romantische Liebeserklärung oder eine die Tränendrüsen provozierende Tragödie.

Da sehen sich die weiblichen Angestellten einer Telefonzentrale in Rio nach dem einsamen Kuhtreiber aus der Weite des Mato Grosso, der mit einem sexy Timbre seine vergebliche Suche nach einer Herzallerliebsten besingt. Die Fließbandarbeiter des brasilianischen Volkswagenwerks dagegen werden mit dem Song vom „Schwarzen Käfer" so richtig angeturnt – da bleibt kein Auge trocken und den Refrain singen alle mit, während sie den Rhythmus mit dem einen oder anderen ihrer Arbeitsinstrumente improvisieren. Und wenn Reginaldo Rossi in leicht angesäuseltem Zustand einem Kellner von seinem Leidensweg mit einer verlorenen Liebe erzählt, dann wiegt sich sogar die ganze Nation in seinem unwiderstehlichen Refrain – und manche Träne wird verstohlen abgewischt.

Musik ist die schnellste Verbindung zwischen Menschen, sagt man – brasilianische Musik ist darüber hinaus noch ansteckend wie ein Virus. Wenn jemand einen Song vor sich hinträllert, summt sofort irgendjemand mit oder klopft den Rhythmus mit den Fingern auf die Tischplatte. Schon ist der Kontakt hergestellt. Es ist gar nicht leicht herauszufinden, wem mehr Bedeutung zukommt, der Melodie oder dem Text. Letzterer wird durchaus ernst genommen, besonders wenn er auf eine wunde Stelle im sozialen Gefüge der Gesellschaft zielt.

Aus diesen Reihen profilierten sich die singenden Dichter der neuen Generation – wie Raul Seixas, Cazuza, Cassia Eller, Gabriel O Pensador, Reginaldo Rossi oder auch die Altmeister Chico Buarque de Holanda, Edu Lobo oder Milton Nascimento.

Wo Musik gemacht wird, da ist auch Freude und Bewegung. Es gibt wohl keinen Brasilianer, der Musik hört und dabei still sitzen bleibt. Ebenso gibt es keine Familienfeiern ohne Musik und Tanz – Beerdigungen mal ausgenommen. Wenn einer unmusikalisch ist, eine Seltenheit in diesem Land, dann trägt er wenigstens zum Rhythmus seinen Teil bei.

In den Ländern Amazoniens ist der Einfluss der Karibik unverkennbar. Am populärsten ist in dieser Region der Carimbó, ein Rhythmus, der an den Merengue erinnert und von Trommeln, Blasinstrumenten – gewöhnlich Klarinette – und Saiten, besonders dem Banjo, begleitet wird.

Die Musik des Nordostens ist eine Palette mit einer Klangbreite von afrikanischer Musik bis zu den Melodien des portugiesischen Mittelalters. In kolonialer Zeit verwandelte die Kirche die musikalische Energie dieses Volkes in religiöse Singspiele, Chorgesang und ebensolche Tänze – eine große Anzahl davon sind heute noch erhalten.

In Salvador da Bahia schlägt das Herz Afro-Brasiliens – ein sehr musikalisches Herz, geformt von der Yoruba-Religion, herübergebracht von Sklaven aus Nigeria und Angola. In Bahia ist ihr Kult unter der Bezeichnung „Candomblé" bekannt: die Orixá-Götter werden durch Gesang und Tanz verehrt und pflegen sich der Körper von Medien in Trance zu bedienen, um mit ihren Bittstellern in Verbindung zu treten. Und natürlich darf man die Samba-Schulen von Rio de Janeiro in ihrer beispiellosen Musikalität nicht vergessen, deren geballte Performance beim alljährlichen Karneval zum Ausdruck kommt. Weiter nach Norden erreichen wir die Staaten Espirito Santo, Minas Gerais und Goiás. Im kolonialen Ouro Preto, in Minas Gerais, kann man allenthalben noch die antiken Modinhas erleben, gesungen zur siebensaitigen portugiesischen Gitarre, als Serenade vor dem Balkon einer schönen Dame. Espirito Santo ist die Heimat des „Ticumbi", einer Volksweise, die man zum Rhythmus einer Gitarre und Rumbarasseln tanzt. Der Staat Goiás teilt sich mit Minas Gerais ein reiches Erbe an religiösen Volksliedern und Tänzen, die aus Portugal stammen und als Folias, Modas und Calangos präsentiert werden.

Der Süden und seine Musik: In den Staaten Paraná, Santa Catarina und Rio Grande do Sul ist die Musik in Rhythmus und Instrumentierung eindeutig von den europäischen Einwanderern geprägt. Gitarre und Akkordeon sind hier die bevorzugten Instrumente, und die Namen der Tänze verraten direkt ihren europäischen Ursprung: Mazurkas, Valsas, Xotes, Polquinhas und Rancheiras.

In den frühen 1950er Jahren brach eine neue Ära an: mit einer musikalischen Invasion aus Bahia und dem Nordosten. Von Bahia kam Dorival Caymmi, der mit seinen Fischerliedern den Samba eine Weile verdrängte, und aus dem Nordosten brachte Luiz Gonzaga es fertig, mit seinem unwiderstehlichen Baião, begleitet vom Akkordeon, dem Zabumba (große Trommel) und dem Triangulo (Triangel), den Samba fast in die Vergessenheit zu treiben – sein „Asa Branca" wurde ein Klassiker. Fast aus der Asche des Sambas erhob sich dann der Bossa Nova – weiß, mittelständisch und seidenweich. Vinícius de Moraes und Tom Jobim waren seine Helden, 1958 bis 1964 waren seine besten Jahre, Copacabana, Ipanema und Leblon ihr beliebtester Background: „Garota de Ipanema" – „Desafinado" – „Samba de uma nota só" – waren die beliebtesten Songs, und Nara Leão, Baden Powell, Toquinho, João Gilberto, Luís Bonfã und einige andere seine besten Interpreten. Der amerikanische Jazz-Saxophonist Stan Getz, begeisterter Anhänger des Bossa Nova, half mit, diesen neuen Sound aus Brasilien in die ganze Welt hinauszutragen.

Brasilianer lieben eine Festinha (Party) egal wo, egal bei wem. Sämtliche Probleme des Alltags können durch eine Festinha erst einmal ad acta gelegt werden – und sie befreit die Fantasie. Und dann, zu etwas fortgeschrittener Stunde, entsteht sie wieder, die allgemeine Kommunikation durch die Musik: wenn nämlich plötzlich jemand anfängt, einen jener romantischen Texte mitzuträllern, die aus den Lautsprechern schallen – plötzlich trällern alle mit.

Die Brasilianer und der Sport

Die Attraktivität des Körpers durch sportliche Betätigung zu steigern oder – wenn einem das zu anstrengend ist oder zu lange dauert – einfach durch ein paar Schönheitsoperationen auf die Sprünge zu helfen, das steht in Brasilien fast an erster Stelle der persönlichen Interessen einer extravaganten Körperkultelite, die sich entsprechende Kosten und die dafür aufzuwendende Zeit leisten kann.

Natürlich sind es auch hier in erster Linie die Frauen, die ihre zahlreichen Sitzungen (oder besser: Liegungen) unterm Messer des Chirurgen wie einen regelmäßigen Gang zum Friseur oder zum Zahnarzt in ihrer Beauty-Agenda einzuplanen pflegen.

Das größte Kontingent der brasilianischen Körperkultur stellen allerdings diejenigen, welche die schweißgeschwängerte Stickigkeit der überall aus dem Boden schießenden Fitness-Studios viele Stunden am Tag inhalieren, als wäre es Rosenduft. Dort modelliert man seine Muskeln, um später im ärmelfreien T-Shirt an der Copacabana seinen kraftstrotzenden Traumtorso präsentieren zu können. Auf die weiblichen Besucher jener Fitness-Studios scheint der brünstige Schweißgeruch, der über den Foltermaschinen schwebt, eine eher stimulierende Wirkung auszuüben. Hinterher dürfen sie sich dann dem Rausch anerkennender Pfiffe und anzüglicher Bemerkungen der Männerwelt hingeben, wenn sie ihren Wonnekörper über das Wellentrottoir der Copa im „Fio dental" (Zahnseiden-Bikini) bewegen oder in Ipanema, unter den Seufzern unzähliger Bewunderer, in den weichen Sand des Strandes betten.

Es ist sicher nicht abzustreiten, dass man mit dem Begriff Sport stets auch einen gewissen Körperkult verbindet – der besonders in Brasilien, wo das tropische Klima einen dazu zwingt, ziemlich viel vom eigenen Body unbedeckt zu präsentieren, geradezu religiöse Formen angenommen hat.

Aus einer Verbindung von Sport, Strand und Körperkult entstand zum Beispiel der Beach-Volley in Brasilien, der längst auch in Europa seine Anhänger gefunden hat und inzwischen zu einer olympischen Disziplin aufgerückt ist. Tatsächlich hat der „Vôlei de Praia", wie ihn die Brasilianer nennen, in diesem Land eine Tradition, die auf die 1930er Jahre zurückgeht, als die ersten Amateur-Turniere an den Stränden von Copacabana und Ipanema ausgetragen wurden. Allerdings sah man jahrzehntelang im Vôlei de Praia nur ein Strandvergnügen, dem an den Wochenenden Millionen Menschen immer noch huldigen, besonders an den Stränden von Rio de Janeiro.

Natürlich steht Fußball in diesem Land – wie könnte es anders sein – ganz oben auf der Beliebtheitsskala sämtlicher Sportarten. Überall tritt beziehungsweise spielt man ihn mit Begeisterung – in den Straßen und Gassen der mittelklassigen Wohnbezirke, zwischen den windschiefen Bretterbuden der Favelas, im weichen Sand der Stadtstrände, auf den Rasenflächen der Stadtparks, auf den Sportplätzen der Militärkasernen wie auf den Gefängnishöfen. Der Fußball ist, so scheint es, Sinnbild einer Einheit im brasilianischen Volk, die man auf anderen Gebieten leider nur selten antrifft.

Fußball im Maracanã

Fünf Weltmeistertitel haben das Selbstbewusstsein des fußballverrücktesten Volkes der Welt gestärkt. Und gerne möchte ich Ihnen mal einen Ausschnitt aus meinen persönlichen Beobachtungen der Brasilianer und ihrem Lieblingssport präsentieren, wobei ich zugeben muss, dass mir der bei einem Fußball-Match explodierende Enthusiasmus dieser Menschen – ich meine da in erster Linie die frenetisch brüllenden und tanzenden Zuschauer – bis heute unverständlich geblieben ist.

Das „Estádio Jornalista Mário Rodrigues Filho", besser bekannt als „Maracanã-Stadion", ist eines der größten Sportzentren der Welt. Die gigantische Anlage wurde erst vor der WM 2014 renoviert und ist jetzt über den Tribünen teilweise überdacht und über dem Spielfeld offen – ein Vulkankrater, in dem die glühenden Leidenschaften für den Fußball im Allgemeinen, und für den Lieblingsverein im Besonderen, zum Kochen kommen – und nicht selten auch zum Überlaufen.

Um die allgemeine Nervosität vor Beginn eines Spiels zu unterdrücken, intoniert man gemeinsam die Vereinshymne, unterbrochen von den provokativen Zwischenrufen der gegnerischen Fans. Wallende Fahnen und Wimpel in den Vereinsfarben beleben das Gesamtbild. Nach dem Anpfiff bricht dann die Hölle los: Große Sambatrommeln dröhnen in frenetischem Rhythmus, Feuerwerkskörper und Rauchbomben zischen und zerplatzen über den Köpfen der Menge, Feuerballons werden gestartet. Und wehe, wenn der lokale Verein in Rückstand gerät: Dann fliegen Rollen mit Toilettenpapier und tote Hühnchen ins Publikum, die mit einem Macumba-Fluch gegen den Gegner belegt sind und stets bei einem ungleichen Tor-Verhältnis zum Einsatz kommen, um die Vereinsmannschaft zu retten.

Bis zur größten Niederlage ihrer Geschichte, bei der WM 2014 gegen Deutschland (auf die ich noch zurückkommen werde), durfte man anhand der bis dato von ihnen eingeheimsten Weltmeistertitel annehmen, dass die Brasilianer die Weltbesten in diesem Sport sind, und als „Penta-Campião" (fünffacher Weltmeister) stehen sie immer noch an der Weltspitze in diesem Sport.

Woher kommt das brasilianische Talent?

Die Fußballbegeisterung saugen die Brasilianer sozusagen mit der Muttermilch ein – ob arm oder reich. Schon wenn sie krabbeln können, tun sie dies stets mit dem Ziel, dem größeren Bruder den Ball wegzunehmen. Und kaum stehen sie auf eigenen Beinchen, veranstalten sie ihre ersten Peladas (Straßenfußball) mit anderen Knirpsen auf dem Hinterhof. Und wenn sie heranwachsen, haben die meisten ihrer Träume mit Fußball zu tun.

Während Kinder in Europa sich mit allem nur erdenklichen technischen und elektronischen Spielzeug vergnügen, das brasilianischen Kindern in den meisten Fällen vorenthalten wird, weil mit dem geringen Einkommen ihrer Eltern unerreichbar, suchen diese sich ein geeignetes Objekt für den Straßenfußball – einen Kürbis, eine Pampelmuse oder eine Blechdose – und vergnügen sich damit. Und wenn endlich ein echter Fußball Einzug in die Familie hält, sind sie überhaupt nicht mehr zu bremsen, und ein wichtiges Match mit einem Straßen-Team aus der Nachbarschaft kann sie sogar zum Schwänzen der Schule verleiten. Und natürlich verfolgen sie schon von Kindesbeinen an die Entwicklung auf nationalem und internationalem Rasen, liegen bei jedem Spiel ihres Vereins kommentierend und Popcorn kauend in den Armen ihrer Väter vor der Flimmerkiste, schreien mit ihnen wie am Spieß, wenn ein Tor fällt – während ihre Schwestern und Mütter für Nachschub auf den Tellern und in den Gläsern sorgen. Inzwischen hat die brasilianische Fußballbegeisterung auch einige weibliche Teams hervorgebracht – auch ein brasilianisches Damen-National-Team, dessen Spielmacherin Martha gerade erst zur weltbesten Ballkickerin gekürt wurde.

Die Fernsehsucht der Brasilianer

Brasilien gehört zweifellos zu den Ländern mit den höchsten TV-Einschaltquoten der Welt. Die Glotze läuft in vielen Haushalten beinahe rund um die Uhr – mindestens von 6 Uhr morgens bis nach Mitternacht – egal, ob jemand hinschaut oder nicht. Die Hausfrau kocht, wäscht ab oder bügelt, während sie aus den Augenwinkeln eine Vor- oder Nachmittags-Novela verfolgt. Ihre Kinder balgen sich vor der Mattscheibe und ihrer Putzfrau rinnen Tränen des Mitgefühls über die Wangen, weil der Butler, mit dem sie sich heimlich identifiziert, in dem Rührstück als Dieb verdächtigt wird.

Jeden Mittwochabend und jeden Sonntagnachmittag wird das Gerät dann von den Fußball-Fans der Familie umlagert – außer dem

Hund kann man eigentlich alle Mitglieder dazuzählen, doch selbst der findet sich ebenfalls vor der Mattscheibe ein, weil von den vielen Leckereien, die man zwischen hektischen Anfeuerungsrufen und Tor-Ekstasen in sich hineinstopft, auch immer mal etwas auf den Boden fällt. Damit man aber dem Globo-Kanal, als zweitgrößtem TV-Kanal der Welt, nicht nachsagen kann, er bringe keine Bildungsprogramme, hat er diese auf die absurde Sendezeit zwischen 5 und 7 Uhr morgens gelegt, in der sich ein normaler Bürger in der Regel noch im Tiefschlaf befindet oder schon auf dem Weg zum Arbeitsplatz, denn auch in Brasilien stehen viele Menschen wegen ihrer langen Anfahrtswege schon sehr früh auf. Selbst die Gilde der Nachtwächter, die sich normalerweise mittels Fernsehen die Nacht um die Ohren schlägt, ist zu jener, für sie viel zu späten Stunde, nicht mehr aufnahmefähig. Wer schaut sich also um diese absurde Zeit ein Bildungsprogramm an?

Telenovelas aus der Traumfabrik

Eigentlich bin ich mit meiner Fernseh-Skepsis gänzlich ungeeignet, über die beim Volk so beliebten Novelas ein paar passende Worte zu schreiben. Denn es ist mir schon zuviel, wenn ein TV-Film nur eine einzige Fortsetzung hat – ich mag Filme, die in einem Stück, also auch ohne hinterlistige Werbungsintervalle, zur Sache und zum Ende kommen. Doch ich mache schon mal eine Ausnahme, bei einer Novela, die sich vor einer der großartigen Naturkulissen Amazoniens abspielt oder mit „echten Indios" als Protagonisten besetzt ist.

Nach dem „Jornal Nacional", der brasilianischen Tagesschau, folgt die „Novela das Oito" – die Acht-Uhr-Novela, die ganze Stadtteile in Brasilien leerfegt, wenn es auf 8 Uhr abends zugeht. Sie ist eine Domäne der allmächtigen TV-Traumfabrik Globo und die lockt mit ihren gnadenlos auf die romantische Seele der Brasilianer zielenden Seifenopern nicht nur die gesamte Großfamilie vor den Fernseher, sondern auch das Heer der Hausangestellten, Portiers, Putzfrauen, Aufzugführer und Chauffeure – jeden vor seinen, versteht sich.

Selbst Hund und Katze räkeln sich dann vor der Mattscheibe, denn die Werbungsintervalle für Chappy und Kitekat sind auch für sie interessant. Es soll aber auch schon das eine oder andere sensible Haustier geben, dem die Tragik der Handlung solcher Seifenopern an die Nieren geht: Zum Beispiel wollte der Basset meiner Nachbarin tagelang nichts mehr fressen, weil in der Acht-Uhr-Novela der rosafarbene Toy-Pudel Lulu, verhätschelter Liebling einer Gruppe halbseidener Damen, vor seinen Augen von einem Lastwagen überrollt wurde.

Ja, dramatisch und tragisch sind die Novelas allemal. Wenn da zum Beispiel der junge Held und Traumprinz aller weiblichen Zuschauer einen Autounfall hat – so wie im wirklichen Leben und in der Regel erst fünf Minuten vor Schluss der hunderteinundfünfzigsten Folge – dann rollen im ganzen Land Tränen der Erschütterung und des Mitleidens über Millionen verhärmter Wangen der vom Schicksal gebeutelten oder in irgendeinem Abseits vergessenen Weiblichkeit. Dann bangen sie vierundzwanzig Stunden lang, bis zur Fortsetzung, um sein Leben, und die dämmrigen Innenhöfe der dicht aneinander gedrängten Wolkenkratzer von Copacabana hallen wieder von Zweifeln und Hoffnungen, die beim Aufhängen der Wäsche oder dem Polieren der Möbel in tieferschütterten Herzen der Hausangestellten keimen und zwischen Küchenfenstern und Balkongittern diskutiert werden.

Bis die ersehnte Fortsetzung in der einhundertzweiundfünfzigsten Folge am nächsten Abend ihre Ungewissheit endlich verscheucht. Aufatmend, unter Entzückungsschreien, entdecken sie ihren Helden unter dem blendenden Weiß der Leinentücher: Es hat ihn schlimm erwischt, selbst sein unwiderstehlich blonder Schopf ist von einem dicken Verband umwickelt, ein Bein im Gipsverband präsentiert er fotogen, in einem Fünfundvierzig-Grad-Winkel unter einem Galgen aufgehängt, und, kaum zu glauben, unter seinem Leidens-Make-up von zahlreichen Blutergüssen gelingt ihm doch tatsächlich ein Lächeln – wenigstens mit dem einen Auge – nicht für die Kamera, sondern für seine Millionen weiblicher Fans, für alle mit ihm leidenden Anamarias, Rosas, Magalis, Eunices, Raimundas, Gertrudes, Sônias, Aparecidas, Elisabetes, Grisaldas, Clodetes, Creuzas und so viele andere, die jetzt wieder ruhig schlafen können, denn auch der Arzt meint, dass er durchkommt. Und als der abtritt, schlägt die plappernde Woge der ungewöhnlich attraktiven Krankenschwestern wieder über dem

Bett unseres bemitleidenswerten Helden zusammen – Schnitt und Globo-Gong: Werbungsintervall – den die Hausfrau dazu benutzt, fertig abzuspülen oder ein bisschen Salzgebäck zum Nebenbei-Knabbern zusammenzustellen. Derweil trocknet die schwarze Angestellte verstohlen ihre Tränen ab und geht mit dem Hund vor die Tür. Papa schenkt sich Bier nach und die Kinder stehen Schlange vor der Klotür, weil die älteste Tochter ihren Lidstrich vor dem Spiegel nachzieht und die Tür abgeschlossen hat. Der nächste Globo-Gong holt sie dann alle wieder zurück auf ihren Stammplatz im Wohnzimmer, um gespannt die weitere Entwicklung des Dramas zu verfolgen.

Jeder Tag, mit Ausnahme des Sonntags, ist ein Novela-Tag. Und zwar, wenn man so will, rund zehn Stunden hintereinander, sogar übereinander: Von morgens bis spät abends kann man die verschiedensten Seifenopern auf unterschiedlichen Kanälen empfangen und es gibt tatsächlich Experten, die sage und schreibe vier bis sechs verschiedene Novelas regelmäßig anschauen und auseinanderhalten können, obwohl eine Durchschnittsproduktion in der Regel mindestens vier Monate lang läuft, also schon allein auf mehr als einhundert Folgen kommt. Und die werden nicht etwa alle abgedreht, sondern man beginnt mit der Ausstrahlung einer ersten Serie und dreht parallel dazu die nächste. Das hat verschiedene Vorteile: Man kann vor allem die Einschaltquoten und Kritiken in den Medien beobachten, Inhalte und Darsteller flexibel halten, erstere je nach Geschmack der Zuschauer in kommenden Drehtagen verändern und letztere sogar abtreten lassen, sollten sie beim Publikum in Ungnade gefallen sein. Auf diese Weise lassen sich auch aktuelle Ereignisse in das Geschehen einbeziehen, und letztlich hängt es ebenfalls von den Einschaltquoten ab, wie lange eine Novela läuft. Es waren schon Dauerbrenner dabei, die länger als sechs Monate, in mehr als einhundertfünfzig Folgen, die Herzen der Brasilianer höher schlagen und das Abendessen anbrennen ließen, überall Tagesgespräch waren, kurz vor acht Uhr abends zu einer erhöhten Quote von Verkehrsunfällen führten, Hochzeiten stimulierten und Scheidungen provozierten – kurz, die Gesellschaftsgeschichte schrieben und sich so in der brasilianischen Kultur der Gegenwart einen festen Platz erobert haben. Die Bedeutung der gesellschaftspolitischen Rolle der Novelas ist eine brasilianische Realität.

Die Brasilianer sind eine Fernseh-Nation. Und ich möchte noch ein Stück weiter gehen und behaupten: Die Brasilianer sind eine Novela-Nation. Nicht nur als Konsumenten, nein, auch als Macher, die fast alle ihre Drehorte im eigenen Land finden – und was für Drehorte! Eine große Mehrheit der Zuschauer aus den Großstädten hat das eigene Land überhaupt erst mittels der Novelas kennengelernt: Zum Beispiel das Tierparadies Pantanal, anhand der Novela gleichen Namens; die Indios vom Rio Xingu, in der unvergesslichen Novela „Aritana"; den tropischen Regenwald und viele seiner Geheimnisse, in der aufwühlenden Novela „Amazonas"; oder das Brasilien der Kolonialzeit in „Die Sklavin Isaura". Allen voran der mächtige Globo-Kanal stellt inzwischen Produktionen auf die Beine, die sich in jeder Hinsicht mit der kinematografischen Weltspitze messen können, und deren besondere Reize die gut gewählten brasilianischen Landschaften und regionalen Sitten und Gebräuche ihrer Bewohner ausmachen.

Die Geburtenexplosion Brasiliens ist in den letzten zehn Jahren deutlich zurückgegangen. Nicht nur wegen Kondomen und der Anti-Baby-Pille, die von der Regierung gratis verteilt werden, sondern vor allem wegen des Fernsehers in jedem Haushalt und nicht zuletzt wegen der passenden Novelas für jeden Bürger. In den Stories selbst werden neben dem beliebten Herzschmerz-Melodram oft auch aktuelle Probleme wie Alkoholismus, Drogenabhängigkeit, Aids-Gefahr, Umweltverschmutzung und häusliche Gewalt angesprochen – auch der sexuelle Umgang miteinander ist für die Jugend Brasiliens längst kein Tabu mehr, weil er inzwischen in zahlreichen Novelas von den Protagonisten schonungslos aufgearbeitet wurde. Man vermutet sogar, dass der Novela oder vielmehr ihren Produzenten, eine Prämie für sexuelle Aufklärung gebührt.

Nun, ich sagte es schon, dass ich mich nicht unbedingt mit den Inhalten dieser Seifenopern identifiziere. Trotzdem muss auch ich anerkennen, dass die Novelas durchaus einen Platz im brasilianischen Fernsehprogramm verdient haben – vielleicht etwas weniger Platz – aber ich betrachte sie als eine positive Strömung gegen jene inhaltsöde Mord- und Totschlag-Krimiwelle, die einen sensiblen deutschen Fernsehkonsumenten heutzutage in die TV-Abstinenz zu treiben droht. Während ihre Helden es fast immer vorziehen, mit Faust und Revolver zu argumentieren, kann man von einer gut gemachten Novela wenigstens menschliche Regungen und stellenweise auch durchaus berührende Dialoge erwarten. Der Revolver ist in diesem Fall ein eher selten benötigtes Instrument, die breite Skala menschlicher Gefühle wird dagegen wieder ihrer eigentlichen humanen Rolle gerecht und kann bei Zuschauern, die ihre natürliche Sensibilität nicht in einer dunklen Ecke als altbacken abgestellt haben, viel mehr Erregung und Anteilnahme hervorrufen als monotone Polizeietüden und ihre Killer-Protagonisten.

Da es unbestreitbar zu den liebenswertesten Eigenschaften der Brasilianer gehört, gefühlsbetont zu sein und auch so zu reagieren, trifft man sie mit den Telenovelas unbestritten an ihren sensibelsten Stellen. Und wer sich in der Realität nicht mit dem für einen Großteil der Brasilianer unerreichbar luxuriösen Milieu der einen oder anderen Novela identifizieren kann, der träumt sich eben vor dem in der Holzhütte aufgebauten Fernsehgerät in die Handlung hinein. Irgendwie ist es doch tröstlich zu wissen, dass die Mehrheit der Brasilianer eben keine Killertypen verehrt, sondern in solchen Menschen ihre Helden sieht, die Liebe und Zärtlichkeit auf der Mattscheibe verströmen und die auch mal verzeihen können.

Die Philosophen der Landstraße

In der Regel werden Sie, verehrter Leser, als Tourist in diesem Land die größeren Entfernungen zwischen der einen und der anderen Ihrer eingeplanten Destinationen lieber bequem im Flugzeug überbrücken wollen, schon allein deshalb, weil Ihre knappe Urlaubszeit dies erfordert. Dazu möchte ich Folgendes bemerken: Wenn Sie zu den Menschen gehören, die eine Reise unternehmen, um nicht nur von einem Nobelhotel zum anderen zu wechseln, Land und Leuten nicht nur begegnen, sondern ihre Eigenheiten und typische Lebensweise tatsächlich kennen lernen wollen, dann rate ich Ihnen, sich bei einem so riesigen Land wie Brasilien jeweils nur auf eine bestimmte Region pro Urlaub zu konzentrieren und diese Ihrem besonderen spezifischen Interesse entsprechend auszuwählen.

Brasilien ist in vielerlei Hinsicht ein ideales Reiseland, denn es kann Ihnen fast alle Urlaubswünsche erfüllen – außer Wintersport natürlich. Aber selbst Schnee können Sie in den Bergen von Santa Catarina und Rio Grande do Sul erleben, wenn Sie zwischen Juni und August herüberkommen. Wenn Sie Wildlife fotografieren wollen oder ein Vogelbeobachter sind, gibt es in ganz Südamerika keine bessere Gegend als das Pantanal von Mato Grosso. Interessiert Sie der immergrüne Dschungel mit seiner Flora und Fauna, dann verbringen Sie Ihren Urlaub am besten in Amazonien. Ziehen Sie einen Badeurlaub vor, dann finden Sie Brasiliens beste Strände im Nordosten des Landes. Sollten Sie sich für die interessante Kultur und die Geschichte Brasiliens interessieren, dann werden Ihnen die gut erhaltenen Kolonialstädtchen im Innern des Staates Minas Gerais gefallen. Möchten Sie mal erleben, was Ihre ausgewanderten Landsleute aus ihrem Stück Brasilien gemacht haben, dann treffen Sie sie im südlichen Staat Santa Catarina – übrigens feiern die dort auch ein tolles Oktoberfest! Apropos feiern: Das exotischste Fest hier drüben ist sicherlich der Karneval – nicht nur in Rio de Janeiro, sondern auch in Salvador (Bahia) oder Recife (Pernambuco) zu empfehlen. Wenn Ihnen also der Sinn nach Feiern steht, dann werden Sie sich unter den vielen gleichgesinnten Brasilianern der großen Küstenstädte sofort heimisch fühlen.

Wenn man auf Brasiliens Landstraßen unterwegs ist, kommt es immer wieder vor, dass man hinter einem der zahlreichen LKWs hängen bleibt, die besonders an Steigungen auf ein frustrierendes Schneckentempo zurückschalten müssen, weil sie in der Regel überladen sind. Und wenn man nicht überholen kann, dann sollte man sich nicht aufregen, sondern vielleicht mal die Sprüche auf den rückwärtigen Stoßstangen der Brummis lesen, die da in kunstvollen Buchstaben aufgepinselt sind. Bestimmt lächeln Sie dann, weil der eine oder andere Spruch Sie aufgeheitert hat oder Sie verfallen sogar ins Grübeln – auf jeden Fall ist dann Ihr Frust über die Kriecherei hinter einem dieser „Philosophen der Landstraße" schnell verflogen. Und ich möchte wetten, wenn Sie ihn endlich überholen können, drücken Sie zum Dank sogar ein paarmal fröhlich auf die Hupe.

Was man da so an Stoßstangen-Philosophien serviert bekommt, lässt bei näherer Betrachtung einiges von der Mentalität und der besonderen Vorliebe des jeweiligen Truckers durchblicken – religiös, verliebt, humorvoll und dramatisch, traurig oder philosophisch präsentieren sich hier alle erdenklichen Nuancen humanen Charakters, die übrigens auch eine ganze Menge über die Brasilianer im Allgemeinen aussagen. Wenn man bedenkt, dass diese „Kings of The Road" die meiste Zeit ihres Lebens auf Achse sind, Tausende von Kilometern in diesem Riesenland in nur einer Woche abspulen und kaum Zeit für ein Liebes- bzw. Familienleben finden, dann mag man verstehen, dass sie sowohl ihrem Frust als auch ihrer Bewunderung gegenüber der Weiblichkeit eben auf den Stoßstangen ihrer Trucks Ausdruck verleihen, um auf diese etwas skurrile Art und Weise ihren Gefühlen freien Lauf zu lassen.

Ich habe ein paar von diesen Trucker-Philosophien zusammengetragen und werde sie Ihnen jeweils zwischen einzelnen Kapiteln präsentieren – hier ist schon mal der erste Spruch:

Noch vor der Haut bekommt die Seele Falten.

Ein Philosoph der Landstraße

Teil II

Das Tor zu Brasilien: der Südosten

Hier findet man die größten Städte des Landes, aber auch die größten sozialen Kontraste und entsprechenden Probleme der mittellosen Bevölkerung: Unter den marmornen Bögen der Büropaläste, in São Paulo zum Beispiel, recken sich dürre Hände bittend dem Besucher entgegen, während auf den Dächern Helikopter die fürstlich verdienenden Wirtschaftsbosse zum Lunch abholen. In Rio de Janeiro klebt das Elend in hundehüttenähnlichen Baracken und Buden, den Favelas, an den die Stadt einrahmenden Felswänden.

Politische Misswirtschaft, Korruption, das enorme Wachstum der Bevölkerung und deren vernachlässigte Erziehung und Bildung in der Vergangenheit haben die Probleme vertieft und die Fronten verschärft. Der Südosten ist jedoch auch die am weitesten entwickelte Region Brasiliens – mit der fortschrittlichsten Technik und der größten Bevölkerungsdichte. Die ausgedehnteste Urbanisierung, die gewaltigste Industriekonzentration, der höchste Energieverbrauch des Landes, aber auch die größten Steuereinnahmen, die meisten Universitäten, Ausbildungsstätten und Forschungszentren, das am besten organisierte Verkehrs- und Transportnetz, die meistfrequentierten Schiffs- und Flughäfen, eine Landwirtschaft, die im Land an erster Stelle steht und ein gigantischer Dienstleistungssektor, der mit dem umfangreichsten Handel des Landes verwoben ist – das sind einige Superlative des brasilianischen Südostens. Er ist auch der größte Produzent von Kaffee, Orangen und Zuckerrohr, und er hat den größten Rinderbestand sowie die größte Produktion an Milch und Milcherzeugnissen. Bewässert vom Netz des Rio Paraná und dem des Rio São Francisco verfügt die Region auch über eine Reihe von Wasserkraftwerken.

Darüber hinaus ist der Südosten reich an Bodenschätzen, besonders im Staat Minas Gerais, wo man Eisen, Mangan, Bauxit und Gold abbaut. Das größte brasilianische Erdölvorkommen befindet sich in dem Gebiet von Campos, im Staat Rio de Janeiro – hier wird inzwischen mehr als die Hälfte des brasilianischen Erdöls gefördert.

Das Relief des Südostens wird von Hochebenen beherrscht, von denen mehr als die Hälfte über fünfhundert Meter hoch liegt. Eine Region, in der polare Luftmassen auf tropische treffen und abwechselnd das Klima bestimmen. Deshalb sind Kaltluftfronten besonders während des Winters (Juni bis August) in dieser Region häufig und vereinzelte Frosteinbrüche können verheerende Schäden in der Landwirtschaft verursachen.

Als Besucher hat man im brasilianischen Südosten zweifellos die reichste Auswahl an Dienstleistungen für kreative Reiseerlebnisse: ein dichtes Netz von Spitzen-Gastronomie und ebensolcher Hotellerie, Führungen in allen Sprachen und beste Transportmöglichkeiten. Kulturell braucht man hier keine Vergleiche mit der Weltklasse zu scheuen, auch für Sportbegeisterte gibt es fast alles, was das Herz begehrt und aushält. Die einzigartige Mischung von typisch brasilianischen Kontrasten kommt in dieser Region am deutlichsten zur Geltung. Fast alles, was es im übrigen Brasilien gibt, findet man auch hier im Südosten, mitgebracht von den Zugewanderten: ihre Kultur, ihre Kunst, ihre Folklore, ihre Musik und ihre Küche – oder als ein Geschenk der Natur: Sonne, Strände, Berge, Atlantischer Regenwald, Wasserfälle und Höhlen. Und, nicht zu vergessen, die Kontraste, die von der Geschichte dazu beigesteuert wurden: die kolonialen Städtchen mit ihren barocken Kunstschätzen und den Werken großer brasilianischer Künstler.

Rio de Janeiro

„Bom Dia!" Die melodische Stimme der Stewardess holt mich aus meinen etwas unruhigen Träumen im Foltersessel der Touristenklasse. Kaffeeduft und Geschirrklappern dringen in mein noch schläfriges Bewusstsein. Auf dem Fernsehschirm schnäbeln bunte Papageien um ein Spruchband mit viersprachiger Aufschrift „Guten Morgen – Good Morning – Buenos Dias – Bom Dia". Wie auf Kommando recken sich plötzlich die Hälse meiner eben noch dösenden Mitreisenden aus ihren Sesseln, Nasen werden an den Bullaugen platt gedrückt: Da vorne im Morgendunst, das muss er sein – das ist der Zuckerhut!

Und links davon, der lange helle Sandstreifen, das muss sie sein – die Copacabana! Schließlich geht ein befreites Aufatmen durch den langsam sinkenden Airbus …

Rio de Janeiro ist tatsächlich ganz wunderbar gelegen zwischen grünen Hügeln und spitzköpfigen Bergen, unter denen der „Pão de Açucar" (Zuckerhut) längst zum Traumziel für Weltenbummler geworden ist. Zur einen Seite wird die Stadt vom Meer begrenzt, zur anderen vom Tijuca-Regenwald, dem einzigen Stadt-Urwald der Welt, aus dem der Corcovado-Berg mit der Christusstatue als weiteres Wahrzeichen der Stadt alles überragt.

Dies ist die Metropole der exotisch-touristischen Superlative, die den Rest Brasiliens und alle lateinamerikanischen Städte mühelos in den Schatten stellt, die wie kaum eine andere auf der Welt Hoffnungen und Wünsche weckt und die Fantasie beflügelt. Der Romantiker kommt hier seinen Träumen am nächsten – der Bohemien kann sich hier so richtig ausleben – der Snob fühlt sich endlich verstanden – der Gourmet findet alle Gaumenfreuden dieser Welt in einer einzigen Stadt vereint – der Skeptiker sieht alle seine Vorurteile bestätigt – und den Abenteurer werden die Entdeckungen in dieser Stadt sicherlich mehr faszinieren als das Sauerland. Für die Cariocas, die acht Millionen Bürger von Rio, ist sie einfach ihre „Cidade Maravilhosa" – ihre wunderbare Stadt – besungen in zahlreichen Liedern. Und erst die Cariocas machen diese Stadt zu dem, was sie wirklich ist: das erregendste Chaos der Welt!

Gehen Sie zuerst mal zum Strand. Denn schließlich sind sicher auch Sie besonders wegen Rios schöner Strände hergekommen, oder? Auch für die Cariocas sind Rios Badestrände der tägliche Mittelpunkt gesellschaftlichen Lebens und Sie können diese sehr kontaktfreudigen Menschen dort am besten beobachten, und ihr Stolz auf die Cidade Maravilhosa wird Ihnen bestimmt im Verlauf Ihres Aufenthalts einleuchten.

In den Morgenstunden ist die tropische Sonne am gesündesten. Und wenn Ihr Hotel am Strand liegt, genieren Sie sich nicht, direkt im Badedress loszugehen – carioca-like: Badehose oder Bikini, ein paar Hawai-Latschen (wenn Sie keine dabei haben, dann verkauft Ihnen der Straßenhändler vor dem Hotel bestimmt welche), und im Hosen-

bzw. Bikinibund einen mittelgroßen Geldschein – in dieser Strandgala sind Sie up to date, wie ein(e) Carioca. Wenn Sie noch ein Handtuch oder eine Strohmatte mitnehmen wollen, bitte sehr! Aber keine teure Sonnenbrille, keine goldene Armbanduhr, keine Geldbörse, keinen Walkman, keinen Fotoapparat, keinen Schmuck etc. etc. – und mit dem mittelgroßen Geldschein sind natürlich keine Dollars gemeint, sondern die hiesige Währung Real – gerade genug, um sich eine Erfrischung zwischendurch kaufen zu können.

Ich bin übereinstimmend mit vielen Touristikexperten der Überzeugung, dass Rio nicht gefährlicher als andere Millionenstädte dieser Welt ist. Denn dem umsichtigen und vernünftig handelnden Besucher, der sich auch nach den Tipps seines Reiseveranstalters richtet, wird in Rio kein Haar gekrümmt. Diebstahl, einerseits die Folge unbewältigter sozialer Missstände im Land, ist andererseits die Antwort auf eine mit Luxus provozierende Touristen-Schickeria. Weil hier niemand geschmückt wie ein Christbaum herumläuft, müssen Sie es auch nicht. Lassen Sie deshalb Ihren Schmuck und andere Wertsachen im Hotelsafe, denn Gelegenheit macht die Diebe – und das ist überall auf der Welt so.

Die beste Badezeit in Rio liegt zwischen Oktober und März. Dann ist es in der Stadt so heiß und oft so schwül, dass die Strände tagsüber zum bevorzugten Aufenthalt aller Cariocas werden. Zu kühl zum Baden ist es höchstens zwischen Juli und August, und das manchmal auch nur an wenigen Tagen. Die schönsten Strände mit dem saubersten Wasser befinden sich im extremen Südwesten der Stadt, zum Beispiel in Prainha oder Grumari. Copacabana, Ipanema und Leblon hingegen sind die interessantesten, charmantesten, meistfrequentierten Strände und deshalb unverzichtbar.

Praia de Copacabana ist wahrscheinlich der berühmteste Strand der ganzen Welt – 4.800 Meter lang und leicht gekrümmt. Er hat einen besonders breiten Sandstreifen, mit schwachen bis starken Wellen davor – je nach Strandabschnitt und Jahreszeit. Der Strand liegt zum offenen Meer hin und seit man verschiedene Abwasserkanäle stillgelegt hat, kann man sein Wasser auch wieder zum Baden empfehlen. Spontane Fußball-, Volley- und Fußvolley-Matches werden hier überall und zu jeder Tages- und Nachtzeit ausgetragen, denn der gesamte Strand ist seit ein paar Jahren auch nachts durch Flutlicht taghell erleuchtet. Das den Sand einfassende Trottoir präsentiert das Markenzeichen der „Copa": ein mit schwarzen und weißen Steinen eingelegtes Wellenmuster. Sonntags wird die vor dem Strand verlaufende Seite der breiten Avenida Atlântica für den Autoverkehr gesperrt und ist dann, zusammen mit dem wellengeschmückten Trottoir, Spiel- und Tummelplatz der Kinder, Spaziergänger, Radfahrer und Jogger von ganz Rio.

Praia de Ipanema, im Anschluss an die Copa, ist heutzutage der von den Cariocas bevorzugte Badestrand: mit relativ starker Wellenbewegung – für gute Schwimmer und mutige Surfer – und rund drei Kilometer lang. Dieser Strand hat einen breiten, hellen Sandstreifen, der von der Avenida Vieira Souto begrenzt wird, einer zweispurigen Straße. Hier gibt es Süßwasser-Duschen, sanitäre Einrichtungen und Lebensrettungs-Posten. Internationale Wettbewerbe werden hier ausgetragen, zum Beispiel Strand-Fußball oder Strand-Volley. Dieser Sandstreifen wurde, zusammen mit dem dahinter liegenden Stadtteil gleichen Namens, ehemals künstlich aufgeschüttet, um eine Meeresbucht zu überbrücken – ihr Rest blieb als die „Lagoa Rodrigo de Freitas" zurück.

Der Strand von Ipanema spielt eine bevorzugte Rolle nicht allein durch seine Wasserqualität, sondern vor allem durch die Extravaganz seiner Weiblichkeit, die auf seinem Trottoir zu flanieren oder sich in seinen Sand zu betten pflegt. Der Carioca-Geschmack ist exotisch, das heißt: konträr zu dem, was der liebe Gott ihm als Alltagsmenü verordnet hat – also nicht bronzebraun und dunkelhaarig, sondern rosafarben und blond. Vor allem blond! Und für diese Exotinnen ist der Ipanema-Strand berühmt. Alles was blond ist, zieht diesen Strand vor – auch die, welche es gern sein wollen. Die helfen sich eben mit Wasserstoff-Superoxyd aus der Verlegenheit, mit dem die Apotheken und Drogerien inzwischen in ganz Brasilien riesige Umsätze machen. Man hat ausgerechnet Blond als neues Schönheitsideal entdeckt – jedes Model und jeder TV-Star, jede Sängerin und jede Debütantin – alle versuchen sich auf Blond zu trimmen. Um sie von den Naturblonden zu trennen, nennt man sie „Loiras de Farmácia" (Apothekenblonde).

Praia do Leblon ist die direkte Fortsetzung des Ipanema-Strandes, nur getrennt durch einen Kanal, der die Lagune Rodrigo de Freitas mit dem Meer verbindet. 1.300 Meter lang, mit gutem, lockeren Sand und starker Wellenbewegung.

Hier endet der 8,5 Kilometer lange Stadtstrandbogen Leme – Copacabana – Ipanema – Leblon, an den Zwillingsbergen „Dois Irmãos" läuft er aus. Über die gesamte Strecke ist ein Radweg neben dem Strand-Trottoir verlegt, der in Leme anfängt und auch vor jenen Zwillingsbergen endet. Am Strand von Leblon und Ipanema, bis hinunter zum „Arpoador", wird an Sonn- und Feiertagen die an den Strand grenzende Piste der Avenida Vieira Souto ebenfalls für den Straßenverkehr gesperrt, um den Bürgern als Spiel- und Tummelplatz für ihre Kinder, den Hunden als Auslauf und den Radlern, Skate- und Rollschuh-Fahrern als Piste zu dienen.

Unter der Woche sind die Strände zwischen Copacabana und Leblon am besten belegt, zumal hier auch Sekretärinnen, Hausangestellte und Kindermädchen ihre Mittagspausen verbringen, was die erwartungsfrohe Männlichkeit in Scharen anlockt. Am Wochenende verschiebt sich dann das Schwergewicht zu den naturbelassenen Stränden der südwestlichen Peripherie.

Sport wird hier weniger zur Körperertüchtigung als vielmehr zur Körperverständigung gepflegt. Und wenn Ihnen als Frau zum zigsten Mal Ihr Sonnenhut vom Kopf geschossen wurde, dann sind Sie wahrscheinlich hellhäutig und blond, und dies ist eine der vielen unverblümten Aufforderungen, die vor Lebensfreude strahlenden und vor Gesundheit strotzenden Männer zu begutachten, die sich ganz bestimmt, mit geradezu ergebener Gestik und vielen bedauernden Worten, bei Ihnen entschuldigen werden. Mein Vorschlag: Machen Sie einen von ihnen zu Ihrem Stadtführer – oder auch zwei, wenn Sie sich nicht weiter zu engagieren gedenken.

Die Menschen haben eines gemeinsam: Sie sind alle verschieden!

Ein Philosoph der Landstraße

Die Begegnung

Nun möchte ich Ihnen zur Einstimmung in die fremde Welt der Cariocas von den Eindrücken meiner ersten Jahre in Rio de Janeiro erzählen, und von einer Begegnung, die schicksalhaft für einen kleinen Jungen wurde.

An Wochenenden kann man mich im Allgemeinen zwischen den Passanten entdecken, die über das mit schwarz-weißen Mosaiksteinchen eingelegte Wellenmuster des Trottoirs schlendern, das sich zwischen der Avenida Atlântica und jenem weltberühmten Sandstrand hinzieht, der inzwischen als „die Copacabana" weltbekannt ist. Zum Baden gibt es bestimmt bessere Strände, aber zum Flirten, zum Präsentieren seiner Männlich- beziehungsweise Weiblichkeit oder einfach nur zum Beobachten der Cariocas, wie die das tun, dafür ist die Copa zweifellos am besten geeignet. Deshalb ist sie für Jung und Alt Bühne ihres ganz persönlichen Debuts: Für jene den Atem verschlagenden Models genauso wie für bronzegetönte Dressmen, für gelangweilte weiße Hausfrauen wie für von Sehnsucht geplagte schwarze Dienstmädchen, für unverstandene Sekretärinnen wie für gestresste Firmenbosse. Sie alle flanieren auf dem Copa-Trottoir auf und ab, um sich wirkungsvoll in Szene zu setzen, besonders an den Wochenenden.

Wenn ich Ihnen erzählen würde, was man hier am Copa-Strand an Skurrilitäten erleben kann – am helllichten Tag und unter strahlender Sonne – Sie würden es mir nicht glauben. Und selbst die käsebleich bis rosarot getönten Touristen gehen in diesem lockeren Ambiente ein bisschen couragierter als üblich aus sich heraus, indem sie schon mal ihre Heilands-Sandalen über die Schulter hängen und ihre nackten Füße vorsichtig in den Sand setzen. Die Copa ist, besonders für Fotografen, ein unerschöpfliches Kaleidoskop an fantastischen Motiven, von entzückend über haarsträubend bis unglaublich!

Ich bin kein großer Läufer, sondern habe mich während dieser Spaziergänge eher zum Voyeur entwickelt. Womit ich nicht nur die genüssliche Beobachtung der weiblichen Schönheiten und ihrer dargebotenen Reize meine, sondern die Copacabana als Gesamtkunstwerk, in dem das türkisgrüne Meer und der goldgelbe Sand ebenso beeindruckende Komponenten sind wie die Menschen aller Altersklassen und Hautfarben, die vor dieser tropischen Naturkulisse unter der fast täglich scheinenden Sonne ihre ganz persönliche Show präsentieren.

T-Shirt, Jeans und darunter der Fio-Dental sind die demokratischen Kleidungsstücke der Weiblichkeit überall an Rios Stränden. Dem Tourist fällt es schwer zu unterscheiden, ob ihm eine Tochter aus gutem Hause zulächelt oder ein Mädchen aus einer Favela, die mit ihrem knappen Einkommen zuhause hilft, ihre zahlreichen Geschwister durchzubringen. Mit ihrem anmutigen Lächeln lebt sie hier vielleicht ebenso eine Fantasie aus, wie der Gringo, dem die überraschend leichte Eroberung zu einem neuen Selbstwertgefühl verhilft. Bei den allzu Leichten ist allerdings Zurückhaltung angebracht, sonst bekommt man plötzlich, in durchaus köstlichem Brasil-Englisch, die gängigen Tarife unterbreitet.

Es gehört auch eine vielgestaltige Palette von Geräuschen, Tönen und improvisierter Musik zum typischen Copa-Flair. Und eine ähnlich nuancenreiche Skala der verschiedensten Gerüche, wobei der salzige Geruch des Meeres alles überlagert. Wenn Sie nun noch Ihre Geschmacksnerven mit ein paar typischen Extragenüssen beeindrucken wollen, so ist dies an der Copacabana ebenfalls kein Problem: Für Drinks und Snacks empfehlen sich die Kioske auf der Strandseite und für den größeren Hunger ist die gegenüberliegende Seite der Avenida Atlântica wie geschaffen, an der sich Restaurants und Cafés aller Genres aneinanderreihen, vor denen dienstbeflissene Kellner die Passanten mit einer devoten Handbewegung in ihr Etablissement einladen. Sogar abends ist es hier interessant – für manch einen sogar erst dann. Auf dem Flanier-Trottoir, zwischen Avenida und Strand, laden die hübschen Kioske zum Verweilen ein – mit Tischchen und Stühlchen und einer erfrischenden Brise vom Meer. Hier können Sie in aller Ruhe das Wasser einer grünen Kokosnuss genießen oder irgendein anderes Erfrischungsgetränk – natürlich können Sie auch eine Caipirinha bekommen oder etwas Stärkeres, während Sie einem Beach-Soccer der Cariocas zuschauen oder dem Vollmond, der gerade riesengroß und gelb am Horizont aufgeht.

Nach dem Aperitif begeben Sie sich dann einfach auf die gegenüberliegende Seite der Avenida Atlântica in eines der zahlreichen

Strandrestaurants – suchen sich dort einen Tisch im Freien mit Blick auf das Flanier-Trottoir aus, und dann auf der Karte Ihr Abendessen. In den meisten dieser Open-Air-Etablissements gibt es guten Fisch mit Meeresfrüchten. Bestellen Sie sich etwas zu trinken und beobachten Sie, bis Ihr Essen kommt, die vorüberflanierenden Schönen der Nacht auf dem Trottoir.

Eine Haut wie Bronze, in kniehohen, weißen oder schwarzen Lackstiefeln, setzen sie publikumswirksam ein Füßchen vor das andere, womit sie, trotz des manchmal nicht mehr ganz knusprigen Alters, ihre noch wohlproportionierte Pobacken in einem unvergleichlich erotischen Rhythmus zur Geltung bringen, von einem kurzen Röckchen gerade eben so weit entschärft, dass uns bewundernden Kerlen nicht der Mund offen stehen bleibt. Ihre Büstenhalter kaufen sie grundsätzlich zwei Nummern zu klein, denn auch das Kontrastprogramm muss ja entsprechend promotet werden, wenn man unter der zahlreichen jüngeren Konkurrenz überleben will. Hier werden Sie einen Carioca-Volkssport entdecken, als Live-Programm von einzigartiger Faszination. Falls Sie allerdings schon in angenehmer Begleitung sind und lieber alle Ihre Sinne auf das Menü konzentrieren möchten – und auf Ihre Partnerin natürlich – dann kann ich Ihnen eine der zahlreichen Churrascarias in einer der Nebenstraßen empfehlen, auch in denen erwartet Sie ein echt brasilianisches Fleischvergnügen.

Der humane Tastsinn erstreckt sich, wie jeder weiß, von unseren Haarspitzen bis zu den Fußzehen – dort unten ist er allerdings stark beeinträchtigt, weil in seiner Wahrnehmung behindert, wenn die Füße in dicken, ledernen Halb- oder gar knöchelhohen Wanderschuhen stecken. Und die Gringos, die zu Besuch an der Copa weilen, unterscheiden sich von den Einheimischen vornehmlich durch drei Eigenheiten – erstens: ihre bleiche bis rosarote Gesichtsfarbe – von den übrigen Körperteilen pflegen sie erst einmal das meiste zu verstecken – zweitens: ihre schweren Wanderschuhe, die sie wahrscheinlich wegen der Schlangen auf den Straßen Brasiliens mitgebracht haben – und drittens: durch ihren typischen Schlendergang, eine vergleichsweise schwerfällige Art der Fortbewegung, die jedem Brasilianer sofort ins Auge sticht. Was Wunder also, dass man auch mich sofort als Gringo identifizierte. Und seit mir das damals auf der Copa passierte, bevorzuge ich jene offenen Hawaii-Latschen oder Flip-Flops, wie jeder richtige Carioca.

Um die Geschichte so zu erzählen, wie ich sie erlebt habe, muss ich mit einem kleinen, schwarzen Drei-Käse-Hoch anfangen, der sich plötzlich vor mir auf dem Wellenpflaster aufbaute, sein Gesicht zu einer Grimasse des Abscheus verzog, auf meinen rechten Schuh deutete und meinte:

„Iiih, Mista, lukk dis schitt!".

Überrascht von seinem lustigen Brasil-Englisch lenkte ich meinen Blick in die Richtung, die mir sein empörter Zeigefinger wies und entdeckte einen übel aussehenden Batzen Hundescheiße quer über der vorderen Kappe meines Schuhs. Der Anblick war so eklig, dass mir der Churrasco vom Mittagessen hochzukommen drohte und ich nickte dankbar, als der Kleine mir vorschlug:

„Mii cliin dis schitt".

Geschäftstüchtig stellte er am Rand des breiten Flaniertrottoirs, im Schatten einiger Kokospalmen seine kleine Holzkiste auf, die er unter seinen Arm geklemmt hatte, entnahm ihr eine Spachtel und eine Schuhbürste, bedeutete mir, meinen rechten Fuß auf die Kiste zu setzen und begann dann vorsichtig und gekonnt mit der Reinigung meines Schuhs, während ich meinen Hals weit nach hinten bog und den kreisenden Geiern unter dem strahlend blauen Himmel zusah, um eine möglichst große und definitive Distanz zwischen der Hundescheiße und meiner empfindlichen Nase einzuhalten und den scheinbar mitleidigen Blicken der vorüberkommenden Passanten zu entgehen.

„Reddi, Mista!" – die fröhliche Stimme des Knirpses riss mich aus meinen Gedanken und ich wagte einen scheuen Blick auf meine Schuhe: Beide glänzten in ungebrochener Eintracht – ein richtiges Putzwunder. Das Trinkgeld entsprach meiner Erleichterung und mit einem „Tankyu, Mista" verschwand mein kleiner Retter in der Menge.

Diogo, in dessen Firma ich damals die Marketing-Abteilung leitete, wollte sich totlachen, als ich ihm von meinem Missgeschick an der Copacabana und von meinem Retter in der Not erzählte.

„Von wegen Missgeschick und Retter", lachte er mich aus, „ein ganz alter Trick ist das! Und dein sogenannter Retter ist eigentlich ein

Trickbetrüger, dem du als willkommenes Opfer auf den Leim, beziehungsweise auf die Hundescheiße, gegangen bist" – wieder schüttelte er sich vor Lachen.

Und dann erklärte er mir die Sache: „Wenn diese Kerle einen von euch auf der Straße sehen" – mit „euch" meinte er offensichtlich das Gros der frisch eingeflogenen Gringos – dann folgen sie euch unauffällig, um bei nächster Gelegenheit mit einem ihrer zahlreichen Tricks als Retter, Helfer oder Beschützer dazustehen – das heißt: Sie retten, helfen und beschützen den ahnungslosen Touristen vor einem Unheil, das sie zuvor eigenhändig vorbereitet haben. Dein Retter hat dir, als du einen Moment stillstandst, das Übel auf die Schuhspitze platziert. Übrigens handelt es sich dabei lediglich um harmlose Dichtungspaste, die zwar wie Scheiße aussieht, aber geruchlos ist und leicht zu entfernen. Dann ist er dir ein paar Meter vorausgeeilt und ... nun, den Rest kennst du ja. In der Hochsaison arbeiten diese frechen Kerle sogar in Gruppen: Die einen bringen die Bombe an und die anderen entschärfen sie wenige Meter weiter – ein einträgliches Geschäft."

Es war ein paar Tage vor Weihnachten, an einem Samstagnachmittag, als Diogo mich ganz überraschend anrief und mich überredete, doch gleich mal bei ihm vorbeizukommen, es sei dringend. Und dann empfing er mich schon am Eingang zu seinem Appartement-Hochhaus in einem funkelnagelneuen BMW-Cabriolet. Der Geruch der frischen Lederbezüge hatte die gesamte Nachbarschaft aus ihren Wohnungen gelockt, bewundernd umstanden sie das Traumauto, in dessen dunkelblau schimmernder Metallic-Lackierung sich ihre grinsenden Gesichter spiegelten.

„Los, spring rein, ich will hier weg", meinte Diogo, dem der Menschenauflauf unangenehm war – „unterwegs erklär' ich dir alles!"

Wir brausten davon, am Strand von Ipanema entlang, dann am Strand von Leblon – Fliegen ist vermutlich nicht schöner. Als wir schließlich weit außerhalb am Barra-Strand Halt machten, an einer Holztheke unter freiem Himmel, erfuhr ich von ihm bei einem Glas Bier, dass er den Wagen von seinem Bruder geschenkt bekommen habe.

„Tatsächlich ist es mein Weihnachtsgeschenk für gute Führung unserer Exportgeschäfte. Allerdings auch mit der Bedingung, dass ich mich jetzt mal öfter bei meiner Familie in Santa Catarina sehen lasse."

Den Abend beendeten wir, wie gewohnt, an der Copacabana auf der Terrasse eines Straßenlokals. Als wir das neue Auto in eine Parklücke am Straßenrand lenkten, war sofort ein kleiner Junge zur Stelle, der uns einwinkte und dann dienstbeflissen die Autotür auf Diogos Seite aufhielt. Das Licht einer Straßenlaterne fiel auf sein dunkles Gesicht und ich meinte in ihm jenen Schuhputzer wiederzuerkennen, meinen „Retter" von wenigen Tagen zuvor – aber diesmal hatte er keine Kiste unterm Arm, sondern nur einen Putzlappen in der Hand.

„Vou tomar conta" (ich werde aufpassen) bot er sich an – Diogo nickte wohlwollend und drückte dem Jungen einen Geldschein in die Hand. Die „Flanelinhas" (Lappenschwenker) sind, wenn man sich gut mit ihnen stellt, das heißt, ihnen möglichst schon beim Einparken ein Trinkgeld gibt, eine willkommene Hilfe, denn sie bewachen das Auto zuverlässig. Lehnt man ihre Bewachung allerdings brüsk ab oder jagt sie weg, entdeckt man nicht selten im Licht des folgenden Tages einen dekorativen Kratzer, der sich vom Kühler bis zum Heck entlangzieht.

Vorläufig behielt ich meine Beobachtung für mich, zumal ich mir nicht sicher war, ob es sich tatsächlich um denselben kleinen Schuhputzer handelte. Von unserem Tisch im Freien hatten wir eine gute Sicht auf Diogos neues Auto, das auch hier viele bewundernde Blicke auf sich zog. Eine der zahlreichen „Piranhas" (lokaler Jargon für Prostituierte), die ab 22 Uhr an der Avenida Atlântica entlang zu schlendern pflegen, entdeckte in dem teuren Wagen das richtige Display, um ihre Dienstleistungen zu promoten. Also platzierte sie ihr ausladendes Gesäß auf die Kühlerhaube des BMW und wollte gerade ihre hohen Stöckelschuhe auf den angewinkelten Rädern abstellen, als unser Flanelinha sich plötzlich vor ihr aufbaute, auf sie einschimpfte und so lästig und furchterregend mit seinem Lappen wedelte, dass die halbseidene Dame Puderquaste und Lippenstift wieder einsteckte und laut krakeelend das Weite suchte. Wir hatten uns vom Tisch erhoben, um die Szene besser verfolgen zu können, mussten aber nicht eingreifen – siegesbewusst streckte der kleine Junge seinen Arm mit emporgerecktem Daumen in unsere Richtung – er hatte die Situation gemeistert und beschäftigte sich nun damit, die zurückgebliebenen Abdrücke der Piranha-Pobacken mit seinem Putzlappen vom Lack der Kühlerhaube zu polieren.

Als wir uns etwas später anschicken einzusteigen, um nach Hause zu fahren – Diogo reicht dem kleinen Kerl noch einen Extra-Schein für die erfolgreiche Vertreibung der Piranha – fragt ihn dieser:
„Gehört der Wagen Ihnen, Senhor?"
Diogo nickt und antwortet: „Hat mir mein Bruder zu Weihnachten geschenkt."
Der Kleine sagt eine Weile nichts – und dann plötzlich:
„Sie wollen sagen, dass dieses Auto Sie keinen einzigen Schein gekostet hat?"
Diogo nickt.
„Caramba ... ich wünschte ...", der Kleine hält inne. „Ich wünschte wirklich, ein solcher Bruder sein zu können."

Wir sind beide baff über diese überraschende Aussage und spontan lädt Diogo den Kleinen zu einer Spritzfahrt ein – seine vor Freude entblößten schneeweißen Zahnreihen und die entzückt verdrehten Augäpfel leuchten in der Schwärze der Nacht. Jetzt bin ich plötzlich ganz sicher, jenen cleveren kleinen Schuhputzer vor mir zu haben. Ich steige auf den Rücksitz und unser neuer Freund, er heißt Josué, hat den Beifahrersitz ganz für sich allein, wo ihn Diogo angurtet. Nach einer kurzen Tour am Strand entlang, während Josué glücklich seine dünnen Ärmchen in den Fahrtwind reckt und die eine oder andere Piranha im Vorbeifahren beim Namen ruft, beugt er sich zu Diogo herüber und fragt ihn mit glänzenden Augen:
„Könnten Sie vielleicht dort vorbeifahren, wo ich wohne?"
Diogo nickt zustimmend und wir wissen beide, was unser kleiner Freund im Schilde führt: den Nachbarn mal zeigen, in welch schickem Wagen er nach Hause kommt. Aber wieder werden wir überrascht.
„Könnten Sie dort vor den beiden Treppenstufen halten?", ruft er plötzlich aus – Diogo bremst und der kleine Josué bittet uns, einen Moment zu warten, dann klettert er rasch die steilen Stufen empor. Es dauert eine ganze Weile, bis er wiederkommt – auf dem Arm schleppt er seinen kranken Bruder die Treppe herunter. Dann setzt er sich mit

ihm auf die unterste Stufe, stützt ihn mit dem einen Arm und deutet mit dem anderen auf uns und das Auto.

„Schau nur, das ist das Auto, von dem ich dir eben erzählt habe – sein Bruder hat es ihm geschenkt, hat ihn überhaupt nichts gekostet. Eines Tages werde ich dir so ein Auto kaufen, und dann kannst du dir selbst die schönen Sachen in den Schaufenstern ansehen, von denen ich dir immer erzähle."

Diogo steigt aus, setzt den kleinen Bruder zusammen mit Josué auf den Vordersitz und dann drehen wir zu viert eine noch viel größere Runde als zuvor – sogar eine Überquerung der Brücke hinüber nach Niterói ist Teil unseres Sightseeing-Programms um Mitternacht, bei dem uns beiden, ob der ausgelassenen Freude unserer Beifahrer, das Herz aufgeht. Diogo bringt schließlich den Wagen wieder vor der steilen Steintreppe zum Halten. Josué nimmt seinen kranken Bruder huckepack und gibt uns die Hand.

„Adoramos o passeio, muito obrigado" (Wir haben die Spazierfahrt genossen, vielen Dank). Seine Augen leuchten immer noch, und seine weißen Zähne schweben lächelnd im Dunkel der Nacht.

„Um feliz Natal para vocês!" (Frohe Weihnachten für Euch!)

Es hat mich einiges Zureden gekostet, bis Diogo einverstanden war, Josué probeweise als Office-Boy in seiner Firma anzustellen – „Auf deine Verantwortung", meinte er schließlich und teilte ihn meiner Abteilung zu. Er hat es nie bereut. Josué nutzte die Chance seines Lebens in einer unvergleichlich arbeitswilligen und zielstrebigen Art und Weise. Keine Arbeit war ihm zu schwer, kein Gang war ihm zu weit – und vor allem überraschte er uns mit seinem anscheinend angeborenen Talent, sich innerhalb kurzer Zeit überall beliebt und buchstäblich unentbehrlich zu machen. Die einzelnen Abteilungen der Firma wetteiferten regelrecht um die Gunst unseres kleinen Boten und legten die von ihm zu überbringenden Pakete und Päckchen in einem Sammelkorb zurecht, der nicht mit dem sonst üblichen „Mensageiro" (Bote) beschriftet war, sondern, sozusagen als Definition seines persönlichen Arbeitsplatzes, seinen Namen trug.

Viele Weihnachtsfeste sind seitdem ins Land gegangen. Für mich selbst, der ich nicht gerade mit Sitzfleisch gesegnet bin, sondern immer fürchte, irgendwo anders etwas zu verpassen, hat sich im Lauf dieser Jahre unendlich viel verändert und beruflich habe ich nichts mehr mit Diogos Firma zu tun. Wir sind Freunde geblieben, die sich jedoch recht selten sehen. Eine besonders enge Freundschaft verbindet mich allerdings mit Josué, der heute im Alter von fast vierzig Jahren mit seiner Frau und seinen drei Kindern in einer Penthouse-Wohnung im Nobelstadtteil Leblon wohnt. Von dort kann man den Hügel sehen, an dem er einst oberhalb jener Treppe mit den ausgetretenen Stufen in einer Hütte aus Kistenbrettern mit einem Wellblechdach aufgewachsen ist.

Josué hat sich, mit Studium und allem was dazu gehört, zum Export-Kaufmann emporgearbeitet, der während Diogos Abwesenheit das Büro in Rio de Janeiro leitet. Ich bin Patenonkel seiner drei Kinder, einem Mädchen und zwei Jungen, und habe schon viele glückliche Stunden im Kreis seiner reizenden Familie verbracht – entweder bei einer „Feijoada", dem brasilianischen Nationalgericht, das seine Frau Maria-Teresa exzellent zuzubereiten versteht, oder einem „Churrasco", den Josué im Dachgarten seines Penthauses ebenso vorzüglich grillt. Wenn ich gerade in Rio bin, feiern wir auch manchmal Weihnachten zusammen, denn im Gegensatz zu ihm habe ich es nie zu einer eigenen Familie gebracht. Wenn ich den Jüngsten – sie haben ihn Josué Junior genannt – auf den Knien schaukele und er die dünnen Ärmchen nach seiner Mutter ausstreckt, dann erinnert er mich stark an jenen kleinen schwarzen Drei-Käse-Hoch auf der Copacabana vor dreißig Jahren.

Denk' dir eine Geschichte für dein Leben aus und glaub' an sie!

Ein Philosoph der Landstraße

Cariocanische Essgewohnheiten

Zu diesem Kapitel hat mich Josués Frau Maria-Teresa inspiriert, deren Kochkunst meine höchste Verehrung gilt, und die mich manches Mal – einfach um mal wieder gut zu essen – zu einem Gourmet-Wochenende in die schöne Residenz meiner Freunde gelockt hat.

In Rio de Janeiro ist gutes Essen auf allen Speisekarten präsent, begleitet von relativ günstigen Preisen, besonders für Gäste aus Übersee. Portugiesische, französische, italienische, englische, deutsche, chinesische, russische, arabische und viele andere Spezialitäten kann man in Rio probieren, aber auch die brasilianischen sollte man nicht vergessen, denn die sind hier ebenfalls von besonderer Güte.

Ein Gourmet wie ich ist immer auf der Suche nach einem bisher unbekannten Reiz für seine Geschmackssensoren. In Rio findet er ein Paradies: Erstklassige Restaurants, Kantinen und Kneipen, Bars und Kaffeestuben wetteifern um die Gunst des Feinschmeckers und bieten fantastische Überraschungen, selbst für den verwöhntesten Gaumen. Die Cariocas geben, vor allen anderen Nahrungsmitteln, eindeutig Fleisch den Vorzug. Nehmen wir zum Beispiel die Feijoada, die zum brasilianischen Nationalgericht avancierte: Man liebt sie mehr als alles andere. Man liebt ihre schwarzen Bohnen mit Schweinefleisch, mit all den ungewöhnlichen Teilchen wie Ohren, Rüssel, Schwänzchen und Füßchen – und die scharf gewürzten Würstchen, den frischgrünen Kohl, die Farofa aus Maniok und die dekorativen, gelben Orangenscheiben. Dazu eine Caipirinha als Aperitif und viel eisgekühltes Bier zum Essen. Zu einer „Feijoada Completa" (komplette Feijoada) – so witzeln die Cariocas – gehört unbedingt auch ein Krankenwagen vor der Tür (weil man von diesem köstlichen Gericht meistens mehr isst, als der Magen aushält). Nun, das Misstrauen, mit dem ausländische Besucher im Allgemeinen eine Feijoada in einem Restaurant beäugen, in dem das Gericht als Eintopf serviert wird, beflügelt solche Betrachtungen. In den großen Hotels wird sie dagegen mit all ihren Ingredienzen separat, als ein über Alkohol-Flämmchen brutzelndes Tontopf-Buffet, angeboten und gewinnt so jenen festlichen Aspekt, der diesem äußerst schmackhaften Gericht unbedingt gebührt.

Die zweite gastronomische Passion gehört, Sie ahnen es, dem Churrasco. Nein, den haben nicht die Cariocas erfunden, sondern ihre südlichen Nachbarn, die Gaúchos. Aber das ändert nichts am allgemeinen Wohlwollen, das auch die Cariocas als überzeugte Fleischesser dieser Spezialität entgegenbringen. Und inzwischen ist der Churrasco so typisch carioca wie eine Samba-Schule oder der Strand von Ipanema. Und wenn man sie fragen würde, was sie noch mehr lieben als einen Churrasco, dann würden sie wahrscheinlich antworten: viele Churrascos – nämlich ein sogenanntes „Rodizio". Bis zu vierzig verschiedene Fleischsorten kann man in guten Rodizio-Restaurants auf den Teller bekommen. Aber so lange hält sowieso kein Gringo durch.

Übrigens alles, was den Augen, der Nase und dem Gaumen schmeichelt, bekommen die Cariocas auch am Strand serviert. Ambulante Eis-, Sandwiches-, Kroketten-, Pasteten-, Kokos-, Ananas-, Erdnuss-, Waffel-, Bier-, Cola- und Crevetten-Verkäufer versorgen ihre Kunden unermüdlich. Dieses „Dejeuner sur la plage" ist des Cariocas dritte Passion – am liebsten unter einer vierzig Grad heißen Sonne. Man ist stolz, sagen zu können, dass die städtische Müllabfuhr – um ihre Bürger nicht in ihrer Passion zu stören – extra einen Strandreinigungs-Trupp eingerichtet hat, der jede Nacht Papierchen und Plastikbeutel, Dosen und Flaschen, Strohhalme und Holzspießchen einsammelt.

Die Cariocas haben tatsächlich für jeden Tag der Woche ein typisches Gericht entwickelt. Der Samstag ist Feijoada-Tag und der Sonntag gehört dem Cozido – einem Eintopf mit Schweinefleisch, Huhn, scharfer Wurst, Karotten, Kohl, Maniok, Kürbis und Inhame-Wurzeln. Allerdings taugt ein Cozido nur dann, wenn ordentlich was übrig bleibt. An den Wochentagen geht's ein bisschen bescheidener zu: Bohnen und Reis sind fast immer dabei, geklopftes Rindfleisch mit Pommes Frites manchmal. Wenn ein Spiegelei auf dem Beef reitet, nennen sie es „Bife à Cavalo". Huhn und Hähnchen verzehrt man besonders reichlich – Fisch, weil nicht billig, kommt seltener auf den Tisch. Soweit zur Hausmannskost.

In den traditionellen Restaurants der City leistet man sich manchmal eine „Rabada" (Ochsenschwanz-Gericht) oder einen Virado à Paulista (rote Bohnen, mit Maniokmehl gebunden, gegrillte Schweinerippchen, Spiegelei und Grünkohl mit Reis), der sich allgemeiner Beliebtheit bei den Cariocas erfreut, obwohl er eine Kreation ihrer ungeliebten Nachbarn, der Paulistas, ist. Der norwegische Stockfisch Bacalhau, auf portugiesische Art zubereitet, gehört für sie in die erste Reihe internationaler Küche – er ist der beliebteste Ausländer überhaupt.

Wie der Bacalhau zur Tradition, so gehört der Hamburger zur Folklore, und mit ihm die ganze internationale Palette des Fast Food, denn der Carioca akzeptiert und vertilgt alles Essbare, besonders ausländische Kreationen – weltoffen und ganz ohne Misstrauen.

Die 5-Sterne-Menüs in Rio werden von der portugiesischen Küche angeführt. Zum Beispiel dem erwähnten Bacalhau, auf unterschiedliche Art zubereitet, mit einem Caldo Verde (Grüne Suppe) und einem Wein von ebensolcher Farbe, dem Vinho Verde. Die Küche aus Tausendundeiner Nacht, der Libanesen und Syrier, steht ebenfalls an Rios Menü-Spitze. Die italienische Nudelfabrikation hat sich hier schon lange durchgesetzt, entsprechend hat auch der Körperumfang eines Durschnitts-Carioca im Lauf der Jahre ziemlich zugenommen. Daran ist aber auch das Bier (der Chopp) aus den deutschstämmigen Brauereien nicht unschuldig, dem die Cariocas mit einer unvergleichlichen Begeisterung zusprechen.

Ob ich nicht doch ganz langsam auf dem Weg einer Anpassung an die Cariocas und ihre Lebensart bin? Denn das, was sie am liebsten essen, mag ich inzwischen ebenfalls: Feijoada, ihr Nationalgericht und Churrasco, das unvergleichliche Fleischvergnügen vom Grill.

Gastronomie ist, wenn man beim Essen zum Himmel aufblickt.
Ein Philosoph der Landstraße

Der Karneval in Rio

Er ist weltberühmt. Die Maxime, dass sich der Karneval von Rio inzwischen zur „Biggest Show on Earth" entwickelt hat, ist keine Übertreibung, sondern eine Tatsache, die sich von Jahr zu Jahr in neuen karnevalistischen Superlativen selbst übertrifft. Jede einzelne Samba-Schule in der Spitzengruppe, der „Grupo Especial", glänzt mit Zehntausenden von Vereinsmitgliedern und mit Tausenden von Arbeitsplätzen, die zur Anfertigung unglaublicher Kostümkreationen während des ganzen Jahres besetzt sind, für die tonnenweise Stoffe, Pailletten und Federn verarbeitet werden. Jedes Jahr konzipiert und konstruiert man neue allegorische Wagen, die von den Clubmitgliedern über die Avenida geschoben werden und so breit sind, dass sie den Raum zwischen den Tribünen voll ausfüllen, so hoch wie ein fünfstöckiges Wohnhaus und mit künstlichen Traumgebilden und lebenden Figuranten so kreativ dekoriert, dass Tausende von Zuschauern in stehenden Ovationen ihrer Überraschung und Anerkennung Luft machen. Und natürlich, nicht zu vergessen, die weltweit unerreichte Anzahl wohlgestalteter Mädchen und Frauen – was wäre Rio de Janeiro ohne sie? Was wäre der Karneval von Rio ohne jene sonnenverwöhnten Geschöpfe, die sich im heißen Rhythmus des Sambas bewegen als tanzten sie auf einer heißen Herdplatte? Auch um sie zu erleben, kommt man letztlich nach Rio de Janeiro.

Nachdem ich mehrmals im Auftrag meiner Redaktion diese alljährlichen Karnevalsparaden im Sambadrom fotografiert und ihre weitere Entwicklung über die Jahre verfolgt habe, kann ich mich – ehrlich gesagt – nicht mehr für sie begeistern. Zu weit hat sich diese Mega-Show inzwischen von der Originalität des einstigen Carioca-Karnevals entfernt. Die Mehrheit des Publikums besteht heute aus ausländischen Touristen, weil die meisten der Anwohner die horrenden Eintrittspreise nicht mehr bezahlen können oder sich überhaupt nicht mehr für diese „Karnevalsindustrie" interessieren. Stattdessen beteiligen sich die weniger betuchten Cariocas lieber am Straßenkarneval, der als Gegenströmung immer mehr Zulauf bekommt, denn hier gehören Einheimische und Touristen nicht zum applaudierenden Publikum, sondern werden sofort in die paradierenden „Blocos" integriert, zum Mitfeiern in diesem Manifest allgemeinen Karnevalsdeliriums – dem Loslassen aller Probleme, das sich im harmlosen Humor der Volksmassen ein Ventil schafft. Bunt kostümiert, singend und tanzend zu den Sambas ihrer eigenen Bands, ziehen sie durch die Straßen und lassen den Alltag hinter sich. Das ist der traditionelle Karneval von Rio – er kostet nichts und infiziert den Besucher mit der ganzen Euphorie und Ausgelassenheit, derer diese spontanen Zeitgenossen fähig sind, und die man inzwischen im Alltagsstress nur noch selten zu sehen bekommt.

Ich empfinde es natürlich als meine Pflicht, denjenigen meiner Leser, die noch nie in Rio de Janeiro waren oder die vielleicht planen beim nächsten Karneval in Rio endlich einmal dabei zu sein, ein bisschen mehr über die „Biggest Show on Earth" zu erzählen:
Die von Brasiliens Star-Architekt Oscar Niemeyer speziell für die

Karnevalsparaden geschaffene Freilichtarena „Sambódromo Marquês de Sapucaí" (1984) hat Tribünen, die 75.000 Zuschauern Platz bieten – zum Erleben, Applaudieren und Anfeuern. Für VIPs und andere Gruppen gibt es Logen mit und ohne Balkon, die mehreren Personen Platz bieten und sogar einen Restaurant-Service zur Verfügung stellen.

Dieser straff organisierte Karneval der besseren Gesellschaft, wenn ich mal so sagen darf, ist eine Angelegenheit für Profis, die sich in sogenannten Samba-Schulen organisiert haben – den „Escolas de Samba". Wie beim Fußball, sind diese Schulen in Ligen aufgeteilt. Die Spitzengruppe „Grupo Especial" besteht heute aus 14 Escolas und darf ihre Karnevals-Parade im Sambódromo dem Publikum und den Preisrichtern am Sonntag- und am Montagabend mit je 7 Gruppen präsentieren. Die Erste und die Zweite Liga bestehen aus insgesamt 10 Escolas, und die präsentieren ihre Parade bereits am Samstag, ebenfalls im Sambódromo. Die Dritte Liga dagegen paradiert auf der Avenida Rio Branco, der rund zwei Kilometer langen Hauptgeschäftsstraße der City – in der Regel am Sonntag.

Jede Escola wählt jährlich ein bestimmtes Thema, unter dem ein „Samba-Canção" (die musikalische Verarbeitung des Themas) komponiert, die Festwagen dekoriert und die Kostüme entsprechend abgestimmt werden – Arbeit für ein ganzes Jahr. Nach diesen einzelnen Komponenten wird die Parade – neben einer Menge anderer Einzelheiten, wie Rhythmus, Choreographie, Präsentation, Harmonie der Gruppe etc. – von einer Jury beurteilt. Jedes Jahr steigen zwei Escolas mit den besten Punktzahlen aus der Ersten Liga in die Grupo Especial auf – und dafür die zwei Escolas mit den wenigsten Punkten aus der Grupo Especial in die Erste Liga ab. Für die Gewinner der Grupo Especial gibt es auch einen Geldpreis, der sich aus den Eintrittskarten und Werbeeinnahmen des Sambódromo zusammensetzt. Die Ehre allerdings, Mitglied einer Champion-Escola der Grupo Especial zu sein, ist unbezahlbar.

Die Reihenfolge der einzelnen Paraden der Spitzengruppe wird durch das Los bestimmt. Jede dieser Escolas tritt mit 3.000 bis 5.000 Teilnehmern an, aufgeteilt in bis zu 40 Gruppen mit bis zu 8 Festzugs-Wagen, die jeweils genau 90 Minuten Zeit für ihre Parade bekommen

– ein Überschreiten dieses Zeitlimits kostet sie wertvolle Punkte. Die Paraden beginnen in der 700 Meter langen Arena des Sambadroms, jeweils um 20.30 Uhr und dauern pro Festtag etwa 12 Stunden. Das bedeutet, dass sich die letzten zwei Paraden bereits im ersten Licht des folgenden Morgens präsentieren, aber so lange halten die meisten Touristen nicht durch. Wohl aber die einheimischen Fans, die natürlich dabei sein wollen, wenn ihre Escola den Laufsteg betritt, denn von ihrem Beifall und ihren Anfeuerungsrufen hängt weitgehend deren Performance ab.

Am Aschermittwoch, gegen 12 Uhr mittags, findet im Sambódromo die Punkte-Auszählung statt, das heißt, die verschlossenen Kuverts mit der Beurteilung von mehr als einem Dutzend Juroren werden unter den kritischen Blicken der obersten Führung jeder beteiligten Escola de Samba von einem Notar geöffnet. Der Sprecher der Dachvereinigung „Liga Independente das Escolas de Samba do Rio de Janeiro" (LIESA) liest die Ergebnisse vor. Die Auszählung dauert Stunden, denn die Parade jeder Escola wird nach mehr als einem Dutzend unterschiedlicher Kriterien beurteilt – für jedes Kriterium ist ein Jury-Mitglied verantwortlich, das vom Fach ist (wie zum Beispiel Musiker, Schauspieler, Tänzer oder Choreographen) und keiner der zu beurteilenden Escolas angehören darf.

Wenn dann der Champion des Jahres feststeht, bricht nicht nur Rio, sondern das ganze Land in einen Freudentaumel aus, und wie bei einer Fußballmeisterschaft krachen überall die Kanonenschläge eines Freuden-Feuerwerks – nur Hunde und Katzen verkriechen sich mit eingezogenem Schwanz in irgendeiner dunklen Ecke und warten zitternd auf das Abschwellen der Euphorie. Die siegreiche Escola de Samba veranstaltet noch am gleichen Mittwochabend ein Freudenfest in ihrem „Barracão", dem Clubhaus des Vereins, zu dem es Freibier gibt für jeden, der mitfeiern möchte.

Den zweiten oder dritten Platz belegt zu haben ist immer noch ehrenvoll und bedeutet auch Geld für die Vereinskasse. Die Dachorganisation LIESA hat für die Champions eine Zweitpräsentation eingeführt: Die Gewinner des ersten, zweiten und dritten Platzes dürfen am Samstag derselben Woche noch einmal vor dem Publikum im Sambadrom paradieren – mit allem was sie aufbieten können. Diese

Veranstaltung wird „Desfile dos Campeões" genannt – Parade der Champions.

Die Karnevalsvorbereitungen für das folgende Jahr beginnen direkt nach der jährlichen Parade und nehmen in jedem Verein Tausende von Mitgliedern als professionelle Mitarbeiter in Anspruch. Getragen werden die zweifellos hohen Produktionskosten auch durch private Sponsoren – man munkelt, dass in einigen Fällen auch Drogenbosse „ihren" Escolas unter die Arme greifen – die Kostüme, die von jedem Vereinsmitglied selbst bezahlt werden müssen, sparen sich diese allerdings buchstäblich vom Munde ab.

Übrigens bietet fast jede der mitwirkenden Samba-Schulen auch Besuchern von außerhalb die Gelegenheit, ein Kostüm zu erwerben, um in einer passenden Gruppe ihrer Parade mitzumarschieren – Internet macht's möglich!

Unser Leben: Die Einen veranstalten den Zirkus, die Anderen applaudieren!

Ein Philosoph der Landstraße

Die Bürger in ihrer Stadt

Ich bin in Brasilien viel herumgekommen, habe in mehreren urbanen Zentren gewohnt und gearbeitet und die Bürger der jeweiligen Stadt ausgiebig beobachten können. Dabei habe mich an gewisse eigenwillige Sitten und Gebräuche (fast) gewöhnt – aber ich komme nicht umhin zuzugeben, dass mich ihre Unsitten – oder sagen wir besser, ihre mit meiner eigenen, typisch deutschen Erziehung und Kultur unvereinbaren Eigenschaften und Gewohnheiten – stets einen gewissen Abstand haben einhalten lassen, der mehr innerlicher Art ist und nur von meinen engeren Freunden bemerkt wird – mit anderen Worten: Ich bin auch nach einem halben Jahrhundert in diesem Land noch nicht zum Brasilianer geworden – leider, finden meine Freunde.

Brasilianer zu sein, so kommt es mir vor, bedeutet für viele, das Leben als eine Art Glücksspiel zu betrachten und nicht allzu ernst zu nehmen – ein Spiel, in dem man selbst eine Figur darstellt, die sich von Gott, Jesus Christus, der Jungfrau Maria und unzähligen

Schutzheiligen hin- und herschieben lässt – oder von den zahlreichen afrikanischen Gottheiten des Candomblé, je nachdem unter welchem Dach man geboren ist. Vor jedem neuen Zug in diesem Spiel ruft man dann seine Spielmacher um Schutz an: „Pelo amor de Deus" (um der Liebe Gottes willen), „Nossa Senhora me ajude" (Mutter Gottes, steh' mir bei). Die zahllosen täglichen Versprechen pflegt man in der Regel mit dem unverbindlichen Zusatz abzugeben „se Deus quiser" (so Gott will) und bereitet damit gleich eine Ausrede für's Nichteinhalten vor. Oder man bedankt sich für einen erfolgreichen Zug im Spiel des Lebens mit einem „Graças a Deus" (Gott sei Dank).

Das typisch brasilianische Spiel mit dem Leben kann man besonders in den hiesigen Großstädten tagtäglich beobachten: im chaotischen Verkehr zum Beispiel, in dem sich weder Autofahrer noch Fußgänger an die Spielregeln halten – sogar Gehbehinderte und Mütter mit Kinderwagen überqueren bei Rot die Straße und scheinen fest davon überzeugt zu sein, dass ihr oberster Spielmacher sie vor den heranrasenden Bussen beschützen wird, denn auch er ist ja Brasilianer! Den Teufel schieben sie dagegen gerne jenen ausländischen Kritikern zu, „die uns ob unserer Freiheit, Spontaneität und Lebensfreude nur beneiden" und ihnen deshalb Steine aufs Spielfeld werfen. Auch ich gehöre für einige dazu.

In einer brasilianischen Großstadt wie São Paulo, Rio de Janeiro oder Belo Horizonte – alle mit vielen Millionen Einwohnern – begegnet man enormen Verhaltensunterschieden zwischen den einzelnen Bevölkerungsschichten. Die Bürger aus Ober-, Mittel- und Unterschicht darf man, hinsichtlich ihrer Erziehung, ihres Auftretens in der Öffentlichkeit und ihres Umgangs mit der Stadt und der Umwelt, nicht über einen Kamm scheren. Allen gemein ist allerdings die Tendenz, Regeln und Vorschriften nicht allzu ernst zu nehmen oder bewusst zu übertreten. Denn sie haben ihre eigene Auffassung von persönlicher Freiheit, die in den meisten Fällen auf Kosten ihrer Mitbürger geht. Sogar Verkehrsregeln und Verkehrsschilder, die im Ernstfall Leben retten könnten, werden regelmäßig von den meisten Teilnehmern am Spiel des Lebens umgangen bzw. ganz bewusst missachtet.

Was Wunder, dass Brasilien eine der höchsten Unfallstatistiken der Welt aufzuweisen hat – an den Feiertagen zwischen Weihnachten und Neujahr 2010/2011 sind mehr als 200 Menschen auf den brasilianischen Fernstraßen gestorben!

Während die Brasilianer des Binnenlandes – besonders die Sertanejos des halbtrockenen Sertão – sich eigentlich nur darum sorgen, ob es in diesem Jahr genügend regnen wird, damit der Mais und die Bohnen aufgehen und ihre Familien eine bescheidene Mahlzeit auf den Tisch bekommen, erliegen die in die Großstädte Abgewanderten allen nur erdenklichen Versuchungen, an das große Geld zu kommen. Die einen schlagen sich mit harter, ehrlicher Arbeit als Arbeiter oder in einem Angestelltenverhältnis durch, als Putzfrau oder Hausangestellte, an den Fließbändern der Industrie, während jene, die weder lesen noch schreiben können, sich als sogenannte „Camelôs" (Straßenhändler) versuchen, deren Angebot in erster Linie aus paraguayischer Schmuggelware besteht – dazwischen auch die traditionellen Putzlappen-, Handtuch- und Besenverkäufer mit ihren handgefertigten Produkten oder solche, die Kuchen und Torten aus Großmutters Küche unter der Plexiglashaube eines fahrbaren Karrens anbieten. Die letzte Kategorie sind dann die Bettler und Vagabunden, welche die belebten Straßen, Plätze und Parks von Rio belagern. Die Gleichgültigkeit, mit der man hierzulande solchen bemitleidenswerten Individuen und ihrer Misere begegnet, hat mich immer wieder erschüttert. Und es kommt mir so vor, als ob die einstige Sklaverei (die erst 1888 in Brasilien abgeschafft wurde zu einer Gewöhnung an die Existenz von Bürgern erster, zweiter und dritter Klasse geführt hat. Dieses Zusammenleben mit der Ungleichheit über Jahrhunderte hinweg hat bewirkt, dass sich die Menschen mit der Misere nicht mehr auseinandersetzen. Schon in der Kolonialzeit, als man zuerst die Indios und später die Afrikaner aus den portugiesischen Kolonien ins Joch der Sklaverei presste, entwickelte sich die Gleichgültigkeit der herrschenden Oberschicht gegenüber dem Leiden fremder Ethnien. Ein verwundeter oder kranker schwarzer Sklave wurde nicht wichtiger genommen als ein kranker Hund – einen Indio, dem man unterwegs begegnete, durfte man ungestraft abschießen wie ein wildes Tier. Diese ehemalige feudalherrschaftliche Ignoranz hat sich zwar im Lauf der Jahrhunderte zunehmend gemäßigt, ist aber heutzutage immer noch deutlich zu erkennen, besonders wenn man einmal die rein weißen Bürger in Rio beobachtet, wie routiniert und ungerührt sie einer bittend ausgestreckten dunklen Hand ausweichen.

Nicht nur die *Innenstadt* von Rio de Janeiro rutscht zunehmend in die Dekadenz – sämtliche Straßen der Stadt sind mit gefährlichen Schlaglöchern übersät, die öffentlichen Anlagen und Plätze verdreckt, historische Gebäude drohen zu verfallen, die Guanabara-Bucht eine Kloake, der Smog zwischen den Büropalästen der Innenstadt zum Schneiden, und die Menschen hetzen längst ohne das ehemals so gerühmte spontane brasilianische Lächeln herum. Auch die Peripherie der Stadt, ein Bereich, unter dem man in Rio de Janeiro in der Regel jene kilometerlangen Strände versteht, an denen die Bürger besonders an den Wochenenden Erholung suchen – diese Strände ersticken sonntagabends im zurückgelassenen Wochenend-Müll der Wegwerfgesellschaft. Ihren Abfall auf die Straße zu werfen, am Strand oder auf dem Picknick-Platz im Wald zurückzulassen, scheint mit jener persönlichen Freiheit zu tun zu haben, auf die Brasilianer so stolz sind.

Den meisten Abfall in Rios Strassen produzieren die bereits erwähnten Camelôs, die auf allen Trottoirs und öffentlichen Plätzen der Geschäftsviertel präsent sind und ihre Schmuggelwaren in selbstgezimmerten Ständen oder auf ausgebreiteten Decken nicht nur feilhalten, sondern den Vorüberhastenden in die Ohren schreien. Manche tragen ihre Waren auch am Körper mit sich herum oder schieben sie mit dem Fahrrad oder einem Wägelchen vor sich her. Wichtig ist, dass man mobil ist, denn wenn eine Polizeistreife sich nähert, vor der sich die Händler solidarisch per Handy warnen, dann wird der Kram schnell in einen Rucksack gepackt, die Decken werden zusammengerafft und das Wägelchen wird in einen dunklen Hausgang geschoben. Immer wenn die Polizisten nahen, können die Fußgänger aufatmen – dann stolpern sie nicht mehr über ausgebreitete Computerteile oder quer zum Fußgängerstrom aufgepflanzte Drahtgestelle mit Piratenkopien von CDs – man kann endlich wieder normal übers Trottoir laufen. Allerdings macht sich die Polizei nicht die Mühe, diese Kleinstverbrecher auch dingfest zu machen. Sie kassieren höchstens ihre Waren, falls sie mal einen direkt auf dem Trottoir erwischen, aber in die Hauseingänge rings herum verfolgen sie die sich dort verstekkenden Händler nicht. Das kann man so oder so auslegen – allgemein gilt als Volksmeinung, dass sich die Polizisten vor den Händlern und deren gefährlichen Beziehungen zur Unterwelt fürchten. Also ist ihr sporadisches Erscheinen einzig und allein dazu gedacht, dem Publikum ihre Aktivität vor Augen zu führen.

Wenn dann gegen 21:00 Uhr abends die Straßenhändler endlich die Heimreise in ihre Vorortdomizile antreten, lassen sie Verpakkungsberge, weggeworfene Essensreste und undefinierbaren, persönlichen Dreck zurück, der ein Heer von Straßenfegern während der darauf folgenden Nacht in Atem hält.

Seit mehr als fünf Jahren laufen Kampagnen des Gesundheitsministeriums im Fernsehen gegen das Dengue-Fieber, in denen Brasiliens Bürger aufgerufen werden, mögliche Brutstätten (Blumentöpfe, Wasserkästen, Flaschen, Büchsen, Autoreifen etc.) der Aedis aegypti (das ist die den Virus übertragende Stechmücke) in ihrem Umfeld trockenzulegen. Jedoch die unglaubliche Bequemlichkeit der einen und die noch entsetzlichere Gleichgültigkeit der andern lässt solche Aufrufe zur Vernunft einfach im Leeren verpuffen. Nachdem sich die Krankheit dann ab 2008 zu einer Epidemie ausgewachsen hat, ist das Geschrei derer überall zu hören, die sich vorher einen Dreck um irgendwelche Vorsorgemaßnahmen geschert haben: dass alle Krankenhäuser überbelegt seien und dass ihre Kinder stürben. In diesem Fall kann man dem Staat nur eine indirekte Schuld geben, eine historische sozusagen: Weil er jahrhundertelang seinem Volk Erziehung und Bildung vorenthalten hat, muss er sich nun nicht wundern, wenn plötzliche Appelle und entsprechende Maßnahmen nicht greifen, die solche Erziehung und Bildung voraussetzen.

Ignoranz ist ein Recht aller – und die Mehrheit bemüht sich um sie!
Ein Philosoph der Landstraße

Die anderen Cariocas

Touristen sehen, auch wenn sie besonders neugierig sind, im Allgemeinen kaum mehr als einen kleinen Teil von Rio de Janeiro. Und vieles, was hinter seinen Kulissen geschieht, als Folge der unglaublichen Gegensätze zwischen Wohlstand und bitterer Armut, die in der Großstadt unabänderlicher aufeinanderprallen als in den Weiten des Landes, bleibt dem Fremden verborgen – was durchaus im Sinne der Stadtväter sein mag. Rio ist durch die Serra da Carioca in eine Nord- und eine Südzone unterteilt – man möchte fast sagen: Rio besteht aus zwei verschiedenen Städten. Ober- und Mittelklasse leben in der „Zona Sul", die anderen in der „Zona Norte". Diese Nordzone ist mit allen ihren ineinander übergehenden Vorstädten viermal so groß wie die vom Meer umspülte Südzone. Letztere ist die eigentliche Basis der „Cidade Maravilhosa", sie ist Rios Visitenkarte für den Tourismus und deshalb wird sie gepflegt: Die Straßen werden ausgebessert, Flanier-Trottoirs repariert, Mittelstreifen neu bepflanzt, Strände taghell beleuchtet und sogar mit öffentlichen Telefonen ausgestattet, Polizeistreifen eingesetzt und Abfall-Behälter aufgestellt.

Der Norden der Stadt verschachtelt sich dagegen hinter den trennenden Bergen in einem chaotischen Wirrwarr aus Wellblech, Kistenbrettern und rohem Backstein – ein urbanes Chaos, das sich selbst überlassen ist, mit Abgründen im Asphalt, in denen ein Motorradfahrer spurlos verschwinden kann. Trottoirs sind in der Regel überhaupt nicht vorhanden und sich dort am Rand der Straßen entlangzuschieben, ist immer ein riskantes Unternehmen. Polizisten sieht man hier nur selten. Dort, wo ein paar Wasserhähne für viele tausend Menschen reichen müssen, greift eine deprimierende Gefühlsverelendung um sich. Die Stadt hat nicht die Mittel, um im hektischen Rhythmus der Elendsausdehnung eine wenigstens bescheidene Infrastruktur zu schaffen – ganz zu schweigen von Arbeitsplätzen. Aber niemand will zurück aufs Land, denn hier in der Stadt hat man wenigstens ein bisschen Hoffnung, dass es irgendwann mal besser werden könnte – vielleicht durch einen Lottogewinn oder beim verbotenen Glücksspiel, dem „Jogo do Bicho". Rios Industrie hat man ebenfalls in die Nordzone gedrängt und deren skrupellose Umweltverschmutzung verstärkt noch die urbane Problematik.

Und dann sind da die Bewohner der sogenannten Favelas: Ihre Behausungen bedecken die steilen Berghänge in beiden Teilen der Stadt. In der Südzone, zum Beispiel in Copacabana, trennen manchmal nur ein paar Straßenzüge diese aus rohem Backstein, Kistenbrettern und Wellblech selbstgebastelten Heimstätten von den mehrere hundert Quadratmeter großen Luxus-Appartements der Oberschicht. Bereits in der Mitte des 20. Jahrhunderts errichteten die ersten vor der Trockenheit ihrer Heimat geflüchteten Nordostbauern an den von Buschwerk bedeckten Hängen der zahlreichen Berge der Stadt ihre aus Abfallmaterial selbstgezimmerten Notquartiere. Und weil niemand sonst diese steilen, trockenen Terrains beanspruchte, ließ man sie gewähren. Dann kamen Jahre, in denen viele Tausende vor der Trockenheit des Nordostens flüchteten und hofften, in Rio de Janeiro oder São Paulo Arbeit und eine neue Heimat zu finden. Die Notquartiere an den städtischen Berghängen wuchsen und waren Administratoren und Bürgern bald ein Dorn im Auge. Man machte verschiedene Versuche, die Menschen in neugebaute Appartements am Stadtrand umzusiedeln, aber die scheiterten alle. Besonders die Bewohner der Favelas an den Berghängen der Südzone wollten von dort nicht mehr weg – kein Wunder: Sie haben eine bessere Aussicht aufs Meer als die meisten Appartementbesitzer und ihre Arbeitsstelle, zum Beispiel als Hausangestellte, Verkäufer, Portier oder Aufzugführer ist in der Regel nur einige Minuten Fußweg von ihrem Zuhause entfernt.

Die größte Favela Südamerikas, die „Rocinha", liegt an einem riesigen Berghang in Rios Südzone und hat nach offiziellen Angaben 120.000, nach Angaben der Bewohner selbst rund 150.000 Einwohner, die ihre Wohngemeinschaft inzwischen als Ex-Favela bezeichnen, denn die Behörden haben in diesem Fall aus der Not eine Tugend gemacht und die Favela Rocinha in den „Stadtteil Rocinha" umbenannt. Allerdings nicht ohne Grund: Aus eigener Kraft haben es die ehemaligen Favelados zu circa 2.500 Geschäftsetablissements gebracht, darunter 2 Banken, 2 Omnibuslinien, 2 Radiostationen, 3 Show-Bühnen, 1 Samba-Schule, 1 Administrativ-Büro, 4 Schulen, 1 Poststation, 3 Zeitungen, 2 Erste-Hilfe-Stationen, 1 Fußball-Schule, 2 Supermärkte, 2 Taxi-Standplätze und 2 Foto-Labors.

Die Rocinha ist bisher allerdings eher eine Ausnahme – eine rühmliche Ausnahme, der vielleicht sogar die anderen gerne nacheifern würden, wenn sie nicht durch den unerbittlichen Griff der organisierten Drogendealer daran gehindert würden. Für die sind die Favelas Versteck und Festung zugleich und sie benutzen die herumlungernde Jugend als Handlanger. Wenn die Polizei von Zeit zu Zeit eine Razzia in der Favela durchführt, werden eben diese Jungs von den Bossen an die vorderste Front geschoben, wo sie, an ihre Maschinenpistole geklammert, ihr 16- bis 18-jähriges Leben unter dem Kugelhagel der Polizei aushauchen, während sich ihr Chef durch einen der unzähligen Hinterausgänge der Favela davonstiehlt. Und in den TV-Nachrichten am nächsten Tag verfolgt ganz Rio betreten den Schmerz der Mutter, die am Sarg ihres Sohnes zusammenbricht.

1993 entwickelten die Stadtväter ein anspruchsvolles Projekt, mit dem man endlich die offizielle Eingliederung jener zugelaufenen Randbürger in die städtische Gesellschaft vorantreiben will: Es heißt „Favela Bairro" (Stadtteil Favela) mit folgender Grundidee: „Wenn diese Menschen partout nicht in eine bessere Infrastruktur verlegt werden wollen, dann müssen wir eben die Infrastruktur zu ihnen bringen!" Das bedeutet: Anschluss der Favelas an die städtische Strom- und Wasserversorgung, an die Müllabfuhr, an die Post, an das Schulsystem – an alle sozialen Vergünstigungen und Pflichten eines Bürgers dieser Stadt. Die Interamerikanische Entwicklungsbank hat dafür 350 Millionen Dollar zur Verfügung gestellt – neben der Energie- und Wasserversorgung werden damit Straßen angelegt, Kinder-Tagesstätten eingerichtet, Erholungs- und Freizeitzentren, Müllabfuhr und Transport-Systeme organisiert. Und das wichtigste: Die Favelas werden offiziell in die sie umgebenden Stadtteile integriert. Zu diesem Projekt gehört auch eine Wiederaufforstung der Hänge, zur Vorbeugung gegen die gefürchteten Erdrutsche, die immer wieder viele Menschenleben kosten, weil die Bewohner unter ihren einstürzenden Häusern begraben werden. Die einzelnen Schritte des Projekts, und seine spezifische Vorgehensweise, werden mit den entsprechenden Repräsentanten der jeweiligen Favela vor ihrer Durchführung diskutiert – es können auch Änderungswünsche berücksichtigt werden.

Es ist wesentlich einfacher, unter den als „Favelados" bezeichneten Bewohnern Bekanntschaften zu machen als zum Beispiel unter den Bürgern aus Rios Oberschicht. Das liegt vor allem an ihrem kontrastierenden Lebensstil. Erstere sind einfache, unkomplizierte und spontane Menschen, und ihre Bedürftigkeit ist einem schnellen Kontakt eher förderlich, denn sie haben nichts zu verlieren – während die andern, vor allem durch ihr Geld und einen entsprechend luxuriösen Way-of-Life, ziemlich unerreichbar für weniger Betuchte wie mich sind, denn sie verkehren grundsätzlich nur mit Bekannten eines ebenbürtigen Luxus-Levels, und ihre kontinuierliche Sorge gilt ihrem Besitz, den sie mit hohen Gittern umgeben, von bewaffnetem Personal bewachen lassen und in Banksafes verborgen an der Steuer vorbei manövrieren. Zur „Classe Alta" (Oberschicht) gehörend fühlen sich zum Beispiel die Mitglieder der Regierung, die Großgrundbesitzer und Großunternehmer, die Eigentümer von Hotel- und Restaurantketten und von Bürogebäuden, die Fernsehstars, Starmannequins, TV-Entertainer und eine ganze Reihe weiterer Neureicher.

Rios „Classe Média" (Mittelschicht), zu der ich mich inzwischen ebenfalls zählen darf, besteht aus einem ethnischen Völkergemisch aus aller Herren Länder: den Nachkommen portugiesischer Entdecker und Emigranten, europäischer, asiatischer und amerikanischer Einwanderer – und einer vergleichsweise geringen Anzahl von Afro-Brasilianern, die es geschafft haben, aus dem Schatten der Diskriminierung ins Licht gesellschaftlicher Anerkennung zu treten. Diese Mittelschicht ist es, die das größte Kontingent von Rios Bürgern darstellt.

In der „Classe Baixa" (Unterschicht), der man die Bewohner einer Favela zuordnet, stellen Kinder in der Regel den einzigen Reichtum ihrer Eltern dar. Schon ab dem sechsten bis achten Lebensjahr helfen die Mädchen ihrer Mutter im Haushalt, während die Jungen mit Bauchläden zwischen den Strandbesuchern umherwieseln, um ein paar Münzen zu ergattern und nach Hause zu bringen. Alleinerziehende Mütter findet man in einer Favela oft, weil sich die Erzeuger irgendwann abgesetzt haben – eine weit verbreitete Strategie unter den Machos, meistens noch vor der Geburt des ersten Kindes. Ich kenne eine Mutter, die zieht ganz allein drei Kinder auf, alle von verschiedenen Erzeugern. Allerdings könnten die Eltern jener verhätschelten Mittelpunktkinder bei einer alleinerziehenden Mutter in der Favela eine ganze Menge lernen: Ihre Kinder werden hier von Anfang an fast wie Erwachsene behandelt – diese fürchterliche „Aah-aah-bluh-bluh-ei-ei-Sprache", mit denen gewisse Erwachsene sich einem Baby zu nähern pflegen, habe ich in einer Favela nie erlebt – stattdessen spricht die Mutter leise und hingebungsvoll auf den Säugling ein, der wird, wenn sie nicht da ist, von einer älteren Schwester auf der Hüfte herumgetragen, (meine Bekannte aus der Favela arbeitet halbtags in einem Mittelklasse-Haushalt), und nachts schläft er im Bett bei der Mutter, während die anderen Kinder je eine Hängematte zur Verfügung haben – so, wie man es vom heimatlichen Nordosten her gewöhnt ist.

Favela-Kinder werden, kaum dass sie laufen können, bereits mit der unverfälschten Härte des Lebens konfrontiert. Hier gibt es kein Verhätscheln, sie sind nicht Mittelpunkt der Familie, sondern ein Teil von ihr, und sie werden Schritt für Schritt eingewiesen in die Aktivitäten, die man von ihnen als Mitglieder der Familie erwartet. Aufsässigkeit, etwa beim Essen oder gegen eine Anordnung der Eltern, wird hier schon mal mit einer Ohrfeige geahndet. Diese Kinder sind meist höflich gegenüber Besuchern und reagieren bereits auf einen kleinen Wink oder einen Augenaufschlag ihrer Mutter.

Aber gerade in einer Favela gibt es auch besonders viele Gefahren für heranwachsende Jugendliche, von dem Weg, den ihre Eltern für sie geplant haben, abzukommen. Und solche Kinder, die in regelmäßiger Abwesenheit einer alleinstehenden, außerhalb arbeitenden Mutter aufwachsen, sind eine leichte Beute für die Verführungen der Drogen-Dealer, die ihre Hauptquartiere just innerhalb der gesetzlichen Unzugänglichkeit der Favelas eingerichtet haben. Halbwüchsige Knaben und Mädchen werden von ihnen als „Mulas" (wörtlich: Maulesel) rekrutiert, die in ihrer Unauffälligkeit als Boten zwischen den Händlern und ihren Kunden der Mittel- und Oberschicht hin- und herpendeln, und die damit manchmal mehr Geld verdienen als die Mutter in ihrem Job. Wenn das Geld der Kinder sie nicht korrumpiert, dann bestimmt die Drohungen des Bandenchefs, falls sie sich gegen ihn auflehnen sollte.

In den von ihnen besetzten Favelas haben allein die Bandenchefs das Sagen – sie allein bestimmen, was in ihrem Aktionsbereich zu geschehen hat, und wer sich ihnen in den Weg stellt, den lassen sie beseitigen. Während ein Favela-Bewohner normalerweise kaum eine Chance hat, in einem öffentlichen Krankenhaus schnell und kostenlos behandelt zu werden, und Unfälle oft erst tödlich enden, weil man einen schwerverletzten Patienten abweist oder zulange warten lässt, setzen sich die Drogenbosse für die Mitglieder ihrer Kommune entsprechend ein: Sie rufen eine Ambulanz, lassen den Patienten in einem Privatkrankenhaus operieren und übernehmen sämtliche Kosten. Was Wunder, dass die Bewohner einer solchen Favela wie Pech und Schwefel zusammenhalten, wenn die Polizei mal wieder eine ihrer Razzien veranstaltet. Und ihre Soldaten, Jugendliche zwischen 14 und 18 Jahren, die als Kinder nur selten mal ein Spielzeug geschenkt bekamen, dürfen jetzt im Auftrag des Chefs mit russischen Schnellfeuergewehren Räuber und Gendarm spielen – wobei die Zahl der erschossenen jugendlichen Räuber in der Regel um ein Vielfaches höher liegt als die der trainierten Gendarmen. Die Bosse beteiligen sich nicht an diesen Gefechten, sondern halten sich versteckt, bis die Polizisten wieder abziehen. Hinterher kann man im Fernsehen den Protest der Favelados gegen das rücksichtslose Vorgehen der Polizei verfolgen, deren Beamte „wieder einmal nur ehrbare Bürger erschossen" hätten – während der Polizeisprecher erklärt, dass „sämtliche Opfer Banditen gewesen sind" – was schon deshalb nicht von der Hand zu weisen ist, da sie mit einer Waffe auf Polizisten geschossen haben.

Ein Verbrecher im Sinn des brasilianischen Gesetzes ist auch Manuel, der jetzt sechzehnjährige Sohn meiner Bekannten aus der Favela. Als wir am Weihnachtsabend den Truthahn anschneiden, den ich der Familie spendiert habe, sehe ich ihn zum ersten Mal wieder. Bei meiner letzten Begegnung war er gerade mal zwölf Jahre alt und hatte sich immer besonders gefreut, wenn ich bei ihnen aufgetaucht war. Er konnte mir stundenlang begeistert zuhören, wenn ich von meinen Erlebnissen unter den Indios am Amazonas erzählte. Als er jetzt die Wohnküche betritt, in der ich mit seiner Mutter und seinen beiden jüngeren Geschwistern am Tisch sitze, erkenne ich ihn kaum wieder. In den vier Jahren, die wir uns nicht gesehen haben, ist er ziemlich gewachsen und trägt jetzt einen braun-grün gefleckten Kampfanzug, mit dem er aussieht, wie einer von Ché Guevaras Genossen. Aus seinem Gürtel ragt der Griff einer Pistole – er streift den Tragriemen seiner Maschinenpistole von der Schulter und lehnt sie an die Wand. Trotz der langen Zeit, die wir uns nicht mehr gesehen haben, umarmt er mich nicht wie früher, sondern nickt mir nur mit einem flüchtigen Lächeln zu, das mich wohl daran erinnern soll, dass sich die Zeiten geändert haben. Vielleicht fühlt er sich auch zu alt für die Umarmung eines Freundes, vielleicht hat ihm sein General eingebläut, dass solche Sympathiebezeugungen gegenüber Außenstehenden nicht mehr angebracht sind. Aber ein ordentliches Stück von meinem Truthahn verschmäht er nicht – kaut und starrt teilnahmslos vor sich hin.

Die Mutter bemerkt mein Erstaunen ob dieser flüchtigen Begrüßung – eine Träne stiehlt sich über ihre Wange und sie hebt ihre Schultern etwas an in einer Geste der Hilflosigkeit. Alle konzentrieren sich aufs Essen – Manuel verschlingt seins und ist mit einem kurzen Knurrlaut, der wohl ein Abschiedsgruß sein soll, wieder weg. Während sich die beiden Kinder am Boden mit ihrem Spielzeug beschäftigen, kann mich die Mutter in den aktuellen Stand der Dinge einweihen: „Vor drei Monaten war es, da hat die Polizei eine Chacina (Gemetzel) bei uns veranstaltet – vierundzwanzig Personen sind von den Polizisten erschossen worden, man hat sie nebeneinander in der Bar vom Milton auf den Boden gelegt. Es war ein Racheakt dafür, dass vor unserer Favela zuvor zwei Polizisten erschossen worden waren, aber nicht von unseren, sondern von der Bande der Favela nebenan. Aber die fragen nicht, die schießen einfach alles zusammen – nur sechs von den vierundzwanzig waren tatsächlich Mitglieder der Bande vom ‚Cachorrão' (dem Drogenboss ihrer Favela), aber die hatten mit dem Polizistenmord auch nichts zu tun, und die andern waren hart arbeitende Familienväter, die sich lediglich im falschen Moment am falschen Ort befanden. Von diesem Tag an ist auch Manuel, zusammen mit den meisten jungen Leuten in seinem Alter, als Soldat in die Armee vom Cachorrão eingetreten – ich habe geweint, weil ich weiß, dass er nun nicht mehr lange leben wird, aber es hat nichts genützt."

Sie hat wieder Tränen in den Augen. „Ich hatte so viele Träume mit Manuel, aber sogar in die Schule geht er jetzt nicht mehr. Er meint, dass er jetzt erwachsen ist, weil er ein Gewehr hat und auf Polizisten schießt. Jedesmal, wenn er weggeht, habe ich Angst, dass er nicht wiederkommt und ich ihn auf irgendeinem Fußboden identifizieren muss. Cachorrão ist gut zu allen Familien, deren Söhne bei ihm mitmachen. Wenn jemand von uns krank wird, bezahlt er die Rechnung, aber wenn wir für seinen Krieg das Leben unserer Kinder opfern müssen, dann ist das doch ein schlechtes Geschäft!"

Nachdem ich mich spät abends verabschiede, begleiten mich die beiden kleineren Jungs bis an die Favela-Peripherie vor der Fußgängerbrücke. „Damit Dir nichts passiert!" Schräg gegenüber ist meine Bushaltestelle. Tief in Gedanken trete ich meine Heimfahrt an.

Erzieht die Knaben, damit ihr die Männer nicht bestrafen müsst!

Ein Philosoph der Landstraße

Das Weihnachtsgeschenk

Es geschah im Dezember, einem der heißesten Monate in der Stadt am Zuckerhut. Der größte Teil der Bevölkerung verlässt bei solcher Hitze bereits in der Morgendämmerung die stickigen Wohnungen und begibt sich an die Stadtstrände, besser gestellte Familien haben die Stadt bereits mit Kind und Kegel verlassen, um die Feiertage in ihren Stranddomizilen in Búzios, Angra dos Reis oder Parati zu verbringen – weitab vom Stress der Großstadt.

Júlio, der mexikanische Chefredakteur meiner Zeitung, hatte einen Auftrag für mich: Kinder auf der Straße zu interviewen – und zwar in Hinsicht auf das Weihnachtsfest, das vor der Tür stand. Er beabsichtigte eine Titel-Reportage über die Meinung unserer kleinen Mitbürger zu bringen, in der alles enthalten sein sollte, was sie zum größten Fest des Jahres zu sagen hatten. Arbeitstitel: „Weihnachten aus der Sicht der Kinder".

Also griff ich mir ein Tonbandgerät und verließ die Redaktion, um mich dieser neuen Aufgabe zu widmen. Bisher hatte ich noch nie ein selbständiges Interview geführt, sondern stets schweigend, im Schatten von Reporterkollegen, deren Interviews mit Fotos dokumentiert.

Ich begab mich also ins Stadtzentrum, wo es viele Kaufhäuser gibt, die in ihren Schaufenstern Spielsachen ausgestellt hatten, dort näherte ich mich einem der vielen Kinder, die ihre Nasen an den Scheiben platt drückten. Dann stellte ich das Gerät auf Aufnahme und fragte einen kleinen Jungen nach seinem Namen:

„Celso", antwortet der zutraulich – er macht einen gesunden Eindruck, ist einfach aber sauber und ordentlich gekleidet.

„Wie alt bist Du, Celso?", versuche ich eine Unterhaltung in Gang zu bringen.

„Sechs."

„Und weißt Du, was Weihnachten ist?"

„Ja ... das ist, wenn man Geschenke bekommt!"

„Und weiter?"

„Nichts weiter."

„Hat man Dir nie gesagt, dass in dieser Nacht das Christkind geboren wurde?"

„Weiß ich nicht."

Sein Vater, der uns beobachtet hat, unterbricht und nimmt den kleinen Celso an der Hand, beide betreten das Geschäft. Ich sehe mich nach einem anderen Kind um und entdecke einen schmutzigen Jungen mit abgerissenen Kleidern, der einerseits die Spielsachen hinter der Scheibe anzuschauen scheint, zwischendurch aber immer wieder einen Blick auf die Ladentür wirft. Als ich mich neben ihm aufbaue und ihn nach seinem Namen frage, zuckt er erschrocken zusammen. Schon will ich mich wieder zurückziehen, weil ich annehme, dass er mir nicht antworten wird, als er nochmals einen Blick auf die Eingangstür wirft und dann murmelt: „Ich heiße João."

„Und wie alt bist du, João?"

„Sieben."

„Und was machst du hier?"

Er zögert einen Moment, dann antwortet er: „Ich ... ich ... schaue mir nur die Sachen im Schaufenster an ..."

„Was hältst du von Weihnachten?"

„Eine schlechte Sache ..."

„Warum das denn?"
„Weil alle Leute Geschenke bekommen, aber wir nicht!"
„Hast du noch nie ein Weihnachtsgeschenk bekommen?"
„Nein. Wir sind arme Leute, mein Vater ist gestorben. Ich und meine Brüder wohnen zusammen mit meiner Mutter unter einer Brücke – dort gibt's kein Weihnachten."
„Glaubst du an den Weihnachtsmann?"
„Den Weihnachtsmann? Meinst du den Weihnachtsmann, der dort an der Eingangstür zum Geschäft steht und mit seinem Glöckchen die Kinder begrüßt?"
„Nein – ich meine den Weihnachtsmann, der immer am Jahresende erscheint, der den Kindern Geschenke bringt, die unter einem Weihnachtsbaum sitzen und singen – und eine Krippe steht daneben."
„Den kenn' ich nicht – den hab' ich noch nie gesehen!"
„Warst du schon mal in der Schule?"
„Nein, noch nie."
„Hat man dir schon mal erzählt, dass das Jesuskind in der Nacht geboren wurde, die man Weihnacht nennt – und dass man wegen seiner Geburt dieses Fest feiert?"
„Ich glaube ja – meine Mutter hat mir mal diese Geschichte erzählt."
„Und glaubst du, dass sie wahr ist, diese Geschichte? Dass es diesen Jesus gibt, der in einer Krippe in Bethlehem geboren wurde – er ist Gottes Sohn und er ist überall. Und er hat dich nicht vergessen, nur weil du arm bist."
„Hat er doch. Noch nie hat er mir ein Geschenk zu Weihnachten geschickt – nur reiche Leute bekommen Geschenke …"
In diesem Augenblick geht die Tür des Geschäfts auf und ein anderer schmuddeliger Junge von vielleicht neun oder zehn Jahren stürzt heraus – unter seinen Arm hat er ein rotes Spielzeugauto geklemmt – hastig bahnt er sich einen Weg durch die Menschenmenge auf dem Trottoir. In der Tür erscheinen jetzt mehrere Erwachsene, die auf den flüchtenden Jungen deuten und dann seine Verfolgung aufnehmen. Der Junge beginnt die breite, verkehrsreiche Avenida in einer Art todesmutigem Zick-Zack zu überqueren – verzweifelt wirft er einen Blick zurück, der den kleinen João neben mir gerade noch streift –

und dann strauchelt er, kann einem der vielen heranrasenden Fahrzeuge nicht mehr ausweichen, wird vom Kotflügel erfasst und auf den Asphalt geschleudert. Der Fahrer des Unglückswagens hält nicht an, sondern sucht sein Heil in der Flucht – doch der Verkehr kommt zum Stehen.

Der kleine João rennt zur Unfallstelle und ruft laut den Namen des anderen Jungen – sein verzweifeltes „José – Mano – José" gellt in meinen Ohren. Ich folge ihm auf die andere Seite der Avenida, wo er den gekrümmten Körper seines Bruders José weinend umklammert, dicht umgeben von einer gaffenden Menschenmenge. Der ist offensichtlich stark verletzt, sein Kopf liegt in einer Blutlache, aber er streckt seine Hand mit dem lädierten Spielzeugauto nach seinem Bruder João aus: „Mano (Bruder), hier hab' ich dein Weihnachtsgeschenk!"

Durch den Vorhang seiner Tränen sieht der kleine João den hingestreckten, blutenden Körper seines Bruders auf dem Asphalt, sieht verschwommen das zerbrochene Spielzeugauto in seinen Händen. Während ich mit zitternden Fingern die Tastatur meines Handys betätige, um einen Krankenwagen zu rufen, erlischt das Lebenslicht seines Bruders José auf dem Asphalt der Avenida, umgeben von gaffenden Menschen – einige mit den Weihnachtsgeschenken für ihre Kinder unter dem Arm.

Sterben tut nicht weh – was weh tut, ist ein Leben in Leid!

Ein Philosoph der Landstraße

São Paulo

Dieser Bundesstaat – mit der Hauptstadt gleichen Namens – ist das bedeutendste und dynamischste Wirtschaftszentrum von ganz Südamerika. Er hat eine Größe, die in etwa der Fläche von Großbritannien und Irland zusammen entspricht – mit mehr als vierzig Millionen Einwohnern. Die Stadt bildet mit Belo Horizonte (in Minas Gerais) und Rio de Janeiro das sogenannte Industrie-Dreieck. 30% aller Exporte Brasiliens kommen aus diesem Staat und 40% aller Importe werden von ihm verbraucht. Nicht nur in der Landwirtschaft, auch in der Viehzucht gehört der Staat São Paulo zu den größten Produzenten: Eine Herde von mehr als zwölf Millionen Rindern grast in seinem weiten Hinterland. Die Paulistaner sind auch verantwortlich für das größte Steueraufkommen des Landes: fast 50%.

Trotz Industrie und Technik hält der Staat São Paulo viele interessante Regionen für den Tourismus bereit: An seiner mehr als 600 Kilometer langen Küste finden sich Strände für jeden Geschmack und Unterkünfte für jeden Geldbeutel – von 5-Sterne-Palästen bis zu einfachen „Pousadas" (Pensionen). Naturliebhaber können durch Naturschutzgebiete wandern oder idyllische Inseln kennenlernen.

São Paulo dürfte jedoch eines der wenigen Bundesländer in der brasilianischen Union sein, in dem der internationale Tourismus keine sichtbaren Spuren hinterlässt und auch keinen spürbaren Wirtschaftsfaktor darstellt. Die Stadt selbst wird von Ausländern höchstens mal auf einer Geschäftsreise besucht – und selbst dann flüchtet man am Wochenende lieber nach Rio de Janeiro. São Paulo ist aber auch ein Bundesland, welches internationalen Tourismus – entschuldigen Sie die Arroganz – gar nicht nötig hat. Es ist so international in der Zusammensetzung seiner Bevölkerung, birgt so viel Kreativität, Dynamik und Produktion, ist dauernd in Bewegung und steht deshalb Traditionen eher schamhaft – historischen Reminiszenzen eher befremdlich – und allem was seine rasante Entwicklung bremsen könnte, ziemlich uneinsichtig gegenüber. So investieren die Paulistas auch weniger in touristischen Sehenswürdigkeiten, denn die entstehen, sozusagen als groteske Randerscheinungen, durch die paulistanische Lebensart ganz von selbst.

Die Hauptstadt São Paulo

„Aufregend! Unfassbar! Dynamisch! Hektisch! Stressig! Monströs! Menschenverachtend!" Es fallen einem gleich eine ganze Menge Adjektive ein, wenn man die Hauptstadt São Paulo zum ersten Mal besucht, und wenn man seine Bewohner aus der Sicht der Cariocas betrachtet, sind es nicht nur bewundernde, sondern auch ein paar abfällige. Für mich ist São Paulo wie ein Baukasten verschiedener Weltstädte, die zu einer einzigen Universal-Metropole zusammengefügt wurden.

São Paulo ist wie New York: Schnell und erregend. Schmelztiegel verschiedenster Kulturen. Wall-Street-Klima auf der Avenida Paulista. Börsenmarkt. Kunstgalerien. Kultur-Zentren. Museen. Parks. Business und Freizeit – und sogar mit einem Stadtteil, der Brooklyn heißt. São Paulo ist wie London: Konservativ. In Winternebel und Morgendunst. Mit zahlreichen Universitäten, noblen Theatern und Konzertsälen. Forschungs-Zentren. Pferderennen. Tennis- und Golf-Meisterschaften. Sogar Doppeldecker-Bussen. São Paulo ist wie Frankfurt: Mit internationalen Banken. Multinationalen Konzernen. Professionell. Kosmopolitisch. Brasiliens ernstzunehmende Seite. Die besten Messen im Land. Sprungbrett zur Welt. Auch mit knackigen Würstchen und Eisbein mit Sauerkraut. São Paulo ist wie Paris: Viel „l'amour", mit Chique und Charme. Mit Boutiquen und Galerien. Mit Bistros, Blumen und Mode. Mit Antiquitäten- und Flohmärkten. Vibrierendem Nachtleben. Einer der besten Sammlungen französischer Impressionisten. Art Nouveau, Baguettes und Nouvelle Cuisine.

São Paulo ist wie Rom: Historische Brunnen und marmorne Säulen, Gärten und feine Architektur. Sport-Arenen. Sieger und Besiegte. Cafés und bunte Cantinas. Dolce Vita mit Pasta, Pizza, Chianti und Espresso.

São Paulo ist wie Tokio: Diszipliniert. Gebildet. Technisches Vorbild – und mit der größten Konzentration von Japanern außerhalb Japans.

Die Fehde zwischen Paulistas, den Bürgern von São Paulo, und den Cariocas, den Bürgern von Rio de Janeiro, ist uralt: Die einen bezeichnen die anderen als faul und dekadent und ihre Stadt als den Inbegriff des Müßiggangs und des Dolce Vita – während jene sonnenverwöhnten Lebenskünstler selbstbewusst kontern, die Paulistas seien arbeitswütig, geldgierig und ihre Freizeit bestünde nur aus Verkehrsstaus, in denen sie eingezwängt in Anzug und Krawatte steckten, um an Leidensgenossen ihre Visitenkarten zu verteilen. Nun, so übertrieben ist das gar nicht. Die Bürger von São Paulo haben tatsächlich, stärker als in anderen brasilianischen Städten, die Gewohnheit entwickelt, Geld zu verdienen. Und damit erarbeiten sie ihrer Stadt und ihrem

Staat ein Bruttosozialprodukt, das höher ist als in den übrigen Staaten zusammengenommen. Ihre Produktion und ihre Steuerabgaben sind es, die Brasiliens Wirtschaft am Leben erhalten – verlöre Brasilien São Paulo, dann wäre es pleite.

Die Monsterstadt bedeckt eine Fläche von mehr als 1.500 Quadratkilometern – fast doppelt so groß wie Berlin. Nach einer Zählung von 2010 leben im administrativen Stadtgebiet mehr als 11 Millionen Menschen – in der Metropolregion sogar mehr als 20 Millionen. Definitiv eine der größten Städte der Erde und die bevölkerungsreichste auf der Südhalbkugel. Jeder zwölfte Brasilianer ist heute ein Bürger São Paulos. Produktionsstätten der Automobil-Industrie, der Chemie, der Elektronik, des Flugzeugbaus und der Informatik sind hier angesiedelt, um nur einige zu nennen. São Paulo liefert 90% von Brasiliens Motorfahrzeugen, 65% an Papier und Zellulose und 60% aller Maschinen und Werkzeuge.

São Paulos Gesellschaft setzt sich aus allen Teilen der Weltbevölkerung zusammen. Von besonders prägendem Einfluss sind die europäischen Einwanderer geblieben, denen die Stadt ihr industrielles Wachstum und damit ihren Wohlstand zu verdanken hat, beispielgebend für ganz Südamerika.

Eine Stadt, die auch hinsichtlich ihres Dienstleistungsangebots dem Besucher alles bietet, was das Herz begehrt: ein American Breakfast am Morgen, das Mittagessen vielleicht in einem japanischen Restaurant, den Five o'clock Tea in einem englischen Pub, Cocktails in einem französischen Bistro und das Abendessen in einem ungarischen, russischen oder italienischen Restaurant – um schließlich noch zu einer Swinging Night in einem der bestausgestatteten Nachtclubs von Weltrang aufbrechen zu können.

An einem einzigen Tag können Sie hier einen typisch italienischen Stadtteil (Bixiga) besuchen oder einen typisch orientalischen (Liberdade). Man kann gigantische Industrie-Distrikte kennenlernen, in denen Autohersteller und metallverarbeitende Unternehmen angesiedelt sind (in São Caetano, São Bernardo, Santo André) und auf typischen Nordost-Märkten herumbummeln (Concórdia Platz im Stadtteil Brás) oder arabische (25 de Março) und jüdische Geschäfts-Zentren (Bom Retiro) besuchen. Man kann die Villen-Distrikte der

Haute Volée besichtigen (Jardim Europa, Jardim America, Jardim Paulista und Morumbi, wo der Gouverneurs-Palast steht) oder die Favelas der Ärmsten der Armen, an den Stadtrandgebieten. Für Kunsthandwerk und schmackhafte Küche aus allen Teilen Brasiliens ist der Lapa-Markt die richtige Adresse. Museen von Weltrang sind eine lohnende Entdeckung, wie zum Beispiel das Kunstmuseum (MASP), das unter anderen auch Werke von Raphael, Toulouse Lautrec, Mantegna, El Greco, Matisse, Tizian, Van Gogh, Manet, Delacroix, Degas, Cézanne, Renoir und Picasso präsentiert. Und nicht zu vergessen die Prachtstraßen, die São Paulos Wirtschaftsmacht demonstrieren, wie die brasilianische Wall Street Avenida Paulista, die riesig dimensionierten Shopping-Zentren (Iguatemi, Ibirapuera, Eldorado) sowie die zahlreichen Theater, Galerien, Straßenmärkte und Vergnügungsparks.

Das alles ist São Paulo – eine Stadt voll erstaunlicher Details und Möglichkeiten. Keine andere Stadt in Südamerika ist so gut für Besucher eingerichtet wie sie, denn sie bietet auch noch eindrucksvolle Transportlösungen, schnelle Kommunikationswege, eine First-Class Unterbringung und ebensolchen Service für ihre Gäste. Das lebendigste und vielseitigste Nachtleben gehört ebenfalls zu São Paulo. Hier können Sie in die Oper im Teâtro Municipal gehen oder zu einer Samba-Show mit atemberaubenden Tänzerinnen. Sie können in deutschen Restaurants Walzer tanzen oder in argentinischen Tango – einem portugiesischen Fado lauschen oder brasilianischen Künstlern applaudieren, in einer der über 400 täglichen Live-Shows, Musicals und Kunstausstellungen.

Natürlich ist São Paulo auch ein Shopping-Paradies, mit einer schier unglaublichen Anzahl von Galerien, Boutiquen, Designer-Shops, Haute-Couture-Häusern und Interieur-Showrooms. Im Land des Fußballs, Basketballs, Volleyballs, Handballs und des Boxsports hat man natürlich auch in São Paulo entsprechende Einrichtungen geschaffen (Iberapuera, Morumbí, Pacaembú) und in Interlagos befindet sich eine der bekanntesten Formel-1 Rennstrecken.

Sich nun aber in São Paulo als Besucher zurechtzufinden, ist selbst dann noch schwierig, wenn Sie Portugiesisch sprechen, ein Auto, Geld und Zeit haben und die Verkehrsregeln kennen. Für alle anderen ist es schlichtweg unmöglich. Und warum? Weil die Ausbreitung dieser Riesenstadt keinerlei Plan oder Schema folgt und weil es an Orientierungshilfen mangelt, nach denen man sich richten könnte. Als Tourist in dieser Megalopolis steht man erst einmal den herumhastenden Einheimischen dauernd im Weg. Mit großen Augen versucht man, sich innerhalb der Beton- und Glaspaläste zurechtzufinden. Chaotischer Verkehr und brodelnder Lärm überall. Von der Luft behaupten Zyniker, sie sei so dicht, dass die Regentropfen hier nur halb so schnell fallen wie anderswo. Der Erstickungstod São Paulos wird manchmal im Fernsehen diskutiert – dann erklären ein paar Administratoren, dass alles anders werden wird – und es wird: nämlich noch schlimmer.

Brasilianer sind fortschrittsgläubige Menschen – Paulistas sind geradezu fortschrittsbesessen. Wenn man angesichts des offensichtlichen Verkehrschaos, der schlechten Luft und der wahnsinnigen Größenordnungen die Hände über dem Kopf zusammenschlägt, dann macht's dem echten Paulista erst richtig Spaß. Schmunzelnd meint er, dass es sich „nur um vorübergehende Schwierigkeiten" handele und dass hier „das eigentliche Paradies für Geschäftsleute" sei. Richtig, es gibt nichts, was man hier nicht kaufen oder verkaufen könnte – außer einem angebissenen Hamburger vielleicht.

Die Paulistas wissen, dass die offiziell angegebene Einwohnerzahl von rund 11 Millionen nicht der Realität entspricht, denn die meisten der armen Zugewanderten aus dem Nordosten besitzen keine Ausweispapiere und ihre Neugeborenen werden ebenfalls nicht registriert – die Dunkelziffer wird auf 3 bis 5 Millionen geschätzt, sodass eine Einwohnerzahl von mehr als 15 Millionen eher der Realität entsprechen dürfte. Dass das explosive Wachstum die vorhandenen Probleme noch verschärfen wird, nimmt man mit Gelassenheit zur Kenntnis. Es gibt Leute, die unverdrossen ein mögliches Wachstum São Paulos auf 25 Millionen prophezeien und die den Flughafen von Viracopos (Campinas) – heute 97 Kilometer entfernt – schon als Stadtflughafen sehen, „der dann bestimmt verlegt werden muss." Aber das ist nicht etwa Galgenhumor, sondern paulistanischer Optimismus.

Gemessen an ihrer überwältigenden Größe ist die Stadt eigentlich eher arm an Sehenswürdigkeiten – zumindest an historischen. Die hat man nämlich, im Zuge eines kompromisslosen Modernismus oder echter Megalomanie dem Erdboden gleichgemacht, um den teuren Baugrund an potente Konzerne für ihre Glas- und Betonpaläste zu verhökern. Immerhin, es gibt noch ein paar wenige Zeugen aus historischer Zeit – etwa ein knappes Dutzend – und man sollte sie, wenn man nur einen oder zwei Tage zur Verfügung hat, im Zuge einer organisierten Stadtrundfahrt besichtigen, denn um mit den öffentlichen Verkehrsmitteln umgehen zu können, müsste man erst ein paar Wochen trainieren.

*São Paulos Funktion ist es, Brasilien an den
Rest der Welt anzuschließen!*

Ein Philosoph der Landstraße

Ein Sonntag wie jeder andere

Wieder so ein Sonntag, an dem nichts los war. So einer, an dem noch weniger geschah als an anderen Sonntagen in diesem verelendeten Teil der Vorstadt, an der Peripherie der Metropole São Paulo. Auch im Boteco war nichts Besonderes los, ein Boteco wie jedes andere, nicht besonders sauber, eher ziemlich speckig.

Unter dem Begriff „Botêco" versteht man in Brasilien jene kleinen, zur Straße hin offenen Kneipen oder Snack-Bars, mit einem breiten Sortiment an Appetithäppchen, die sich mit den Emigranten aus aller Herren Länder hier eingebürgert haben: chinesische Pasteten, arabische Kibes und Esfihas, italienische Pizzas und Lasagne, amerikanische Hot-Dogs und Hamburger und brasilianische Fleischspießchen, die man „Churrasquinhos" nennt. Alle diese Häppchen, werden in einer Art Warmhalteschrank, hinter einer Glasscheibe, dem hungrigen Kunden präsentiert und ihm zum Verzehr, je nach Tradition des Etablissements, entweder mit einer Greifzange, per Einstich mit einer Gabel oder auch mal mit den bloßen Fingern auf einem, vom heißen Wasserbad noch tropfenden Teller, gereicht.

Vielleicht noch etwas vielseitiger ist das trinkbare Angebot der Botêcos: vom Mineralwasser über tropische Fruchtsäfte, Bier, Cola- und anderen Soft-Drinks sowie den stadtbekannten härteren Sachen – vor allem den beliebten nationalen Cachaças aus Zuckerrohr, unter denen sich besonders die Marke „Xixi-de-Anjo" (Engels-Pipi) der Gunst der Kenner erfreut. Damit stehen die Botêcos auf Platz eins der meistbesuchten geschäftlichen Etablissements – jeder Brasilianer hält sich wenigstens einmal täglich am Tresen seines Botêcos auf, und sei es nur zu einem Schwatz mit Gleichgesinnten bei einem Schoppen Bier oder einem quietschsüßen Cafezinho. Die Botêcos sind zweifellos ein Stück lokaler Lebensqualität. Und an den Wochenenden werden sie oft zum beliebten Treffpunkt der Amateurmusiker aus der Nachbarschaft, die dort einen Chorinho oder einen Sambinha intonieren und damit eine wirkungsvolle Werbung für die Kneipe darstellen – denn, wie ich schon an anderer Stelle erwähnte: Musik kann kein Brasilianer widerstehen.

In jenem Botêco, von dem ich erzählen will, stammt die Theke noch von einer ehemaligen Metzgerei – statt dem alten Kühlaggregat hat man eines zum Warmhalten eingebaut, und durch das an mehreren Stellen gesprungene, vom Zahn der Zeit trübe gewordene Glas kann man ein paar Bierflaschen erkennen. Auf der Theke die obligatorische, fleckig weiße Plastikauflage, an der Wand, neben einem Regal voll bunter Flaschen, ein riesiges Plakat vom Palmeiras-Club, Paulista-Champion von 1996, und auf einem anderen Wandregal daneben ein paar matt glänzende Trophäen vom „Ameriquinha", dem Team des lokalen Wohnviertels. Zehn oder zwölf Stammgäste – alles Bewohner der Umgebung – lehnen an der Theke oder haben sich auf den von einer Bierfabrik spendierten Plastikstühlen niedergelassen. Die einen kippen ein paar „Branquinhas" (Weiße – Schnaps aus Zukkerrohr), die anderen bevorzugen „Louras" (Blonde –Bierschoppen) – der allgemeine Gesprächsstoff dreht sich, wie immer, um Fußball.

An dem Tisch in der Ecke, wie jeden Sonntag, Seu Rafael, ein pensionierter Herr von circa sechzig Jahren, mit einem etwas müden Gesichtsausdruck, in einem dunkelblauen Sweater, der schon einmal bessere Tage gesehen hatte. Jeden Sonntag hängt er im Boteco seinen Träumen aus vergangenen Tagen nach, während sich der Schaum in seinem Glas langsam setzt. Stets ist er umgeben von seinem Publikum: ein paar aus dem Gleichgewicht geratenen Existenzen, die sich über seine tollen Geschichten amüsieren, wenn er in Fahrt kommt, diesen aber keinen Glauben schenken, denn sie scheinen ihnen zu fantastisch. Stets handeln sie von Rafaels Karriere als Fußballstar, die er mit siebzehn beim Jugendclub vom Corinthians begonnen hatte – innerhalb kurzer Zeit galt er als vielversprechendes Talent und wurde zur Übernahme ins Profi-Team vorgeschlagen. Seu Rafael pflegt seine Geschichten mit ein paar Schilderungen von Fußballturnieren zu würzen, in denen er der Protagonist gewesen ist. Seine Zuhörer brechen dann regelmäßig in brüllendes Gelächter aus über das, was sie „das Delirium des alten Rafa" nennen, und manchmal ist auch einer unter ihnen, der sich nicht zurückhalten kann und ihn ganz ungeniert einen alten Lügner nennt.

„Warum bist du dann kein Profi geworden, alter Mann?", insistiert einer grinsend und wischte sich den Bierschaum vom Mund.

„Der Alkohol. Die Sauferei war mein Untergang", entgegnet Seu Rafael mit bedrückter Stimme und nimmt einen langen Zug aus seinem Glas. Aber seine Antwort überzeugt niemanden. Und sie fahren fort, ihn aufzuziehen und mit ihren Anwürfen zu traktieren.

Er ist es gewöhnt. Das ist sein Publikum an den Sonntagen seiner illusionslosen Einsamkeit und er nimmt es ihnen auch nicht übel. So ist das eben, wenn einem die Zeit davongelaufen ist. Ein paar gewinnen, andere fallen in den Abgrund der Vergessenheit.

Doch an jenem Sonntag, an dem sonst nichts weiter los war in jenem Botêco, umgeben von den gleichen Leuten wie immer, braute sich etwas zusammen. Es fing damit an, dass plötzlich die Blicke sämtlicher Anwesenden eine schwarze Import-Limousine erfassten, die auf der gegenüberliegenden Straßenseite einparkte. Heraus stieg ein vornehm gekleideter Mann mittleren Alters, der die Straße überquerte und zielstrebig auf ihr Botêco zusteuerte. Als er die Schwelle überquerte, breitete sich schlagartig eine gespannte Stille im Raum aus.

„Einen guten Tag wünsche ich euch, Leute! Kann mir einer sagen, wo ich den Rafael Arruda finde?" – der unerwartete Gast sieht sich forschend in seiner näheren, rauchgeschwängerten Umgebung um.

Endlich löst sich einer von der Theke und deutet zu dem wackligen Tisch, an dem der alte Seu Rafael sitzt.

„Hab ich dich endlich gefunden, alter Freund!" Alle können sie deutlich die Emotion in der Stimme des Fremden heraushören. „Ich möchte dich einladen, mit mir in der Fußballschule vom Corinthians Jugendliche auszubilden!" Einer entdeckt jetzt den roten Anker mit den fünf goldenen Sternen auf seiner schwarz-weiß gestreiften Krawatte, und die lautesten Schreier flüstern plötzlich wie alte Weiber miteinander.

„Diesen Kerl hier", der Fremde drückt den alten Rafa an seine Brust, „hab' ich jahrelang gesucht, hab' Himmel und Hölle in Bewegung gesetzt, um ihn endlich zu finden, denn er war tatsächlich ein Crack – wäre stolz, wenn ich je so gut gespielt hätte wie er, er hatte das Zeug zum Champion! Und jetzt geb' ich einen aus", womit er das Eis endgültig gebrochen hat. Alle reden nun durcheinander, umdrängen den Fremden, der den alten Rafa scheinbar nicht mehr loslassen will. Und plötzlich wollen sie alle „ihrem Rafa" auf die Schultern klopfen – ihre Gesten haben jetzt etwas Respektvolles.

Nachdem die beiden Freunde, die sich endlich wiedergefunden hatten, schließlich Arm in Arm über die Straße zu der schwarzen Limousine schritten, folgte ihnen der ganze Tross aufgeregt schwatzend. Die beiden stiegen ein – jetzt konnte Jorge von der Apotheke, ein fanatischer Corinthians-Anhänger, nicht mehr länger widerstehen, was alle in diesem Moment bewegte, brachte er auf den Punkt: „Rafa Rivelino, mein Held, bitte gib mir ein Autogramm! Kannst es gleich hier auf mein Hemd schreiben" – und der etwas beleibte Apotheker kniete doch tatsächlich neben der offenen Wagentür nieder auf dem heißen Asphalt, beugte seinen Rücken mit dem Clubtrikot vom Corinthians, welches er sonntags stets zu tragen pflegte, und Rafael setzte seine Unterschrift mit einem Filzstift so gekonnt zwischen seinen Schultern auf einen der weißen Querstreifen, als hätte er sein Lebtag nichts anderes getan. Dann schlug die Wagentür zu, der Chauffeur fuhr an, und die Schreier aus dem Boteco winkten tatsächlich hinter dem Wagen her, der jenen Sonntag, an dem wie immer nichts los zu sein schien, in einen der denkwürdigsten Tage ihres Vorstadtviertels verwandelt hatte.

Einsamkeit ist eine Insel, mit Sehnsucht nach einem Schiff!

Ein Philosoph der Landstraße

Minas Gerais

Aus den „Allgemeinen Minen" der historischen Vergangenheit hat sich ein gutsituiertes Bundesland entwickelt. Gold- und Edelsteinfunde machten den Südosten Brasiliens im 17.Jahrhundert unabhängig von dem durch Zuckerexporte wohlhabenden Nordosten. Noch heute birgt die Region reiche Erzlager, die mittels moderner Förderungsmethoden abgebaut werden. Der Staat hat eine Fläche von der Größe Spaniens und ist das fünftgrößte Bundesland der Brasilianischen Föderation, seine Bevölkerungszahl liegt bei 20 Millionen. Minas Gerais ist der höchstgelegene Staat Brasiliens – mehr als die Hälfte nimmt die Hochebene des Planalto Atlântico ein, mit einer mittleren Höhe von 600 Metern. Einige der höchsten Berge Brasiliens befinden sich in diesem Massiv, wie zum Beispiel der Pico da Bandeira, (2.890 Meter) oder der Pico do Cristal (2.798 Meter). Die jährliche Durchschnittstemperatur liegt bei 21ºC – mit einem weitgehend tropischen Höhenklima.

Minas Gerais wetteifert heute mit Rio de Janeiro um den zweiten Platz in der brasilianischen Wirtschaft – nach São Paulo. Der Staat ist sowohl landwirtschaftlich als auch industriell von großer nationaler Bedeutung. In ihm grast die größte Rinderherde Brasiliens – circa 22 Millionen Tiere. Von dort kommt auch Brasiliens größte Milchproduktion – 32% des ganzen Landes. Weitere Superlative sind: die Hälfte der Kaffeeproduktion Brasiliens, aber auch 30% der nationalen Automobil-Herstellung, 38% des Stahls, 53% des Gusseisens, 25% des Zements. Die Exporte von Minas Gerais belaufen sich auf 13% der Gesamtausfuhr Brasiliens.

Minas Gerais hat zwar keine Strände, aber besonders viel für kulturhistorisch interessierte Besucher und Naturliebhaber zu bieten. So viel, dass es damit die fehlenden Strände glatt wettmacht. Wer an der Geschichte Brasiliens interessiert ist, den werden solche kolonialen Kleinode wie Ouro Preto, Sabará, Tiradentes, Mariana, São João del Rei oder Diamantina bestimmt in ihren Bann ziehen. Wer den Schönheiten der Natur den Vorzug gibt, der wird in zahlreichen Nationalparks, wie Serra da Canastra, Serra do Cipó und Cavernas de Pereaçu abenteuerliche Eindrücke sammeln können. Übrigens kann man auch in den berühmten Thermalbädern ein paar fantastische Tage der Erholung vom Abenteuer einlegen – die von Poços de Caldas, Caxambu und São Lourenço haben eine heilende Wirkung und liegen in einer reizvollen Umgebung.

Die Hauptstadt Belo Horizonte

Den schönen Horizont, nach dem die Stadt benannt ist, gibt es wirklich, umgeben von blauen Bergen. Die Stadt ist die drittgrößte Metropole Brasiliens und ein bedeutendes Industrie-, Handels- und Kultur-Zentrum. Das Klima ist hier besonders angenehm – die Durchschnittstemperatur liegt bei 21°C. Die Stadt besitzt das Doppelte der von der WHO empfohlenen Grünfläche pro Bürger, die größte Anzahl an Bars und das zweitgrößte Fußballstadion Brasiliens.

Ein gutes öffentliches Transportsystem dient dem Wohl der Bürger in dieser sehr hügeligen Stadt, mit vielen Bäumen um die zentralen Avenidas herum. Der große Parque Municipal ist das Herz der City. Hohe Büropaläste beherrschen die Innenstadt, können aber mit denen in São Paulo nicht konkurrieren – die ganze Atmosphäre ist weniger hektisch. Avenida Afônso Pena, die zentrale Arterie, ist breit und ständig voller Autos und Fußgänger, außer an Sonntagen, da ist sie für d en Straßenverkehr gesperrt und wird zu einem riesigen Markt unter freiem Himmel. Das Nachtleben entfaltet sich im Stadtteil Savassi, der besten Gegend zum auswärts Essen, Trinken und um eine Show zu besuchen.

In Belo Horizonte beginnt in der Regel ein Besuch der märchenhaften Barockstädte dieses Staates. Von Rio de Janeiro oder São Paulo ist Belo Horizonte nur eine Bus-Tagesreise oder eine Flugstunde entfernt. Auf den 450 Kilometern von Rio de Janeiro aus, lernt man die reizvolle Landschaft entlang der Landstraße am besten kennen.

Schätze aus der Kolonialzeit

Per Dekret des brasilianischen Kaisers Dom Pedro I wurde „Vila Rica", seit 1721 bereits Hauptstadt von Minas Gerais, in „Ouro Preto" (Schwarzes Gold) umbenannt. In der späteren Republik wurde die

Hauptstadt 1897 nach Belo Horizonte verlegt. Dies war der entscheidende Schritt zur Erhaltung der kolonialen Atmosphäre in Ouro Preto während der folgenden Jahrhunderte, unverfälscht in seiner gesamten architektonischen Komposition. Seit 1981 ist die kleine Stadt ein „Kulturdenkmal der Menschheit" (UNESCO).

Ouro Preto

96 Kilometer von Belo Horizonte entfernt liegt Ouro Preto in der Gebirgskette Serra do Espinaço. Der eigenartig geformte Gipfel des Itacôlomi (1.772 Meter hoch) ist das erste Anzeichen dafür, dass man sich Ouro Preto nähert. Auf felsigem Grund, in 1.000 Metern Höhe angelegt, winden sich die kopfsteingepflasterten Gassen zwischen den mit insgesamt 13 Kirchen gekrönten Hügeln hinauf und hinab.

Alte Herrenhäuser, Brunnen, Terrassen-Gärten, Türme und Erker vermitteln eine fesselnde Atmosphäre wie aus dem 18. Jahrhundert. Auch wer kein Kirchen-Fan ist, sollte sich von allen historischen Städtchen in Minas Gerais zumindest Ouro Preto ansehen. Die Stadt ist für das Verständnis Brasiliens und das Selbstverständnis der Brasilianer von eminenter Bedeutung. Hier erlebt man die Geschichte als Gegenwart, lernt einen fast unbekannten Teil des großen Landes kennen und erlebt zweifellos einen absoluten touristischen Höhepunkt.

Zwei gut ausgefüllte Tage braucht man, um, die holprigen Gassen hinauf und hinab, das Städtchen einigermaßen kennenzulernen. Dann hat man auch zwischendurch ein bisschen Zeit, um die Straßenszenen wirken zu lassen und die fotogensten Winkel zu suchen. Ouro Preto ist geradezu eine Herausforderung für Freunde der Fotografie. Am besten durchstreift man die von niedrigen kolonialen Häusern gesäumten Gassen von einer Kirche zur andern.

Wegen seiner Höhenlage kann es im Winter empfindlich kalt werden. Die Temperaturunterschiede liegen hier zwischen 9° und 36° C. Auch Regen und Nebel sind häufig. Als beste Besuchszeit empfehle ich Ihnen März bis August. Aber Ouro Preto bezaubert zu jeder Jahreszeit. Es liegt so viel Poesie in den plätschernden Brunnen, in den ungleichmäßigen Basaltköpfen des Pflasters, den schattigen Winkeln der Gassen, den verschachtelten Dächern, den Brückchen und antiken Fassaden, dass man versucht ist, einfach dazubleiben.

São João del Rei

Die historische Stadt liegt 185 Kilometer von Belo Horizonte entfernt – am Fuß der Serra do Lenheiro. Wer von Rio de Janeiro nach Belo Horizonte fährt, der kommt auf halbem Weg an São João del Rei vorbei – sie ist die südlichste der Barock-Städte. Hier findet man unter anderem ein paar der sehenswertesten Kirchen Brasiliens. Und auch der alte Stadtkern ist es, der den Besucher in seinen Bann zieht. Alle Sehenswürdigkeiten befinden sich in seinem direkten Umfeld und sind gut zu Fuß zu erreichen. Die beiden unterschiedlichen Stadtteile machen deutlich, dass hier, im Gegensatz zu den anderen historischen Städten in Minas Gerais, die Zeit nicht stehen geblieben ist. Die historische Altstadt steht unter Denkmalschutz und die Kirchen werden nachts von Flutlicht angestrahlt – ein fantastischer Anblick.

Eine ganz außergewöhnliche Sehenswürdigkeit ist das Museu Ferroviário (Eisenbahn-Museum) – so richtig etwas für Eisenbahn-Freaks: Im mit viel Aufwand akribisch restaurierten Bahnhof von 1880 untergebracht, gibt es unter zahlreichen interessanten Ausstellungsstücken auch 16 Dampfloks in erstaunlich gutem Zustand sowie einen dampfbetriebenen Maschinen-Park – alles noch in Betrieb und „zum Anfassen" für den eisenbahnbegeisterten Besucher.

Die Fahrt mit einer solchen Original-Dampfeisenbahn, die man im Volksmund „Maria Fumaça" (rauchende Maria) nennt, ist ein Hochgenuss. Die Strecke verläuft malerisch zwischen São João del Rei und dem Nachbarort Tiradentes (13 Kilometer), die von der brasilianischen Eisenbahngesellschaft exklusiv für touristische Zwecke in Betrieb gehalten wird und seit 1881 ununterbrochen verkehrt. Höchstgeschwindigkeit ist 25 km/h, die Strecke wird mit diesem nervenschonenden Tempo in vierzig Minuten zurückgelegt – ein wahrer Leckerbissen für Freunde alter Eisenbahnen!

Während der Fahrt entdeckt man, dass die kleine Dampfeisenbahn den Rio das Mortes an seinem Ufer begleitet – die Landschaft ringsherum ist berauschend schön. Aus den Fenstern der Waggons schweift der Blick über grünes Hügelland und kleine Fazendas. Wenn man sich dann in einer Kurve aus dem Fenster lehnt und die dicke graue Rauchsäule aus dem Schornstein quellen sieht – das gleichmäßige Rattern der Eisenräder und die Dampfpfeife dazwischen – dann ist man plötzlich wieder Kind und möchte unbedingt Lokomotivführer werden.

Tiradentes

Dieser wunderschöne kleine Ort mit 9 Straßen und 8 Kirchen am Fuß der grünen Serra de São José scheint nicht in unsere Zeit zu gehören: Mit knapp 7.000 Einwohnern ist er für viele Besucher ein Traum von Ruhe und Beschaulichkeit. Das Örtchen liegt auf einem Hügel, unterhalb eines gewaltigen Berges und war zur Goldgräberzeit der Rivale des Nachbars São João del Rei. 1702 entstand hier die erste Siedlung am Rio das Mortes, 1718 hatte sich aus ihr eine richtige Kleinstadt entwickelt, in der lebte Joaquim José da Silva Xavier, den die Einheimischen nur „Tiradentes", den Zahnzieher, nannten. Er wurde zum Nationalhelden, als er 1789 die Widerstandsbewegung „Inconfidência Mineira" anführte, die eine Unabhängigkeit Brasiliens von der portugiesischen Krone forderte. Man hat ihn am 21. April 1792 hingerichtet. Als dann später endlich die Republik ausgerufen wurde (1889), änderte man ihm zu Ehren den Namen der Stadt in Tiradentes.

Durch Aufzeichnen der Geschichte befreien
wir uns von der Vergangenheit.

Ein Philosoph der Landstraße

Caipira-Humor

Man könnte ihn am treffendsten als Hinterwäldler bezeichnen, als Kartoffelbauer oder Landei – eben jene Figur aus dem Landesinnern, die besonders in Brasilien, nicht zuletzt wegen der riesigen Entfernungen zwischen dem technisch zurückgebliebenen Hinterland und den modernen Küstenstädten, noch ein Leben führt wie ehemals die Vorfahren während der Kolonialzeit. Besonders das Zusammentreffen jener altmodischen, aber nicht selten mit überraschendem Witz begabten „Caipiras" und den arroganten Städtern, mit ihrer Abhängigkeit von ultramoderner Technik, gibt dem landestypischen Humor einige umwerfende Pointen, in denen nicht, wie man meinen könnte, der Caipira der Dumme ist, über den man sich amüsiert, denn der hat nur allzu oft die Lacher auf seiner Seite.

Wenn man den Erzählern der sogenannten Caipira-Geschichten glauben kann, dann spielen die meisten unter der Landbevölkerung des Staates Minas Gerais – dieser „Mineiro" des Hinterlandes ist für die kreativen Humoristen der „Caipira par exellence". Vielleicht hat das mit seiner schleppenden Sprechweise zu tun, mit seiner eigenwilligen Sprachmelodie, seinem im ganzen Land imitierten rollenden „r" oder seinem hinterwäldlerischen Auftreten schlechthin – wie dem auch sei, wenn jemand in einer fröhlichen Runde eine Caipira-Episode zum besten gibt, dann pflegt er dazu die markante Mundart jener Bauern aus Minas Gerais nachzuahmen. Zum Beispiel:

„Ein alter Caipira aus dem Landesinnern lenkt sein klappriges Fahrrad die Straße entlang. Als er das Motorengeräusch eines heranrasenden Autos vernimmt, weicht er zum Straßenrand aus und hält nun etwas mühsam die Balance zwischen der Abrisskante des Asphalts und den angrenzenden Büschen. Der Fahrer des knallroten Sportwagens hält mit quietschenden Reifen neben dem Eingeborenen, kurbelt das Fenster herunter und fragt ihn:
- Ach bitte, Amigo, geht diese Straße nach São Paulo?
- Weiß nich', Doutor ... aber wenn sie geht, wäre das ein großer Verlust für uns alle hier draußen!"

„Ein alter Caipira hat furchtbare Zahnschmerzen und ist auf dem Weg zum Zahnarzt des kleinen Ortes, als drei junge Männer seinen Weg kreuzen. Wie sie ihn so gebeugt dahin schleichen sehen, sticht sie sogleich der Hafer, den alten Mann auf die Schippe zu nehmen:
- Was ist los, Nonato, dass Du so traurig umherschleichst?
- Hab' furchtbare Zahnschmerzen, bin auf'm Weg zum Dokter!
Und einer der jungen Männer gibt zurück:
- Letztens ist mir das auch passiert. Aber da hab' ich mir mal meine Frau ordentlich vorgenommen und siehe da, der Schmerz war weg!
Und Nonato, der alte Caipira, antwortet ihm:
- Da ich nich' weiß, wo Deine Frau wohnt, geh' ich doch lieber zum Dokter!"

„Nonato Ulisses da Silva aus Três Lagoas, in Minas Gerais, steigt aus dem Omnibus im riesigen Busbahnhof der Millionenstadt São Paulo und macht seine ersten Schritte zwischen den Wolkenkratzern und dem um ihn herum brodelnden Verkehr. Er ist beeindruckt von der Großstadt und schaut sich alles genau an. Als er an einer großen Mülltonne vorbeikommt, liest er darauf die folgende Inschrift: ‚Helfen Sie uns, die Stadt sauber zu halten.' Ohne mit der Wimper zu zucken steckt er seine Hand in die Tasche, holt seine Geldbörse hervor, entnimmt ihr einen Schein von 10 Reais und wirft ihn in den Abfallkübel.Im Hotel angekommen, führt die Mama ihre Kinder erst einmal zur Toilette, während der Papa staunend vor einem Aufzug stehen bleibt und überlegt, wohin wohl diese Tür mit den vielen blinkenden Lichtern führen könnte. In diesem Moment betritt eine betagte, schon etwas klapprige Dame den Aufzug, dessen Tür sich sogleich wieder hinter ihr schließt – weg ist sie.

Nur wenig später öffnet sich die Aufzugtür wieder – diesmal kommt dem staunenden Papa eine junge Schönheit entgegen und rauscht appetitlich duftend an ihm vorbei. Entzückt ruft er seinem Sohn zu: ‚Josias, hol' ma' ganz schnell die Mama her!'„

Willst du Gott lachen hören? Dann erzähl' ihm von deinen Plänen!

Ein Philosoph der Landstraße

Teil III

Europäisch geprägt: der Süden

Imposante Natur, gemäßigtes Klima und der höchste Lebensstandard Brasiliens, jedoch vom internationalen Tourismus kaum frequentiert – das ist der Süden Brasiliens. Er setzt sich aus den drei Bundesstaaten Paraná, Santa Catarina und Rio Grande do Sul zusammen. Dies ist die kleinste und auch die feinste Region Brasiliens – mit einer Gesamt-Einwohnerzahl von über 25 Millionen. Die mittlere Jahrestemperatur bewegt sich hier um die 18º C, doch das täuscht: Das subtropische Klima, in diesem Teil Brasiliens mit vier deutlich ausgeprägten Jahreszeiten, präsentiert zwischen Juni und August auf den Plateaus von Santa Catarina die tiefsten Temperaturen Brasiliens, mit manchmal weniger als –5ºC und häufigen Schneefällen. Das geografische Relief besteht zum größten Teil aus Hochebenen und im extremen Süden, einem welligen Hügelland, den „Coxilhas", deren Kriechvegetation man als „Campanha Gaúcha" bezeichnet. Die Region wird vom hydrografischen Netz des Rio Paraná bewässert und besitzt ein enormes hydroelektrisches Potenzial, das besonders vom gigantischen Wasserkraftwerk Itaipu in elektrische Energie umgewandelt wird.

Die von zahllosen Bergkämmen unterbrochene Landschaft überrascht mit grandiosen Panoramen, die an die europäische Bergwelt erinnern. Auf den weitläufigen, fruchtbaren Weiden grasen Rinder, die Brasiliens schmackhaftestes Fleisch liefern, und an den sonnigen Berghängen wächst Brasiliens erlesenster Wein. Die herrlichen Strände haben ihren eigenen Stil und unterscheiden sich von allen übrigen. Ein bewegtes Meer lockt vor allem die wellenbegeisterten Surfer an diese Strände.

Das Auffälligste an dieser Region sind jedoch ihre Bewohner. Überall begegnet man ihren meist blauen Augen und ihren blonden Haaren. Dies sind die Nachfahren europäischer Einwanderer, in der Mehrheit Italiener, Deutsche, Polen und Portugiesen von den Azoren-Inseln, die gegen Mitte bis Ende des 19. Jahrhunderts den brasilianischen Süden als ihre bevorzugte neue Heimat besiedelt haben – die europäisch anmutende Hügellandschaft und das ebenfalls Europa ähnliche, gemäßigte Klima waren für sie die bedeutendsten Argumente. Diese Einwanderer sind dicht beieinander geblieben, haben zusammen Kolonien gegründet, in denen sie auch ihr angestammtes Kulturgut bewahren konnten, um es später an ihre Nachkommen weiterzugeben.

Der Süden ist auch die zweitgrößte Industrieregion Brasiliens, mit Industrieparks im Stadtgebiet von Porto Alegre (Rio Grande do Sul) und in Curitiba (Paraná). Hergestellt werden Lebensmittel, Textilien, Holzwaren, Schuhe, Elektroartikel und Wein. Die kommerzielle Landwirtschaft ist ebenfalls gut entwickelt, ihre bedeutendsten Produkte sind Weizen, Soja, Reis, Mais, Bohnen und Tabak. Die Viehwirtschaft bekommt ihre bedeutendsten Impulse von der „Pampa Gaúcha" im tiefen Süden, dieselbe Region produziert in den Bergen ebenfalls einen exzellenten Wein.

Und der Tourismus? Warum ist der brasilianische Süden im europäischen Ausland kaum bekannt? Ich vermute, dass ein Kontrastprogramm tropischer Landschaften, mit von Palmen gesäumten Stränden und einer ausgelassenen Bevölkerung vielleicht eher den Vorstellungen europäischer Urlauber entsprechen mag als eine ihrer Heimat ähnelnde Umgebung mit einer europäisch anmutenden Bevölkerung. Oder ist der Grund vielleicht nur in der fehlenden Information zu suchen?

Tatsache ist, der Süden hat atemberaubend schöne Landschaften zu bieten. International bekannt sind lediglich die Iguaçu-Wasserfälle im Staat Paraná, und die sind auch gut besucht. Aber kennen Sie die zahlreichen Naturschönheiten um Iguaçu herum? Sind Sie schon mal mit der Eisenbahn von Curitiba nach Paranaguá gefahren, auf der adrenalintreibendsten Eisenbahnstrecke der Welt? Haben Sie schon mal den Naturpark von „Vila Velha" erlebt, mit seinen von Wind und Wetter geformten, grotesken Felsengebilden? Waren Sie schon mal im Tal des Rio Itajaí, in Santa Catarina, und haben die Nachkommen deutscher und schweizerischer Emigranten kennengelernt? Das „Blumenauer Oktoberfest", mit mehr als einer Million Besuchern jährlich, ist ein Ereignis, das dem Münchner um nichts nachsteht – im Gegenteil:

Viele Musik- und Volkstanzgruppen aus München kommen als Gäste nach Blumenau. Ebenfalls im Staat Santa Catarina, auf seiner Hauptstadtinsel Florianópolis, findet man die schönsten Strände des Südens – mit warmem und ruhigem Wasser zum Baden oder auf der dem Meer zugewandten Seite genau die Wellen, von denen Surfer träumen.

Und dann Rio Grande do Sul: Das abenteuerliche Land der Gaúchos, des exotischsten Menschenschlages überhaupt, wenigstens behaupten das die Cariocas aus Rio. Heute kann man in einer ihrer Estâncias die Ferien verbringen, ihre eigenwilligen Sitten und Gebräuche kennenlernen, das Hüten und Versorgen ihrer Viehherden auf dem Pferderücken aus begleiten, einen Churrasco vom Lagerfeuer und einen Chimarrão in der Runde von Männern genießen, die wie die Indios mit der Natur verwachsen sind. Und die Natur hat in Rio Grande do Sul ebenfalls sehr viel zu bieten: zum Beispiel den Nationalpark Aparados da Serra, mit atemberaubenden Canyons, Höhlen und Schluchten, die über 200 Jahre alten Ruinen der Jesuiten-Missionen in São Miguel oder Santo Angelo, die romantischen Städtchen Gramado und Canela, in den Bergen nördlich der Hauptstadt Porto Alegre. Auch in Brasiliens tiefstem Süden brauchen Sie auf gute Badestrände nicht zu verzichten. Den Strand von Torres, einer der beliebtesten dieser Region, kann man zwischen Oktober und März durchaus mit den berühmten Tropenstränden Brasiliens vergleichen.

Reisen heißt entdecken, wie andere Länder wirklich sind!

Ein Philosoph der Landstraße

Paraná

Der nördlichste Bundesstaat der Südregion, etwa zweimal so groß wie Island mit rund 11 Millionen Einwohnern. Die mittleren Temperaturen bewegen sich in Paraná um 19°C, können aber im Winter zwischen Juni und August bis auf -10°C fallen, dann ist sogar Schneefall möglich. Der Staat setzt sich aus insgesamt fünf verschiedenen geografischen Zonen zusammen, deren höchste Plateaus auf über 950 Meter hinaufreichen.

Hier ist die Kornkammer Brasiliens. Auch der Industrie-Park von Paraná wächst stetig. Er erfasst immer neue Branchen, begünstigt durch sein enormes hydro-energetisches Potenzial: Das größte Projekt ist das Wasserkraftwerk von Itaipu, das vom Rio Paraná gespeist wird. Paraná hält den fünften Platz hinsichtlich seiner wirtschaftlichen Bedeutung unter den Staaten Brasiliens und ist sein viertgrößter Getreide-Exporteur. Der Kaffee hat Paraná auf den Wirtschaftsplan der großen internationalen Märkte gebracht.

Paraná hat touristische Attraktionen zu bieten, die an Erlebniswert denen in anderen Staaten Brasiliens kaum nachstehen. Eine Küste mit herrlichen Stränden und paradiesischen Inseln – 95% seines Territoriums sind bedeckt mit tropischer Vegetation – auch mit dem inzwischen selten gewordenen Atlantischen Regenwald. Im Hinterland haben sich vorwiegend europäische Einwanderer niedergelassen, ihre gepflegten Vorgärten und die Blumenkästen an den Fenstern verraten sie sofort. In dieser Gegend liegt auch der Staatspark von Vila Velha mit seinen sehenswerten, von Wind und Wetter geformten Felsenskulpturen. Der Canyon von Guartelã, der sechstgrößte der Welt an Ausdehnung, oder die Wasserfälle von Iguaçu, mit ihren 275 kleineren und größeren Fällen, die sich aus 80 Meter Höhe über die Felswände stürzen, sind Eindrücke, die einen Brasilienbesuch prägen und die man Zeit seines Lebens nicht mehr vergisst.

Die Hauptstadt Curitiba

Eine humanistische, fortschrittliche Metropole mit gehobenem Lebensstil. Die erste brasilianische Stadt mit einer Fußgänger-Zone und einer Straße, deren Läden rund um die Uhr geöffnet sind. Sie hat das bestorganisierte Transportsystem des ganzen Landes und ein nach Rohstoffen getrenntes Müllverwertungs-System. Eine Stadt mit 52 Quadratmetern Grünfläche pro Einwohner. Curitiba liegt auf einer Höhe von 934 Meter über dem Meer und hat rund 1,8 Millionen Einwohner. Die Entfernung zur Stadt São Paulo beträgt 408 Kilometer. Curitiba wuchs besonders durch europäische Emigranten, Japaner, Syrier und Libanesen, die alle mit ihren technischen Kenntnissen und ihrer Kultur die Stadt in besonderem Maße prägten, ihre schnelle wirtschaftliche Entwicklung und urbane Struktur beeinflussten und die ihnen eigenen Sitten und Gebräuche bewahren und pflegen. Unterstützt durch eine gut funktionierende heimische Wirtschaft, hat es die Stadt geschafft, sich auf gesunde Weise zu modernisieren: Man nennt Curitiba auch „Capital Ecológica do Brasil" – Brasiliens Öko-Hauptstadt. Sie ist nicht nur hinsichtlich ihres Naturschutzes und ihrer Grünanlagen vorbildlich, sondern auch Modellstadt in Bezug auf ihr unvergleichliches Transportsystem: Der fortschrittliche Bürgermeister Jaime Lerner – von Hause aus Architekt – schuf neben anderen Anreizen auch besonders niedrige Fahrpreise in den Bussen und brachte die Einwohner der Stadt dazu, von ihrem PKW auf die öffentlichen Verkehrsmittel umzusteigen – in Brasilien einmalig. Dieser Erfolg zog andere nach sich: Die Verkehrsdichte ging stark zurück und das Verhalten der Fahrer im Verkehr unterscheidet sich von dem in anderen brasilianischen Städten – sie halten tatsächlich bei Rot an und der Fußgänger kann ohne Herzklopfen über die Straße gehen. Und mit an Sicherheit grenzender Wahrscheinlichkeit ist anzunehmen, dass auch die Zahl der Scheidungen, Herzanfälle und Selbstmorde in dieser Stadt niedriger ist als anderswo, was allerdings noch nachzuprüfen wäre. Eine praktische Art und Weise, die Stadt kennenzulernen, ist eine Fahrt mit der „Linha Turismo", einem offenen Omnibus, der unterwegs zweiundzwanzig verschiedene touristische Sights anfährt.

Curitiba ist eine Stadt, die man bisher völlig zu Unrecht touristisch links liegen gelassen hat, wenn man zu solch aufregenden Zielen wie den Wasserfällen von Iguaçu oder, in umgekehrter Richtung, nach Rio de Janeiro oder gar zum Amazonas unterwegs war. Ich bin davon überzeugt, dass dies nur die Schuld fehlender Informationen sein kann, denn nicht nur in Curitiba selbst gibt es viel Interessantes zu sehen und zu erleben, auch seine nähere und weitere Umgebung ist es wert, dass man ihr ein paar Tage gönnt.

Eisenbahn-Abenteuer

Mein Tipp: Die Fahrt mit der Eisenbahn von Curitiba über Morretes nach Paranaguá – sie wurde in den 1880ern erstmals in Betrieb genommen – ist die aufregendste Eisenbahnstrecke Brasiliens und eine erstaunliche Ingenieurs-Leistung, besonders für die damalige Zeit. Der Zug verlässt den Bahnhof in Curitiba am frühen Morgen, um durch 14 in den Fels gegrabene Tunnel und 41 Brücken und Viadukte aus Stahl die steile Serra do Mar hinabzuklettern – 110 Kilometer ist diese Strecke lang. Der größte Brückenbogen führt über den Rio São João, mit einer Länge von 113 Metern – er hat vier Bögen, deren mittlerer eine Höhe von 58 Metern überspannt. Der „Viaduto Carvalho", eines der größten Wunder der Technik auf dieser Strecke, besitzt zehn Meter hohe Stützmauern, die in der Luft einen Winkel von 45 Grad beschreiben – bekannt als „Curva do Diabo" (Teufelskurve). Der Blick nach unten ist unvergleichlich: Bedrohlich heraufgähnende Canyons, tropischer Urwald an ihren Hängen und das Blau des Atlantiks, der die Landschaft einrahmt. Da die Eisenbahn schon sehr früh in Curitiba startet, reicht die Zeit (wenn man bis Paranaguá durchfährt, ist man am späten Vormittag dort), um sich das historische Städtchen anzusehen, dort zu Mittag zu essen und am späten Nachmittag über die Estrada da Graciosa per Bus zurück zu fahren. Diese Busfahrt über die antike Straßenverbindung ist ein weiteres sensationelles Erlebnis – sie bietet faszinierende Panorama-Ausblicke zum Meer hinunter. Insgesamt ein fantastischer Ausflug.

Trauriger als das Ende einer Reise ist, sie niemals zu beginnen!

Ein Philosoph der Landstraße

Das gewaltigste Naturschauspiel der Erde

Es liegt im Dreiländereck Brasilien/Argentinien/Paraguay – im äußersten Westen des Staates Paraná, rund 640 Kilometer von der Hauptstadt Curitiba entfernt. Landverbindung ist die Bundesstraße BR-277, aber die meisten Besucher kommen auf dem Luftweg, im Direktflug von Rio de Janeiro oder São Paulo.

Die imposanten Wasserfälle von Iguaçu sind für viele Besucher die größte Attraktion Brasiliens überhaupt: Sie werden vom Fluss gleichen Namens gespeist – entdeckt hat sie der Spanier Alvaro Nuñes, im Jahr 1542, der in die Geschichte als „Cabeça de Vaca" (Kuhkopf) eingegangen ist. Er nannte die Fälle „Saltos de Santa Maria" – dieser Name verlor sich jedoch im Lauf der Geschichte, und man übernahm die Bezeichnung Iguaçu von den lokalen Tupi-Guaraní-Indios, die in der heiligen Begräbnisstätte des „Großen Wassers" ihre Toten versenkten.

Der Rio Iguaçu entspringt unweit von Curitiba im Küstengebirge Serra do Mar und fließt über eine Länge von 1.320 Kilometer von Ost nach West dem Rio Paraná zu. Unterwegs nimmt er das Wasser mehrerer Dutzend Nebenflüsse auf, um 15 Kilometer vor seiner Einmündung inmitten eines ausgedehnten Urwaldgebietes mit großem Getöse über ein hufeisenförmiges Felsenrund zu stürzen. Der Fluss teilt sich in 20 große und über 250 kleinere Fälle, die im Sommer 300 Kubikmeter/Sekunde und in der Regenzeit 6.500 Kubikmeter/Sekunde an Wasservolumen über die Felsenterrassen transportieren. Die Iguaçu-Fälle sind in ihrer Ausdehnung breiter als die Victoria-Fälle, höher als die des Niagara und schöner als beide. Weder Worte noch Fotos werden ihnen gerecht, man muss sie gesehen und gehört haben. Das Urwaldgebiet rund um die Fälle – insgesamt 250.000 Hektar schönsten Atlantischen Regenwaldes, eine der größten Waldreserven Südamerikas – wurde als „Parque Nacional de Iguaçu" auf der brasilianischen Seite und als „Parque Nacional Iguazu" auf der argentinischen, bereits 1939 unter Naturschutz gestellt.

Im Jahr 1986 wurde das Gebiet von der UNESCO – zusammen mit dem Pantanal – zum „Heritage of Mankind" erklärt. Das einzigartige Naturschauspiel wird jährlich von über 1,5 Millionen Besuchern aus aller Welt besucht und bewundert. Die Iguaçu-Fälle bilden die natürliche Grenze zwischen Brasilien und Argentinien. Allerdings entfällt der größere Teil der Fälle auf Argentinien – deshalb sollte man, um die Wasserfälle auch in ihrer Gesamtheit gesehen zu haben, auf beiden Seiten gewesen sein. Die beste Zeit ist von August bis November. Von Mai bis Juli sind sie zwar gewaltig durch ihr Hochwasser, man kommt aber aus demselben Grund nicht nahe genug an sie heran.

Die brasilianische Seite der Wasserfälle ist die in ihrem Gesamtbild imposantere. Man hat von hier einen Blick auf den schäumenden unteren Rio Iguaçu und hinauf zur herabstürzenden 800 Meter breiten Wasserfall-Front. Der brasilianische Park rundherum ist mit

1.850 Quadratkilometern, gegenüber dem argentinischen mit nur 650 Quadratkilometern zwar der größere, aber der argentinische ist in einem besseren Zustand. Wenn Sie den Mut haben, dann leisten Sie sich einen Helikopter-Rundflug über den Fällen: Überwältigende Eindrücke während dieses 8-Minuten-Vergnügens aus der Vogelperspektive erwarten Sie.

Die argentinische Seite ist dafür bekannt, dass man hier die Fälle nicht nur aus nächster Nähe betrachten, sondern auch zwischen ihnen spazieren gehen kann. Die Gesamtausdehnung der hufeisenförmigen Wasserfall-Front auf argentinischer Seite beträgt 1.900 Meter, sodass sich insgesamt – auf brasilianischer und argentinischer Seite – eine Wasserfall-Front von 2.700 Metern ergibt. Im argentinischen Park existieren drei Wanderwege, von denen man sich den zur „Garganta del Diablo", dem Teufelsschlund, wegen des dramatischen Effekts bis zum Schluss aufsparen sollte. Über ein System von Holzstegen gelangt man zu einem Kessel, in den 14 gewaltige Fälle hinabstürzen. Man steht dicht über diesem Abgrund – die Aus- beziehungsweise Einsicht ist atemberaubend: das Donnern im Ohr – riesige Regenbögen vor Augen – alles durchnässender Dunst – ein urgewaltiges Schauspiel!

Die Natur braucht uns nicht – aber wir brauchen die Natur!

Ein Philosoph der Landstraße

Santa Catarina

Der von deutschen Emigranten gegründete Staat liegt im Zentrum der Südregion, zwischen den beiden Staaten Paraná und Rio Grande do Sul. Er hat in etwa die Größe Österreichs – mit knapp 7 Millionen Einwohnern. In ihm gibt es keine größeren Ballungsräume, die Städte sind für brasilianische Verhältnisse eher klein und über den gesamten Staat gleichmäßig verteilt. Die Bevölkerung setzt sich aus Nachfahren von eingewanderten Deutschen, Italienern, Belgiern, Iren, Polen, Russen, Japanern, Azorianern, Holländern und Spaniern zusammen.

Das geografische Relief besteht aus Küste und Hochebenen. Letztere nehmen etwa drei Viertel des Staatsterritoriums ein, mit Erhebungen über 1.000 Meter – höchster Gipfel ist der Morro da Boa Vista mit 1.872 Metern.

Basis der Wirtschaft sind Industrie, die Förderung von Steinkohle und die Landwirtschaft. Textilien aus Santa Catarina haben inzwischen Weltruf – seine Keramik- und Porzellan-Manufakturen ebenfalls. Der Staat exportiert heute seine Erzeugnisse in mehr als sechzig Länder. Die meisten landwirtschaftlichen Betriebe sind mit Industrie-Unternehmen assoziiert: Zum Beispiel produzieren die Mais-Pflanzer für die Schweinezüchter und diese für die Fleischfabriken derselben Region.

Santa Catarina ist der deutscheste unter den Südstaaten: Hier trifft man die Nachfahren deutscher Einwanderer überall auf der Straße. Und besonders in Städtchen wie Blumenau oder Pomerode hat sich das deutsche Brauchtum fast unbeeinflusst erhalten. Florianópolis, die Hauptstadt, liegt auf einer Insel – drei Brücken verbinden sie mit dem Festland. Die schönsten Strände des Südens sind hier zu finden und die besten Meeresfrüchte ebenfalls. Und natürlich darf man das hausgebackene Schwarzbrot nicht vergessen und ein feines selbstgebrautes Bier.

Jedes Jahr verbessert Santa Catarina seine touristische Infrastruktur, modernisiert seine Hotels, Restaurants und Bars, programmiert sein Nachtleben mit allen erdenklichen Sicherheitsmaßnahmen, stimuliert den Handel – alles, um seine touristischen Besucher immer besser zu bedienen. In den einzelnen Städten entdeckt man sofort die Spuren seiner Kolonisatoren – sei es in der Architektur, der Gastronomie oder in der Folklore.

Auch der Sport ist stets präsent: Klettern, Rafting in den Stromschnellen des Rio Itajaí-Açu, Wanderungen, Surf- und Tauchtouren – hier findet der Besucher beste Voraussetzungen. Schnee kann man in São Joaquim erleben, dem Ort mit dem kältesten Klima Brasiliens – er liegt auf einer Höhe von 1.300 Metern. Florianópolis, Garopaba und Balneário Camboriú sind die im Sommer meistfrequentierten Bade-Resorts.

Wenn Sie Santa Catarina kennenlernen möchten, dann kommen Sie sicher nicht nur wegen der überaus sehenswerten Landschaft, sondern auch, um den Nachfahren der europäischen Einwanderer zu begegnen – vielleicht sogar ganz speziell den Deutschen. Freuen Sie sich auf einen ganzen Sack voller Überraschungen, deren besonderer Reiz im scheinbaren Sprung zurück ins altdeutsche Kulturgut und ein gewisses bavaria-germanisches Pseudo-Brauchtum liegt, das eher an Disneyland erinnert, wenn man die Söhne und Töchter, die Enkel und Urenkel jener Emigranten, in Krachledernen mit Filzhut und Gamsbart und die blond bezopften Mädchen in feschen Dirndlkleidern, herumspazieren sieht. Und damit nicht genug: Sie unterhalten sich dann plötzlich in Hunsrücker- oder Böhmerwald-Platt, garniert mit brasilianischen Sprachbrocken. Und sie wohnen in altdeutschen Fachwerkhäuschen, mit Blumenfenstern davor und garantiert einem Spinnrad in der guten Stube. Die Frauen kneten den Teig für ihr Steinofen-Brot, und die Männer brauen Bier. Alle gehen am Sonntag in die Kirche und unter der Woche entweder in einen der zahlreichen Vereine zum Scheibenschießen oder zum „Gesangverein Frohsinn", wo ebenfalls deutsches Kulturgut auf dem Notenblatt steht. Die Hymnen auf die Burschenherrlichkeit, das „Heideröslein", die „lustigen Holzhackerbuan" und die „Schützenliesel" gehören hier genauso zum Repertoire wie der „alte Kaiser Wilhelm", den diese Unentwegten immer noch wiederhaben wollen. Einmal wöchentlich zur Übung und auf ihren zahlreichen Festen zur Erbauung ihrer Familien und zum Entzücken der vorwiegend brasilianischen Touristen schmettern sie zackige Märsche, intonieren bierselige Choräle und romantische Liebeslieder, begleitet von einem unerschrockenen Live-Orchester im hochfrequentierten Biergarten. Die Touristen – besonders die brasilianischen – verschlingen hier eine Bockwurst nach der anderen, leeren ungezählte Schoppen Bier, lernen das Schunkeln sofort und das Schuhplattlern mit der Zeit und nehmen den unauslöschlichen Eindruck mit nach Hause, endlich mal im exotischsten Teil Brasiliens gewesen zu sein.

Die 600 Kilometer Festlandküste sind ein besonderes Erlebnis für den, der Sonne, Sand und Meer und den Kontakt mit der Natur sucht. Dieses Gebiet, kolonisiert von Einwanderern von den Azoren, hat ein vielgestaltiges Relief mit schmalen und breiten Buchten, Mangrovenwäldern, Lagunen und mehr als 500 Stränden, unter denen einige zu den schönsten Brasiliens gehören. Darüber hinaus gehört diese Küste zu den bedeutendsten Gebieten mariner Artenvielfalt.

Die Hauptstadt Florianópolis

Sie hat sich teils auf dem Festland und teils auf einer vorgelagerten Insel, der Ilha de Santa Catarina, ausgebreitet. Eine außergewöhnlich schöne Stadt und wer sie einmal besucht hat, verfällt ihrem Charme und kommt bestimmt wieder. Sie hat rund 422.000 Einwohner und ist die einzige Hauptstadt Brasiliens, die nicht gleichzeitig auch größte Stadt ihres Staates ist – denn in diesem Fall übertrifft die Industriestadt Joinville sie um rund 65.000 Einwohner.

Während der Hochsaison im Sommer erreicht die Bevölkerung aber leicht mehr als eine Million durch die vielen Touristen, die dann hierher kommen. „Floripa", wie die Stadt von den Besuchern genannt wird, ist ein beliebtes Urlaubszentrum, besonders für Touristen aus São Paulo, die von der 700-Kilometer-Strecke hierher nicht abgeschreckt werden, denn das ist keine Entfernung in Brasilien – neuerdings haben auch die argentinischen Nachbarn die Strände der Santa-Catarina-Insel für sich entdeckt.

In dem auf der Insel gelegenen Teil von Florianópolis herrscht eher eine Kleinstadt-Atmosphäre. Man kommt hier sehr gut zu Fuß zurecht und die landschaftlichen Sehenswürdigkeiten der Insel – zu denen auch außergewöhnlich schöne Strände gehören – sind von hier aus leicht zu erreichen. Die Insel steckt voller interessanter Kontraste, 40% sind noch vom Urwald bedeckt. Ihre urbane Seite, die sich aus dem Stadtzentrum, der kontinentalen Region und aus touristischen Bade-Ressorts zusammensetzt, vibriert im Rhythmus des 21. Jahrhunderts.

Die Dienstleistungs-, Unterhaltungs- und Freizeit-Struktur ist komplett und perfekt. Große Shopping-Center, Tanzlokale, Bars und Restaurants aller Stil- und Geschmacksrichtungen lassen keinen Wunsch offen. Die lokale Gastronomie basiert auf Meeresfrüchten, eine vielseitige internationale Küche ist jedoch in dieser Stadt ebenfalls vertreten.

Die Hauptstadt-Insel hat insgesamt 42 Strände – viele davon sind im ganzen Land bekannt, wie Joaquina, Mole, Canasvieiras, Jureré,

Lagoa da Conceição – alle von unterschiedlicher Beschaffenheit. Die mit aufgewühltem Meer werden von den Surfern bevorzugt, geschützte Buchten und Lagunen bieten dagegen den Badegästen den gewünschten Komfort, Felsen und Inseln locken Taucher an. Einige der Bade-Ressorts sind stark frequentiert und mit bester Infrastruktur, andere entpuppen sich als ruhige Fischersiedlungen, in denen die Zeit stehengeblieben scheint und nach Ebbe und Flut bemessen wird.

Blumenau

Diese Stadt mit dem poetischen Namen liegt etwa 50 Kilometer von der atlantischen Küste entfernt, zwischen Joinville im Norden und Florianópolis im Süden. Der in das Tal des Rio Itajaí eingebettete Ort wurde von dem deutschen Apotheker Herrmann Blumenau am 2. September 1850 gegründet. Er brachte eine kleine Gruppe von siebzehn deutschen Aussiedlern mit, die sich hier an heimatliche Gefilde erinnert fühlten, das fruchtbare Land urbar machten und gegen Indios und andere Gefahren verteidigten. 1887 hatte die Kolonie, neben anderen, schon 10.000 deutsche Einwanderer, die aber, entgegen den Absichten des Gründers, die bis dato landwirtschaftlich orientierte Kolonie in eine Industrie-Gesellschaft verwandelten. Heute befinden sich in Blumenau Textilunternehmen, die zu den größten der Welt zählen.

In Blumenau kann man sich zum Beispiel im Hotel mit dem seltenen Namen „Himmelblau Palace" einquartieren und zum Mittagessen hinauf zum „Gasthaus Frohsinn" spazieren. Von dort oben hat man einen schönen Blick auf die an deutsche Mittelgebirge erinnernde Landschaft, und wenn einen dabei die Lust ankommt, eine deutsche Volksweise zu trällern, so befindet man sich an diesem Ort unter Gleichgesinnten.

Ein Salat mit Zutaten aus den verschiedensten deutschen Sprachregionen ist das kuriose Deutsch der Blumenauer, gewürzt mit den klangkräftigen Beiträgen von Tirolern und Schweizern. Das mitgebrachte Brauchtum hält sich tapfer, obwohl die Stadt ständig an Einwohnern wächst. In Lederhosen wird hier um den Maibaum getanzt, drei Dutzend Schützenvereine schießen um die Wette und an den Feiertagen werden zur Dampferfahrt auf dem Itajaí-Fluss Krachlederne und Dirndlkleider angezogen. Auf dem stolzen weißen Schiff, der „Blumenau II", geht dann ein schwarzer Kellner von Tisch zu Tisch und erkundigt sich nach den Wünschen der Gäste – natürlich auf Deutsch. Das Blumenauer Oktoberfest nach dem Münchner Vorbild ist in ganz Brasilien berühmt. In den tollen 18 Tagen besuchten zuletzt fast eine Million Personen von außerhalb die Stadt – sie tranken insgesamt 775.000 Liter Bier, welches die Blumenauer in alter Tradition selbst brauen – und jedes Jahr wächst die Besucherzahl. Besonders für Brasilianer aus dem tropischen Norden ist Blumenau der exotischste Ort auf der Welt.

Pomerode

Einer der deutschesten unter den deutschen Orten in Südbrasilien. Er liegt 32 Kilometer von Blumenau entfernt und wurde – nomen est omen – von Emigranten aus Pommern gegründet. Er hat heute 28.000 Einwohner, die alle die deutsche Kultur pflegen – 95% der Bürger sprechen „fließend Deutsch", so behaupten sie – aber wenn Sie sich mal mit ihnen unterhalten möchten, werden sie wahrscheinlich nur das eine oder andere Wort verstehen. Das kommt unter anderem daher, dass die Nachfahren aus Pommern unter „Deutsch" ihren alt-pommerschen Dialekt verstehen, der auch noch im Laufe der Generationen ziemlich viele Federn lassen musste. Viele Worte und Begriffe gingen einfach verloren und werden nun durch brasilianische ersetzt. Besonders kurios wird dann dieses „fließende Deutsch", wenn Ihr pomeroder Gegenüber das von ihm ersatzweise eingesetzte brasilianische Wort mit einer aus der deutschen Grammatik stammenden Beugung versieht.

Das kühlere Klima und der „Tourismus auf dem Bauernhof" sind die Attraktionen auf dem sogenannten Mittelgebirgsplateau des südlichen Interiors, in dem vorwiegend die Viehzucht das wirtschaftlichste Element darstellt. Wegen seiner romantisch verschneiten Landschaften kommen besonders im Winter (Juni bis August) Tausende von Besuchern in diese Gegend. Die bekannte „Estrada da Serra do Rio Rastro" – eine Gebirgsstraße, die in engen Haarnadelkurven aus 1.467 Metern bis zum Meer hinunterführt, ist ein adrenalintreibendes Erlebnis.

Dieses sogenannte „Planalto Serrano" ist die kälteste Region Brasiliens, das einzige Gebiet, in dem sich jedes Jahr die grünen Araukarien-Wälder der „Coxilhas" (Hügellandschaft) und der „Taipas" (Felswände) mit einer weißen Schneedecke überziehen – selbst wenn es nur für ein paar Tage ist. Und manchmal gefrieren sogar die Wasserfälle. Kleine Städtchen und noch kleinere Dörfchen vervollständigen das Naturspektakel der von tiefen Canyons eingeschnittenen Serras und Hochplateaus. Obwohl weniger als 100 Kilometer von der Küste entfernt, atmet man hier plötzlich eine belebend eisige Höhenluft.

Hier kann man den noch kaum von der Zivilisation berührten „Parque Nacional de São Joaquim" besuchen: Ein Nationalpark mit Canyons, subtropischer Vegetation und Wäldern von Araukarien, dem typischen Nadelbaum des Südens in den höheren Regionen. Besonders der Frühling ist hier zur Beobachtung der zahlreichen Vogelarten zu empfehlen. Einer der höchsten Berge von Santa Catarina, der Morro da Igreja (1.828 Meter), ist ein interessantes Ziel innerhalb des Parks, der mit einer Reihe weiterer hoher Gipfel aufwarten kann – dem Pedra Furada, von dem man einen Panoramablick auf das Städtchen Urubici genießt, dem Morro do Avençal mit archäologischen Fundstätten und Felszeichnungen, und dem Morro do Campêstre mit von Wind und Wetter geformten Felsenskulpturen. Auf dem Morro da Igreja wurde im Jahr 1996 die tiefste Temperatur Brasiliens gemessen – minus 17,8°C.

São Joaquim, 45 Kilometer weiter, auf einer Höhe von 1.355 Metern, ist Brasiliens höchstgelegener Ort – und einer der wenigen, in denen es im Winter schneit. Die umliegenden Berge bieten dann ein besonders reizvolles Landschaftsbild. Dort ist es nicht ungewöhnlich, dass das Thermometer auf minus 10°C fällt.

Wenn man ein neues Land betreten will, muss man das alte verlassen!

Ein Philosoph der Landstraße

Rio Grande do Sul

Er ist der südlichste Bundesstaat Brasiliens und etwas größer als Neuseeland – ein Gigant. In ihm leben rund 10 Millionen Menschen, viele davon Nachkommen der größten historischen Einwandererwellen von Azorianern, Italienern, Polen, Japanern und Deutschen.
 Das geografische Relief ist aufgeteilt in drei Regionen: eine gebirgige Hochebene, die Pampa-Grassavanne und eine Seenplatte, wobei die Hochebene, mit durchschnittlichen Erhebungen zwischen 900 und 1.000 Metern, den weitaus größten Teil des Staates einnimmt. Das Klima ist subtropisch und wird von südpolaren Luftmassen beeinflusst, deshalb unterscheidet es sich wesentlich von dem der übrigen brasilianischen Staaten. Die mittleren Jahrestemperaturen liegen hier unter 18°C – in der Regel mit 25 Tagen Frost pro Jahr und gelegentlichen Schneefällen.
 Die lokale Wirtschaft rangiert an vierter Stelle in Brasilien. Ein Staat mit quasi historischer Tradition im Export von Rindfleisch. Seine Herde gehört mit rund 14 Millionen Stück zu den größten des Landes. Um diesen wichtigsten Exportartikel herum haben sich Industrien der Lederverarbeitung und der Schuhproduktion entwickelt – Novo Hamburgo ist Brasiliens größtes Schuhfabrikations-Zentrum. Rund 90% der Erzeugnisse sind für den Export bestimmt. Die Lebensmittel- und die Textilindustrie sind ähnlich gut entwickelt. Die Landwirtschaft spielt eine fast ebenso bedeutende Rolle, mit Schwerpunkt auf solche Erzeugnisse, die das kühlere Klima bevorzugen, wie Weintrauben, Äpfel, Birnen, Pfirsiche, Pflaumen, Kirschen und Erdbeeren. Eine besondere Rolle kommt dabei auch dem Anbau der Mate-Pflanze zu, deren Produktion teilweise exportiert wird. Der Staat glänzt mit der höchsten Lebensqualität des Landes.
 Rio Grande do Sul ist auch die Heimat der in Brasilien überall bekannten und oft zitierten „Gaúchos" (sprich: „Ga-u-schos"), eines Menschenschlages, dessen angestammte Beschäftigung der Umgang mit den riesigen Rinderherden auf den südlichen Savannen ist. Wie ihre argentinischen Nachbarn schätzen sie den Churrasco aus gegrilltem Rindfleisch über alles. Ihre Angewohnheit, glühend heißen, grünen Mate-Tee (ohne Zucker) durch silberne Röhrchen aus Kale-

bassen zu saugen, weißt sie unter den übrigen Brasilianern, die einen quietschsüßen Cafezinho bevorzugen, als Sonderlinge aus. Porto Alegre, ihre charmante Hauptstadt, bietet allen Komfort und Service einer modernen Metropole. Im bergigen Inland werden vorzügliche Weine angebaut.

Die Hauptstadt Porto Alegre

Der „lustige Hafen" wurde im Jahr 1808 gegründet, hat etwas über 1,4 Millionen Einwohner und liegt am linken Ufer des Rio Guaíba, der hier in die Lagoa dos Patos mündet – noch über 100 Kilometer vom Atlantik entfernt. Die Stadt besitzt den größten Flusshafen des Landes, mit tiefen Kanälen und mehr als sechs Kilometern Kailänge. Das Klima ist subtropisch feucht und die vier Jahreszeiten sind deutlich ausgeprägt. Die Stadt bekam im Bericht der UNO von 1998 die beste Beurteilung für Human Development (HDI) unter den brasilianischen Metropolen mit mehr als 500.000 Einwohnern. Ihr Gesundheitswesen und ihre Infrastruktur entsprechen den Städten der „Alten Welt" – die Verkehrsverhältnisse haben Modell-Charakter.

Die „Hauptstadt der Gaúchos", wie sie auch genannt wird, hat ganz unterschiedliche Stadtteile. In ihrem Zentrum befinden sich die alten Hotels und bedeutendsten historischen Gebäude. Der Nobelstadtteil Moinhos de Vento steht für die meisten guten Restaurants. In der Nordzone befindet sich das neue Kommerz-Zentrum, mit zahlreichen Hotels und Flats rund um die Avenida Carlos Gomes. Im Süden breiten sich die Bars der Boheme aus, in der sogenannten Cidade Baixa (Unterstadt) die beiden Fußball-Stadien der Vereine „Grêmio" und „Internacional", der Park von Itapuã und der Yachthafen.

Porto Alegre ist eine jener erstaunlichen Großstädte Brasiliens, von denen man im Ausland wenig weiß und die den Besucher dann mit ihren ungeahnten Dimensionen überraschen. Sie zeigen den ungewöhnlichen wirtschaftlichen Aufschwung Brasiliens deutlicher als Rio oder São Paulo, die ja als Weltstädte hinlänglich bekannt sind. Als Belohnung für ihre Mühen, mit der sie Porto Alegre zur größten Industrie- und Handelsstadt des Südens gemacht haben, gönnen sich die Einwohner zahlreiche Feste. Die sind das Netteste an Porto Alegre, denn die Stadt selbst hat nicht allzu viele Sehenswürdigkeiten – aber ihre reizvolle Umgebung wiegt dies bei weitem wieder auf. Berühmt sind neben den Churrascos auch die Weine, die vor allem die italienischen Nachfahren im Hinterland anbauen. Diese Weinregion ist ein besonders lohnendes Ausflugsziel: Dort wachsen die verschiedensten Rebsorten um die Orte Farroupilha, Garibaldi, Bento Gonçalves und Caxias do Sul. Und die Orte Gramado, Canela und Novo Hamburgo erinnern an romantische europäische Dorfidylle.

Wenn Sie Rio Grande do Sul und Porto Alegre besuchen, so denken Sie daran, dass sich das Wetter von Jahreszeit zu Jahreszeit stark ändert: Im Sommer kann es sehr heiß werden – über 40°C – während man im Winter mit Sicherheit eine dicke Jacke braucht. Es ist bekannt, dass man in Porto Alegre auch die schönsten Sonnenuntergänge Brasiliens erlebt – zum Beispiel am Rio Guaíba, dem meistgeknipsten Postkartenmotiv der Stadt.

Der Einfluss der Antarktis ist hier bereits spürbar: Sie schickt im Winter eisige Winde an die Gaúcho-Küste. Dann verschwinden die Badegäste und auch die Einheimischen hüllen sich in wärmere Sachen. Schon ab März schließen die meisten Gästehäuser, die Saison beginnt frühestens wieder im November, wenn die Winde aus dem Norden wärmere Temperaturen mitbringen.

Die Gaúchos

Rio Grande do Sul ist die geliebte Heimat der exotischsten Brasilianer – der „Gaúchos". Die Herkunft dieser Bezeichnung ist nicht endgültig geklärt, die Gaúchos selbst, die einer Mischung aus iberischen und indigenen Vorfahren entstammen, bevorzugen allerdings die Verbindung des Namens mit ihrer angestammten Beschäftigung – dem Umgang mit den Rinderherden. Und wenn man sie heute als die „Cowboys der Pampa" bezeichnen würde, so hätten sie wahrscheinlich nichts dagegen. Rinder waren, neben den eher bescheidenen Goldfunden in dieser Gegend, schon in historischer Zeit die Basis ihrer Existenz.

Inzwischen ist es allgemein üblich, jeden Brasilianer aus dem Süden kurzerhand als Gaúcho zu bezeichnen, und wenn man genauer hinsieht, so entdeckt man, dass diese Menschen in der Tat ganz besondere Eigenheiten entwickelt haben, die man nirgendwo sonst in Brasilien findet. Das Auffälligste ist wohl das Süffeln von grünem Mate-Tee, eine Gewohnheit, die sie, egal wo sie sich befinden und unter welchen Umständen auch immer, niemals ablegen. Sie saugen das glühend heiße, gallenbittere Getränk mittels eines silbernen Röhrchens aus einer Kalebasse – da schüttelt es den an quietschsüßen Cafezinho gewöhnten Carioca vor Abscheu. Die Gaúchos pflegen ihre schweren ledernen Reitstiefel auch bei größter Hitze nicht auszuziehen, und sie haben den Ruf, vor einem Faustkampf nicht davonzulaufen, sondern ihn sogar noch zu provozieren. Alles in allem ein Macho-Gebaren, das besonders auf einen eher großmäuligen Carioca nicht besonders sympathisch wirkt. Was Wunder also, dass er dem Gaúcho einen Dämpfer aufsetzt, der sich inzwischen, in inniger Begleitung mit dessen Macho-Ruf, im ganzen Land ausgebreitet hat – der bissige bis bösartige Gaúcho-Witz:

Ein Gaúcho kehrt von einer längeren Reise zurück und sagt zu seinem Freund: „Das erste, was ich mache: 's Höschen meiner Frau ausziehen, wenn ich zuhause ankomme, Tchê!"
  Sagt der: „Nossa – solche Sehnsucht?"
  Der Gaúcho: „Nein, Tchê! Es drückt mich nur die ganze Zeit!"

Haben Sie gemerkt, wie dieser hinterlistige Dämpfer aussieht? Nun, die Sammlung der sogenannten Gaúcho-Witze, die hier im Land kursieren, wird immer umfangreicher und die einzelnen Episoden sind teilweise so unanständig, dass man sie nicht einmal mit der Beißzange anfassen will, geschweige denn nacherzählen. Aber solche Witze sind ein beliebter Zeitvertreib an den Männer-Stammtischen in Rio oder São Paulo, und wenn sich unter den Geladenen der ein oder andere Einwohner aus Südbrasilien befinden sollte – nun, dann wird er solche Gaúcho-Witze wohl oder übel über sich ergehen lassen müssen, zumindest wenn die Spötter in der Überzahl sind.
  Wenn man die Gaúchos einmal persönlich erlebt und kennengelernt hat, versteht man sofort den Grund dieser Frotzeleien: Sie unterscheiden sich tatsächlich ganz deutlich von allen übrigen Bra-

silianern, weil sie nämlich nicht nur so männlich wirken, sondern auch alle positiven männlichen Eigenschaften, die man sich vorstellen kann, tatsächlich besitzen und zelebrieren – besonders Damen gegenüber. Und weil sie, wie keine anderen Bewohner Brasiliens, an ihrer aus historischen Zeiten überlieferten Kultur, ihren Sitten und Gebräuchen sowie an der traditionellen Art sich zu kleiden, festhalten. Und nicht zuletzt, weil sie im Umgang mit ihren Mitmenschen ebenfalls unvergleichliche Qualitäten pflegen, die anderen Zeitgenossen längst abhandengekommen sind. Dazu gehören so wunderbare Eigenschaften wie der Grundsatz „Ein Mann, ein Wort", Ehrlichkeit, Höflichkeit und Ritterlichkeit im Umgang mit Damen – und die unvergleichliche Gastfreundschaft scheint sogar ihre ureigene Erfindung zu sein.

Dieser sympathische Menschenschlag ist, so wie das Land, in dem er lebt, die brasilianische Ausnahme. Wie der Staat sich vom Klima und seiner Vegetation her von den anderen brasilianischen Staaten unterscheidet, so unterscheidet sich auch der Charakter der Menschen in diesem Gebiet von allen anderen Brasiliens. Während jene immer neue Witze über die Gaúchos erfinden, weil ihnen das Verständnis für die Ethik dieser letzten Ritter Brasiliens abgeht, möchte ich Ihnen als Besucher die Tür zur eigenwilligen Kultur dieser Südbrasilianer ein wenig öffnen.

Als „Peão" bezeichnet man einen männlichen Gaúcho, der einem „Centro de Tradições Gaúchas", einem traditionellen Gaúcho-Zentrum angehört oder sogar noch selbst zu Pferd dem Landleben in Rio Grande do Sul verhaftet ist und mit Rindern zu tun hat. Seine typische Kleidung besteht heutzutage aus der „Bombacha", einer Kniebund-Hose aus Baumwollstoff, Lederstiefel mit Ziehharmonika-Schaft, Sporen aus Eisen, einem Hut aus Filz oder Leder, einem Hemd aus Baumwolle, dem „Lenço" (Halstuch), der „Guaicá", einem breiten Ledergurt mit Fächern – und dem „Ponche", einem Regenumhang mit runder Öffnung für den Kopf.

„Prenda" (Geschenk) – so nennt der Gaúcho liebevoll seine Frau. Und deren typisches Outfit besteht aus einem Kostüm mit Reifrock und bestickten Verzierungen, der „Mantilha", einem mit Spitze besetzten Schultertuch, vor der Brust zusammengehalten von einer Brosche – weißen Strümpfen – kleinen „Bombachinhas", das sind

Kniebundhöschen aus Spitze unter dem Rock, die beim Tanzen sichtbar werden – schwarzen Schuhen und abschließend einem Woll- oder Spitzenschal.

Des Gaúchos Lieblingsgetränk

An dieser Stelle möchte ich Rodrigo zu Wort kommen lassen, mit dem ich mehrmals längere Touren zu Pferd durch seine geliebte „Pampa Gaúcha" unternommen habe, während ich mich an sein Lieblingsgetränk, den „Chimarrão" aus grünem Mate gewöhnte, und von dem ich alles über die gaúcho-gerechte Zubereitung von Rindfleisch gelernt habe.

„Die Geschichte des Chimarrão begleitet Schritt für Schritt die Entwicklung unserer Kultur – schon seit der Mitte des 16. Jahrhunderts, rund fünfzig Jahre nach der Entdeckung Brasiliens, als ihn die Spanier zum ersten Mal von den Indios serviert bekamen. In Guaíra wuchs er in den Wäldern, und das blieb so über viele Jahre. Zwar versuchte man, ihn zu kultivieren, aber lange Zeit ohne Erfolg. Schließlich gelang es den Missionaren von Imembuí (heute Santa Maria) aus einem Ableger den ersten Mate-Busch zu ziehen.

Der Konsum des Chimarrão ist ein Brauch, der mit unserer Gastfreundschaft verwachsen ist. Seit eh und je streckt sich in Rio Grande do Sul dem Gast eine Hand mit dem Symbol der Verbundenheit und Freundschaft entgegen – dem Chimarrão. Obwohl er auch als Verdauungsförderer, als Nahrungsmittel, als Stimulans und was weiß ich sonst noch für Qualitäten besitzt, ist er in Anwesenheit eines Fremden doch stets als Symbol gegenseitiger Verbundenheit anzusehen und geht von Hand zu Hand – das Saugröhrchen vom Mund eines Nachbarn zum andern – ähnlich wie bei den nordamerikanischen Indianern die Friedenspfeife.

Aus demselben Grund, dem gleichen Anlass, derselben Motivation, mit der man in anderen Gegenden Aperitifs, Tee oder ein Gebäck reicht, kredenzen wir unseren geliebten ‚Bitteren' – in einer Cuia aus Porongo mit dicker Schale, mit einer ‚Bomba Chupeta' (Saugröhrchen) aus Silber und einem Häufchen unseres verehrten Erva-Mate. Heißes Wasser, erhitzt in einem Eisenkesselchen – nur ziehen lassen, ohne zu kochen, und dann aufgießen."

Benimm beim Chimarrão
Die folgenden, etwas drastischen Ansichten Rodrigos, der schon seine einschlägigen Erfahrungen mit so manchen Touristen gemacht hat, möchte ich Ihnen nicht vorenthalten, denn sie sind einerseits typisch für die Vorbehalte, denen man sich selbst plötzlich gegenüber sieht, wenn man als Neuling mit dem Lieblingsgetränk der Gaúchos geehrt werden soll – andererseits enthalten sie einen gewissen trockenen Humor seitens des Gastgebers, der mir als eine seiner besonders sympathischen Eigenschaften erscheint.

„Frage niemals nach Zucker für den Mate! Ein Gaúcho lernt schon als kleiner Furz, dass der Chimarrão auch ‚Mate amargo' (bitterer Mate) oder einfach, 'n bisschen intimer, nur ‚Amargo' (der Bittere) genannt wird. Aber wenn du aus einer anderen Gegend unseres Planeten kommst und dann unseren Mate zu bitter findest, könnte es dir passieren, dass du die größte Sünde begehst, die man sich in unserem Teil von Brasilien überhaupt vorstellen kann: nämlich um Zucker zu bitten. Weißt du, man kann exotische Kräuter ins Wasser tun, Schnaps, Früchte, Kokain, Feldspat oder Dollars – aber niemals Zucker! Der Gaúcho mag alle Fehler dieser Welt haben, aber er verdient es wirklich nicht, um Zucker für den Mate gebeten zu werden. Deshalb, Tchê, wenn der Chimarrão dir zu bitter erscheint, zögere nicht: Bestell' dir eine Cola mit Strohhalm – dann wirst du dich sofort besser fühlen!

Und sag' nie, dass das Chimarrão-Trinken gegen die Hygiene sei! Es könnte sein, dass es dir unhygienisch erscheint, deinen Mund ans gleiche Röhrchen zu setzen, an dem die anderen Münder schon alle gesaugt haben. Und das ist es auch! Nur hast du auf keinen Fall das Recht, eine solche Blasphemie in Bezug auf den Chimarrão auszusprechen. Ich wiederhole mich: Bestelle eine Cola mit Strohhalm! Aber Vorsicht: Es sind auch schon Koli-Bazillen und Staphylokokken in Cola-Flaschen gefunden worden.

Sag nie, dass der Chimarrão zu heiß sei! Wenn alle in der Runde den Mate zu sich nehmen, ohne zu protestieren, dann deshalb, weil er die richtige Temperatur für normale Menschen hat. Wenn du kein normaler Mensch sein solltest, finde dich damit ab, aber mach keinen Wind drum!

Trink stets Deinen Mate ganz aus! Trotz der großen Ähnlichkeit, die zwischen dem Chimarrão der Gaúchos und der Friedenspfeife der Indios besteht, gibt es da ein paar fundamentale Unterschiede. Bei der Friedenspfeife tut jeder einen Zug und gibt sie dann weiter, beim Chimarrão ist das nicht so. Du solltest alles für dich eingegossene Wasser austrinken – bis Du die leere Cuia schnarchen hörst.

Bewege nie die Bomba in der Cuia! Die Bomba – das Saugröhrchen des Chimarrão – kann durchaus mal verstopfen. Das liegt vielleicht an der Qualität der Bomba selbst, an dem Mate oder auch am Zubereiter, wer weiß das zu sagen. Wenn das passiert, hast du durchaus das Recht zu reklamieren. Aber bitte, fummele nicht an der Bomba rum! Sprich mit jenem, der dir den Mate weitergereicht hat oder mit dem Zubereiter selbst. Aber fummele nicht an der Bomba rum – niemals die Bomba selbst bewegen – um Gottes willen, lass die Hände weg von der Bomba!

Verurteile deinen Gastgeber nicht, weil er den ersten Aufguss trinkt! Wenn es dir einfallen sollte, den Gastgeber als unhöflich zu betrachten, weil er den ersten Aufguss für sich selber eingießt – wisse, dass du in diesem Fall der unhöfliche Tölpel bist: Der schlimmste Mate ist der erste, und wer ihn trinkt, leistet dir einen Freundschaftsdienst.

Untersteh dich zu behaupten, dass Chimarrão Krebs fördere! Selbst wenn's so wäre. Aber du, der du zum ersten Mal eine Cuia in der Hand hältst, wirst es nicht sein, der mit Kennermine von sich gibt, der Chimarrão sei krebsfördernd! Wenn du den Mate angenommen hast, den man dir angeboten – trink ihn und vergiss den Krebs! Und sollte es dir nicht gelingen, nicht mehr dran zu denken, mach' folgendes: Bestell' eine Coca-Cola mit Strohhalm, denn die – na, du weißt schon!"

Des Gaúchos Lieblingsgericht

Und natürlich hat Rodrigo auch einiges zu erklären, wenn es um die Zubereitung von Fleisch geht – Rindfleisch, versteht sich – und es wird Ihnen auffallen, so wie mir damals, dass er dazu überraschend viele Details anführt, die wir normalerweise beim Grillen auf unserem Balkon in Old Germany bisher kaum beachtet haben. Rodrigo schwört jedoch, dass sie alle zu einem besonders schmackhaften Fleischerlebnis beitragen.

„Ein gesundes Feuer ist das Ergebnis guten Brennstoffs und gekonnten Anzündens. Die beste Kohle wird aus Eukalyptus-Holz hergestellt, das den Geschmack des Fleisches durch seinen Rauch nicht beeinflusst. Benutze niemals chemische Produkte, wie Benzin, Kerosin, Petroleum oder Dieselöl zum Anzünden des Feuers, denn diese Stoffe sind gesundheitsgefährdend und ihr Geruch wird den Geschmack des Fleisches verderben. Unter den verschiedenen Techniken, das Feuer anzuzünden, gibt es eine, die wir Gaúchos bevorzugen: trockene Brotstücke in Alkohol einweichen und dann anzünden!

Und nicht vergessen: Der Treibstoff des Feuers ist der Sauerstoff der Luft – wo du das Feuer entfachen willst, muss Zugluft sein! Und nun lass die Holzkohle rot durchglühen, bevor du das Fleisch auf den Grill legst – erst dann, ganz ohne Rauch, hat sie die höchste Temperatur erreicht. Wenn vom Fleisch Fett auf die Glut tropft, bilden sich leicht Flammen – die löscht man nicht etwa mit Wasser, denn sonst entstehen dort wesentliche Temperaturunterschiede, sondern erstickt sie mit etwas Asche am Rand der Kohlenglut – mit Hilfe einer kleinen Metallschaufel.

Grundsätzlich bleibt unser Churrasco an einem einzigen Stück. Wir halten nichts davon, viele portionsgroße Stücke auf einen Grill zu legen – sie werden hart und zäh, denn der Saft und das Fett tropfen ins Feuer. Versuche dagegen mal eine einzige große ‚Manta' (ein 10-15kg Stück) – kann ein Rippen- oder Schulterstück vom Rind sein – und setze es, nachdem Du es mit der ‚Salmoura' (in Wasser gelöstem, grobem Salz) eingepinselt hast, schräg gegen das Holzkohlenfeuer – und zwar mit seiner Fettseite nach vorn, die Knochenseite nach hinten. Nimm ein paar Metallstäbe zu Hilfe. Anfangs etwas weiter weg von der Glut, zum Anwärmen – später dann näher ran – und immer mal wieder mit Salzlösung einpinseln. Damit das Fleisch auf keinen Fall hart wird, vermeide man, es oft zu wenden. Durch konstante Wendungen wird das Fleisch erhitzt und dann wieder abgekühlt, und diese Temperaturwechsel machen es zäh. Am besten lässt man es auf einer Seite fast durchgaren (wie gesagt, auf der Fettseite), wendet dann einmal zur Knochen-Seite und schneidet es anschließend auf zum Servieren.

Und noch ein Tipp: Niemals das Fleisch schon einige Zeit vor dem Grillen einsalzen, sondern erst ganz kurz davor – sonst wird es zäh und trocken! Nimm einzig und allein grobes Salz zum Würzen – trocken, oder als Salmoura in Wasser aufgelöst."

Meine Touren mit Rodrigo gehören zu meinen schönsten Erinnerungen an Brasilien überhaupt. Wenn ich auch als ungeübter Reiter anfangs ziemlich mit einem Muskelkater in den Oberschenkeln zu kämpfen hatte, nach den langen Ritten – an das unbeschreiblich grandiose Naturerlebnis an seiner Seite, an Rodrigos geniale Sachkenntnis und an seine überraschende Kameradschaft und Toleranz gegenüber dem Gringo werde ich mich immer erinnern.

Ein Mann schleckt keinen Honig, sondern er kaut die Bienen!

Ein Philosoph der Landstraße

Teil IV

Tierparadies Zentraler Westen

Nur zwei Tagesritte von der Landeshauptstadt Brasília entfernt herrscht noch heute devote Ergebenheit gegenüber dem Großgrundbesitzer, der hier allein bestimmt, was Recht zu sein hat. Für den Peão, seinen Angestellten, gibt es hier keine andere Arbeit als die Betreuung der halbwilden Herden auf einem endlos scheinenden Land.

Die im Herzen Südamerikas gelegene Region umfasst die Bundesstaaten von Mato Grosso, Mato Grosso do Sul und Goiás – von letzterem hat der Expräsident Juscelino Kubitschek im Jahr 1956 den Regierungsdistrikt mit der Landeshauptstadt Brasília abgezwackt, der heute innerhalb des Staates Goiás knapp zehn Prozent seiner Fläche beansprucht.

Die überraschenden Kontraste Brasiliens erfahren hier im Mittelwesten noch eine Steigerung, zum Beispiel dann, wenn man von der hypermodernen Hauptstadt Brasília ins Tierparadies Pantanal hinüberfliegt. In dieser Urnaturlandschaft glaubt man sich auf einem anderen Planeten – die vielen Tiere in der Luft, auf dem Land und im Wasser, denen man dort in freier Wildbahn und am helllichten Tag begegnet, versetzen einen in eine Art paradiesischen Traum. Und noch größer wird der Kontrast bei einem Besuch im Nationalpark der Indios am Rio Xingú – vom 21. Jahrhundert sozusagen direkt in die Steinzeit, allerdings braucht man dazu eine Sondergenehmigung der Behörde für Indianerschutz FUNAI.

Mit ein bisschen Glück kann man aber auch in Brasília die Ureinwohner Südamerikas in den Ministerien ein- und ausgehen sehen – im Federschmuck und mit voller Kriegsbemalung, um so ihren Anliegen den würdigen Nachdruck zu verleihen. Indios in Kriegsbemalung vor einem Regierungspalast in Brasília, ein typisches Fotomotiv aus dem modernen Brasilien.

Der Zentrale Westen ist relativ dünn besiedelt – die wilden Tiere sind hier noch weit in der Überzahl, auch die halbwilden Haustiere, allen voran die Rinder. Rund 12 Millionen Einwohner hat diese

Region in der Mitte des südamerikanischen Kontinents und eine Rinderherde von 56 Millionen Stück – fast fünf Tiere pro Einwohner. Hier grast Brasiliens wertvollstes Export-Rindfleisch. Es hat lange gedauert, bis Touristen aus dem Ausland den mittleren Westen Brasiliens zögernd betreten haben. Das Pantanal mit über 1.000 verschiedenen Spezies, darunter 650 Vogelarten, hat diesen Durchbruch nach Jahren internationaler Werbung endlich geschafft. Inzwischen sind unter den Besuchern der Region mehr Ausländer als Einheimische, welche die rustikalen Unterkünfte spezialisierter Lodges nutzen, um mit versierten Führern auf Beobachtungstouren die artenreiche Fauna kennenzulernen. Das Überschwemmungsgebiet Pantanal erstreckt sich über zwei brasilianische Staaten: Mato Grosso und Mato Grosso do Sul. Die Regierungshauptstadt Brasília kann man eher als Durchgangsstation für Touristen bezeichnen: Sie fliegen morgens rein und nach einer Stadtbesichtigung am Nachmittag wieder raus, denn die meisten sind wegen der großartigen Natur Brasiliens hergekommen.

Der Regierungsbezirk Brasília

Der Sitz der brasilianischen Landesregierung ist eine vom Bundesstaat Goiás abgetretene Fläche mit 5.802 Quadratkilometern. Sie liegt auf dem sogenannten Zentral-Plateau, inmitten einer Cerrado-Landschaft auf 1.100 m Höhe, dicht an der Grenze zum Nachbarstaat Minas Gerais. Auch hier wird das Klima durch zwei deutlich voneinander abgegrenzte Jahreszeiten bestimmt: eine Trocken- und eine Regenzeit. Der Regen fällt in den Monaten Oktober bis März und wird ab April seltener. Danach fallen die Temperaturen im Juli bis auf 13 °C. Während der Trockenzeit erreicht die Luftfeuchtigkeit ein kritisches Stadium – besonders während der heißesten Stunden des Tages. Mit 40 Quadratkilometern Ausdehnung und 500 Millionen Kubikmetern Wasser mildert die Verdunstung eines künstlichen Sees, des Lago Paranoá, dieses Problem.

Die Stadt wurde einst in 41 Monaten vom Reißbrett Oscar Niemeyers auf das zentrale Plateau der Cerrado-Hochebene übertragen, von

30.000 Arbeitern aus allen Teilen des Landes aufgebaut (1956-1960) und am 21. April 1960 eingeweiht. Schon im Jahr ihrer Einweihung zählte die neue Hauptstadt bereits 150.000 Einwohner – hauptsächlich aus Rio de Janeiro herzitierte Staatsbeamte mit ihren Familien.

Die Einwohnerzahl des Regierungsdistrikts ist inzwischen auf knapp 2,5 Millionen angewachsen – mit mehr als 350 Menschen pro Quadratkilometer, eine der höchsten demografischen Wachstumsraten und die größte Bevölkerungsdichte des Landes.

Als Zentrum der Macht und der Bürokratie empfängt die Stadt einen kontinuierlichen Zustrom von Menschen aus allen Teilen des Landes und anderen Nationen. Sie hat durch ihre geografische Lage sogar Mystiker aus aller Welt angelockt, die in ihrem Umkreis Tempel und Kultstätten diverser Religionen und Sekten errichtet haben – „in Erwartung einer neuen Zivilisation", die an dieser Stelle entstehen soll. Diese kulturelle Vielfalt hat zur Folge, dass man in Brasília die unterschiedlichsten Sprachen, Sitten und Gebräuche, kulturellen Manifeste und folkloristischen Präsentationen erlebt – und das äußert sich natürlich auch in einer interessanten Gastronomie.

Ein sanfter, stetiger Wind dreht kleine rote Staubspiralen in der gesündesten Luft Brasiliens – klar, kühl und in der einen Jahreshälfte so trocken wie in der Sahara. In der Regenzeit warm, aber nie klebrig oder unangenehm. Eine herbe, stolze Landschaft, in der man den Blick bis zum dunstigen Übergang zwischen Himmel und Erde schweifen lassen kann. Das Meer liegt 1.200 Kilometer weit entfernt, dafür befindet sich hier die Wasserscheide der drei gewaltigsten hydrografischen Becken Südamerikas. „Águas Emendadas" heißt der naturgeschützte Ort, an dem drei Bächlein aus derselben Quelle entspringen und, bedingt durch die besondere Bodenformation, in drei verschiedene Richtungen abfließen: zum Rio Amazonas, zum La Plata und zum Rio São Francisco.

Die Landeshauptstadt Brasília

Eine der unvergleichlichen Besonderheiten Brasiliens sind seine überraschenden Kontraste: die ganz und gar unterschiedlichen Landschaften, die multikulturellen Bewohner, die artenreichste Fauna und

Flora unseres Planeten – Superlative, wie sie kein anderes Land zu bieten hat. Wenn man nach einem Aufenthalt im Regenwald Amazoniens in Manaus den Jet besteigt, kann man in wenigen Stunden, wie in einer Zeitmaschine, aus der Steinzeit ins 21. Jahrhundert zurückgleiten – beim Anblick der futuristischen Architektur Brasílias erscheint sogar die Gegenwart überholt.

Von Künstlern erdacht und von Bürokraten bewohnbar gemacht, ist Brasília nicht wie üblich nach den Vorstellungen und Bedürfnissen des Menschen konstruiert worden, sondern stellt eine totale Anpassung an eine vorgegebene Umgebung und eine Idee dar. Juscelino Kubitschek de Oliveira als Präsident, Lúcio Costa als Planer, Oscar Niemeyer als Architekt und Roberto Burle Marx als Landschaftsgestalter verwirklichten mit Brasília einen kollektiven Traum, der bereits 1891 in den Analen der Republikanischen Verfassung als Forderung registriert wurde.

Nach nur vier Jahren Bauzeit übergab der Präsident seinem Volk die neue Hauptstadt. Ihr Grundriss, in Form eines Flugzeugs, wurde direkt vom Reißbrett auf die rote Erde einer sorgfältig ausgewählten Hochebene im Bundesstaat Goiás übertragen. Die Flügel, die im gleichen Winkel vom Rumpf in Nord- und Südrichtung abzweigen, bilden die Wohnbezirke der Stadt, das Cockpit wird durch den Platz der drei Gewalten markiert – dem Nationalkongress, dem Regierungs- und dem Justizpalast – und längs des Rumpfes gruppieren sich, rechts und links der mehrspurigen Mittelachse, dem Eixo Monumental, die einzelnen Ministerien.

In Anerkennung ihres avantgardistischen städtebaulichen Konzepts wurde die Hauptstadt Brasília am 7. September 1987 von der UNESCO in den Stand eines Weltkulturerbes der Menschheit erhoben. Sie ist die einzige Stadt des 20. Jahrhunderts mit dieser Auszeichnung.

Zweifellos ist der erste Besuch in Brasília beeindruckend. Die imposante Architektur kann viele begeistern – wohnen möchten hier jedoch die wenigsten, denn Brasília fehlt die Atmosphäre, wie man sie sonst von Weltstädten gewöhnt ist. Klar gegliedert, in allen Details sorgfältig geplant, weitläufig und einfach zu groß, ist diese Stadt ganz und gar unbrasilianisch. Und so fliehen diejenigen, die es sich leisten können, übers Wochenende nach Rio de Janeiro – in die noch immer heimliche Hauptstadt.

*Brasília hat keine Ecken, deshalb lebt man hier
eine Monotonie der ewigen Geraden!*

Ein Besucher Brasílias

Was ist eigentlich „Cerrado"?

Diese Frage stellte unlängst eine Lehrerin den 8- bis 10-jährigen Schülern und Schülerinnen einer Grundschule in Brasília – zu beantworten in Form eines Aufsatzes als Hausaufgabe. Was die kleine Isabel schrieb, wurde von der Lehrerin als beste Arbeit ausgewählt.

> Ein bisschen was über unseren Cerrado
> Im Staat Goiás beherrscht uns der Cerrado, der von vielen für ein sehr hässliches Gesträuch ohne Reiz gehalten wird. Nur wenige wissen, dass er das älteste Gesträuch von Brasilien ist. Bevor Amazonien existierte, der Atlantische Regenwald, die Pampa und das Pantanal, beherrschte der Cerrado schon unser Land. Das Alter vom Cerrado ist 65 Millionen Jahre, also das erklärt, dass er vor allen anderen schon da war. Seine Bäume sind klein, wegen dem sehr steinigen Boden, also das soll heißen, dass seine Wurzeln das Grundwasser dort unten suchen, und seine Wurzeln sind allgemein von der Größe wie der Baum. Der Cerrado ist auch widerstandsfähig wegen seiner groben Baumrinden, und Feuer kann ihnen nicht viel anhaben, und seine Blätter sind reich an Zink und Aluminium, weil das hilft, wenn Wasser fehlt. Also, wenn für viele der Cerrado hässlich ist, für den, der ihn kennt, ist er ein Held.
>
> Isabel Coutinho dos Santos (9 Jahre).

Auch ich finde, dass Isabel damit den Cerrado exzellent beschrieben hat. Die kleine Isabel hat sicher alle Voraussetzungen, einmal eine große Naturschützerin zu werden. Wäre doch schön, wenn Sie eines

Tages als Besucher Isabels „Helden", den Cerrado, persönlich kennen lernen würden – vielleicht sogar unter ihrer Führung?

Der Cerrado ist eine tropische Region, die von Hochebenen beherrscht wird. Er bedeckt annähernd ein Viertel des gesamten brasilianischen Territoriums und stellt die zweitgrößte morphoklimatische Formation Südamerikas dar. Das typische Klima der Cerrado-Region ist warm, halbfeucht und deutlich nach Jahreszeiten getrennt: mit regenreichen Sommern und trockenen Wintern. Während der Winter sind polare Kaltfronten häufig, die der südlichen und westlichen Hälfte der Region plötzliche Kälteeinbrüche bescheren. Frühlings- und Sommerregen kommen aus dem Nordwesten, aus Amazonien. Die Regenfälle sind bemerkenswert pünktlich. Sie beginnen im Oktober und dehnen sich bis April aus, circa 50% der gesamten jährlichen Niederschläge fallen innerhalb der drei Hochsommermonate.

Im Cerrado wurden schon mehr als 100 Arten von Säugetieren, 90.000 Arten von Insekten, 500 Arten von Farnen, 150 Arten von Reptilien, 150 Arten von Amphibien und 500 Arten von Mollusken katalogisiert. Man schätzt die Baum- und Busch-Spezies auf mehr als 4.000. Das ist eine größere Zahl als die der meisten Floras in anderen Ländern. Mit anderen Worten: Im Cerrado existiert eine der größten Biodiversifikationen unseres Planeten.

Während der Trockenperiode befinden sich viele Pflanzenarten in einem scheinbar ausgetrockneten Zustand. Dies ließ die ersten Wissenschaftler annehmen, dass die physiognomischen Charakteristika der Cerrado-Pflanzen in erster Linie mit den geringen Niederschlagswerten zusammenhängen. Das ist aber nicht richtig: Pflanzen verlieren Wasser durch die Oberfläche ihrer Blätter – durch Verdunstung. Die Bäume des Cerrado präsentieren keine brüsken Unterschiede im Level der Verdunstung während des Jahres, noch brauchen sie während der trockenen Zeit besonders zu sparen. Und zwar deshalb, weil sie im Laufe der Zeit ihre Wurzeln bis in eine Tiefe vorangetrieben haben, in der sie den Grundwasserspiegel erreichen – die Wurzeln bestimmter Arten haben eine unterirdische Länge von dreißig Metern und mehr. Dadurch sind sie auch bei längerer Trockenheit außer Gefahr. Aus diesem Grund können sich auch viele Baumarten den Luxus leisten, ihre Blätter während der vier bis sechs trockenen Monate nicht abzuwerfen. Obwohl auch einige Arten unter ihnen sind, die ihre Blätter teilweise, und andere, die ihre Blätter vorübergehend ganz verlieren. Ein dichter Bestand von Bäumen, gleichmäßig gruppiert und im Allgemeinen höher als drei Meter, ist typisch für den Cerrado.

Im Verlauf von langen geologischen Perioden hat das Entstehen von Feuern die Vegetation zu Schutzmaßnahmen veranlasst und zur Anpassung an die periodischen Brände gezwungen. Der absolute Feuertod einer Pflanze im Cerrado ist durchaus ungewöhnlich. Im Fall der Bäume wird hauptsächlich die Krone, parziell oder auch insgesamt, in Mitleidenschaft gezogen. Schon in geringer Tiefe unter der Bodenoberfläche erhöht sich die Temperatur während eines Flächenbrandes jedoch kaum. Durch diese Isolationsfähikeit der Oberfläche sind die unterirdischen Pflanzenteile vor Schäden geschützt. Heutzutage wird allerdings die Mehrzahl der Flächenbrände im Cerrado von Menschenhand fahrlässig verursacht oder bewusst gelegt. Dieser Exzess hat dem Ökosystem irreparable Schäden zugefügt, denn die Regenerationsfähigkeit des Biotops Cerrado, obwohl gewaltig, ist solch mutwilligen, außerperiodischen Brandstiftungen auf Dauer nicht gewachsen.

Täglich produziert die Natur alles, was wir brauchen. Wenn jeder nur das beansprucht, was er tatsächlich benötigt, gäbe es keine Armut in der Welt und niemand würde verhungern!

Mahatma Gandhi

Mato Grosso

Er ist der größte Bundesstaat des zentralen Westens, mit mehr als 900.000 Quadratkilometern der drittgrößte Brasiliens. Von den über 3 Millionen Einwohnern lebt ein Viertel in der Hauptstadt Cuiabá, einer ehemaligen Goldschürfer-Siedlung (von 1748), am Ufer des Flusses gleichen Namens.

Als die Goldvorkommen dort zur Neige gingen, geriet die Region länger als ein Jahrhundert in Vergessenheit, bis Ende des 19. Jahrhunderts ein gewisser Marechal Rondon sie mit dem Anschluss an das Telegrafennetz und dem Bau einiger Verbindungsstraßen aus ihrer Abgeschiedenheit erlöste und ihr neue Einwanderer bescherte.

Mit dem Bau der Hauptstadt Brasília und kräftigen Investitionen der Regierung in die Erschließung des zentralen Westens, bekam auch die stagnierende Wirtschaft in Mato Grosso neue Impulse, und die Bevölkerung wuchs. Im Jahr 1977 teilte die Landesregierung den Staat Mato Grosso aus Verwaltungsgründen in zwei unabhängige Staaten – etwas mehr als ein Drittel seiner Gesamtfläche im Süden bekam den Namen Mato Grosso do Sul und damit entfielen etwa zwei Drittel des brasilianischen Pantanal-Gebietes auf den neuen Staat.

Ich sagte es bereits: Es hat lange gedauert, bis man auch das internationale touristische Interesse für dieses Tierparadies wecken konnte, das sich inzwischen als eines der lohnenswertesten Reiseziele in Brasilien durchgesetzt hat – denn wer die Beobachtung von Tieren zur Lieblingsbeschäftigung während seiner Ferien machen möchte, der findet auf der ganzen Welt kein ähnliches Paradies.

Der „Parque Nacional da Chapada dos Guimarães" hat einen langen Namen und noch mehr Sehenswürdigkeiten: Auf 33.000 Hektar entdeckt man eine wundervolle Cerrado-Landschaft mit Tafelbergen, unzähligen Wasserfällen, Höhlen, archäologischen Fundstätten und einer typischen Flora und Fauna, die sich wunderbar mit einem Besuch im Pantanal verbinden lässt, denn sie beginnt nur 60 Kilometer von der Hauptstadt Cuiabá entfernt, als Teilstück der gebirgigen Pantanal-Begrenzung.

Mato Grosso liegt, durch seine immense Größe, in drei unterschiedlichen Ökosystemen – und zwar, von Süd nach Nord: dem Pantanal, dem Cerrado und dem Amazonas-Regenwald. Sein Relief präsentiert sich im mittleren Teil, dem sogenannten „Planalto de Mato Grosso", als eine durch Tafelgebirge besetzte Hochebene, die im Süden an die Pantanal-Tiefebene grenzt und im Norden in das Amazonas-Becken übergeht. Dort, schon im Übergangsgebiet zwischen Cerrado und Regenwald, befindet sich der „Parque Indigena do Xingú", ein Nationalpark, der dem Schutz seiner Ureinwohner gewidmet ist: Hier leben 17 indigene Völker Brasiliens, verschieden in Sprache und Kultur, in friedlicher Nachbarschaft nebeneinander. Dieser ungestörte Lebensraum von beachtlichen Dimensionen erlaubt den Ureinwohnern, ihr Leben in traditioneller Art und Weise fortzuführen, während die Regierung in Brasília, vertreten durch die staatliche Indianerbehörde FUNAI, bei ihnen regelmäßige Gesundheitskontrollen durchführt und darüber wacht, dass die Grenzen des Indio-Territoriums respektiert werden. Inzwischen sind aus den Reihen der Indios junge Leute hervorgegangen, welche die Interessen ihrer Stammesgenossen in den Ministerien als Abgeordnete vertreten oder in der Selbstverwaltung des Indianer-Schutzgebiets tätig sind. (Später gehe ich auch auf das Leben dieser Indianer am Rio Xingu näher ein.)

Mato Grosso ist, mit einer Rinderherde von rund 14 Millionen Stück, Brasiliens viertgrößter Produzent für Export-Rindfleisch. Leider fügen verantwortungslose Großgrundbesitzer der Natur irreparable Schäden zu, indem sie die Vegetation des Cerrado und ganze Galeriewälder abbrennen, um für ihren wachsenden Viehbestand neue Weideflächen zu gewinnen. Diese unverantwortliche Handlungsweise ist im gesamten zentralen Westen die größte Bedrohung für die Natur. So wurden zwischen 1996 und 1999 annähernd 900.000 Hektar Wald vernichtet – das entspricht etwa der zehnfachen Fläche Berlins.

Mehr als dreißig Jahre nach der Trennung der beiden Staaten – durch die Mato Grosso zwar mit der größeren Fläche, aber auch mit dem bei weitem rückständigeren Landesteil verblieb – präsentiert der Staat heutzutage ein sehr expressives Wirtschaftswachstum auf dem Agrarsektor – und zwar mit Rekord-Ernten von Soja und Baumwolle. Seit der Staatentrennung hat man die Agrarflächen vervielfacht und die Produktion um mehr als 700% gesteigert. Diese Agrarexplosion hat zahlreiche Emigranten aus dem brasilianischen Süden angezogen.

Die Hauptstadt Cuiabá

Cuiabá wurde auf einem Goldschürfer-Camp der Bandeirantes, im Jahr 1719, am Fluss gleichen Namens gegründet. Im Gegensatz zu anderen historischen Orten gibt es in der Hauptstadt nur sehr wenige Reminiszenzen aus jener Zeit. Wer Cuiabá anfliegt, der kommt wegen seiner Naturparadiese – dem Pantanal oder der Chapada dos Guimarães. Auf der anderen Seite des Rio Cuiabá liegt die Schwesterstadt Várzea Grande – heute verbinden mehrere Brücken die beiden und der moderne Flughafen der Hauptstadt befindet sich ebenfalls auf der anderen Seite des Flusses.

Cuiabá ist eine der heißesten Städte Brasiliens – wenn man von einem Minimum von 10°C (nachts, im Juli/August) und einem Maximum von 42°C (tagsüber, im Dezember/Februar) spricht, dann sollte man sich auf diese Gegend in punkto Kleidung sorgfältig vorbereiten. Es regnet in Cuiabá oft und ausgiebig in den Monaten Januar bis April, dafür ist es zwischen Mai und Oktober fast vollkommen trocken. Der Begriff „Cidade Verde" (Grüne Stadt), den sich die Stadt selbst zugestanden hat, erscheint ziemlich weit hergeholt, denn die wenigen Grünanlagen sind in der Regel, besonders während der trockenen Monate, staubbedeckt. Dann bietet die ganze Stadt einen eher schmuddeligen, lehmfarbenen Anblick.

Abenteuer Pantanal

Ein wahres ökologisches Sanktuarium ist das in der Mitte des südamerikanischen Subkontinents gelegene Pantanal. Es erstreckt sich über eine Ebene von annähernd 240.000 Quadratkilometern über den extremen Westen Brasiliens und einen Teil von Paraguay und Bolivien und stellt das größte Überschwemmungsgebiet Amerikas dar, so groß wie Holland, Belgien und die Schweiz zusammen. Das Szenario ist einzigartig auf der Welt und nicht zu verwechseln mit einer Sumpflandschaft, auch wenn „Pantanal" auf Portugiesisch „Sumpf" bedeutet. Es handelt sich hier vielmehr um eine Tiefebene, die von den sie durchquerenden Flüssen überflutet wird und jedes Jahr etwa acht Monate unter Wasser steht. Eine seltene Mischung der verschiedensten Ökosysteme vereint die unterschiedlichen Landschaften – zum Beispiel Savannen, Seen und Lagunen, Wälder mit amazonasartigem Charakter, dichter Dschungel und Cerrado-Gebiete. Diese Biome sind alle an ein Phänomen angepasst und von ihm abhängig: den alljährlichen Regen- und Trockenperioden.

Dank des Wechsels zwischen feuchten und trockenen Monaten hat sich im Pantanal eine enorme pflanzliche und tierische Vielfalt entwickelt – sowohl zu Wasser als auch zu Land. Darüber hinaus liegt das Gebiet auf der Route verschiedener Wandervogelarten. Um etwas von der einzigartigen Biodiversität des Pantanals zu entdecken, muss man sich nur einmal umschauen – am besten am frühen Morgen oder kurz vor der Abenddämmerung: Kaimane, Marabus, Jaguare, Fischotter, Kraniche, Reiher, Falken, Hirsche, Brüllaffen, Papageien und eine Unzahl von Insekten bevölkern die Flüsse, Wälder und Seen – und ihre unterschiedlichen Stimmen, Farben und Formen geben dem Ökosystem des Pantanal sein unvergleichliches Flair, das jeden Besucher schlicht verzaubert.

Die ausgedehnte Ebene, deren vereinzelte Erhebungen lediglich wenige Meter über dem Meeresspiegel liegen, ist umgeben von schroffen Gebirgsketten und Hügelland. Obwohl die stärksten Niederschläge normalerweise zwischen Dezember und Februar fallen, erreicht der Überschwemmungspegel erst gegen Mai seinen Höchststand und beginnt dann sehr träge wieder in den Rio Paraguai abzufließen, dessen geringes Gefälle die überaus langsame Entleerung des überschwemmten Terrains erklärt.

Für die verschiedenen Landschaften des Pantanals sind die Flüsse die wichtigsten Komponenten: Sie füllen die Nährstoffe des Bodens auf und bringen Nahrung für Mensch und Tier. Ihr Wasser ist meist lehmgetrübt, die Vegetation der Ufer wechselt von Galeriewäldern über Grasebenen und Buschsavannen, und als Rückstände der Überflutung verbleiben zahllose Lagunen, die im Laufe der kommenden Monate langsam austrocknen.

Weil das Pantanal eine Tiefebene mit Millionen dieser Lagunen ist, rätselten einige Wissenschaftler, ob man hier vielleicht die Überreste eines urzeitlichen inneren Meeres vor sich hätte. Bis in die Mitte des 16. Jahrhunderts glaubte man nämlich, dass diese Region ein riesiger Süßwassersee sei. Der deutsche Historiker Schmidel nannte die Gegend sogar „Lago dos Xaraés" (See der Xaraés), nach einem Eingeborenenvolk, das dort lebte. Und selbst als man später feststellte, dass es sich um eine Überschwemmungs-Ebene und nicht um einen See handelt, benutzte man diese Bezeichnung noch lange Zeit. Erst Anfang des 20. Jahrhunderts wurde die Region unter dem Namen Pantanal bekannt – ebenfalls eine irreführende Bezeichnung, denn es ist eben, wie gesagt, kein Sumpf. Der Mythos eines inneren Meeres bekam Auftrieb und Anhänger in den 1930ern: Die Verteidiger dieser Idee glaubten, dass dort große Erdöllager existieren müssten, ähnlich jenen in Bolivien. Glücklicherweise fanden die Prospektoren der brasilianischen Petrobras, die bis in die 1960er Jahre Proben des Bodens entnahmen, im Pantanal keinerlei Anzeichen für Ölvorkommen. Die Muscheln der Gegend stammen aus dem Süßwasser der Flüsse und die Lagunen enthalten kohlenstoffhaltiges Wasser, das in keiner Relation zu Meerwasser steht.

Pferde und Rinder

Sehr früh lernt das Pantanalpferd sein Leben an die saisonalen Überschwemmungen anzupassen. Die Muttermilch im Euter der Stuten ist sehr begrenzt. Im Gegensatz zu einem Kalb, das am Euter des Muttertieres nur wenige Male am Tag trinkt, saugt das Fohlen andauernd, wann immer es Gelegenheit dazu bekommt. Und daher begleitet es die Mutter auf Schritt und Tritt und lernt so schon sehr früh von ihr alle Überlebenstricks. Die Mehrheit der Fohlen erblickt das Licht der Welt bei Hochwasser. Von Anfang an staksen sie dann im Wasser herum, bei Tageshitze und in nächtlicher Kälte, sie lernen schwimmen und vor allem, wie man die Vegetation unter Wasser abweidet und dabei die Luft anhält.

Sechs bis acht Monate lang stehen die Weideflächen im Pantanal unter Wasser. Um mit dem Kopf unter Wasser grasen zu können, hat das Fohlen Atemübungen machen müssen, die seine Brust im Lauf der Zeit geweitet haben. Die überlegene Brustmuskulatur macht es zu einem Tier mit „frontaler Zugkraft". In seiner außergewöhnlichen Gangart schiebt es den Körper nicht mit den Hinterbeinen nach vorn, wie andere Pferde das tun, sondern zieht ihn mit den Vorderbeinen nach. Das ist ein großer Vorteil im Schlamm und den Sumpflöchern des Pantanal. Seine breiten, beweglichen Nüstern werden fast durchsichtig in Momenten größter Anstrengung – ein sichtbares Zeichen seiner ungewöhnlichen Atmungskapazität.

Von kleinem Wuchs, genügsam, widerstandsfähig, mit breiter Brust und schmalem, abfallendem Rücken, ist das Pantanal-Pferd in seiner Gestalt so ziemlich das Gegenteil einer equestrischen Schönheit. Das Wasser verwandelt seine scheinbaren Makel jedoch in unvergleichliche Vorzüge bei der Aufzucht und der Kontrolle der Rinderherden. Und wenn sein Schwanz beim Galoppieren im Wind weht, dann erinnert es ein bisschen an die Eleganz seiner Berber- und Arabervorfahren.

Die Pantanal-Rinder – sie werden auch als „Tucuras" oder „Cuiabanos" bezeichnet – stammen von der Rasse „Taurina" ab, die im 16. Jahrhundert aus Europa eingeführt wurde. Aufgrund natürlicher Selektion und einer sorgsamen Züchtung sind sie gegen die üblichen Rinderkrankheiten immun und besonders resistent gegen die Temperaturschwankungen ihrer Umgebung, in der sogar Frosteinbrüche nicht selten sind. Außerdem sind diese Rinder an das Abweiden der verschiedensten Grassorten gewöhnt, deren Geschmack und nährstoffliche Qualität zwischen der Trockenzeit und der Überschwemmungsperiode großen Schwankungen unterworfen sind. Und sie überleben auch Perioden, in denen es an adäquatem Futter fehlt. Im Vergleich zu anderen Herden Brasiliens sind Produktivität und Rentabilität der Pantanal-Rinder eher gering, aber sie spielen eine bedeutende Rolle in der Erhaltung ihres Lebensraumes.

Durch den Rückgang der Viehzucht in bestimmten Regionen des Pantanal wird das Gras nicht mehr abgeweidet. Und das ist eine schlechte Nachricht, denn die Rinder sind auch die Feuerwehr des Pantanal. Mit dem Verzehr der Vegetation verhindern die Tiere, dass sie zu Heu und Stroh vertrocknet, und sich das Gras in hoch entzündliches Material verwandelt. Die Reduzierung der Herden verursacht also einen gefährlichen Rückstand von trockenem Gras und eine Zunahme von Flächenbränden. Wenn das Gras dagegen nicht abbrennt, wird es noch schlimmer. Vom Wasser der Überschwemmungsperiode bedeckt, verfault es. Seit mehr als dreihundert Jahren haben Rinder und Pferde die Vegetation des Pantanals verändert und damit ein Gleichgewicht geschaffen. Die Region ist als „Erbe der Menschheit" durch die UNESCO anerkannt. Außer der unvergleichlichen Fauna und Flora in diesem Reich der steigenden und fallenden Wasser gehören zu seinen besonderen Schätzen auch die spezialisierten Pferde, die resistenten Rinder und die Menschen des Pantanal – mit ihrem ganzen kulturellen und ökologischen Vermächtnis.

Die wilden Tiere

Während der dichte Regenwald Amazoniens die Tiere verbirgt, zeigen sie sich dem erstaunten Besucher im Pantanal unter freiem Himmel und für ein mittleres Teleobjektiv in zufriedenstellender Entfernung. Wer noch näher rankommen möchte, der sollte das auf dem Rücken eines Pferdes tun. An Pferde und Rinder sind die wilden Tiere gewöhnt, die Pflanzenfresser unter ihnen pflegen sogar zwischen den Rindern zu grasen. Solche Ausritte sind bei der Buchung einer Lodge oder Fazenda in der Regel inbegriffen.

Rechts und links der erhöht verlaufenden Transpantaneira-Piste entdeckt man Kaimane – Brillenkaimane, um genau zu sein – die sich in den Wassergräben aalen. Wenn man ein bisschen Glück hat, kriecht auch mal eine mittelgroße Anakonda über die Piste. Als Beutegreifer an der Spitze der Nahrungskette sind sie von großer Bedeutung für das Gleichgewicht der hiesigen Fauna. Cágados (Landschildkröten), Jiboias (Boa constrictor), Jararácas (Puffottern), Lagartos (Leguane), Tejús (Eidechsen) und andere Reptilien werden Sie im Verlauf Ihres Aufenthalts ebenfalls entdecken.

Natürlich interessieren sich viele Besucher für Säugetiere – im Pantanal leben zahlreiche Arten. Einige bevorzugen die Nähe des Wassers – wie zum Beispiel das Capivara (Wasserschwein) und der Pantanal-Hirsch – andere leben vorzugsweise im Wasser, wie der Ariranha (Riesenotter) – und es gibt auch Arten, die grundsätzlich nur in höher gelegenen Regionen ohne Wasserläufe anzutreffen sind, wie der Tamanduá-bandeira (Großer Ameisenbär) oder der Veado-Campeiro (eine Hirschart der Savanne). Das bekannteste und am meisten gefürchtete Säugetier ist der Onça Pintada (Gefleckter Jaguar). Ein erfolgreicher Jäger, dessen Überlebenschancen nicht allzu gut stehen, weil er von den Viehzüchtern des Pantanal verfolgt wird. Die vom Menschen in dieser Region eingeleitete Verdrängung seiner natürlichen Beutetiere hat den Jaguar auf das Erbeuten von Rindern spezialisiert – und seine gnadenlosen Verfolger mobilisiert.

Inzwischen haben die Vogelbeobachter – oder „Birder", wie sie sich selbst bezeichnen – das Pantanal für sich entdeckt, die meisten sind Amerikaner oder Engländer – riesige Ferngläser gehören zu ihrer Standardausrüstung, und das Pantanal ist für sie eine beliebte

Destination. Die großen Wasservögel ziehen die Aufmerksamkeit jedes Besuchers sofort auf sich. Garças (Reiher), Biguás (Schlangenhalsvögel), Jabirús und Cabeça Secas (Storcharten) fallen zuerst auf. Mit einem Durchmesser von mindestens zwei Metern entsprechen die Nester der Jabirú-Störche der Größe ihrer Bewohner. Die schwindelnde Höhe eines alten Baumes dient den Eltern und ihren Jungen als Wohnung. Im Allgemeinen wird derselbe Baum über mehrere Jahre vom gleichen Storchenpaar benutzt. Neben den erwähnten Wasservögeln sind es besonders die Aras und Papageien-Arten, die der Region eine besondere Bedeutung für Vogelliebhaber geben. Die Araras Azúis (Hyazinth-Aras) zum Beispiel sind in anderen Gegenden Brasiliens fast ausgestorben, können aber im Pantanal noch in Schwärmen beobachtet werden. Die gänsegroßen Anhumas fallen durch ihre besonders schrillen Warnrufe auf, mit denen sie die gesamte Fauna warnen, wenn sie in der Umgebung eine verdächtige Bewegung bemerken. Aus diesem Grund nennt man sie auch die „Schildwachen des Pantanal". Die Vielfalt an Vögeln ist unvergleichlich – mehr als 500 verschiedenen Arten von großen und kleinen, bunten und lärmenden Vertretern der Vogelwelt kann man hier begegnen – ein Fest für jeden Vogelliebhaber.

Ein aufmerksames Ohr, ein scharfes Auge, eine Taschenlampe für nächtliche Abenteuer und ein Fernglas für die Beobachtung am Tag – ich benutze lieber meine Kamera anstelle eines Fernglases – das ist alles, was man braucht, um fantastische Eindrücke aus diesem Tierparadies einzufangen. Egal wann! Die reiche lokale Fauna erlaubt Begegnungen mit Tieren an jedem Ort und zu jeder Tages- und Nachtzeit. Und wer schon einmal davon gehört hat, dass man die Tiere in der Trockenzeit konzentriert um die Lagunen herum vorfindet, dem sei gesagt, dass man solche Tierkonzentrationen auch während der Überschwemmung auf dem höher gelegenen Festland beobachten kann.

Der Mensch im Pantanal

Entsprechend seiner Herkunft bezeichnet er sich selbst als „Pantaneiro" – als Angestellter eines Viehzüchters und Fazenda-Besitzers wird er zum „Peão", einer Art Pantanal-Cowboy, in dessen Adern eine gute Portion Indianerblut fließt. Vielleicht ist er deshalb dem Landleben verfallen – fühlt sich wie ein König der Savannen und Dschungel, als absoluter Herr der Natur. Seine schnelle Ratio zeigt sich in der Kunst, halbwilde Pferde zu zähmen, und wie er mit dem Lasso umzugehen versteht. Seinen Augen entgeht keine Bewegung in der Ebene – er erkennt jedes sich verbergende Wild genauso schnell wie ein irgendwo niedergebrochenes, krankes Tier seiner Herde. Diese Sicherheit entspringt seiner erfahrenen Kenntnis jedes noch so kleinen Rinnsals und jedes verschlungenen Pfades in diesem Gelände. Wenn er nicht gerade mit dem Treiben einer Herde beschäftigt ist – also während der Regentage, am späten Nachmittag oder an den Wochenenden – widmet er sich dem Gerben von Häuten. Er ist ein exzellenter Kunsthandwerker im Umgang mit Leder. Kunstfertigkeit findet man übrigens bei allen Pantanalbewohnern. Hier genügt es nicht, dass man mit Rindern umgehen kann und weiß, wie man zu Pferde sitzt, man braucht hier draußen auch noch eine ganze Menge verschiedener handwerklicher Fähigkeiten, inklusive zur Herstellung der Arbeitsgeräte, wie zum Beispiel Peitsche, Lasso, Zaumzeug, Satteldecke oder Messerscheide. Manche Pantaneiros beherrschen sogar die Kunst der Sattelherstellung.

Als geborener Naturliebhaber schützt der Peão seinen Lebensraum aus Selbsterhaltungstrieb, denn aus ihm bezieht er Nahrung und Wohnung, seine Pflege garantiert ihm eine einträgliche Zukunft. Sein Leben wird vollkommen von den Überschwemmungen bestimmt – mit sechs Monaten Flut und sechs Monaten des Abfließens. Unter anderem bestimmt auch das besondere Klima viele seiner lebenswichtigen Aktivitäten, die Art der Rinderhaltung und deren Reproduktion, die ihm Arbeit gibt und Fleisch liefert. Ohne Fleisch, seiner bedeutendsten Protein-Quelle, fühlt sich dieser Rinderhirte dem Hungertod ausgeliefert. Schon seine erste Mahlzeit des Tages, der „Quebra Torto", besteht aus gekochtem Reis mit Trockenfleisch und Milchkaffee – manchmal begleitet von der „Maria Chica", einem typischen Biskuit-Gebäck der Region. Wenn er einen Auftrag seines Arbeitgebers ausführt, vergisst der Peão nie die „Matula" (an der Sonne getrocknetes Rindfleisch) und er nimmt noch ein Säckchen mit „Empamonado" auf den Trail mit – das ist gemahlenes Rindfleisch, gemischt mit Maniokmehl. Nach der Mahlzeit, um die Verdauung anzuregen, pflegt er sich dem unvermeidlichen Tereré-Genuss hinzugeben – einem grünen Mate-Tee, den er mit kaltem Wasser ansetzt und aus einem Stierhorn trinkt.

Wenn der Pantaneiro über Fleisch (Carne) redet, meint er Rindfleisch, ansonsten erweitert er die Bezeichnung, wie zum Beispiel „Carne de Caça" (Wildfleisch), „Carne de Frango" (Hühnerfleisch) etc., was jedoch für ihn niemals denselben Stellenwert haben wird wie sein über alles geliebtes Rindfleisch.

Er pflegt eine besondere Beziehung zu seinem Pferd, die man ohne Übertreibung als innige Freundschaft bezeichnen kann. Im Gegensatz zur Landwirtschaft, zur Mineralienförderung oder der Arbeit im Haushalt wurden in historischer Zeit bei der Aufzucht von Rindern kaum Sklaven eingesetzt, denn die extensive Viehzucht konnte nur von Männern betrieben werden, die sich oft lange Zeit bei den Herden aufhielten oder sie zu weit entfernten Marktplätzen trieben. Sklaven wären wahrscheinlich nicht zurückgekommen – und die Rinder auch nicht.

Die Peões verfolgen das Steigen und Fallen der Wasserflut mit größter Aufmerksamkeit. Steigt der Wasserspiegel, schwingen sie sich auf ihre Pferde und treiben die Rinder auf ein höher gelegenes Terrain – die „Cordiheiras". Sie schützen die Tiere vor eventuellem Versinken im Morast und vor Angriffen durch Großkatzen, und sie behandeln auch ihre Verletzungen. Bei größeren Überschwemmungen, vom Hochwasser eingeschlossen, hängt das Überleben der Rinder allein von den erfahrenen Peões und ihren zuverlässigen Pferden ab.

Die Transpantaneira-Piste

Im September 1973 nahm die „Entwicklungsgesellschaft für Mato Grosso" (CODEMAT) die Einlösung eines zwanzig Jahre altes Versprechens in Angriff: den Bau einer Straße, quer durch das Überschwemmungsgebiet, mit dem Ziel, eine Nord-Süd-Verbindung zu schaffen. Man hatte die Entwicklung des Pantanal als Rinderzuchtgebiet vor Augen. Die Straße sollte sowohl dem Abtransport der Rinder als auch dem Heranschaffen von Gerät und Maschinen dienen und damit den kostenintensiven Lufttransport ablösen. Außerdem erhoffte man sich durch die „Transpantaneira" eine verbesserte Kommunikation mit dem Süden. Wie so oft in Brasilien hatte man die Rechnung wieder einmal ohne den Wirt gemacht – nämlich die allgewaltige Natur: Zwar wurden 142 Kilometer dieser Trasse – von Poconé, im nördlichen Mato Grosso, bis Porto Jôfre, an der Grenze zu Süd-Mato-Grosso – fertig gestellt, aber alljährlich musste diese weitgehend über aufgeschichtete Erdwälle verlaufende Piste an vielen Stellen wieder geflickt und neu aufgeschüttet werden. Die kleinen Holzbrücken hielten den Wassergewalten nicht lange Stand und mussten genauso oft wieder reperiert werden – insgesamt ein kostspieliges Unterfangen, dessen Nutzen und weitere Fortführung zweifelhaft blieben, was für das Tierparadies Pantanal aber durchaus ein Segen ist.

Wenn Sie mit einem Fahrzeug die Transpantaneira befahren wollen – sie ist zwar nie eine Straße geworden, sondern eine prekäre Sandpiste geblieben, jedoch für die Tierbeobachtung fantastisch – dann möchte ich Ihnen raten, Ihr Fahrzeug am Pistenanfang in Poconé voll zu tanken. Die Fazendas der Region brauchen ihr Benzin selbst und geben ungern etwas davon ab, und wenn, dann natürlich zu horrenden Preisen. Am Kilometer 16 befindet sich das Eingangstor zum Pantanal, mit einem Kontrollposten der IBAMA (Umweltschutz). Sie erhebt eine geringe Schutzgebühr pro Fahrzeug.

Die Piste ist bis zum Rio Pixaim gut frequentiert – das heißt, bis dahin begegnet man hin und wieder einem anderen Fahrzeug und bis dort gibt es auch sogenannte Fazenda-Hotels oder Lodges – in der Regel immer ein paar Kilometer abseits der beschilderten Piste. Bis zum Rio Pixaim haben Sie auch den besseren Teil der Piste vor sich, aber selbst auf der ist stets Vorsicht geboten (und eine langsame, umsichtige Fahrweise), denn Tiere aller Art kreuzen andauernd und man trifft auch mal auf eine Rotte Wild- oder Wasserschweine, die sich gerade ein Staubbad in einer der zahllosen Pistenkuhlen genehmigen. Kaimane findet man zuhauf rechts und links des Pistendammes, wo sich Wassergräben gehalten haben – besonders aber an den Ufern der unzähligen Bäche und Flüsschen, die man kreuzt: Dann wird die Brücke zur Beobachtungsplattform. Tuiuiú-Störche und andere Wasservögel kann man besser am frühen Morgen beobachten, sogar den Jaguar erlebt man mit ein bisschen Glück und einem guten Guide am Ende der Piste, in Porto Jofre – wenn man so weit kommt.

In der Regenperiode – November bis Mai – ist die Piste an vielen Stellen unbefahrbar. Wegen ihrer erhöhten Dammlage wird sie zwar kaum ganz überflutet, aber die kleinen Holzbrücken werden vom Wasser teilweise weggerissen und an der ersten zerstörten Brücke ist dann Schluss mit dem Ausflug – bis nach dem Regen jemand die Verbindung wieder herstellt. Beste Konditionen findet man dagegen zwischen Juni und Oktober – die Piste ist dann trocken und alle Brücken wieder auf ihren Zustand überprüft und repariert.

Die Natur spricht fortwährend mit uns – aber wir hören nicht hin!

Ein Philosoph der Landstraße

Pantanal-Tourismus

Es ist 6:15 Uhr morgens, die Sonne ist längst am Horizont erschienen und hat damit begonnen, die über der weiten Ebene driftenden Nebelschwaden der Nacht aufzusaugen. Ich werde allmählich unruhig, denn meine Gäste sind VIPs und der Van für unseren Ausflug sollte eigentlich schon um 6:00 Uhr vor dem Tor der Lodge bereitstehen. Eine Fotosafari steht heute auf dem Programm, und meine Nervosität bleibt den Gästen, die an den letzten Bissen ihres Frühstücks kauen, nicht lange verborgen – schließlich richten sich die Blicke aller erwartungsvoll auf mich.

Ich bin Tour-Guide hier im Pantanal, schon seit ein paar Jahren, ein „Guia turístico", der seine Gäste zuerst einmal zu ihren rustikalen Unterkünften, den sogenannten Lodges, transportiert, um sie anschließend durch die artenreiche tropische Natur zu führen – per Van, Jeep, Motorboot oder zu Pferd. Ich erkläre ihnen Tiere und Pflanzen und wie sie miteinander koexistieren, und vor allem sorge ich für möglichst viele Gelegenheiten, Tiere zu beobachten, um sie fotografieren und filmen zu können. Da die meisten meiner Gäste Ausländer sind, muss ein Tour-Guide mindestens drei Sprachen beherrschen, sich im Pantanal und mit seiner Flora und Fauna gut auskennen, und nicht zuletzt auch ein gewisses Maß an Menschenverstand, Toleranz und Diplomatie mitbringen, um wegen der unterschiedlichen Wünsche, Kritiken und Reklamationen seiner Gäste nicht aus der Haut zu fahren, sondern mit ihnen so cool umzugehen, dass sie ihn weiterempfehlen und vielleicht sogar wiederkommen. Apropos aus der Haut fahren – unser Van ist immer noch nicht da. Jetzt im Juni, zu Beginn der Hochsaison, sind die Fahrzeuge der Agentur oft ausgebucht, und wir müssen auf Mietfahrzeuge zurückgreifen. Um 6:30 Uhr rufe ich unsere Agentur an – der Wagen sei bereits unterwegs, bekomme ich zur Antwort. Um den fragenden Blicken meiner Gäste entgegenzukommen, entschuldige ich mich für die Verspätung des Fahrers, erkläre, dass er bereits auf dem Weg sei und schlage vor, ihm auf der Transpantaneira-Piste ein Stück entgegenzugehen. Aber meine Gäste sind verärgert, und mit Recht. Zwei Frauen, die gerne an diesem Ausflug teilgenommen hätten, schrecken vor einem Fußmarsch zurück – wir gehen also ohne sie los. Glücklicherweise gibt es in dieser frühen Morgenstunde auf beiden Seiten der Piste einiges zu sehen, und so sind meine Gäste viel zu sehr mit ihren Fotoapparaten und Filmkameras beschäftigt, um sich weiter zu beklagen.

Es dauert fast eine Stunde, bis wir endlich das Brummen eines Motors hören – als das Fahrzeug sich dann aus der Staubwolke befreit, erkenne ich unser nächstes Problem: Es ist ein geschlossener Van und das Schlimmste: Er ist zu klein für meine acht Gäste – zwei mit riesiger Filmausrüstung – dazu der Fahrer und ich selbst. Also schicke ich den Van zurück und rufe wieder die Agentur an, um denen die Situation zu schildern und einen Safari-LKW, mit offener Ladefläche und darauf montierten Sitzbänken, zu ordern. Die Agentur ist einverstanden, aber es wird mindestens drei Stunden dauern, bis er bei uns sein kann, also ist dieser Morgen praktisch gelaufen, und ich werde das flaue Gefühl in der Magengegend nicht los, meinen Gästen gegenüber versagt zu haben.

Gott sei dank sind die so begeistert von ihren Entdeckungen am Rand der Piste, dass sie unser gegenwärtiges Transportproblem garnicht mehr zu stören scheint – und die Natur hilft mir aus der Patsche: Sie beschert ihnen eine Herde Wasserschweine, die sich mit ihren Jungen am Rand einer Lagune niedergelassen haben, von einer der zahlreichen Holzbrücken aus können wir eine größere Gruppe Brillenkaimane beobachten, und zahlreiche Vogelarten, darunter auch ein Schwarm der blauen Hiazynth-Aras, sie überfliegen die Piste, und einige der Vögel lassen sich auf den umgebenden Bäumen nieder – zwei fast mannsgroße Jabiru-Störche, die Wappenvögel des Pantanal, stochern im flachen Wasser eines Tümpels nach Schnecken und Muscheln. Allenthalben verschwinden die Köpfe meiner Gäste hinter ihren Kameras, man sieht es ihnen an, dass sie ihr Glück kaum fassen können, so nah an Tiere in freier Wildbahn herankommen zu können.

Aus der motorisierten Safari ist ein Streifzug zu Fuß durch die nähere Umgebung der Lodge geworden – aber alle sind zufrieden mit der überraschenden Ausbeute. Nur die beiden zurückgebliebenen Damen setzen eine vorwurfsvolle Miene auf, besonders als sie von den andern erfahren, was sie alles verpasst haben. Ich verspreche ihnen, dass wir die motorisierte Safari nach dem Mittagessen nachholen werden. Noch bevor wir uns auf das leckere Buffet stürzen können, trifft der LKW ein – jetzt fällt mir ein Stein vom Herzen, die Safari am Nachmittag ist wenigstens gerettet.

Von einer Siesta nach dem Essen will eigentlich niemand etwas wissen, die ersten Eindrücke an diesem Morgen haben besonders die Fotografen und Filmer in eine Euphorie versetzt, die sich im Lauf ihres Gedankenaustausches bei Tisch eher noch gesteigert hat. Ich erkläre ihnen, dass sich auch die Tiere während der heißen Mittagszeit in ihre Verstecke zurückziehen, um erst am Nachmittag wieder aktiv zu werden, denn jetzt im Juni können die Mittagstemperaturen bis auf 38°C steigen.

Also legen wir eine Ruhepause von zwei Stunden ein, die man in dieser Lodge auch in bequemen Hängematten verbringen kann, welche zu diesem Zweck unter einem Schatten spendenden Dach aufgespannt sind. Auch einen mittelgroßen Pool gibt es hier, wer also lieber im lauwarmen Wasser plantschen möchte ...

Begegnung mit dem Jaguar

Schon während der Anfahrt ins Pantanal hatten mich meine Gäste mit ihren besonderen Wünschen programmiert – mit den Tieren, die sie gerne sehen wollten. Darunter nahmen Jaguar, Hyazinth-Ara, Capivara, Anakonda und Ameisenbär die ersten Plätze ein – unsere morgendliche Wanderung hatte ihnen bereits zwei davon beschert.

Als ich als Letzter auf die Plattform des LKWs klettere, erwarten sie mich mit gespannten Gesichtern im Schatten ihrer Sonnenhüte, es gibt auch für Kameras und Stative reichlich Platz – die gepolsterten Bänke haben bequeme Lehnen und sogar Gurte zum Anschnallen, die aber in unserem Fall, bei der langsamen Fahrt, nicht gebraucht werden – außerdem würden sie unsere Filmer bei ihrer Arbeit behindern. Der Fahrer weiß Bescheid: Wenn ich zweimal aufs Dach seiner Kabine klopfe, heißt das „Fahr los" – einmal Klopfen „Halt an".

Und dann setzen wir uns in Bewegung – es wird ein unvergesslicher Nachmittag: Wir sind gerade mal ein paar Hundert Meter gefahren, da kreuzt ein Tamanduá Mirim (Kleiner Ameisenbär) die Piste – wenige Meter weiter entdecken wir eine Gruppe von Bugíos (Brüllaffen), die geschwind bis hinauf in die Krone eines Baumes flüchten, als sich unser Fahrzeug nähert. Wir halten an einer größeren Lagune, um uns das einzigartige Panorama mit Scharen von rosa Löfflern, weißen Reihern und Ibissen anzusehen, dazwischen äsende Capivaras und dösende Brillenkaimane. Später erreichen wir einen kleinen, ruhig fließenden Wasserlauf und verteilen uns auf zwei Kanus, um mit ihnen eine kurze Spazierfahrt zu unternehmen. Raimundo, unser Fahrer, steuert das eine und ich selbst das andere Kanu, wer möchte, kann paddeln helfen. Ich will die Gäste mit einer besonderen Show überraschen und hoffe, dass ich die Protagonisten wieder an derselben Flussbiegung antreffen werde, an der ich sie vor einer Woche, mit anderen Gästen, entdeckt habe. Ich bitte alle im Boot um Schweigen – lautlos und langsam gleiten die Kanus auf die Flussbiegung zu – etwa zwanzig Meter davor legen wir im Schatten überhängender Vegetation am Ufer an und binden die Boote fest. Die fragenden Blicke meiner Gäste quittiere ich mit dem Zeigefinger auf gespitztem Mund – sie haben verstanden, alle schweigen, die Fotografen machen ihre Kameras fertig und verhalten sich dabei erstaunlich leise.

Gerade will mich das klamme Gefühl beschleichen, dass diese Idee in die Hose gehen könnte, da erscheint der erste dunkle Kopf im Wasser – dann noch einer – und schon sind sie wieder weg. Wieder schauen mich alle fragend an, niemand von ihnen scheint zu wissen, um welche Tiere es sich handelt – „Riesenotter", flüstere ich. Diese bis zu zwei Meter langen Tiere sind selten, auch im Pantanal, und relativ scheu, denn sie wurden noch vor gar nicht langer Zeit wegen ihrer wertvollen Felle stark bejagt.

An diesem Nachmittag meint es die Natur besonders gut mit uns: Plötzlich tauchen nicht nur zwei, sondern acht Köpfe aus dem Wasser auf und schauen sich neugierig um – ich unterscheide sechs kleinere und zwei größere, wahrscheinlich ein Paar mit seinen halbwüchsigen Jungen. Vorsorglich habe ich für diesen Höhepunkt unseres Ausflugs ein paar frische Piranhas eingepackt, die ein Junge der Lodge am Morgen gefangen hat. Jetzt möchte ich einen Versuch wagen, von dem ich nur aus Berichten anderer Tour-Guides gehört habe: Ich lasse einen der toten Fische mit der Strömung in Richtung der Otter gleiten und warte gespannt. Mit einem wahren Hechtsprung schnappt sich eines der größeren Tiere den Fisch, taucht und kommt dann in Ufernähe wieder zur Hälfte aus dem Wasser – dort hält es seine Beute mit beiden Vorderpfoten fest und fängt an, sie zu verzehren. Zwei der Jungtiere drängen sich an ihn, um etwas abzubekommen – die Fotografen und Filmer können ob der überraschenden Szenen kaum ihre Begeisterung zurückhalten. Überflüssig zu erwähnen, dass wir natürlich alle Piranhas an unsere Showstars verfütterten und diese meine Gäste mit so einzigartigen Szenen beglückten, dass Riesenotter an diesem Nachmittag zur absoluten Nummer eins ihrer Lieblingstiere aufrückten.

Zurück auf der Ladefläche des Safari-LKWs entdecken wir tatsächlich noch einen Tamanduá Bandeira (Großer Ameisenbär), der, obwohl dämmerungsaktiv, bereits im goldenen Licht des Spätnachmittags unterwegs ist. Den Fotografen gelingen großartige Aufnahmen, denn das Tier ist kurzsichtig und beachtet sie gar nicht. Kurz vor der Lodge warten wir einen Moment, bis die Sonne den Rand des Horizonts fast berührt. Und dann sind sie plötzlich über uns: Hunderte von Papageien – Rot-, Gelb- und Blaustirnamazonen – die unter ohrenbetäubendem Geschrei ihren Nistplätzen zustreben – ein fantastischer Schlussakkord dieses unvergesslichen Ausflugs.

Eigentlich ist er ja noch nicht zu Ende, denn nach dem Abendessen habe ich vor, noch einen kleinen Nachtausflug dranzuhängen, um die morgendliche Transportpleite gänzlich ausmerzen zu können. Die Damen sind müde – durchaus verständlich nach diesem ersten Tag in der ungewohnten Umgebung, der schweißtreibenden Hitze und den Adrenalin treibenden Begegnungen – aber die Männer sind sofort dabei.

Bevor wir den LKW vor dem Tor besteigen, fällt mir auf, dass der Platz unter dem großen Baum, wo die Rinder der Lodge über Nacht zu lagern pflegen, völlig leer ist – keine einzige Kuh ist zu sehen. Alle meine Sinne sind gespannt, denn letzte Woche ist dasselbe passiert, weil sich ein Puma-Pärchen in der Nähe herumtrieb. Ich mache den Gästen ein Zeichen mit der Hand, ohne Geräusch auf die Ladefläche zu steigen, dann leuchtet Raimundo, der Fahrer, die Umgebung mit einer starken Karbidlampe ab. Im nächsten Moment legt er wortlos seine Hand auf meine Schulter, und ich erkenne zwei große Augen, die im Lampenstrahl grünlich aufblitzen. Ganz sicher eine der großen Katzen. Ich setze mein Fernglas an die Augen – kein Zweifel, es ist ein gefleckter Jaguar. Ein Weibchen, das am Rand des Schlafplatzes der Rinder, nur etwa fünfzehn Meter von uns entfernt, unter einem Busch lagert. Wir beobachten sie einen Moment, dann lässt einer der Männer auf dem LKW etwas fallen – das Geräusch bringt die Katze auf die Beine, und gemächlich verschwindet sie in der angrenzenden Vegetation.

Ich hole meinen „Esturrador" aus der Fahrerkabine, ein Instrument aus Ton, mit dem man das typische Brüll-Stakkato des Jaguars imitieren kann – ich brülle, und Raimundo beleuchtet direkt neben mir die Umgebung – aber nichts passiert. Noch einmal wiederhole ich mein Gebrüll … wieder nichts. Nach dem vierten Versuch gebe ich auf, schließlich muss ich mich jetzt auch mal wieder meinen Gästen widmen, die währenddessen still auf ihren Plätzen gesessen und von unserer Begegnung mit der großen Katze kaum etwas mitbekommen haben. Bevor mir Raimundo folgt, lässt er den starken Lichtstrahl der Karbidlampe noch einmal kreisen … und entdeckt einen zweiten Jaguar: Ein großes Männchen hat sich aus dem dunklen Gewirr der Vegetation hervorgeschoben. Er steht genau gegenüber der Stelle, an der das Weibchen verschwunden ist, kaum zwanzig Meter vom LKW entfernt.

Um meine Gäste in das spannende Geschehen einzubeziehen, öffne ich vorsichtig die Tür der Kabine und schalte das Fernlicht ein –

wenn dies ohne Geräusch geschieht, das weiß ich aus Erfahrung, vertreibt das Licht die Tiere nicht – auch in diesem Fall bleibt der Jaguar, wo er ist, hockt sich sogar hin und wartet, während die Gäste sich geräuschlos erheben und ihre Kameras aufs Kabinendach auflegen, dann auf einen höheren ISO-Wert umschalten und ihr Glück kaum fassen können.

Plötzlich hallt das Brüllen des Weibchens aus dem Dschungel herüber. Das Männchen vor uns erhebt sich, trottet über den Platz und verschwindet genau an der Stelle im Dunkel der Vegetation, an der wir das weibliche Tier aufgespürt hatten. Fantastisch!

Eine solche Begegnung gehört auch im Pantanal zu den eher seltenen Erlebnissen – in meinen drei Jahren als Tour-Guide habe ich höchstens ein halbes Dutzend dieser größten Raubtiere Südamerikas beobachten können und heute gleich zwei auf einmal! Aber solche Überraschungen machen eben aus dem Pantanal eine ganz ungewöhnlich attraktive Destination, hier zeigt sich die Natur unverfälscht in ihrer ganzen Vielfalt. Und es macht mich glücklich, wenn es mir gelingt, mit meinem Job den Touristen jene Begeisterung zu vermitteln, die einen befällt, wenn die Seele anfängt, in Harmonie mit der sie umgebenden Natur zu schwingen. Ich habe das zum ersten Mal während meines Zusammentreffens mit den Ureinwohnern Brasiliens gespürt, aber das ist eine andere Geschichte, die ich noch erzählen werde.

Unser Hausboot

Sicher haben Sie im Lauf der Lektüre bemerkt, dass ich besonders detailliert auf die Beschreibung des Pantanal eingegangen bin – das hat zwei Gründe: Erstens habe ich dort ein paar wundervolle Jahre als Tour-Guide gearbeitet und zweitens gibt es für mich, der sich im Laufe der Zeit auf die Tierfotografie konzentriert hat, keine bessere Destination in Brasilien als eben das Pantanal. Ich möchte es allen Naturliebhabern wärmstens empfehlen, bevor seine Artenvielfalt irgendwelchen politischen oder wirtschaftlichen Interessen zum Opfer fällt.

Nachdem meine damalige Lebenspartnerin Eva und ich ein Hausboot gebaut hatten, mit dem wir eine kleine Gruppe Touristen durch die Gegend schippern konnten, versuchten wir uns als selbständige

Tour-Guides im Pantanal von Mato Grosso. Das heißt: Eva kochte in der kleinen Kombüse und ich spielte den Guide, der bereits zum Sonnenaufgang mit unseren Gästen unterwegs war, um mit ihnen das Erwachen der Tierwelt zu erleben – es gibt dafür keine besseren Momente als die zwischen dem Rückzug der Nacht und dem Einzug des Tages, wenn tausende Tierstimmen in einer elementaren Symphonie die am Horizont der weiten Savanne langsam aufsteigende, glutrote Sonnenscheibe begrüßen. Am lautesten sind die Brüllaffen, deren Chor wie fernes Donnergrollen klingt und von den Touristen auch oft dafür gehalten wurde: „Ob es wohl bald regnen wird?" Mit dieser Frage überraschten sie mich dann mitten in der Trockenperiode.

Unser Personal bestand aus einem eingeborenen Steuermann und Gino, dem Mechaniker für eventuelle Unpässlichkeiten unseres Dieselmotors, der aber auch überall dort mit Hand anlegte, wo es nötig war. Wenn wir von unserer „Sonnenaufgangs-Tour" zurückkamen, saß er meistens schon vorn am Bug und angelte Piranhas – selten ging ihm auch etwas Größeres an den Haken, denn die rohen Fleischstückchen, die er als Köder benutzte, lockten vor allem diese blitzschnellen Raubfische an. Eva hatte von den Einheimischen gelernt, wie man eine wohlschmeckende Fischsuppe aus ihnen zubereitet, die auch bei unseren Gästen immer wieder gut ankam, und Gino belieferte die Küche stets mit frischem Nachschub.

„Piranha" ist eine Bezeichnung für verschiedene fleischfressende Spezies des Süßwassers, welche normalerweise in seichten, ruhigen Gewässern leben, in aquatischer Vegetation. Viele Leute glauben, dass diese Fische sofort alle sich im Wasser befindlichen Personen angreifen, sie mit ihren spitzen Zähnen zerfleischen und verschlingen. Sie greifen aber in der Regel weder größere Tiere noch Menschen an, es sei denn, diese sind verletzt oder dringen in ihr Territorium ein. Piranhas sind extrem gefräßig und können in kurzer Zeit enorme Mengen verschlingen. Größte Vorsicht ist in jedem Fall geboten, denn es ist schwierig zu sagen, an welchen Stellen sie sich in großen Konzentrationen aufhalten, und noch schwieriger, wann man ihr Territorium verletzt. Im Allgemeinen wissen die lokalen Bewohner der jeweiligen Gegend am besten Bescheid und man sollte sie konsultieren, bevor man für ein erfrischendes Bad in einen Fluss oder See springt. Der natürliche Feind der Piranhas ist übrigens der Kaiman – wo sich Kaimane aufhalten, sind Piranhas weniger zahlreich – aber Sie möchten auch nicht unbedingt zwischen Kaimanen baden, oder?

Ein Vorfall im Pantanal, bei dem die Piranhas fast ihrem schlimmen Ruf gerecht wurden, fällt mir ein. Opfer war Enrico, ein Italiener, der mit seiner Frau Rosanna und zwei Söhnen auf unserem Boot zu Gast war. An einem Nachmittag befanden wir uns mit dem Beiboot auf einer dieser größeren Lagunen, die sich in Bodenvertiefungen bilden, wenn die heftigen Niederschläge sie in der Regenperiode mit Wasser füllen. An ihren Ufern kann man vom Boot aus viele Tiere beobachten und deshalb waren wir dort. Was dann passierte, geschah so schnell und unerwartet, dass wir erst hinterher das ganze Ausmaß der Gefahr begriffen.

In der Absicht, sich etwas Wasser aus unserem Vorratsbehälter einzugießen, tauchte Enrico seinen Trinkbecher neben dem Boot ins Wasser, um ihn vorher noch auszuspülen – wir anderen wurden erst durch seinen erschrockenen Aufschrei auf ihn aufmerksam, als er uns seine stark blutende rechte Hand zeigte – am Daumenballen fehlte ein halbkreisrundes Stück von etwa zweieinhalb Zentimetern Durchmesser, eine Wunde, die heftig blutete, aber kaum schmerzte, wie Enrico behauptete. Es amüsierte ihn dann sogar, als er seinen Jungs die Piranhas vorführen konnte, die nach seinem heruntertropfenden Blut sprangen, als er die verletzte Hand übers Wasser hielt. Unser Verbandskasten kam zum ersten Mal zum Einsatz – abends hatte Enrico leichtes Fieber. Jetzt schmerzte die Wunde auch, aber der tapfere Mann schluckte ein paar Antibiotika und ließ sich deshalb nicht den Urlaub verderben. Seine Jungs teilten sich ein paar Tage lang erfreut die Bedienung seiner Videokamera.

Auf einer Gruppe ausladender Baumkronen pflegen verschiedene Arten von Wasservögeln gemeinsam ihre Nester zu bauen – Wohngemeinschaften, die man im Pantanal als „Viveiros" bezeichnet, sie sind einem menschlichen Appartement-Hochhaus in ihrer Organisation nicht unähnlich. Man entdeckt die Viveiros in der Regel am Rand von Lagunen, Seen und Flussufern, in deren Wasser und an den Ufern ihre Bewohner reichlich Nahrung finden. Eine solche Wohngemeinschaft hat verschiedene Vorteile für die einzelnen Mitglieder, zum Beispiel den der gemeinsamen Abwehr von Beutejägern, um die Brut zu schützen. Der Streit um die tägliche Nahrung am Wasser hält sich in Grenzen, denn an den für die Wohngemeinschaft ausgesuchten Stellen ist während der gesamten Brutzeit reichlich Nahrung vorhanden.

Übrigens kann man unter einer solchen Viveiro-Baumgruppe oft Riesenschlangen antreffen, wie die Boa constrictor oder die Anakonda, die lauern dort auf Jungvögel, die aus dem Nest fallen, was öfter geschieht, weil sich die Jungen in ihrer Gier, von den fütternden Eltern die besten Happen zu ergattern, gegenseitig aus dem Nest drängen – eine Auslese der Natur, bei der nur die Stärkeren überleben.

Auch für Sportangler ist das Pantanal ein wahres Eldorado. Die Flüsse sind extrem fischreich, denn nicht nur auf Piranhas trifft man dort. Die wirklich großen Exemplare, wie den Jaú (Zungaro zungaro) – ein Wels, der normalerweise zwischen 50 und 70 Kilogramm wiegt – fängt man am besten mit einer Grundangel kurz nach Einbruch der Nacht, wenn diese nachtaktiven Hautfische mit ihren Antennen am Kopf das Flussbett nach Nahrung absuchen. Gino hat einmal ein Exemplar von 120 Kilogramm nach zähem Ringen ans Ufer unseres nächtlichen Ankerplatzes gezogen – ein willkommener Vorrat für unsere Tiefkühltruhe. Weitere beliebte größere Speisefische sind zum Beispiel der Dourado (Salminus maxillosus), der über 25 Kilogramm und bis zu einem Meter Länge erreichen kann, der Pacú (Colossoma mitrei), bis 35 Kilogramm, einer der wohlschmeckendsten Fische, und der Pintado (Pseudoplatystoma corruscans), zwischen 60 und 80 Kilogramm schwer und mit einer Länge von bis zu einem Meter.

Campo Grande im Südosten, Corumbá im Südwesten und Cuiabá im Norden sind die Eingangstore für einen Besuch im Pantanal. Weitgestreute Lodges können kleinen Gruppen von Besuchern eine relativ bescheidene touristische Infrastruktur bieten, die im Allgemeinen mit der komfortableren Struktur von Amazonas-Lodges nicht vergleichbar ist. Dass sie nur für kleinere Gruppen Platz haben, geschieht auch aus Rücksicht auf die geschützte Fauna, denn wer wollte wohl in diesem ökologischen Sanktuarium einen Hotelpalast vorfinden?

Aus einem Fluss mit Piranhas trinkt der Affe mit Strohhalm!

Ein Philosoph der Landstraße

Teil V

Der Nordosten mit Sonnengarantie

Eine Flugstunde südlich der wasserreichen Amazonasmündung treibt die trockene Halbwüste des nordöstlichen „Sertão" die unglaublichen Kontraste Brasiliens auf die Spitze: Während vollklimatisierte Busse mit dösenden Touristen über die Fernstraßen donnern, trotten auf der glühendheißen Piste Familien dahin, mit ihrer bescheidenen Habe auf den Schultern und vom Hunger gezeichneten Gesichtern. Zu Hunderttausenden verlassen sie ihre von der Trockenheit aufgeplatzte Erde, nachdem sie monatelang vergeblich den Horizont nach ein paar Regenwolken abgesucht und auch Gebete nichts an ihrer verzweifelten Situation geändert haben. Die Saat ist verdorrt und ihre Vorräte sind verbraucht. Jetzt suchen sie eine Chance in den Großstädten. Als Analphabeten werden sie froh sein, irgendeinen Aushilfsjob zu bekommen. Manche schaffen es sogar bis weit in den Süden, nach Rio oder São Paulo, wo sie in einer Favela landen und, wenn alles gut geht, der Vater vielleicht an einem Fließband die sinnentleerten Handgriffe zur Produktion eines Autos erlernen darf, von dem er selbst nur träumen kann, und die Mutter als Putzfrau im Haushalt eines TV-Sternchens zum Unterhalt der Familie beitragen kann. Die Kinder bleiben sich selbst überlassen und sind eine leichte Beute für die Drogenmafia: Die Jungs werden als Drogenkuriere engagiert, die halbwüchsigen Mädchen in die Prostitution integriert.

Brasiliens Nordosten, sonnigster und trockenster Teil des Landes – rund viermal so groß wie Deutschland – setzt sich aus den neun Bundesstaaten Bahia, Sergipe, Alagoas, Pernambuco, Paraíba, Rio Grande do Norte, Ceará, Piauí und Maranhão zusammen. In diesem „Armenhaus Brasiliens" leben zwei von drei Familien am Rande des Existenzminimums, vor allem jene Bauern, die im trockenen Interior immer noch auf der aufgeplatzten Erde ausharren, mit ihrem starken Glauben an Gottes Barmherzigkeit und der Hoffnung, dass er Regen schicken möge. Die mittlere Lebenserwartung dieser Menschen liegt bei 55 Jahren, 120 von 1.000 Kindern sterben, bevor sie das sechste

Lebensjahr erreichen – beschämende Armut und ein unwürdiges Leben für Millionen von Menschen.

Die westlich an den Sertão anschließende Übergangszone zur Amazonas-Region präsentiert sich mit einem feuchteren Klima und einer üppigeren Vegetation, je weiter man nach Westen vorstößt. Zu der natürlichen Flora dieser Gegend gehören Palmenwälder, in denen man vorwiegend die Babaçu-Palme antrifft, deren Öl in der Herstellung von Kosmetika, Margarine, Seife und Schmiermitteln Verwendung findet. Die Landwirtschaft bestimmt das Leben der lokalen Bevölkerung, vor allem in Form von Reispflanzungen in den feuchten Tälern des Staates Maranhão. Seit den 1980er Jahren ist auch die Industrialisierung dieses Gebietes langsam vorangekommen, besonders durch Unternehmen, die sich mit der Weiterverarbeitung von Mineralien aus Amazonien beschäftigen. Die Wirtschaft der Nordost-Region basiert auf der landwirtschaftlichen Rohrzucker- und Kakaoindustrie. Erdöl wird an der Küste und auf kontinentalen Plattformen gefördert, um dann in den Raffinerien in Bahia weiter verarbeitet zu werden. Der Tourismus-Sektor hat sich im Nordosten zu einem wachsenden Faktor entwickelt, auch mit wirtschaftlichen Perspektiven für die Bevölkerung.

Die Bewohner des Nordostens machen circa 30% der gesamten brasilianischen Bevölkerung aus. Mehr als die Hälfte von ihnen lebt in den Städten. Die wichtigsten regionalen Metropolen sind Salvador, Hauptstadt des Staates Bahia, Recife, Hauptstadt des Staates Pernambuco, und Fortaleza, Hauptstadt des Staates Ceará.

Seiner unterschiedlichen physischen Charakteristika entsprechend, teilt man den Nordosten in vier geografische Zonen ein: die „Zona da Mata" (Waldzone) – den „Agreste" (Agrarzone) – den „Sertão" (halbtrockenes Interior) und „Polígono das Secas" (trockenes Interior).

Die „Zona da Mata" erstreckt sich vom Bundesstaat Rio Grande do Sul bis zum Süden des Bundesstaates Bahia auf einem Küstenstreifen von durchschnittlich 200 Kilometern Breite (auch Litoral genannt). Hier herrscht ein tropisch-feuchtes Klima mit häufigen Regenfällen in der Winterzeit (zwischen April und Juli) – ausgenommen im Staat Bahia, wo sich die Regenfälle ziemlich gleichmäßig auf das ganze Jahr verteilen. Der Boden in der Waldzone ist fruchtbar und seine natürliche Vegetation war der Atlantische Regenwald, den man bis auf etwa 7% seiner ehemaligen Ausdehnung abgeholzt und durch Zuckerrohrpflanzungen ersetzt hat – schon zu Beginn der Kolonisation.

Der „Agreste" ist die Übergangszone von der Zona da Mata zum Sertão – eine feuchte Region mit vielen „Brejos" (Täler mit Flussläufen). In diesem Gebiet sind die meisten fruchtbaren Territorien von Kleinbauern besetzt, es dominieren landwirtschaftliche Aktivitäten zur Selbsterhaltung und eine kommunale Milchproduktion.

Der „Sertão" ist die ausgedehnteste Region mit einem halbtrokkenem Klima, die in den Staaten Rio Grande do Norte und Ceará bis an die Zona da Mata heranreicht. Die Böden in diesem Gebiet sind von geringer Tiefe und voller Steine, die Niederschläge unregelmäßig und schlecht verteilt. Landwirtschaftliche Aktivitäten sind in diesem Gebiet stark eingeschränkt. Die typische vorherrschende Vegetationsform ist die „Caatinga" (Buschsavanne), in etwas feuchteren Einschnitten finden sich Palmenhaine, die von der Spezies „Carnaúba" beherrscht werden – die Einheimischen nennen sie dankbar „Baum der Weisheit", weil sie gelernt haben, fast alle seine Einzelteile nutzbringend zu verwenden.

„Polígono das Secas" ist der Dürre-Korridor, dessen Ausmaß 1951 zur Bekämpfung der Trockenheit von der brasilianischen Regierung vermessen und festgelegt worden ist. Er kommt praktisch in allen Nordoststaaten vor, außer in Maranhão. Die Trockenperioden von 1979 bis 1984 und von 1989 bis 1990 sind unvergessen, sie betrafen 1.500 Regierungsdistrikte des brasilianischen Nordostens.

Der größte Fluss des Nordostens ist der Rio São Francisco und er ist auch der einzige mit kontinuierlichem Wasservolumen. In ihn hat man verschiedene Wasserkraftwerke gesetzt – wie „Sobradinho" in Juazeiro, im Staat Bahia, oder „Paulo Afonso", an der Grenze zwischen den Staaten Bahia und Pernambuco. Die Wirtschaft des nordöstlichen Sertão basiert auf extensiver Viehzucht und dem Anbau von Baumwolle, auf großem Grundbesitz mit geringer Produktivität.

Als ob der liebe Gott ein Einsehen mit den von der Dürre geplagten Menschen gehabt hätte, finden Besucher an der Küste das ideale Ambiente für den Tourismus. Ein Gebiet, in dem sich die Natur so richtig ausgelassen hat, und wo sich ihre Menschen berufen fühlen, mit einem perfekten Service auch den internationalen touristischen Erwartungen zu entsprechen. Was Wunder, dass sich der Nordosten nicht nur für Brasilianer zum beliebtesten Badeferienziel gemausert hat – auch internationale Touristen haben seine Vorzüge längst entdeckt. Eine Region, die fantastische Naturschönheiten bereithält, aber auch eine interessante Geschichte, eine vielseitige Küche, mitreißende Folklore, wunderschönes Kunsthandwerk und gastfreundliche Menschen – einfach alles, um dem Besucher zu gefallen und ihn in Träume vom „Dableiben" zu verstricken. Und jeder der 3.350 Kilometer der langen nordöstlichen Küste, mit weiß-sandigen Stränden, kristallklarem Wasser, Kokospalmen, Restbeständen des Atlantischem Regenwaldes und Mangroven bietet eine neue Überraschung im steten Schein der Tropensonne – egal zu welcher Jahreszeit.

Schöner als jeder Sonnentag ist ein Regentag im trockenen Sertão!

Ein Philosoph der Landstraße

Unterwegs mit dem alten Chico

Der Rio São Francisco, Spitzname „Velho Chico", ist nicht der längste, aber Brasiliens beliebtester Fluss und Stolz der Nation. Vielleicht weil er der einzige Fluss ist, der den reichen Süden mit dem armen Nordosten verbindet. Vielleicht weil er so vielen Menschen im trockenen Sertão Trost und Hoffnung und vor allem lebenswichtiges Wasser spendet. Er liegt ihnen am Herzen, denn ohne ihn wäre ihr Lebensraum eine Wüste.

Man nennt ihn auch den „brasilianischen Nil", weil er wie dieser sein Bett durch trockene Regionen gegraben hat, Hochebenen durchquert, über weite Strecken schiffbar ist und von der Bevölkerung zur Bewässerung ihrer Felder genutzt wird. Nur in seiner Mündung liegt ein wesentlicher Unterschied: Der Nil mündet in Form eines Deltas – der São Francisco in einem einzigen Kanal.

Mit einer Gesamtlänge von 2.800 Kilometern – zwischen Minas Gerais und seiner Mündung zwischen den Bundesstaaten Sergipe und

Alagoas – bewässert er ein Territorium von annähernd 650.000 Quadratkilometern. Zwei Abschnitte sind heute schiffbar: der mittlere, mit circa 1.370 Kilometern, zwischen Pirapora in Minas Gerais und Petrolina in Pernambuco – und der letzte Abschnitt mit 208 Kilometern, zwischen Alagoas und seiner Mündung in den Atlantik.

Besonders in den trockenen Gebieten des oberen Flussabschnitts nutzen die Menschen den feuchten Boden des Flusstals, rechts und links der Ufer, für die Landwirtschaft. Leider fallen ihrer ökologischen Unkenntnis dabei wertvolle Galeriewälder und Mangrovenbestände zum Opfer, wenn sie ihre Felder oder Weiden bis direkt an die Flussufer erweitern. Hier müssten dringend entsprechende Maßnahmen ergriffen werden, die verhindern, dass dem Fluss durch Erosion irreparabler Schaden entsteht.

Die Umweltverschmutzung der Industrien, die Dünger-Chemie der Landwirtschaft, die Abfälle und Abwässer der Städte, die Konstruktion großer Staudämme, unkontrollierte Fischerei, Waldrodung und noch einiges mehr verursachen ernstzunehmende Schäden im Flora- und Faunabestand um den Rio São Francisco – viele der früher hier heimischen Spezies sind bereits verschwunden. Die empfindlichste Reaktion des Alten Chico auf diese kontinuierlichen Aggressionen ist der deutliche Rückgang seines Fischbestandes. Ein anderes Problem, nämlich die Versandung des Flusses, hängt direkt mit der Abholzung seiner Galeriewälder zusammen: Die Bäume halten mit ihren Wurzeln die Erde der Steilufer fest, verhindern so, dass diese in den Fluss abrutschen. Seit der Rodung wird das Flussbett zunehmend flacher und breiter. Dadurch wird auch die Schifffahrt behindert und das Land von Überschwemmungskatastrophen heimgesucht.

Die Wasserkraftwerke mit ihren Staudämmen stören den normalen Ablauf des Wassers und verhindern vor allem die Wanderungen der Fische zu ihren natürlichen Laichplätzen am Oberlauf. Darüber hinaus werden täglich unbekannte Mengen von Schadstoffen aus Haushalts- und Industrieabwässern gänzlich ungefiltert in den Fluss geleitet. Wie ein bekannter brasilianischer Fernsehjournalist zu bemerken pflegt: „Isto é uma vergonha!" – Das ist eine Schande!

Um die typischen Menschen des Rio São Francisco kennenzulernen, ist nichts besser als eine Fahrt auf einem Flussdampfer zwischen

Pirapora und Sobradinho. Meine Reise liegt zwar schon einige Jahre zurück, aber nichts Wesentliches hat sich in der Zwischenzeit in dieser Region verändert. Nur der alte „Benjamin Constant", ein Raddampfer im Stil der Mississippi-Steamer, ist inzwischen verschrottet worden. Das ist jammerschade, aber leider nicht mehr zu ändern.

Wer diese Fahrt genießen möchte, braucht Zeit und ein bisschen Einfühlungsvermögen. Unter- oder Oberdeck – man kann den Reisekomfort wählen. Die Einheimischen reisen meistens unten, spannen ihre mitgebrachten Hängematten zwischen den Verstrebungen auf und schaukeln über Kisten, Säcken und anderen sperrigen Mitbringseln. Wenn das Schiff voll besetzt ist, hängen sie eingeklemmt zwischen dem einen und dem anderen Nachbarn – unvermeidlich, dass man sich beim Ein- und Aussteigen aus dem Schlafquartier gegenseitig anrempelt. Die Verpflegung hier unten ist karg: In das ebenfalls mitgebrachte Essgeschirr klatscht der Steward den unvermeidlichen Reis mit Bohnen und etwas Hühnerfleisch – wer möchte, kann sich aus einem gemeinsamen Pott etwas Maniokmehl zum Binden der Brühe angeln. Zu trinken – bitte sehr: Der ganze Fluss steht den Herrschaften auf den billigen Plätzen zur Verfügung.

Ganz anders geht es auf dem Oberdeck zu. Es bietet seinen Passagieren einen vergleichsweise unverschämten Luxus: Kabinen mit privatem Duschbad, im separaten Speisetrakt weißgedeckte Tische und einen Kellner. Darüber wölbt sich ein luftiges Sonnendeck mit Liegestühlen und Panoramablick auf den Fluss, die besten Plätze auf dem ganzen Schiff, aber auch viermal so teuer wie das Hängematten-Quartier direkt über der Wasserlinie.

Eine Woche dauert die Fahrt stromab – in Gegenrichtung ist man sogar zehn Tage unterwegs. Etwa 1.000 Kubikmeter Holz werden auf einer solchen Reise vom Dampfer verfeuert, das unterwegs etappenweise zugeladen werden muss. Ein halbes Dutzend Anlegestellen täglich, Kommen und Gehen der Einheimischen – arme Bauern die meisten, auch ein paar Vaqueiros (Viehhirten) in ihrer typischen Lederkleidung sind dabei, die an die berüchtigten „Cangaceiros" (Räuber) aus historischer Zeit erinnern.

Überall gibt es Neues, noch nie vorher Gesehenes zu entdecken. In Januária zum Beispiel, wo nach einhelliger Meinung sämtlicher Mitreisender der beste Cachaça Brasiliens hergestellt wird: Alle strömen von Bord, um sich einzudecken, und kommen mit Flaschen unterm Arm zurück gerannt, als die heisere Dampfpfeife zur Abreise mahnt. Mein Kajütennachbar, ein Ingenieur aus São Paulo, schwenkt stolz seine hochprozentige Errungenschaft, Marke „Torpedo". Seiner Aufforderung, den unbedingt zu probieren, habe ich nichts entgegenzusetzen, zumal er bereits zwei Gläser bis zum Rand mit der glasklaren Flüssigkeit füllt und, nach einem gemurmelten „Saúde" (Gesundheit), das erste in einem Zug kippt – danach zieht sein lustvoll ausgestoßenes „Aaaaaaah" die Blicke aller Anwesenden auf uns. Ich werfe einen hilfesuchenden Blick auf die untergehende Sonne und jage mir dann ebenfalls den Torpedo im zweiten Glas durch die Kehle – bin jedoch vollkommen überrascht, dass er sich seidenweich, wie ein guter Cognac, in meinem Inneren ausbreitet. Ich setze mein Glas mit einem anerkennenden „Muito bom!" ab, was ihn allerdings animiert, mir sofort nachzuschenken. Der Torpedo ist wirklich sehr gut – nur finde ich als Marketingexperte, dass er einen seiner Güte entsprechenden Namen tragen sollte – vielleicht „Seda Pura" (Reine Seide) oder „Velho Amor" (Alte Liebe) – aber nicht den irreführenden, rachenputzerischen Namen „Torpedo".

Nach drei Tagen Fahrt, die auf dieser interessanten Strecke nur zu schnell vergehen, nähern wir uns der Grenze zum Staat Bahia. Auf der rechten Seite liegt Malhada, ein verschlafenes Nest, zu dem eine Brücke hinüberführt. Direkt dahinter beginnt der bahianische Sertão. Schon im 17. Jahrhundert versuchten sich die ersten Siedler der Kolonialzeit hier mit der Viehzucht. Um sich gegen den dornenstrotzenden Buschwald der Caatinga zu behaupten, kleideten sie sich von Kopf bis Fuß in derbes, selbst verarbeitetes Ziegenleder, dem einzigen Material, das den messerscharfen Dornen widerstand, wenn sie im Dickicht nach verlorenen Rindern suchten.

Diese „Vaqueiros" (Kuhtreiber) haben sich im Lauf der Zeit kaum verändert, auch ihr Leben im Sertão ist das gleiche geblieben. Halb nomadisch, fast verwachsen mit ihren zähen, kleinen Pferden, die noch von jenen aus Europa importierten Tieren der Bandeirantes abstammen, sind sie tagaus und tagein mit der Aufsicht ihrer Herden beschäftigt, die auf Ländereien grasen, deren Ausmaße oft denen eines kleineren europäischen Staates gleichkommen. In den Städten sieht man sie selten, höchstens anlässlich eines Viehauftriebs oder eines religiösen Festes. Dann präsentieren sie manchmal ihre Reitkunst bei einer „Vaquejada" (Rodeo). Traditionell gehört den Vaqueiros ein Teil der Herde, sie ist sozusagen ihre Lebensversicherung, deren Dynamik in Relation zu ihrem persönlichen Einsatz steht und zur Geschicklichkeit, die ihnen anvertrauten Rinder nicht nur vor Schaden zu bewahren, sondern ihre Herde auch zu vergrößern. Es ist tatsächlich so, dass der Großgrundbesitzer seine Vaqueiros wochenlang nicht zu Gesicht bekommt – und diese sich als freie Menschen fühlen, deren Chef die Sonne ist, wie sie zu sagen pflegen und, dass sich „die Rinder ihre Vaqueiros aussuchen, mit denen sie arbeiten wollen."

Auf dem besagten Unterdeck des Schiffes kann man mit den hartgesottenen Siedlern des Sertão, den „Sertanejos", ein Schwätzchen halten, wenn man darauf aus ist. Gottergeben behaupten sie sich auf der von der glühenden Sonne aufgeplatzten Erde ihrer Heimat, trotzen ihr das Wenige ab, das sie zum Leben brauchen, unternehmen kilometerweite Wanderungen zu Lagunen, um das nötige Wasser herbeizuschaffen, und sehen zu, wie jedes Jahr ein weiteres Kind geboren wird, von denen jedes vierte stirbt. Und wenn dann all ihre Gebete immer noch keinen Regen bewirkt haben, packen sie ihre wenigen Habseligkeiten in einen Sack und wandern mit Kind und Kegel entlang der glühenden Asphaltpisten in die Favelas der großen Städte. Regelmäßig, wie ein Naturgesetz, treten solche Dürreperioden im Sertão auf: Der jährliche Regen, zwischen Dezember und März, bleibt plötzlich aus und die Flussläufe versiegen – die Erde wird rissig und platzt schließlich klaffend auf – die Natur erstarrt. Der Sertão bietet dann ein Szenario wie von einem anderen Planeten – ein grausames und gnadenloses Bild.

Bisher haben alle Autoritäten dieses Landes, angefangen bei Kaiser Dom Pedro II, versprochen die Trockenheit im Sertão zu besiegen – Dom Pedro II wollte sogar „seine Krone dafür hergeben". Riesige Summen sind tatsächlich immer wieder investiert worden, um dem Problem beizukommen, mit Staudämmen, Bewässerungs-Projekten und der Anlage künstlicher Lagunen. Alles umsonst. Der Sertão bleibt, wie er ist, der Regen kommt oder nicht und die Menschen fliehen wie bisher, wenn es länger als ein Jahr nicht geregnet hat. Mit dem Regen kehren dann die Älteren zurück – die Jüngeren bleiben in der Stadt, schlagen sich eine Zeit lang durch oder werden Diebe und Handlanger von Drogendealern. Kaum einer schafft einen kleinen sozialen Aufstieg – ohne Ausbildung und finanzielle Mittel erlischt die Hoffnung auf ein besseres Leben schnell.

Die Älteren haben ihren tiefen Glauben, sonst würden sie sicher an dieser menschenfeindlichen Schöpfung verzweifeln. Und sie haben ihren Aberglauben. Diesen, im Gegensatz zum Sertão äußerst fruchtbaren spirituellen Boden, nutzen falsche Prediger zu ihren Gunsten. In der Regel ziehen sie über Land, vorzugsweise durch den Sertão, ein jeder mit einer anderen abstrusen Heilslehre. Unter den einfach konstruierten Bewohnern, in deren Köpfen sich die Realität mit der Hoffnung und ihren Wunschvorstellungen mischt, kostet es jene falschen Propheten nur wenig Mühe, die Seelen zu entflammen und den Fanatismus zu schüren. Und das Tragischste ist: Wohin sie kommen, werden sie gastfreundlich aufgenommen und durchgefüttert – im Sertão eine der sichersten Existenzen.

Jeder erlebt diese Reise auf dem Fluss anders, je nachdem, wie er persönlich gepolt ist. Die bequeme Rolle des zuschauenden und kritisierenden Touristen sollte man aber besser sofort aufgeben. Stattdessen: miterleben, mitfühlen, sich von diesen Menschen vereinnahmen lassen – aber das liegt natürlich nicht jedem. Jeden Tag bekommt man ein bisschen mehr Einblick in die Vergangenheit, in die Gegenwart und – anhand der Fantasie dieser bunten Mischung von Zeitgenossen – sogar in die Zukunft jener fast unbekannten Gegend Brasiliens. Klar, dazu sollte man die Landessprache verstehen – allein durch die Beobachtung aus der Perspektive des Touristen bekommt man wenig oder gar nichts mit von ihren Sorgen, Ansichten, Vorstellungen und Hoffnungen – kurz: Man sieht vieles, aber man interpretiert es falsch, wenn man sich nicht mit den Menschen unterhalten kann. Eine Reise, die dem Besucher neben den physischen auch die psychischen Inhalte zu erschließen vermag, ist meiner Meinung nach erst eine gelungene Reise.

Jeder, der neu zusteigt, bringt seine Geschichten mit an Bord. Geschichten, die sein eigenes Leben schrieb oder die er von Freunden und Nachbarn aufgeschnappt hat. Sie werden, wenn er sie erzählt, oft ein bisschen mit persönlichen Ansichten gewürzt – der sonst so einsam lebende Sertanejo hat es gern, wenn er plötzlich im Mittelpunkt steht und von Zuhörern umgeben ist, und noch lieber, wenn jemand dazu ein Gläschen spendiert. Dann geht er ganz aus sich heraus, denn an Themen gebricht es ihm wahrlich nicht, Graças a Deus – er hat eben nur selten Zuhörer. Und während der Dampfer sich auf dem spiegelglatten Strom durch die Mondnacht schaufelt, lausche ich den Geschichten und Anekdoten, Legenden und Berichten von wilden Indianern und von denen, die sie alle abgeschlachtet haben, von Goldgräbern und dem gefährlichen Metall, das ihr Leben kostete – von wundertätigen Priestern und von hinterlistigen Mördern. Es ist viel vom Tod die Rede in diesen Geschichten, aber auch von heldenhaften Männern, die ihm erfolgreich trotzten.

Die Mentalität der Menschen des Sertão hat sich bis heute nur wenig verändert. Ein klappriges Auto auf einer Erdstraße, ein quäkendes Kofferradio im scheibenlosen Fensterrahmen einer mit Palmstroh gedeckten Hütte, sind nur äußerliche Anzeichen eines Fortschritts. Noch heute lebt man hier seine Leidenschaften unkontrolliert aus, richtet sich im Umgang mit seinen Mitmenschen nicht nach seinem Gewissen oder gar nach dem Gesetz, sondern nach dem Auftreten des anderen – nach seinem Ruf, der ihm vorausgeht, oder nach seinem offensichtlich stärkeren Körperbau.

Zum Überleben in dieser unbarmherzigen Natur braucht es den ganzen Mann, der zupacken kann – und zuschlagen, wenns drauf ankommt. Harte Menschen – so hart wie der aufgeplatzte Boden dieser Halbwüste. Sie sind das schlechte Gewissen der südamerikanischen Wirtschaftsmacht Brasilien, denn im Südosten und im Süden ist das Leben leichter, auch weil die Natur dort großzügiger ist. Dort kann der Mensch sich mehr Sensibilität leisten – und Unbeschwertheit.

Kämpfen stets – gewinnen manchmal – aufgeben niemals!

Ein Philosoph der Landstraße

Bahia

Das historisch bedeutendste Bundesland des Nordostens – mit etwas mehr als einer halben Million Quadratkilometer Fläche – ist etwas größer als Frankreich. Seine magische, geradezu sinnliche Ausstrahlung fasziniert jeden Besucher. Frenetische Rhythmen, hinreißende Farben, verführerische Düfte, eine melodiöse Sprache – Bahia ist längst ein Muss für brasilianische wie für ausländische Touristen.

Bahia bedeutet auch Sonne, Sand und Meer. Und auch deshalb kommen so viele Besucher aus dem In- und Ausland hierher. Die ausgedehnte Küste bietet wirklich alles, wovon der Strand-Fan träumt. Wilde oder ganz zahme Wellen, romantische oder abenteuerlich zerklüftete Buchten, feinen weißen oder groben gelben Sand, mit oder ohne Menschen, mit oder ohne Infrastruktur. Sonne und blauer Himmel das ganze Jahr über, mit einem Klima, das den wohligen Traum von den Tropen wahr werden lässt.

Die über 1.000 Kilometer lange Küste hält Strände für jeden Geschmack bereit. Da gibt es die sogenannte „Costa dos Coqueiros" (Kokospalmen-Küste) von bestrickender natürlicher Schönheit, an die sich weiter südlich die „Costa do Descobrimento" (Entdecker-Küste) anschließt, an der die Stadt Porto Seguro sich zu einem beliebten Zentrum für Kultur und Freizeit entwickelt hat. Und schließlich die „Costa das Baleias" (Wal-Küste), mit dem maritimen Nationalpark Abrolhos – einem Schutzgebiet für die Meeresfauna und gern frequentierte Reproduktionsstätte verschiedener geschützter Arten der großen Meeressäuger.

Wendet man sich von der Küste ins Inland, bieten die Berge und Schluchten der „Chapada Diamantina" faszinierende Abenteuer: Wasserfälle, Höhlen und fantastische Gebirgsformationen in einer Höhe von 1.500 Metern. Nach Westen hin weite Täler, Flüsse und Plateaus, die vom internationalen Tourismus noch kaum entdeckt sind.

Die Hauptstadt Salvador

Mit vollem Namen heißt sie „São Salvador da Bahia de Todos os Santos" – was für eine zauberhafte Stadt! Sie verdiente in der Kolonialzeit Unsummen mit dem Handel von Zucker, Tabak, Brasilholz und afrikanischen Sklaven – ihre unzähligen mit Gold überladenen Kirchen und Kathedralen sind Zeugen jener Epoche des Wohlstands, als „Salvador" die Landeshauptstadt des kolonialen Brasiliens war. Noch heute ist sie die brasilianische Stadt mit dem größten Anteil schwarzer Einwohner – rund 75%. Und daher rührt auch ihre vibrierende Ausstrahlung, die der Besucher einfach überall spüren kann: im melodischen Dialekt und den fließenden Bewegungen seiner Bewohner, im mitreißenden Rhythmus ihrer „Candomblé-Zeremonien", in den traditionellen „Capoeira-Fußkämpfen", in ihrer afro-brasilianischen Kunst und Folklore und auch in ihrer unvergleichlichen Küche.

Das angenehme Klima der Region – zwischen 22° und 25°C das ganze Jahr über – und die extrem fruchtbare Umgebung haben einen positiven Einfluss auf ihre Bewohner. Die Bahianer sind wohlgestaltet, warmherzig und kreativ. Ihre Spontaneität, ihre überschäumende Lebensfreude und ihr bemerkenswerter Schönheitssinn spiegeln sich im Leben auf den Straßen und in ihren zahlreichen religiösen Zeremonien und Volksfesten wieder. In Bahia gibt es fast jeden Tag einen Grund zum Feiern.

Den ganzen Reiz einer vergangenen Epoche findet man beim gemächlichen Schlendern durch Salvadors Altstadt, dem größten Komplex barocker Architektur in Südamerika – als „Erbe der Menschheit" von der UNESCO unter Denkmalschutz gestellt. Man erkundet diese Stadt am besten zu Fuß, um die Vielfalt ihrer schmalen Gassen und verwinkelten Plätze in all ihren künstlerischen Details zu erleben.

Salvador ist auch das brasilianische Zentrum der afrikanischen Geister und Götter, die mit den Yoruba-Sklaven aus Westafrika herüber gebracht wurden. Neben den 168 Kapellen, Kirchen und Kathedralen haben sich Hunderte von sogenannten „Terreiros de Candomblé" im Stadtgebiet installiert, deren Kulthandlungen noch bis 1970 offiziell verboten waren. Also haben die Anhänger ihre Götter hinter den zahlreichen katholisch-christlichen Heiligen verborgen gehalten, in einem Synkretismus, der endlich, durch eine im Grundgesetz verankerte Religionsfreiheit, seine Fesseln abstreifen durfte und damit den Vielvölker-Staat Brasilien um einen weiteren Baustein seiner unfassbaren Kontraste bereichert hat.

In ausdrucksvolle, bunte Roben gekleidete Vortänzer, geschmückt mit schweren Ketten und Armreifen, getrieben vom frenetische Rhythmus der Trommeln und dem bewegenden Chor der Gläubigen, die sich in Trance ihrer Gottheit hingeben – so erlebt man heute ein Candomblé in Salvador, das ebenso Ausdruck der Religiosität seiner Bewohner ist wie anderswo ein christlicher Gottesdienst.

Salvador war und ist immer noch eine Quelle der Inspiration für Dichter, Schriftsteller, Musiker, Maler und Filmemacher – für Leute, die hier geboren sind und solche, die von den äußersten Enden der Welt hierherkamen. Menschen, die sich selbst entdeckten, in ihrer Liebe zu dieser Stadt, ihrer Geschichte, ihrer Bevölkerung und ihrer wertvollen Kultur. Ihre Kunst präsentiert sich in den prächtigen Fassaden der Paläste und Villen, der Altare und Heiligenfiguren des 16., 17. und 18. Jahrhunderts – in den Romanen von Jorge Amado, in der Musik von Dorival Caymmi, den Skulpturen von Hansen-Bahia und Mário Cravo, den Liedern von João Gilberto, Maria Betânia, Gilberto Gil und vielen, vielen anderen. Diese Stadt präsentiert sich als eine magische Bühne, auf der die Kunst Brasiliens entsteht.

Die typischen Randfiguren eines gemächlichen Spaziergangs durch die Stadt werden dem Besucher schnell vertraut: die Verkäufer von Räucherstäbchen und Blättern „gegen den bösen Blick" – oder jene mit den Glücksbändchen des Senhor de Bomfin, die sie den Touristen ums Handgelenk binden und dann dafür einen Real verlangen, die halbwüchsigen Schuhputzer an den Straßenecken, die in einem komplizierten Rhythmus ihre Polierlappen schwingen, die Männer auf den Plätzen, die angeregt im melodischen Baiano-Dialekt schwatzen und ihre Witze und Zoten reißen, die sie mit eindeutigen Gesten zu untermalen pflegen.

Dazwischen die würdige Gelassenheit der traditionellen Baianas: Mit mehreren Röcken übereinander – der oberste aus weißer Spitze, genau wie die Bluse – sitzen die Afrikanerinnen in den besten Jahren am Rand der von Touristen bevorzugten Straßen und Plätze. Von den Einheimischen werden sie respektvoll mit „Minha Tia" (Meine Tante) angeredet. Vor ihnen der „Tabuleiro" – ein Kasten, der mit einer Glasscheibe bedeckt ist, unter der sie ihre hausgemachten Leckerbissen aufgebaut haben, gesalzene und süße. Daneben, auf einer Gasflamme, ein pechschwarzer Topf mit siedendem Öl, in dem die beliebten „Acarajés" gebacken werden, faustgroße Bohnenbrei-Fladen, die dunkelbraun, aufgeschnitten und mit getrockneten Shrimps gefüllt, heiß für den sofortigen Verzehr bestimmt sind. Von der einen zur anderen dieser Freiluft-Köchinnen kann man, ohne ein Restaurant zu betreten, einen Streifzug durch die bahianische Küche machen, die jedoch einen empfindlichen europäischen Magen wahrscheinlich schon nach wenigen Stationen schachmatt setzen würde – also Vorsicht!

Auch für die Brasilianer aus den südlicheren Teilen des großen Landes ist Bahia zu einer touristischen Attraktion geworden, und die ehemaligen Sklaven sind heute die Herren eines attraktiven Touristik-Zentrums, in dem sie, in Person ihrer Enkel und Enkelinnen, die Nachfahren der ehemaligen Feudalherren kräftig zur Kasse bitten.

Ich habe versucht Bahia zu verlassen, aber Bahia verlässt mich nicht!

Ein Philosoph der Landstraße

Die geduldigen Götter

Die lächelnde Extrovertiertheit der Bahianer mag bei manchem Besucher den Eindruck erwecken, Salvador sei vor allem eine lustige, fröhliche Stadt. Das ist sie sicher nicht. Zu viele Bettlerhände recken sich dem Fremden entgegen, zu viele hungrige Kinder schauen aus düsteren Fenstern, zu viele Menschen mit Behinderung schleppen sich auf den Straßen herum, die hier, anders als im zivilisierten Mitteleuropa, nicht in Heime abgeschoben werden, um das Gewissen der Gesellschaft nicht zu belasten, sondern am öffentlichen Leben teilnehmen. Es ist diese überraschende Lebensbejahung, eine für den Europäer vielleicht unverständliche Lebensintensität, die viele Besucher verlegen macht, weil sie darunter bisher lediglich Amüsement verstanden – aber das ist es nicht. Wo der Tod die Vergangenheit überschattet und auch die Gegenwart stets begleitet, ist das Spüren des eigenen, ungebändigten Lebens immer wieder Anlass zur Freude. Der eigene Herzschlag wird im Rhythmus des Tamburins für alle hörbar, das Pochen des Blutes in den Schlägen der Trommel, und die Seele schwingt im dumpf vibrierenden Ton des „Berimbáu" stets mit.

Die Tradition von „Mama África" verbindet die Nachfahren vieler Afrikaner, die einst gewaltsam auseinandergerissen und hierher verpflanzt wurden – eine synthetische afrikanische Nation, seit dem Ende der Sklaverei durchpulst von einer neuen Vitalität und regiert von ihren eigenen Gottheiten, die sich jahrhundertelang hinter den katholischen Heiligen zu verbergen wussten, in einem geduldigen Synkretismus.

Heute ist der Candomblé frei – wird nicht mehr als heidnisches Ritual verfolgt. Und ein Viertel aller weißen Brasilianer bekennen sich inzwischen ebenfalls zu den Göttern der ehemaligen Sklaven. Die Kirche reagiert: Hie und da steht in weißer Farbe an eine Mauer gepinselt, zum Beispiel: „Gott verurteilt den Candomblé!" Spannungen entstehen, aber noch kein Glaubenskampf.

Der Candomblé ist eine uralte afrikanische Naturreligion, welche die Naturgötter, die sogenannten „Orixás", verehrt und ihnen Opfer bringt. Sie entstammen den vier Grundelementen: Erde, Feuer, Wasser und Luft. Unter ihnen Orixás des Kampfes, Beschützer des Waldes, der werdenden Mütter, der Seeleute und Fischer – und der Armen. Jeder Orixá hatte seinen Korrespondenten unter den Heiligen der katholischen Kirche und hat persönliche Charakteristika wie Wochentag, Farbe, Kleidung, Gruß und Lieblingsspeise. Der Sonntag ist offen für alle Götter. Wenn Sie sich mit einem von ihnen identifizieren möchten, können Sie zu ihm beten, indem Sie ihn um Gesundheit, seinen persönlichen Schutz und Frieden bitten.

Exú – ist der Mittler zwischen den Menschen und den Orixás – sein Tag ist der Montag, seine Farben Schwarz und Rot – er liebt Alkohol und dicke Zigarren und viele andere Geschenke.

Ogum – löst Probleme, öffnet neue Wege – sein Tag ist Montag, seine Farbe Dunkelblau – im Synkretismus: Santo Antônio.

Oxumaré – knüpft die Verbindung zwischen Himmel und Erde durch den Regenbogen – sein Tag ist Dienstag, seine Farben Grün und Gelb.

Oxôssi – ist der Gott der Jagd, wohnt in den Wäldern – sein Tag ist Donnerstag, seine Farben Grün und Blau – im Synkretismus: São Sebastião.

Xangô – ist der Gott der Sexualität, sein Symbol ist die zweischneidige Flügel-Axt – sein Tag ist Mittwoch, seine Farben Rot und Weiß – im Synkretismus: São Gerônimo.

Iansã – ist die Göttin des Windes und der Gewitter – ihr Tag ist Mittwoch, ihre Farbe Rot – im Synkretismus: Santa Bárbara.

Oxum – ist der Gott des Blitzes und des Donners, der Schönheit und des Spiels – sein Tag ist Samstag, seine Farbe Goldgelb.

Obá – ist die Tochter von Oxum – ihr Tag ist Mittwoch, ihre Farben Weiß und Rot – im Synkretismus: Jeanne d'Arc.

Omolú – beschützt die Menschen gegen Krankheiten – sein Tag ist Montag, seine Farben Rot und Schwarz – im Synkretismus: São Lázaro.

Nanã – ist die älteste der Wassergottheiten – ihr Tag ist Dienstag, ihre Farben Weiß und Blau – im Synkretismus: Senhora Santana.

Loko – ist der Gott der Straßen und Beschützer der Armen – sein Tag ist Dienstag, seine Farbe ist Weiß – im Synkretismus: São Francisco.

Ossain – Herr der Pflanzen und Blätter, ist der Arzt des Candomblé. Die Blätter sind in Form von Bädern und Tees stets präsent in der Mystik des Candomblé – sein Tag ist Montag, seine Farben Rot und Blau – im Synkretismus: São Benedito.

Oxala – ist der Gott des Wachstums von Mensch und Natur, Sohn des Gottes Omolú – sein Tag ist Freitag, seine Farbe Weiß – im Synkretismus: Senhor do Bonfim.

Iemanjá – dargestellt als Meerjungfrau, die Göttin des Wassers – ihr Tag ist Samstag, ihre Farben Hellrosa und Hellblau.

Ifá – ist die Göttin des Rats und der Entscheidung, sie empfiehlt die Initiation eines neuen Gemeindemitglieds oder den eventuellen Wechsel einer „Babalorixá" (Zeremonienmeisterin) – ihr Tag ist Donnerstag, ihre Farbe Weiß – im Synkretismus: Santissimo Sacramento (der Heilige Geist).

Um noch einmal auf die Baianas zurückzukommen, jene ambulanten Freiluft-Köchinnen auf den Straßen und Plätzen von Salvador: Die Mehrheit von ihnen verübt ihre Arbeit auf Befehl eines Orixá – um ihn damit zu ehren und ihm zu dienen, damit er ihr in einem persönlichen Problem beisteht. Der aufmerksame Beobachter wird bemerken, dass sie jeden Tag in andere Farben gekleidet an ihrem Stammplatz erscheint – in Referenz zu dem Orixá des entsprechenden Tages und seiner bevorzugten Farben. Um den Hals trägt sie die Glasperlen- oder Muschel-Ketten in den Farben der Götter, die sie besonders mag – oder denen sie ein Opfer bringen will. Die Kleidung, nach afrikanischen Originalen angefertigt, ist inzwischen zu einer Art bahianischer Handelsmarke geworden: mit dem unteren Reifrock, der bis zu sechs Röcke darüber kreisförmig aufbauscht, der Spitzenbluse, einem Rückentuch, dem Turban und den Ledersandalen, die vorne geschlossen und hinten offen sind.

Beobachten Sie mal, wenn Sie bei einer dieser Damen Ihren ersten Acarajé bestellen, wie sie winzige Teigbatzen ins siedende Öl fallen lässt, noch bevor sie Ihre Bestellung ausführt. Diese kleinen Acarajés sind Opfergaben für die „Orixás Meninos", die Kinder ihrer Gottheiten, die im Candomblé „Ibejé" genannt werden.

Die Zeitungen Salvadors informieren freitags oder samstags unter der Rubrik „Serviços" über die Candomblé-Zeremonien des Wochenendes. Und am Samstagabend vibriert in den belebten Straßen über den Verkehrsgeräuschen und dem Gedudel aus den Bars der durchdringende Ruf der Trommel. Dann strömen die Menschen in unscheinbare, meist hinter Bäumen verborgene Terreiros, wo sie unter Leitung einer Zeremonienmeisterin, der „Babalorixá", ihren Orixás huldigen und ihre geheimen Initiations-Riten zelebrieren. Stunden, manchmal bis zum frühen Morgen, dauern diese Zeremonien, bei denen heutzutage auch Fremde – allerdings ohne Fotoapparat – als stille Beobachter willkommen sind. Stark und zuversichtlich begegnet man hier dem Glauben, menschenbezogen und auf die persönlichen Probleme der Gläubigen abgestimmt. So kann man beispielsweise einen Computerspezialisten aus São Paulo durchaus bei einem Candomblé antreffen, wo er vor einem Medium in Trance auf dem harten Zementboden kniet und einen Orixá bittet, seine chronischen Rückenschmerzen zu heilen. Der Angesprochene, in diesem Fall der Arzt Ossain, spricht dann durch den Mund des Mediums mit dem Bittsteller, macht ihm ein paar Auflagen und verspricht Hilfe.

Computern, Internet und sämtlichen technischen Errungenschaften des 21. Jahrhunderts zum Trotz hält man bedingungslos am Irrationalen fest, denn der Mensch selbst ist zutiefst irrational und vom Irretionalen weniger zu enttäuschen als von der Realität.

Vom selbstbewussten Salvador gehen heute Impulse aus, die in ganz Brasilien die Selbstsicherheit und Zuversicht der Schwarzen gestärkt haben. Auch der Candomblé wird überall offen zelebriert, allerdings unter wechselnden Namen: „Umbanda" nennt man ihn in Rio de Janeiro, „Xangó" in Recife, „Babassué" am Amazonas, „Tambor" in Maranhão und „Batuque" im Süden des Landes. Die wachsende Anhängerschar muss natürlich versorgt werden, also gibt es in ganz Brasilien Dutzende von Ladenketten, in denen man von einfachen Räucherstäbchen und bunten Kerzen bis zur bevorzugten Kleidung der Santos und meterhohen Götter-Statuen alles erstehen kann, was die Bittsteller sich leisten können, um die Ansprüche der Götter zufriedenzustellen.

Wenn die Realität schwierig wird, wenden wir uns der Mystik zu!

Ein Philosoph der Landstraße

Candomblé in einer Favela

„Die Palafitas sind Teil unserer kulturellen Identität", mit dieser fast philosophischen Feststellung überrascht uns Bernardo, von dem Mike – ein Journalistenkollege aus England – und ich an einem sonnigen Samstagvormittag in einem nicht mehr ganz wasserdichten Kanu über eine Meeresbucht gepaddelt werden, die man hier in Bahia „Enseada dos Cabritos" nennt. Die „Palafitas", auf die er sich bezieht, sind Hunderte zerbrechlicher Bretterhütten, die vor dem gegenüberliegenden Ufer der Bucht auf Holzstelzen über der unbewegten Wasseroberfläche zu schweben scheinen – und mit Wasser meine ich eine bräunliche Brühe, die, mit Exkrementen und Plastikflaschen übersät, unsere Geruchsnerven gewaltig strapaziert.

Mike, mein Begleiter, ist Engländer, ich habe ihn während des bahianischen Karnevals kennengelernt, während ich ein paar Fotos für meine Redaktion in Rio schoss, und weil ich hier in unserer Zweigredaktion Salvador noch ein paar Monate zu tun hatte, trafen wir uns auch nach dem Karneval hin und wieder, solange sein Urlaub währte. Besonders interessiert war er daran, mich bei meiner Reportage-Tätigkeit zu begleiten, um seinerseits ein paar Fotos von unseren Begegnungen mit den Baianos zu machen, was ihm darüber hinaus noch den Vorteil verschaffte, stets einen Dolmetscher zur Hand zu haben.

Der üble Geruch wird noch stärker, als wir uns den aneinander gelehnten, auf Stelzen errichteten Hütten nähern – wie eine Art bebauter Landzunge schiebt sich das Palafitas-Konglomerat vom jenseitigen Ufer aus in die flache Meeresbucht hinein. Bernardo befestigt das Kanu an einem schmalen Steg, der ins Wasser ragt, hilft uns aus dem schwankenden Kanu und geht dann voraus, um uns auf die zahlreichen Zwischenräume der losen Bretter aufmerksam zu machen.

„Sind schon viele ins Wasser gefallen", meint er trocken. Allein von der Vorstellung, mit meiner ganzen Kameraausrüstung in diese Kloake zu stürzen, bekomme ich eine Gänsehaut – Mike versteht auch ohne Übersetzung, als ich auf die Löcher deute, und setzt vorsichtig einen Fuß vor den anderen.

In Salvador ist dieser gesamte Favela-Komplex auf Stelzen als „Alagados" bekannt – seit Jahrzehnten leben hier die Ärmsten der Armen, die nirgendwo sonst hin können und selbst von den Bewohnern der Festland-Favelas als Menschen zweiter Klasse angesehen werden. Deshalb vermeiden sie, die Alagados zu erwähnen, wenn sie bei einer Behörde oder einem Job ihre Adresse angeben müssen, und beziehen sich lieber auf die Namen der Stadtteile in ihrer Region. Viele sind so arm, dass sie gezwungen sind, sich von Muscheln zu ernähren, die sie im Umkreis der Palafitas aus dem Seetang klauben. Die meisten sind Analphabeten und das macht sie verletzlich gegen jede Art der Vorenthaltung ihrer Rechte. Und natürlich grassieren an diesem menschenunwürdigen Ort eine Menge Krankheiten, die aus der extremen Armut, der fehlenden Hygiene und der einseitigen Ernährung entstehen – besonders häufig sind Wurmbefall, Durchfall, Infektionen der Atemwege und Krätze. Manchmal kümmern sich Sanitäter einer NGO um die schlimmeren Fälle von Tuberkulose und Lepra.

Die Regierenden versprechen jedes Mal in ihren Wahlkampagnen, dass sie mehr Sozialwohnungen bauen werden, um den gesamten Alagados-Komplex endlich ganz abreißen zu können, aber geschafft hat es noch keiner: Früher war sie die größte Favela Brasiliens, mit mehr als 100.000 Einwohnern – heute hat sich die Situation, mit nur noch etwa 3.000 Hütten auf Stelzen etwas entschärft. Bernardo, trittsicherer als wir auf diesem löcherigen Stegsystem, ist uns ein ganzes Stück voraus, wartet aber dann, bis wir ihn eingeholt haben, um uns durch das Hüttenlabyrinth zu führen. Nachdem wir ihm auf dem schmalen Brettsteg vorsichtig um ein paar Ecken gefolgt sind, können wir zwischen den ineinander geschobenen Hüttendächern von der Außenwelt nur noch ein paar Fetzen blauen Himmels erkennen. Bernardo macht schließlich vor einer Behausung halt, deren robuste Balken mit dem Wellblechdach den Eindruck einer soliden Konstruktion zumindest suggerieren. Die von Kistenbrettern verkleidete Front hat sogar irgendwann mal einen Anstrich grüner Farbe erhalten, die allerdings inzwischen durch die Einwirkung der salzhaltigen Luft weitgehend abgeblättert ist. Auf dem Querbalken über der etwas schief eingesetzten Tür steht mit weißer Farbe „Batuca" – so nennen die Bewohner die Frau, die ich in Salvador als Straßenverkäuferin kennenlernte, als ich einen ihrer köstlichen Acarajés vertilgte. Auf diese Begegnung werde ich später noch zurückkommen.

Denn jetzt werden wir erst einmal von einer Schar verdreckter, schwarzer, halbnackter Kinder begrüßt und schnatternd umringt, offensichtlich freuen sie sich über die Abwechslung durch unseren Besuch – Bernardo macht den höflichen Versuch, sie uns einzeln vorzustellen, aber ich kann mir die Namen von ungefähr zwölf bis fünfzehn hin und her wieselnden Kindern sowieso nicht merken und winke ab. Zwei junge Frauen erscheinen im Türrahmen, die uns Bernardo als seine Schwestern und Mütter eines Teils der ausgelassenen Kinderschar vorstellt: Elisa hat zwei Knaben und ein Mädchen, sie ist mit einundzwanzig die jüngste Mutter der Großfamilie und sieht in ihrer hageren Gestalt selbst noch wie ein Kind aus – Eliana ist vier Jahre älter, etwas rundlicher, Mutter von drei Mädchen und einem Knaben – der Rest sind Kinder aus der Nachbarschaft. Ich setze meinen kleinen Rucksack ab und krame eine Tüte mit Karamellbonbons hervor, die ich in weiser Voraussicht stets bei mir habe, wenn eine Familienreportage auf meinem Arbeitsprogramm steht. Zwar war es diesmal eine private Einladung von Dona Batuca selbst, aber

Kinder gibt es überall, und mit den Bonbons erschleiche ich mir nicht nur das Wohlwollen der Kinder. Während die nun damit beschäftigt sind, die vom warmen Klima etwas verklebten Einwickelpapierchen von den Bonbons zu trennen, nehmen wir die Gelegenheit wahr, uns ins Halbdunkel der Hütte abzusetzen, wo uns sofort ein angenehmer Weihrauchduft umgibt, dem es gelingt, den strengen Abwassergestank der Lagune etwas zu verdrängen.

Der halbdunkle Innenraum ist erstaunlich groß, sofort fällt mir eine schön gedrechselte alte Kommode ins Auge, die mit Heiligenfiguren verschiedener Größen und aus unterschiedlicher Materialien beladen ist, von denen ich auf den ersten Blick nur die des Drachentöters Sankt Georg identifizieren kann. Große und kleine Kerzen in silberfarbenen Leuchtern, Fotos und bunt schillernde Bänder ergänzen die Dekoration auf diesem Candomblé-Altar. Während wir noch in seine Betrachtung versunken sind, kommt uns Dona Batuca entgegen – ich umarme sie höflich und stelle ihr meinen Freund Mike vor, der ihr galant die Hand küsst, was sie mit einem breiten Lächeln quittiert.

Dona Maria José de Santana – oder eben „Dona Batuca" – ist eine „Mãe de Santo" (Hohepriesterin des Candomblé) und bezeichnet sich selbst als „Filha de Iansã", als Tochter der Göttin des Windes und des Gewitters, weil sie an einem Mittwoch geboren ist. Man schätzt sie als eine Kämpferin für Recht und Gerechtigkeit, sie wird von ihrer Kommune respektiert wegen ihrer Genügsamkeit, Beharrlichkeit und Stärke, mit der sie auch ihren Anhängern Kraft gibt. Ihre Geschichte und ihr Leben sind geprägt vom Unverständnis ihrer Eltern über ihre religiöse Entscheidung und entsprechendes Verhalten – seit ihrer Kindheit entwickelte sie eine besondere Verbindung zum Übernatürlichen. Aufgezogen von der Mutter und einem Stiefvater, beide katholischen Glaubens, wurde sie später in ein Kloster geschickt, in dem sie nur wenige Monate verbrachte – abgelehnt von ihrer Familie, lebte sie eine Zeitlang auf der Straße, bis sie von einer „Mãe de Santo" aufgelesen wurde, die sie in ihr Haus aufnahm und mit der Lehre des Candomblé vertraut machte.

Dona Batuca entwickelte sich zu einer bekannten, gelobten und beliebten Acarajé-Verkäuferin, die mit ihren kleinen, nach eigenem Rezept zubereiteten Köstlichkeiten viel Erfolg hat. Personen aus den verschiedensten Ecken Salvadors begeben sich regelmäßig in den Stadtteil Massaranduba, um dort von der Bahianerin ihre berühmten Spezialitäten zu kaufen – inzwischen sitzt sie in Salvadors Zentrum auf dem Pelourinho-Platz, um auch vom Touristenstrom zu profitieren, der in Salvador nicht mehr abreißt. Und dort habe ich sie kennengelernt, als ich auf Empfehlung eines Freundes ihre Delikatessen probierte. Eine Acarajé ersetzt übrigens glatt ein ganzes Mittagessen – sollten Sie danach noch Appetit verspüren, dann eben zwei Acarajés. Aber Vorsicht: Das verwendete Dendê-Palmöl kann auf manchen empfindlichen Touristenmagen stark abführend wirken!

Wir haben uns an dem einzigen großen Tisch im Küchenteil niedergelassen, und nachdem ich ein bisschen von mir und meiner fotografischen Arbeit für die Illustrierte in Rio erzählt habe, klärt mich Eliana über ihre Familie und deren Beziehung zum Candomblé auf. Dabei erfahre ich unter anderem, dass Dona Batuca ihre Großmutter und die Urgroßmutter ihrer Kinder ist – ihre leibliche Mutter arbeitet als Köchin im Haushalt eines TV-Starlets, und wir werden sie an diesem Nachmittag noch kennenlernen. Während Eliana erzählt, kocht Elisa Kaffee für uns, Mike beschäftigt sich mit einer fotografischen Dokumentation der Inneneinrichtung – natürlich haben wir vorher um Erlaubnis gefragt – also muss ich im Moment garnichts für ihn übersetzen. Dona Batuca ergreift schließlich das Wort.

„Als wir uns in Salvador kennenlernten, hast du mich gefragt, ob du uns bei einer Candomblé-Zeremonie fotografieren darfst, und ich habe zugesagt, weil ich in dir einen ehrlichen, vertrauenswürdigen und toleranten Freund sehe, der andere Menschen und ihren Glauben respektiert. Heute Abend wird ein Candomblé in unserer bescheidenen Hütte stattfinden und ihr seid eingeladen."

Aber sie hat noch etwas auf dem Herzen, und nachdem wir unseren Kaffee getrunken haben, den Elisa nach traditioneller Art gekocht und dann durch einen Stofffilter abgeseiht hat, spricht sie es aus: „Bitte erkläre deinem Freund, dass ich nur dir erlauben kann, bei unserer Zeremonie zu fotografieren – hilf ihm, das zu verstehen!" Klar, dass Mike erst einmal verstimmt ist, durch dieses unerwartete „Verbot". Aber als ich ihm versichere, dass er von mir hinterher Kopien zur privaten Nutzung bekommt, hellt sich seine Miene wieder auf.

Zu unserer Überraschung werden wir dann von Bernardo zum Mittagessen eingeladen – erst zieren wir uns ein wenig (ob wir den armen Leuten nicht etwas wegessen?), aber Bernardo insistiert und Dona Batuca scheint meine Gedanken lesen zu können.

„Zu essen haben wir immer genug", lacht sie und füllt für uns zwei Teller mit Peixada, einem Fischeintopf mit Kokosmilch. Sogar eine Schüssel mit Agrião (eine Art großblättrige Brunnenkresse) steht als Beigabe auf dem Tisch und ein paar Büchsen mit eiskaltem Bier daneben. Es schmeckt uns so gut, dass wir einen Nachschlag akzeptieren. Die bahianische Küche ist einfach superb. Als ich Mikes Anerkennung für dieses wundervolle Mittagessen übersetze und mein Lob dranhänge, strahlen alle – und ich weiß aus Erfahrung, dass wir jetzt ihre Herzen gewonnen haben. Kaum etwas freut Brasilianer mehr, als wenn ihre Gäste satt geworden sind und die Küche loben.

Eliana ruft nun die Kinder zum Mittagessen herein – wir nehmen die Gelegenheit wahr, die Hütten-Kommune auf Stelzen ein bisschen näher kennenzulernen und zu fotografieren – Bernardo bietet sich als Führer an. Kaum sind wir aus der Tür, umfängt uns wieder dieser schreckliche Fäkalienbrodem – ich stelle mir vor, dass ich Wochen, vielleicht Monate brauchen würde, um mich daran zu gewöhnen. Die Fotomotive, die uns diese Favela auf Stelzen bietet, versöhnen uns allerdings mit aller Unbill dieser Erkundungstour, und obwohl wir mit unseren Augen mehr am Sucher der Kamera hängen als an den gefährlich klaffenden Lücken des prekären Stegsystems, passiert uns kein Missgeschick – Bernardo passt auf.

Mich überrascht, wie höflich man uns überall grüßt, das scheint mit unserer Verbindung zu Dona Batuca zusammenzuhängen, die überall großen Respekt genießt, und deren Neffe Bernardo diese Verbindung repräsentiert. Manchmal hält er an, um mit ein paar Bekannten zu sprechen, und ich habe Gelegenheit, ein paar Portraits von den interessanten, vom harten Leben zerfurchten Gesichtern zu machen. Ganz im Bann unserer einmaligen Fotomotive, verfliegt der Nachmittag. Und schon wird es dunkel und damit Zeit zur Hütte von Dona Batuca zurückzukehren.

Überrascht werden wir von den vielen Leuten, die sich in dem großen Empfangsraum eingefunden haben. Über dem Altar brennt eine Lampe und wirft rötliches Licht auf die Figuren, die links und rechts von je einer dicken roten Kerze flankiert werden, die jedoch noch nicht angezündet sind. Die Besucher unterhalten sich stehend in kleinen Gruppen oder sitzen auf Klappstühlen, die jetzt in zwei einander gegenüber positionierten Reihen entlang der Wände aufgestellt sind. Etwa zwanzig Personen, mehrheitlich Frauen, aber auch ein paar Männer sind dabei. Eine kleine, rundliche Dame möchte uns die Hand geben, es ist die Mutter von Bernardo und seinen Schwestern, die sich uns als „Bea" vorstellt, von den Anwesenden allerdings höflich mit „Dona Beatrice" angeredet wird. Eine sympathische, immer lächelnde kleine Frau von schätzungsweise vierzig Jahren.

Ein verhaltener Trommelwirbel leitet in diesem Moment einen Szenenwechsel ein. Offenbar ist den Besuchern die Aufforderung der Trommel bekannt, sie brechen ihre Unterhaltung jedenfalls sofort ab und nehmen schweigend ihre Plätze ein – die Frauen in der linken Stuhlreihe und die Männer in der rechten, auch wir gesellen uns zu ihnen. Die große Trommel, der sonore Hintergrund für die gesamte Zeremonie, wird von Bernardo mit den Händen bearbeitet – meisterhaft, mit ganz unterschiedlichen Rhythmen, führt er den Chor der kleinen Gemeinde durch die einzelnen Passagen des Candomblé. Aber noch ist es nicht soweit – meine Kamera mit Blitzlicht im Anschlag, warte ich auf den Auftritt der „Babá de Xangó" – nach einem weiteren, jetzt ohrenbetäubenden Trommelwirbel erscheint Dona Batuca in einer bis zum Boden reichenden, knallroten Robe und einem rot-weiß gestreiftem Turban auf dem Kopf. Mit ernster Miene begrüßt sie die Anwesenden, indem sie segnend ihre Arme ausstreckt und sich dann in einen für sie vorbereiteten Sessel setzt. Ich dachte, dass jetzt eine Ansprache kommt, stattdessen übernimmt wieder Bernardo mit seiner Trommel den führenden Part – dazu singt er ein paar Worte in der Yoruba-Sprache und sogleich fallen die Anwesenden in einem wohlklingenden Chor ein, dessen Sprache ich nicht verstehe. Er lässt die Hütte erzittern, dringt zu den lauschenden Nachbarn und breitet sich über der Bucht aus, die inzwischen ins bleiche Licht des vollen Mondes getaucht ist.

Wahrscheinlich weil ich bisher noch nie einer Candomblé-Zeremonie beigewohnt habe, werde ich nun ein bisschen ungeduldig und frage mich, was wohl jetzt passieren wird und ob überhaupt … – da passiert es: Dona Beatrice, die Köchin und Mutter, tanzt plötzlich in der Mitte des Raumes, hat die Arme nach oben gestreckt, dreht sich, wirbelt herum, während der Chor der Gemeinde, geführt vom Rhythmus der Trommel, die Tänzerin durch zunehmende Lautstärke anzutreiben scheint. Eine zweite und eine dritte Frau verlassen ihre Stühle und taumeln in die Saalmitte – es kommt mir tatsächlich so vor, als ob sie in Trunkenheit schwanken, und dann fangen ihre Körper an zu zittern und zu zucken, wie unter Schmerzen – drei Männer erheben sich und beobachten die sich verrenkenden Frauen.

Hart und laut zerstückelt jetzt das Stakkato der Trommel den Chor der Gemeinde – Trommelwirbel und Chor scheinen jetzt einem Höhepunkt zuzustreben, alle Augen sind auf die drei herumwirbelnden Tänzerinnen gerichtet, deren schwankende Körper sich biegen als seien sie aus Gummi, und dann stürzen sie – doch bevor sie mit dem Kopf auf den harten Boden knallen, sind die Männer da, fangen den Sturz ab und lassen sie sachte auf den Holzfußboden gleiten, wo sie sich immer noch zuckend bewegen, wie Fische auf dem Trockenen. Als ich von Dona Beas Gesicht eine Portraitaufnahme machen will, bemerke ich, dass ihre Augen so stark nach oben verdreht sind, dass nur noch das Weiß der Augäpfel zu sehen ist – wie in einem Horrorfilm. Die Finger ihrer Hände sind krallenartig verkrampft, alle drei Frauen sind in ein mir unverständliches Gemurmel verfallen. Man reicht jetzt den Männern drei Umhänge – einen schwarz-roten für Dona Bea, einen gelben und einen blau-weißen für die anderen beiden Frauen – als die Umhänge ihre Körper bedecken, hören ihre Zuckungen auf.

Da der Chor der Anwesenden jetzt schweigt und auch Bernardo im Moment nicht mehr trommeln muss, nutzt er diese Pause, um sich neben uns zu setzen und ein paar Erklärungen zu dem zu geben, was da vor unseren Augen abläuft – eine etwas umständliche Geschichte, weil ich Bernardos Erklärungen immer stückweise meinem Freund Mike ins Englische übersetzen muss, der genauso wie ich die Trance der drei Frauen ziemlich skeptisch verfolgt hat. Bernardo bezeichnet diese Trance als eine „Inbesitznahme ihrer Körper durch Abgesandte der Orixás" und er erklärt weiter, dass sie sich der Körper dieser

Medien bedienen, um mit den einzelnen Mitgliedern der Gemeinde zu sprechen, ihnen Ratschläge zu erteilen, ihre Fragen zu beantworten und Wünsche zu erfüllen. Unsere ungläubigen Gesichter werden immer länger, ehrlich gesagt. Bernardo spürt unsere Skepsis, nimmt sie uns jedoch nicht übel. „Ihr werdet es erleben", sagt er und begibt sich zurück auf seinen Platz hinter der großen Trommel.

Nun, ich war damals, wie schon erwähnt, zum ersten Mal bei einem Candomblé, und natürlich waren wir vor dem Hintergrund unserer nüchternen, europäischen Erziehung nicht darauf gefasst, mit Geschehnissen konfrontiert zu werden, die von uns verlangten, einen plötzlichen Sprung aus unserer rationalen Gedankenwelt in eine Sphäre zu tun, die wir bis dato höchstens als mystische, irrationale Märchen- und Sagenwelt belächelt hatten. Aber Bernardo behielt recht, die weiteren Ereignisse dieses Abends verwandelten unsere Skepsis in überraschtes Erstaunen und stellten unsere anerzogene Ratio völlig auf den Kopf – und sie öffneten in mir eine Tür, die ich vielleicht als Empfänglichkeit für das Irrationale bezeichnen könnte. Aber ich will den Ereignissen nicht vorgreifen, sondern in meinem Bericht fortfahren.

Für Dona Bea und die anderen beiden Frauen hatte man inzwischen Stühle in die Mitte des Raumes gestellt und sie darauf gesetzt – sie paffen dicke Zigarren und bedienen sich aus mehreren Flaschen Cachaça, grummeln vor sich hin, wie es Betrunkene zu tun pflegen – was unsere Skepsis weiter schürt, mir aber auch interessante Fotos beschert. Dona Batuca, die aufmerksam die Szene verfolgt, sagt jetzt ein paar Sätze in einer Sprache, die ich nicht verstehe, es klingt wie ein Gebet. Plötzlich springen ein paar Gemeindemitglieder auf und fallen vor den grummelnden Frauen auf die Knie – Bittsteller, die mit gesenktem Kopf abwarten, bis sie angesprochen werden, wobei mir sofort auffällt, dass Dona Beas Stimme jetzt ganz anders klingt, kein Zweifel, es ist eine Männerstimme. Als ich Mike darauf aufmerksam mache, nickt er, auch er hat die Veränderung in Dona Beas Stimme bemerkt – leider kann ich keine weiteren Einzelheiten heraushören, da alle Beteiligten sich nun auf einem minimalen auditiven Level unterhalten, das vor allem durch die kreuz und quer durcheinander quatschenden Personen rechts und links von mir nicht mehr zu verstehen ist.

Ich gehe zu Dona Batuca hinüber und frage, ob ich wohl auch mal mit Dona Bea sprechen könnte, woraufhin sie antwortet, dass das nun nicht mehr Dona Bea sei, sondern ein „Exu – ein Bote der Orixás", der jetzt den Körper in Besitz genommen hat. Und wieder spüre ich diese Skepsis in mir aufsteigen – irgendetwas in meinem Kopf sträubt sich gegen ihre Worte. „Geh hin und sprich mit Exu, wenn du willst, aber vergiss nicht, ihn mit ‚Laroié' zu begrüßen!", fügt sie hinzu.

Ich gebe Mike meine Kamera und passe einen Moment ab, in dem Bea eine der Bittstellerinnen entlässt, husche zu ihr rüber, gehe vor ihr auf die Knie und senke den Kopf, wie ich es bei den anderen Bittstellern beobachtet habe. Sie knurrt etwas mit dieser tiefen Männerstimme, von dem ich nur die Worte „Laroié Gringo" verstehe, mit denen sie mich begrüßt. „Laroié", gebe ich etwas zögernd zurück.

Sie zieht an ihrer Zigarre und bläst den Rauch über meinen gebeugten Rücken – ich warte, schließlich räuspert sie sich, gibt ein paar unverständliche Laute von sich und spricht mich dann klar und deutlich in deutscher (!) Sprache an:

„Damit du mich richtig verstehst, Klaus, werde ich in deiner Sprache sprechen. Es ist gut, dass du ein Freund von Maria José bist (sie meint Dona Batuca), du kannst viel von ihr lernen … Sie ist eine gute Frau. Wir haben dich beobachtet. Du bist von weit her in dieses Land gekommen und du liebst es … Dieses Land liebt dich auch. Und doch wirst du es nach vielen Jahren wieder verlassen …"

Während dieses Wesen mit der männlichen Stimme zu mir spricht, spüre ich, wie eine Gänsehaut meinen gesamten Körper überzieht, fassungslos schaue ich Bea zum ersten Mal wieder in die Augen, die jetzt nicht mehr weiß und leer sind, sondern mich freundlich und goldbraun fixieren. Dass aus diesem wohlgeformten Mund mit den üppigen Lippen diese deutliche Männerstimme dringt, das erschüttert mich zutiefst – und woher kann sie meine Sprache? Während er (sie) spricht, fühle ich mich wie im Bann, physisch und psychisch in unsichtbaren Fesseln – meine körperlichen Bewegungen scheinen ausgeschaltet, meine Gedanken gelähmt – als die Stimme verstummt, will ich etwas sagen, es gelingt mir nicht – meine Fragen, die ich mir für diese Konsultation zurechtgelegt habe, erscheinen mir plötzlich unangebracht und banal. Völlig verwirrt erhebe ich mich – ihr

„Laroié Gringo" erinnert mich daran, dass ich vergessen habe, mich zu verabschieden, während die nächste Bittstellerin bereits vor Bea niederkniet.

Mike erwartet mich gespannt und ist dann anscheinend enttäuscht, weil ich abwinke – ich kann ihm jetzt, in diesem fassungslosen Moment, nicht auch noch Rede und Antwort stehen – ich muss jetzt an die frische Luft.

Draußen auf der kleinen Holzplattform über dem Wasser spüre ich, wie mein Erregungspegel langsam wieder absinkt. Von frischer Luft kann zwar keine Rede sein über diesem stinkenden Wasser, aber in der Kühle der Nacht kommt sie mir erträglicher vor als tagsüber in der Gluthitze. Nun denke ich über die Worte nach, die da aus Beas Mund gekommen sind – besonders warum ich dieses Land, das ich so liebe, je wieder verlassen sollte?

Als Bernardo mit seinen Trommelschlägen erneut die Führung der Gemeinde übernimmt, begebe ich mich wieder nach drinnen. Dort schlägt mir die von zahlreichen Räucherstäbchen geschwängerte Luft auf den Magen. Eine Frau steht plötzlich vor mir, mit einem Tablett voll Sandwiches und verteilt Coca-Cola – ein willkommener Imbiss nach nunmehr vier Stunden Candomblé. Es ist Mitternacht und noch kein Ende der Kulthandlungen abzusehen. Ich konzentriere mich wieder auf meine Kamera und fixiere die eine oder andere Gruppe im Sucher – Dona Batuca, die jetzt einige Passagen solo singt, in die der Chor einfällt, ist ein gutes Motiv und die drei Medien, die noch auf ihren Stühlen in der Mitte des Raumes sitzen, Zigarren paffen und Cachaça trinken – ich ducke mich vor meinen Stuhl, um aus der Froschperspektive ein möglichst imposantes Bild von den Dreien zu machen – da wird mir schwarz vor Augen ....

Aufgeregtes Geplapper dringt in meine Ohren, als ich wieder zu mir komme. Dann erkenne ich die Gesichter, die sich mit besorgten Mienen über mich beugen. Ich liege auf dem Boden und zwei Männer massieren meine Arme und Beine, das heißt, sie umspannen meine Oberarme mit beiden Händen und ziehen dann diese Umspannung mehrmals bis hinunter ans Handgelenk – dasselbe machen sie mit meinen Beinen, von den Knien bis zu den Fußgelenken – Dona Batuca steht vor mir und murmelt Unverständliches. Schließlich stellen sie mich wieder auf die Beine – ich fühle mich nicht besonders, schwach und wacklig – Mike fasst mich unter, als Eliana uns in einen Nebenraum führt, in dem man zwei Hängematten für uns aufgespannt hat.

„Bom descanso", sagt sie, „amanhã a gente se fala" (Gute Ruhe, morgen sprechen wir uns) – dann lässt sie uns allein. Erst jetzt macht Mike den Mund auf und seine erste Frage lautet:

„Hast Du simuliert oder war das echt?"

Statt einer Antwort frage ich ihn, wie lange ich bewusstlos war, seine Antwort kommt prompt: etwa zwanzig Minuten. Damit muss er sich vorerst zufriedengeben. Trommelwirbel und Chor im Nebenraum können nicht verhindern, dass mich ein tiefer, traumloser Schlaf übermannt.

"Wake up, little Susie – wake up!" Mit diesem Hit der Everly Brothers werde ich geweckt – Mike hält den Kopfhörer seines Walkman dicht an mein Ohr, trotzdem dauert es eine Weile, bis ich mich endlich rühre. „We've almost finished breakfast – come on, pal!" Nun denn, auf einer Kommode steht eine Schüssel mit Wasser – scheint frisch zu sein – daneben ein Handtuch, weiß und wohlriechend – und es gibt sogar ein Stück Seife. Nachdem ich mich ein bisschen frisch gemacht habe und den kleinen Anbau betrete, der als Küche dient, begrüße ich Dona Batuca und Bernardo, die am Tisch sitzen, und Dona Bea, die am Herd hantiert – sie kocht hier mit Gas, die Behälter schafft Bernardo per Boot vom Festland herüber. Etwas verlegen stehe ich im Türrahmen. Jetzt ist der Moment, um diesen lieben Menschen unseren Dank für ihre Gastfreundschaft auszusprechen und ihren lächelnden Mienen nach zu urteilen, scheine ich die richtigen Worte getroffen zu haben.

Dona Bea hat Tapiocas für uns gebacken, kleine, weiße Pfannkuchen aus Maniokstärke, die man mit einem Kompott aus Früchten bestreicht und dann zusammenrollt – etwa wie eine Crêpe Suzette. Als Kompott stehen zwei Sorten auf dem Tisch, einer aus Guaven und einer aus Orangen – beide köstlich. Ergänzt wird das Frühstück von Ananas, Papayas und Bananen sowie einem Kuchen, der angenehm nach Limonen schmeckt – dazu hat Elisa Kaffee aufgebrüht.

Wir sind beide zwar äußerst gespannt, dass jemand den Vorfall meines Blackouts beim Candomblé erklärt, wollen dem aber nicht vorgreifen, sondern abwarten, bis einer darauf zu sprechen kommt. Und das tut Dona Batuca, nachdem sich Bea zu uns gesetzt hat. Ihr Ansatz kommt überraschend: „Exu gosta de você, Claudio." Und nach einer Pause, „estava querendo lhe possuir!" – Exu liebt dich, Claudio, er wollte dich besitzen. Sofort übersetze ich es Mike. Auch ihre weiteren Erklärungen, aus denen ich entnehmen kann, dass meine Ohnmacht eine Art mediales Zwischenstadium gewesen sei, das wir ja auch bei den drei Frauen beobachtet hatten, als sie plötzlich zu Boden stürzten und von den bereitstehenden Männern aufgefangen wurden. Dass mir das passieren würde, das konnte natürlich niemand ahnen und da ich bereits auf dem Boden kniete, bin ich lediglich umgekippt.

„Niemand hat wissen können", so erklärt Dona Batuca weiter, „dass du ein Medium sein könntest. Hätten wir nicht sofort reagiert und verhindert, dass ein Abgesandter von Oxalá sich in deinem Körper einquartiert ... nicht auszudenken!" Sie hält inne und spricht nicht aus, was dann passiert wäre.

Wir erfahren weiter, dass ein Medium keinerlei Erinnerung hat an das, was sie von den Bittstellern gefragt wurde oder sie ihnen geraten hat – für sie ist der mediale Zustand wie eine lange Ohnmacht. Bea nickt zustimmend. Ich stelle eine Frage zu der Arm- und Beinmassage nach meiner Ohnmacht.

„Dadurch können wir verhindern, dass ein Exu oder ein anderer Abgesandter der Orixás einen Körper in Besitz nimmt." Jetzt bekomme ich wieder Gänsehaut.

Da es Sonntag ist, hat niemand viel zu tun. Also haben sie ein bisschen Zeit mit uns zu plaudern. Dona Batuca erzählt uns, dass die Präfektur von Salvador bereits seit 1950, immer mal wieder, wenn es einem der Präfekten gefällt", ein Stück der Bucht Enseada dos Cabritos mit Sand und Steinen auffüllt um ein paar Häuschen des sozialen Wohnungsbaus draufzusetzen, in denen dann Bewohner der Palafitas einquartiert werden. Ziel sei es, so die Politiker, die gesamte Bucht eines Tages aufzuschütten und auf diesem gewonnenen Areal Sozialwohnungen zu errichten, damit die Alagados endlich verschwinden.

„Aber wenn das so langsam weitergeht wie bisher, werden wir das wohl nicht mehr erleben", fügt Bea hinzu. „Die Palafitas wachsen viel schneller als die Häuschen der Präfektur – immer mehr arme Leute, die nicht wissen wohin, kommen zu uns aufs Wasser!"

In den sieben Jahren, in denen Dona Batucas Familie in den Alagados wohnt, haben sie ihre Behausung mehrmals neu aufbauen müssen, nachdem der eine oder andere Stützbalken, von den Gezeiten des Salzwassers geschwächt, plötzlich nachgegeben hatte.

„Wir schliefen, als es plötzlich einen lauten Knall in der Küche gab, von dem wir wach wurden. Die Hälfte eines Stützbalkens war dort zerbrochen, ein anderer im Zimmer der Kinder. Die kamen in den Aufenthaltsraum gerannt, der noch gerade stand", erzählt Bea. „Aber weil wir nicht wussten wohin, haben wir mit Hilfe unserer Nachbarn die Hütte wieder aufgebaut – und mussten einen neuen Herd und ein paar Möbel kaufen, die ins Wasser gerutscht waren. Aber das ist kein menschenwürdiges Leben. Doch ich vertraue auf Oxalá, eines Tages werden wir aus diesem Loch befreit werden!"

Für die Reichen ist die Armut der anderen ein Naturgesetz!

Ein Philosoph der Landstraße

Die Selbstverteidigung der Sklaven

Ein vitales Element der bahianischen Folklore ist der „Capoeira" genannte Fußkampf der ehemaligen Sklaven, von ihren Nachkommen zu einem akrobatischen Scheinkampf verfeinert, in dem die typischen Angriffs- und Abwehrschläge verhalten und in die elegante Anmut und Ästhetik afrikanischer Choreographie verwoben werden – unterstützt von der rhythmischen Untermalung des „Berimbau", eines hölzernen Bogens mit Drahtbespannung, der mit einer Kupfermünze rhythmisch angeschlagen wird und dem eine Kalebasse als Klangkörper dient.

Dies ist einer der erregendsten Sounds, die man in den Straßen von Salvador zu hören bekommt und wenn man ihm nachgeht, trifft man hinter der nächsten Straßenecke bestimmt auf eine Gruppe junger Männer, in deren Mitte zwei von ihnen so waghalsige, akrobatische Sprünge vollführen, dass einem der Atem stockt, besonders wenn man einen solchen Schein-Zweikampf zum ersten Mal hautnah miterlebt. Als Zuschauer ist man einfach hingerissen und fasziniert von der unglaublichen Körperbeherrschung eines guten „Capoeirista" – vielmehr von beiden – die sich auf Füßen und Handflächen umkreisen, einen Tritt oder Schlag millimetergenau zu führen oder zu verhalten verstehen, Sprünge machen, welche die Schwerkraft aufzuheben scheinen und die das gesamte Gewicht ihres Körpers auf einem einzigen Finger balancieren können. Unglaublich – man muss sie gesehen und vor einer dieser historischen Kolonialfassaden Salvadors erlebt haben, um meine Begeisterung für diese Jungs nachempfinden zu können.

Unzweifelhaft afrikanischen Ursprungs, hat sich der Capoeira einst aus einem Verteidigungskampf gegen die Sklavenjäger der Kolonialzeit entwickelt. Im Gegensatz zu dem, was viele glauben, haben die aus ihrer afrikanischen Heimat nach Brasilien verschleppten Sklaven ihre Gefangenschaft nicht widerstandslos akzeptiert. Die Geschichte ist voll von Beispielen, wie der „Revolta dos Malês" und zahlreicher anderer Rebellionen, die im Lauf des 19. Jahrhunderts registriert wurden, besonders in Bahia. Capoeira wurde zum Widerstandssymbol der versklavten Afrikaner.

Capoeira hat seine Wurzeln in einer Kampftechnik aus dem Volk der Bantu. Einst bewohnten sie die Region von „Austral Africa", heute Angola. Weil die weißen Herren der Zuckerrohrpflanzungen ihren Sklaven jedwede Art von Kampf-Training verboten, verbanden sie Capoeira-Übungen mit Gesang und Musik und konnten so die Herren über die wahren Hintergründe ihrer scheinbaren Tanzveranstaltungen hinwegtäuschen, die außerdem im Umkreis der Schlafquartiere der Sklaven stattfanden, wohin kaum je ein Mitglied der Herrschaft den Fuß setzte. Die Capoeira-Praxis diente jedoch nicht allein der Vorbereitung auf eine eventuelle Flucht, sondern in erster Linie der Bewahrung ihrer Kultur, der physischen Gesundheit und dem Abbau von Stress. In der Regel fanden diese von Musik untermalten Zweikämpfe auf kleinen, von Büschen begrenzten Arealen statt, die man zu jener Zeit „Capoeira" oder „Capoeirão" nannte – daher der Name dieser Kampfkunst. Wurden entflohene Sklaven von den sogenannten „Capitões do Mato", den Kopfgeldjägern, gestellt, endete manch eine dieser Begegnungen mit dem Tod der Jäger, die von einem gezielten

Fußtritt auf den Halsknorpel überrascht wurden – weil sie die eingefangenen Sklaven für den Fußmarsch zurück in der Regel nur an den Händen zusammengekettet hatten.

Nach Abschaffung der Sklaverei im Jahr 1888 tauchten Banden von „Capoeiristas" in der Hauptstadt Salvador auf, die bei öffentlichen Veranstaltungen der herrschenden Klasse Tumulte provozierten und die Autoritäten jener Epoche das Fürchten lehrten. Bis 1930 war die Praxis der Capoeira in Brasilien streng verboten. Die Polizei hatte Anweisung, jeden Capoeirista, der bei diesem gefährlichen Treiben erwischt wurde, sofort festzunehmen. Einer der bedeutendsten brasilianischen Capoeiristas, Mestre Bimba, präsentierte dem damaligen Präsidenten Getúlio Vargas eine etwas gemäßigte Capoeira-Variante. Und dem gefiel diese Vorführung so gut, dass er Capoeira zum brasilianischen Nationalsport erklärte. Von da an erfuhr der „Capoeira de Angola" verschiedene Verbesserungen in Bahia, blieb jedoch dank eines anderen Könners, dem Mestre Pastinha, seiner angolanischen Tradition treu. Mestre Pastinha war noch im hohen Alter von 79 Jahren in dieser Kampfkunst aktiv und hat Generationen von „Capoeiristas de Angola" ausgebildet.

Capoeira ist ein Dialog der Körper. Sieger ist derjenige, der vom Gegner „keine Antwort" mehr bekommt. In seiner freundschaftlichen Form, also innerhalb der „Roda de Capoeira" (der Capoeira-Runde) ist dieses Spiel tatsächlich ein Zwiegespräch der Körper. Zwei Capoeiristas stehen einander gegenüber, bekreuzigen sich – der Berimbáu-Spieler intoniert einen langsamen Rhythmus – die beiden beginnen Hände und Füße in einem Zeitlupen-Ballett von „körperlichen Fragen und Antworten" zu bewegen, bis ein Dritter sich zu ihnen gesellt und immer so weiter, bis schließlich alle Teilnehmer in rhythmischer Bewegung sind.

Ein Basiselement der Capoeira, genannt „Malícia" oder „Mandinga", kann die Capoeira äußerst gefährlich gestalten. Die sogenannte „Hinterlist" besteht aus einem Scheinangriff – einem Fußtritt, der dicht vor dem Ziel zurückgezogen wird, dann aber blitzschnell zurückkommt und den überraschten Gegner jetzt ungedeckt trifft und außer Gefecht setzt.

Capoeira wird in drei Stilarten präsentiert, die sich durch ihre charakteristischen Bewegungen und den sie begleitenden musikalischen Rhythmus unterscheiden. Neben dem Capoeira de Angola gibt es eine weitere Variante, die als „Capoeira Regional" bezeichnet wird. Ihr Kampfstil mischt die Hinterlist der Angola mit besonders schnellen Körperbewegungen. Die Schläge (Fußtritte) sind trocken und blitzschnell – auf die akrobatischen Körperbewegungen wird verzichtet.

Die dritte Stilart bezeichnet man als „Capoeira Contemporâneo" – die zeitgenössische Capoeira besteht aus einer Mischung der beiden ersten Stilelemente und wird heutzutage allgemein bevorzugt.

Die Stärke und die Schnelligkeit, mit der die Fußtritte zum Einsatz kommen, lässt keinen Platz für halbe Sachen: Entweder man präsentiert den realistischen Capoeira oder man simuliert ein Spiel. Die Puristen sind absolut dagegen, Capoeira in sportliche Reglements einzubinden. Andere wiederum halten dagegen, dass Capoeira sich weiterentwickeln sollte, wie alle anderen Arten von Kampfkunst auch.

Bei der männlichen Jugend Bahias sind Capoeira-Wettkämpfe heute fast so beliebt wie Fußball. Und allenthalben kann man bei einem Spaziergang durch Salvador den Jungen beim Training auf öffentlichen Plätzen oder am Strand zuschauen. Lernen kann man Capoeira bei Meistern in Salvador – man müsste dafür allerdings schon einige Wochen zur Verfügung haben.

Besser für etwas zu kämpfen, als für nichts zu leben!

Ein Philosoph der Landstraße

Pernambuco

Dieser Staat ist einer der ältesten und bedeutendsten Brasiliens – historisches und kulturelles Erbe seiner Kolonisatoren und eine meiner ganz besonderen Empfehlungen für Brasilienbesucher. Das Bundesland mit knapp 100.000 Quadratkilometern Fläche ist etwas größer als Portugal, mit tropischem Klima, regelmäßigen Niederschlägen an der Küste und wenig Regen im halbtrockenen Inland, dem Sertão.

Die nördlichen Strände von Pernambuco bilden den größten Komplex für Wasser-Sport im Nordosten. Und die südlichen, wie zum Beispiel rund um Porto Galinhas, bezaubern mit ihrem warmen Wasser in den von der Natur geformten Pools an der palmengesäumten Küste.

Pernambucos Sehenswürdigkeiten beschränken sich allerdings nicht auf die Küste. Im Inland wetteifern Städte wie Caruaru, die „Hauptstadt des Forró" und größtes Zentrum figurativer Kunst, mit Garanhuns, Gravatá und Tracunhaem, dem größten Keramik-Zentrum des Nordostens, um die Gunst der Besucher.

Die Hauptstadt Recife

Sie ist eine holländische Gründung aus dem Jahr 1630, die mit ihrer wiederbelebten Down-Town-Atmosphäre, den zahlreichen Kanälen, die ihr auch den Namen „Venedig Brasiliens" eingebracht haben, den vielen Brücken und den Stränden mit natürlichen Pools und unzähligen Freizeit-Möglichkeiten glänzt. Sie ist eins der ersten Zentren für neue brasilianische Musik und, darüber hinaus, die drittbeste Stadt Brasiliens hinsichtlich ihres reichhaltigen gastronomischen Angebots.

Karneval in Recife

Weil ich ein Fan des Straßenkarnevals bin, möchte ich auch ein bisschen von diesem Volksfest erzählen, das zwar in fast jeder Stadt Brasiliens jedes Jahr mehr oder weniger originell gefeiert wird, sich aber besonders in Recife und seiner Nachbarstadt Olinda in einer seltenen Authentizität erhalten hat, die man sonst kaum noch antreffen wird.

Wer den „Carnaval Pernambucano" noch nie erlebt hat, der hat wenigstens schon von ihm gehört und nimmt sich vor, im nächsten Jahr endlich einmal dabei zu sein. Die natürliche Freude und Ausgelassenheit dieser Menschen, die große Kreativität mit bescheidenen Mitteln und der spontane Enthusiasmus der Block-Mitglieder, die Bereitschaft der Bürger, sich vom Strom des Übermuts mitreißen zu lassen – das alles erfüllt jeden einzelnen Pernambucano mit großem Stolz und bevor er sich dann selbst unter seine lauthals jubilierenden Landsleute mischt, empfängt er den Besucher mit weit offenen Armen, um ihn zu seinem Carnaval zu begleiten. Etwas Schöneres als diesen ansteckenden Freudentaumel, den mitreißenden Rhythmus, die kreativen Kostüme und Masken, die Lichter der Stadt, die exotischen Farben und die heiße Musik kann er seinen Gästen nicht bieten.

Der „Frêvo" ist das Markenzeichen des pernambukanischen Karnevals. Er hat sich aus dem Repertoire der Militärkapellen während der zweiten Hälfte des 19. Jahrhunderts entwickelt, angereichert durch die Rhythmen des Maxixe, der Modinha, der Polka, des Tango, der Quadrille und des Pastoril. Im Lauf der Zeit hat sich der Frêvo seine eigenen Charakteristika geschaffen und Schritte und Sprünge aus der bahianischen Capoeira übernommen. Seit 1930 erscheint der Frêvo in drei Präsentationsformen: als „Frêvo de rua" (Straßen-Frêvo), „Frêvo de bloco" (Block-Frêvo) und „Frêvo canção" (Gesangs-Frêvo).

„Frêvo ist mehr als ein Tanz, er ist ein pernambukanisches Gefühl. Etwas, das man inmitten des Volkes spürt, im Druck der großen Volksmassen, ihrem Kommen und Gehen in gegensätzliche Richtungen, wie beim Karneval", so die Definition von Pereira Costa in seinem alten „Vocabulário Pernambucano". (Frêvo wurde von „ferver" = kochen, abgeleitet – im Volksmund auch „frever" – „frevo" = ich koche).

Das Niveau des pernambukanischen Karnevals kann man am besten an seiner Vielfalt der verschiedenen Rhythmen messen, die den Besucher wie ein exotischer Ohrenschmaus überraschen. Neben dem Frêvo, dem in all seinen Variationen bestimmt der erste Rang gebührt, hat man den Maracatu, den Afoxé, den Samba und den Caboclinho weiterentwickelt – die ersten drei sind afrikanischen Ursprungs und der letzte mit indigenem Einfluss entstanden. Jeden dieser Rhythmen wird man auf dem Karneval in Pernambuco entdecken, und jeder Besucher kann sich, je nach Gusto, vom einen oder anderen vereinnahmen lassen – er braucht dazu allerdings ein bisschen Kondition.

Heute ist der Karneval in Recife einer der größten kulturellen Schmelztiegel Brasiliens. Ausgelassene Menschen aller Nationen, Einheimische und Besucher marschieren, singen und klatschen begeistert den Rhythmus und vergessen ihre eigenen kleinen und großen Sorgen in diesem Stadium schwebender Glückseligkeit.

„O Galo da Madrugada" – der Hahn der Morgendämmerung – ist ein Karnevals-Block, der gegen 5:30 Uhr am Karnevalssamstag ganz

Recife aufweckt und in eine immense bunte Tanzparty unter offenem Himmel verwandelt. 1977 fingen seine Gründer mit einem kleinen Kostüm- und Masken-Club an, scharten ein paar Freunde um sich, die in der Nähe wohnten oder im Stadtteil São José arbeiteten. Heute strömen mehr als eine Million Menschen zusammen.

Der Karneval von Pernambuco gehört dem Volk – von Recife bis Olinda, von Petrolina im Sertão bis zu der Zona da Mata in Vitória de Santo Antão – das Fest ergreift und bewegt sie alle. Und es ist egal, ob man in der Maske des Königs, dem Kostüm der Prinzessin oder dem Lederwams des Sklaven erscheint, das Wichtigste ist, an den vier tollen Tagen dabei zu sein und mitzuwirken, die Tradition eines der schönsten Karnevalsfeste unseres Planeten aufrecht zu erhalten.

Kaum ist der Karneval vorbei, setzen alle wieder ihre Masken auf!

Ein Philosoph der Landstraße

Die Nachbarstadt Olinda

Olinda wurde 1982 von der UNESCO zum „Historischen und kulturellen Erbe der Menschheit" erklärt – sie bewahrt zwischen ihren Hügeln die alten Kolonialgebäude und Monumente aus einer bewegten brasilianischen Kolonialgeschichte in seltener Vollkommenheit.

Wer durch Recife kommt und nicht die sieben Kilometer nach Olinda fährt, begeht eine touristische Sünde. Und es sind nicht nur die Kirchen, weshalb man sich hierher bemühen sollte – vielmehr ist es die authentische historische Kulisse, die man gesehen haben sollte, den Komplex als Ganzes. Man erwartet tatsächlich jeden Moment ein paar Zechbrüder um eine der kolonialen Fassaden wanken zu sehen, über die sich einst der Jesuitenpater Cardim so aufgeregt hat. Der „Mercado da Ribeira", ein ehemaliger Sklavenmarkt aus dem 16. Jahrhundert, sieht noch genauso aus wie zu historischen Zeiten und die Händler gleichen denen auf den alten Gemälden und Stichen. Heute verkaufen sie allerdings Holzschnitzereien, Lithografien und viele andere kunsthandwerkliche Dinge.

Die Stadt auf den acht Hügeln, von denen man ganz Recife und den Atlantik überblicken kann, vermittelt einen unvergesslichen

Gesamteindruck kolonialer Architektur: Ganze Straßenzüge sind hier in ihrer historischen Atmosphäre erhalten und die mit Gold überladenen Kirchen zeugen von märchenhaftem Wohlstand längst vergangener Epochen. Nach Ouro Preto in Minas Gerais findet man hier das größte und besterhaltene architektonische Ensemble kolonialer Bauten Brasiliens, in denen sich die Boheme und viele Künstler niedergelassen haben. Eine lebendige Stadt mit einem Kulturzentrum, Kunstgalerien und Museen, Musik auf den Straßen und in den zahlreichen Bars – immer wird irgendwo etwas gefeiert.

Übrigens sind sich die Historiker uneinig über die romantische Namensgebung der Stadt: Die einen meinen, ein Adjutant des portugiesischen Entdeckers Duarte Coelho habe „Oh, linda!" (Oh, wie schön!) gerufen, als er von einem Hügel herab die Schönheit der Landschaft sah – die anderen behaupten, Duarte Coelho selbst habe gesagt „Oh, linda situação para se fundar uma vila" (Oh, schöne Lage um eine Siedlung zu gründen).

Karneval in Olinda

Er wird hier in Brasilien inzwischen kaum noch als Geheimtipp gewertet – dafür ist er längst zu berühmt – aber er gehört zweifellos immer noch zu den exklusivsten und begehrtesten Festen in diesem Land. Ein Fest, an dem die ganze Stadt teilnimmt. Die historische Stadtkulisse und die Tatsache, dass sich hier die Einwohner alle gut kennen, schafft eine Intimität, die man in den Millionenstädten Brasiliens vergeblich suchen wird. Inzwischen nehmen zwar auch Tausende von Besuchern an dem Ereignis teil, aber auch auf Menschen von außerhalb scheint das exklusive Flair der historischen Gebäude, Gassen und Plätze, zusammen mit den sich dazwischen im Tanz drehenden bunten Kostümen und den gutmütigen „Bonecos Gigantes" (Riesenpuppen) eine besondere Wirkung zu haben. Berührt vom Zauber eines Ambientes wie einem lebenden Kunstwerk, in dem sie selbst ein Teil sein dürfen, fällt die Fremdheit von ihnen ab und sie gehen ganz auf im Rhythmus der Musik, der Farben und der ausgelassenen Freude ihrer neuen Freunde aus Olinda.

Die „Bonecos Gigantes" sind das besondere Markenzeichen des Karnevals dieser kleinen historischen Stadt. Jene über drei Meter großen Riesenfiguren aus Pappmaché, Stoff und Plastik werden von einem kräftigen Angehörigen eines Blocos mittels eines Stützgerüstes auf den Schultern getragen. Der Träger benutzt einen Sehschlitz am Beinansatz der Riesenpuppe, deren lange, bis auf den Boden reichende Bekleidung ihn völlig verhüllt. So ist die Täuschung komplett: Jeder dieser Riesen hat ein Eigenleben und wenn man in ihre hoch über der Menge ragenden, freundlich lächelnden oder auch säuerlich grinsenden Gesichtszüge blickt, meint man im Schein der schon etwas schräg stehenden Sonne tatsächlich, einen mit dem Auge zwinkern gesehen zu haben.

Der „Homem da Meia Noite" (Mitternachtsmann) ist der bekannteste dieser Puppen-Riesen, sein Erscheinen wurde zum ersten Mal im Jahr 1932 registriert – ein weißhaariger alter Herr im dunklen Nadelstreifen-Anzug, ernst-würdevoller Miene, drei Meter und zwanzig groß. Ihm gebührt die ehrenvolle Aufgabe, den Karneval von Olinda offiziell zu eröffnen – genau um Mitternacht des Karnevalsamstags, der hier „Sábado de Zé Pereira" heißt. Bis 1967 führte der Mitternachtsmann ein Junggesellendasein, dann schuf jemand die „Mulher do Dia" (die Frau des Tages) – und inzwischen sind die beiden unzertrennlich. Zusammen sind sie stadtbekannt und das beliebteste Paar der tollen Tage von Olinda.

Elf Tage lang dauert das rauschende Fest. Hier wird der Aschermittwoch einfach nicht respektiert, den man kurzerhand in „Quartafeira-do-Batata" umbenannt hat, nach einer lokalen Episode, in der sich ein Kellner mit Spitznamen „Batata" (Kartoffel) beschwerte, dass er nach seiner aufreibenden Arbeit über die Festtage nunmehr auch seinen Karneval feiern möchte. Und das kann er ja nicht alleine – also feiern die anderen alle nochmal mit.

Alles spielt sich vornehmlich auf historischen Straßen und Plätzen ab – das ist das Schönste dabei, besonders für die Besucher von außerhalb. Und damit die auch in die richtige Stimmung und vor allem in die nötige Kondition finden, um wenigstens einige Tage und Nächte durchzuhalten, bietet man ihnen erst einmal einen „Capêta" an – den lokalen Marathon-Fest-Cocktail, von dem ein britischer Tourist respektvoll meinte: „That stuff keeps you going!" Das „Teufelchen", so heißt der aufmunternde Cocktail, wird aus Guaraná-Pulver, Kondensmilch und Wodka gemixt, gerührt oder geschüttelt, die Wirkung bleibt die gleiche, besonders am nächsten Morgen. Einfach jeder verkleidet sich in Olinda, auch die Besucher. Die offizielle Eröffnungsfeier ist fast so pompös wie die bei den olympischen Spielen: Ein Block von mehr als 400 „Jungfrauen" (verkleidete Männer) tritt in Szene. Preise werden für die gewagtesten Kostüme vergeben, aber auch für die prüdesten. Die kostümierten Blocos – hier gibt es mehr als 500 Vereine – ziehen, zur Musik des Frêvo tanzend, Sonnenschirmchen schwenkend durch die Stadt und jedermann folgt dem wirbelnden, magnetischen Strom, der sich wie ein tanzender, farbenglitzernder Lindwurm durch die schmalen Gassen wälzt und überall freudestrahlenden Gesichtern begegnet.

Dein Leben hat die Farben, die du ihm gibst!

Ein Philosoph der Landstraße

Der Markt von Caruaru

Wenn Sie sich als Besucher von Pernambuco erst einmal auf die wunderschönen Strände stürzen wollen, dann ist das verständlich, denn die bieten Nordeuropäern das begehrte Kontrastprogramm zur eigenen kühlen und oft badestrandlosen Heimat. Außerdem gehören die Strände Pernambucos zu den schönsten in Brasilien und einige von ihnen liegen nur ein paar Minuten zu Fuß von den Hotels entfernt. Also erstmal raus aus den Reisekleidern und rein in Bikini und Badehose, einen Geldschein in den Hosenbund für einen Snack und ab zum nächsten Strand.

Wenn dann aber, nach ein paar Tagen der Entspannung und der ersten Bräunung, der Entdecker und Abenteurer wieder in Ihnen erwacht, werden Sie sich wahrscheinlich auch ein bisschen aktiver in Pernambuco umsehen wollen und da hat dieser brasilianische Staat besonders viel Interessantes und Überraschendes zu bieten. Sollten Sie einen Samstag in Recife erwischen, dann nutzen Sie ihn für ein einmaliges szenisches Erlebnis: einen Markt unter freiem Himmel, der wie aus einem vergangenen Jahrhundert entsprungen scheint – der größte Markt des Nordostens.

Auf einer Hügelkette, 135 km von Recife entfernt, liegt der Ort Caruaru. Tausende von Marktständen und Verkaufsbuden, Straßenhändler mit ihren Bauchläden, Musikanten, Sänger, Dichter und Schausteller, dazu eine unübersehbare Menge von Besuchern und Kaufinteressenten aus allen Teilen des Landes machen diesen Markt zu einem Volksfest, das jeden Samstag neu entsteht. Um alles erleben zu können, sollten Sie hier möglichst schon früh morgens eintreffen.

Lassen Sie sich einfach mal treiben von Ihrer eigenen Neugierde – wenn Sie eine Kamera dabei haben, sind Sie sowieso hin- und hergerissen von den unvergleichlichen Szenen wie aus einem exotischen Film. Hier kann man alles kaufen und sogar tauschen, was das Herz begehrt – die verkäuferische Zungenfertigkeit stellt jede Theatervorstellung in den Schatten, Akrobaten unterhalten die Besucher, Bänkelsänger berichten in Reimen von den neuesten Schandtaten der Politiker oder stellen sich zu einem sogenannten „Desafío" vor den Zuschauern auf.

Diese „Desafios" (Provokationen) haben im Nordosten eine lange Tradition und sind von den sogenannten Repentistas und den Violeiros perfektioniert worden, die sich selbst auf einer Gitarre begleiten, wenn sie ihr verblüffend reichhaltiges Repertoire an poetischen Versen unters Volk streuen. Diese Bänkelsänger des Nordostens treten in der Regel zu zweit auf, meistens auf offenen Märkten, wo sie zur Einleitung, um das Volk zum Stehenbleiben und Zuhören zu verleiten, eine historische Ballade präsentieren: vom bösen Räuber Lampião, zum Beispiel, oder die Geschichte der „Mulher Boa", einer wegen ihres frühen Todes von den Männern viel betrauerten Prostituierten – oder die Geschichte vom guten Padrinho Cícero. Ihr Repertoire ist einfach unerschöpflich. Nachdem sich ein paar Zuhörer um sie gruppiert haben, gehen sie im Wechselgesang dazu über, sich gegenseitig Schmähungen (Desafios) in gereimter Form an den Kopf zu werfen, beziehungsweise zu singen. Zu ihrem Entzücken erfährt die neugierige Menge zum Beispiel von einem der Sänger, dass der andere in Recife eine Geliebte habe, die Raimunda heiße und ihn bei seinen Reimen inspiriere – kaum hat er geendet, gibt jener zurück, er sei besser bedient mit seiner Raimunda als sein Kamerad, der nur eine Ziege zu seiner Inspiration besäße – die Zuhörer stehen jetzt Kopf an Kopf, denn die Geschichte wird spannend – und schon kontert der erste:

„Alle Frauen kosten Geld,
wollen Schmuck und schöne Kleider,
und dazu noch ‚nen Mann von Welt,
der Du nie sein wirst – leider, leider!
Meine Ziege frisst nur Kräuter,
mit Männern hat sie nichts am Hut,
meine Marotten stör'n sie nicht weiter,
und sie gibt Milch, ist das nicht gut?"

Gelächter unter den Zuschauern, das aber sofort wieder verebbt, als der zweite Sänger dagegen hält:

„Mit der Milch lass ich mich erweichen,
sonst aber gibt es keinen Grund
Raimunda mit ner Ziege zu vergleichen,
schon bei deren Gestank würde mirs zu bunt.
Ah, das Parfüm einer Frau, ihre süßen Worte,
ihr zärtliches Fleisch – ein Hochgenuss!
Entzückt steh ich vor Raimundas Pforte –
und rate Dir: mach mit der Ziege Schluss!"

Und jetzt wiehern die Zuschauer vor Vergnügen – die angedeuteten Hintergründigkeiten der Verse provozieren immer wieder schallende Lachsalven. Natürlich geht die Geschichte noch eine ganze Weile so weiter, bis die beiden erfahrenen Repentistas die sie umstehenden Personen in eine Art Hochstimmung hineinmanövriert haben, in der sie einen Angriff auf sich selbst nicht mehr als Beleidigung auffassen. Ganz plötzlich nehmen die beiden nun einen etwas beleibten Herrn unter den Zuschauern aufs Korn und lassen sich über sein rosiges Antlitz aus, und seinen dicken Wanst natürlich. Während der eine den ersten improvisierten Vers zum besten gibt, überlegt sich der andere den zweiten, ohne die geringste Pause setzen sie Vers an Vers – eine tolle Leistung, die auch die Zuschauer zunehmend in Fahrt bringt, am liebsten möchten sie sich jetzt auf dem Boden kringeln und kriegen kaum noch Luft vor Lachen. Nacheinander werden andere, möglichst irgendwie auffällige Personen auf die Schippe genommen – und je schlagfertiger die beiden Sänger sind, desto mehr Trinkgelder sammeln sie schließlich ein.

Von den Bauchläden vieler Verkäufer hängt die sogenannte „Literatura de Cordel" – die Schnurliteratur – herab, die im gesamten Nordosten überaus beliebt ist: kleine, handgedruckte Broschüren, in denen klassische Sagen und Legenden, romantische Liebesabenteuer und Horror-Geschichten, aber auch regionale Ereignisse und lokale Heldentaten glossiert und mit entsprechenden Serien-Zeichnungen und einer naiven Märchensprache in den Sprechblasen ergänzt werden. Da ein großer Prozentsatz der Menschen nur wenig oder überhaupt nicht lesen kann, kommt diese Aufmachung dem allgemeinen Bildungsstand entgegen. Fehlende Bildung ist, besonders hier im Nordosten, nicht unbedingt ein Manko, denn sie wird oft durch eine gute Portion Cleverness wettgemacht. Der Verkäufer dieser Heftchen tritt im Allgemeinen auf den größeren freien Märkten des Nordostens in Erscheinung. An seinem Stand sind sie zu Dutzenden – manchmal zu Hunderten – hintereinander, auf einer zwischen zwei Pfosten gespannten Kordel aufgereiht. Der Verkäufer stülpt jedes Heft mit der aufgeklappten Mitte auf jene gespannte Schnur, mit der schreiend aufgemachten Titelseite, oft als einzige in Farbe, nach vorn zum vorbeikommenden Kunden. Nun genügt einem nordöstlichen Star-Verkäufer diese durchaus publikumswirksame Ausstellung seiner Schnur-Literatur aber noch nicht: Jetzt holt er eine Gitarre, ein Akkordeon oder irgendein anderes Instrument hervor und präsentiert dem amüsierten Publikum seine Titel und einen Trailer seines Angebots musikalisch – ebenfalls in verblüffend gekonnten Reimen. Kein Wunder, dass seine Heftchen reißenden Absatz finden. Und kein Wunder, dass sie in astronomischer Auflage nachgedruckt werden. Ein paar dieser Heftchen-Verkäufer sind regelrechte Berühmtheiten im Nordosten, viele Marktbesucher kommen nur ihretwegen, um ihren gesungenen Geschichten zu lauschen und sich an ihrem Humor zu ergötzen.

Die keramische Handwerkskunst gehört zum Interessantesten der Feira, und viele Kuriositäten, wie zum Beispiel der Tauschmarkt

Troca-Troca, wo man ein Hemd gegen einen Kanarienvogel tauschen kann, eine Uhr gegen ein Paar Schuhe oder einen Hut gegen drei lebende Hühner. „Sim, Senhor – der Hut ist aus echtem Leder und war sehr teuer!" Details des ungewöhnlichsten Marktes, den Sie je gesehen haben und der natürlich auch eine endlose Fülle von überraschenden Motiven für eine Kamera bereithält.

Noch ein bisschen bekannter als durch seinen Markt unter freiem Himmel ist Caruaru bei den Einheimischen durch seine Musik. Hier steht die Wiege des Forró, und die Stadt wird im Nordosten in erster Linie als „Capital do Forró" – Hauptstadt des Forró, bezeichnet. Dieser Tanz, auch bekannt unter dem eher volkstümlichen Namen „Rala Bucho" (frei übersetzt: „Bauch-Reiber" – weil man beim Forró den Bauch an dem der Partnerin zu reiben pflegt), hat die kleine Stadt weit über ihre Grenzen hinaus berühmt gemacht. Dabei stammt der Forró gar nicht aus dem choreografisch-musikalischen Repertoire eines Caruaruenser Musikers, sondern entstand Ende des 19. Jahrhunderts aus einem Freizeitvergnügen der englischen Gleisarbeiter, welche die Schienen der brasilianischen „Great-Western-Eisenbahnlinie" verlegten – heute eine Strecke von rund 1.600 Kilometern, von Recife in Pernambuco bis Fortaleza in Ceará.

Damals staunten die Bürger von Caruaru über die lustigen Ausländer, von deren Sprache sie kein Wort verstanden, deren Musik sie aber sofort nachempfinden konnten – und deren Rhythmus unter ihnen zur Mode avancierte. Und als die harten Männer mit dem wachsenden Schienenstrang weitergezogen waren, erinnerten sich die traurigen Mädchen nur noch jenes einzigen Ausdrucks, mit dem ihre neuen Freunde sie jedes Mal aufgefordert hatten mitzutanzen, wenn sie durch ihre Musik angelockt im Lager auftauchten: „… for all!" Wahrscheinlich sagten die Männer so was Ähnliches wie „Come on in – it's for all!", aber davon war nur noch dieser klägliche Rest in ihrem Gedächtnis haften geblieben – und nicht einmal der, denn sie machten daraus „For-ró" – eine Lautmalerei, die, von einem Brasilianer gesprochen, sich tatsächlich so ähnlich anhört wie „for all". Klar, dass auch der original englische Tanz, die Musik und der Rhythmus in der Zwischenzeit einige indianische, afrikanische und lusitanische Korrekturen und Retuschen erfahren haben – und heute ist der Forró ganz sicher so durch und durch brasilianisch, dass ihn selbst ein englischer Gleisarbeiter nicht mehr als „made in Great Britain" erkennen würde.

Alle Menschen haben ein fotografisches Gedächtnis,
aber bei einigen fehlt der Film!

Ein Philosoph der Landstraße

Rio Grande do Norte

Der einzige Staat des Nordostens, in dem die Caatinga 90% des Territoriums einnimmt und bis ans Küstengebiet vorstößt, eine von Trockenheit heimgesuchte Region, die der Unterstützung durch die Landesregierung für ihre soziale und wirtschaftliche Entwicklung bedarf. Die mittleren Jahrestemperaturn an der Küste liegen bei 26º C, im Inland bei 28º C, es gibt allerdings Temperaturspitzen von über 40ºC. Das Klima ist tropisch, halbtrocken, mit regelmäßigen Niederschlägen im Küstenbereich – im Hinterland ist Regen dagegen eine Seltenheit.

Der Staat ist der größte brasilianische Produzent von Meersalz, die Produktion konzentriert sich auf die Distrikte Macau, Mossoró und Areia Branca. Auch als größter brasilianischer Produzent von Wolfram in der Region von Currais Novos hat sich der Staat einen Namen gemacht und Erdöl hat man ebenfalls vor seiner Küste gefunden. Bedeutendstes landwirtschaftliches Produkt ist Baumwolle, die in den Einzugsgebieten des Agreste und der Caatinga angebaut wird – besonders im Süden des Staates. Die Caju-Pflanzungen stehen an zweiter Stelle in der Landesproduktion – hinter dem Staat Ceará. An dritter Stelle stehen Bohnen – sie sind über das gesamte Territorium verbreitet. Darüber hinaus sind Melonen, Kokosnüsse, Ananas, Zuckerrohr, Süßkartoffeln und Mangofrüchte von gewisser Bedeutung, sowie Oiticica (Licania rigida) und die Rinde vom Angico-Baum (Piptadenia columbrina) als Naturmedizin.

Die Hauptstadt Natal

Sie liegt auf einer Halbinsel, die im Norden vom Rio Potengi und im Süden vom Atlantischen Ozean begrenzt wird. Die Region ist, wie die Gegend um Fortaleza, ein touristisches Traumziel: Dünen, Süßwasser-Lagunen, versteckte einsame Strände und die Sonnengarantie – an fast 300 Tagen im Jahr. Mit einem Buggy unterwegs, sind das wahrhaft reizvolle Urlaubstage. „Nach Natal der Sonne wegen" – ein Slogan, der das ganze Jahr über Gültigkeit hat.

Die Strände der Hauptstadt sind für unterschiedliche Wassersportarten geeignet. Am nördlichen Abschnitt befinden sich zahllose Lagunen, umgeben von steilen Sanddünen. Hier üben die Touristen, unter Anleitung der Einheimischen, das „Sand-Surfing": von der Spitze einer Düne den steilen Sandabhang auf einem Brett hinabzugleiten bis ins erfrischende Wasser der Lagune. Oder sie machen einen Ausflug mit dem Buggy durch den Dünenpark – eine bessere Idee, um einen Adrenalin-Schub nach dem anderen zu provozieren, gibt es kaum.

Die südlichen Strände bieten dagegen ganz andere Attraktionen, zum Beispiel den größten Cashew-Baum der Welt oder die Raketenabschuss-Basis in „Barreira do Inferno" – von diesem „Höllenriff" aus werden auch europäische Satelliten ins All befördert.

Was ist eigentlich Caatinga?

An dieser Stelle möchte ich auf die in Beschreibungen der im Nordosten so oft vorkommenden Vegetationsform „Caatinga" eingehen, die besonders im Bundesstaat Rio Grande do Norte mehr als drei Viertel der Bodenfläche beansprucht. Die Bezeichnung „Caatinga" stammt aus dem Sprachgebrauch der Tupi-Indianer und bedeutet „weißer Wald". Der Grund für diese nicht offensichtliche Bezeichnung liegt in der Tatsache, dass sich die Caatinga nur während der Regenzeit grün und mit dichtem Laubwerk präsentiert – eine kurze Zeitspanne. In den übrigen Monaten erscheint die Landschaft transparent, das heißt, der Blick durchdringt die trockene Vegetation weit zwischen den kahlen Stämmen der verkrüppelten Bäume, deren weißlich verfärbte, trockene Rinde wie ein helles Leichentuch die Landschaft überzieht.

Die Temperatur in der Caatinga ist im Allgemeinen außerordentlich hoch (38-40°C), die relative Luftfeuchtigkeit besonders niedrig und die zu erwartenden Niederschlagsmengen gering. Die Dauer der Trockenzeit ist von Gebiet zu Gebiet verschieden, gewöhnlich liegt sie bei sieben Monaten. Eventuelle Regenfälle kommen in der Winterzeit – und das ist nicht etwa die kalte Zeit, sondern die weniger warme.

Die Mutter Natur antwortet richtig auf alles, was wir falsch machen.

Ein Philosoph der Landstraße

Komm-Komm

Alles war äußerst seltsam auf der Fazenda Paraíso Verde. Schon der Name „Grünes Paradies" stand in unverständlichem Kontrast zu diesen paar Hektar unansehnlicher Erde, vollkommen ausgetrocknet und einer Wüste ähnlicher als einem von Menschen bewohnten Besitz.

In der ganzen Umgegend gab es nichts Grünes, nicht einmal die sonst überall wuchernde Hecke der Aveloz, mit der die Bauern des Nordostens in der Regel ihr Eigentum einzäunen oder was sonst noch wert ist eingezäunt zu werden. Die stachelige Pflanze sondert eine Milch ab, die auf der Haut wie Feuer brennt – nicht einmal Schlangen mögen unter ihr durchkriechen, und das Vieh meidet sogar ihren Schatten, denn der Preis dafür ist äußerst schmerzhaft.

Nun, ich habe den Grund für den seltsamen Namen nicht in Erfahrung gebracht, aber die Besitzer des Fleckens waren ganz normale Leute – insofern man es als normal bezeichnen kann, wenn ein Mann und eine Frau in solch schweren Zeiten, und auf einem solchen Stück Einöde, acht Kinder in die Welt setzen und darüber hinaus noch die Kinder einer Schwester aufnehmen, die sich nach dem Tod ihres Mannes irgendwo in die große weite Welt geflüchtet hatte. Zusammen mit den Eltern waren es siebzehn Personen, die in einem schiefen Häuschen mit zwei Räumen, einer Küche und einer Veranda wohnten. Schon seit Jahren drohten die windschiefen Wände über ihnen zusammenzubrechen, rissig, uralt und überaus traurig anzusehen.

Eine Toilette gab es nicht. Man brauchte sie auch nicht, denn die drei Schweine, die frei herumliefen, lösten jedwedes Problem, welches sich vielleicht durch die unter freiem Himmel hinterlassenen menschlichen Exkremente hätte ergeben können. Tatsache ist, dass die Schweine bereits auf der Lauer lagen, um sich sofort auf ein neues Häufchen zu stürzen, denn nicht nur die Menschen litten in dieser Einöde unter chronischem Hunger. Der Hof lag in der tiefsten trockenen Caatinga, nahe an der Grenze zu weiß Gott wo. So weit weg von jeglicher Zivilisation, dass nicht einmal die Post gewusst hätte, wo zum Teufel sie diese Familie des Raimundo da Silva hätte finden sollen, wenn es je jemandem eingefallen wäre, ihm einen Brief zu schicken. Wie man im Nordosten zu sagen pflegt: „Die Fazenda Paraíso Verde lag eine Menge Kilometer hinter nirgendwo."

In eine solche Einöde konnte es „Komm-Komm" eigentlich nur auf die Art und Weise verschlagen haben, wie es sich nun mal zugetragen hat: Er fiel von einem Lastwagen, mit dem sich die letzten Nachbarn dieser Wüstenei in eine fruchtbarere Gegend zurückzogen. Als er ein paar Lausbuben der Paraíso Verde gaffend am Pistenrand gewahrte, bildete er sich ein, sich ihnen bellend und knurrend als Wächter über den Stapel alter Möbel präsentieren zu müssen, just in diesem Moment versank das rechte Vorderrad plötzlich in einem Loch, die Ladefläche gab mit einem ächzenden Knirschen nach, und er wurde von seinem Ausguck auf einer abgewetzten Tischplatte in den Staub der prekären Piste geschleudert. Aber der Lastwagen hielt nicht an, und der Hund, nachdem er sich von seinem Schrecken erholt hatte, versuchte zwar hinterher zu rennen, jedoch taten ihm die Knochen weh von dem Sturz, und schon nach ein paar Sprüngen sank er jaulend vor Schmerz in den Staub – ein erbarmungswürdiger Anblick.

Für die Lausbuben der Paraíso Verde war es ein glücklicher Tag, denn bisher hatten sie höchstens mal den einen oder anderen Gecko zum Spielen gehabt – jene bleichen kleinen Eidechsen, die an den Wänden im Haus nach Insekten jagten und ab und zu, ob aus Ungeschicklichkeit oder aus Übereifer bei ihrer Jagd, auch mal herunter fielen. Jedoch lebten sie dann nicht mehr lange, weil Naninha, die Hauskatze, sie aufzufressen pflegte.

Mit Naninha zu spielen war unmöglich. Sie liebte die Ruhe und griff jeden mit vorgestreckten Krallen an, der es wagte, sie zu stören. Und weil es auch weit und breit keinen Kater gab, war Naninha dazu verurteilt, unbesiegt zu sterben. Nun, sie war schon sehr alt, die Arme, schrecklich mager und immer hungrig, so wie die Menschen. Nicht einmal die Vögel schienen den Weg zu diesem traurigen, weltvergessenen Ort zu finden – und Ratten, wenn es sie je dort gegeben haben sollte, dann waren auch sie schon vor langer Zeit weggezogen. Arme Naninha, es blieben ihr nur die Abfälle von einem Tisch, der höchstens einmal am Tag die zahlreichen Mitglieder der Familie um einen Topf mit gekochten Maniokwurzeln oder einer Suppe aus dem Mehl derselben vereinte. Zur Überraschung aller hatte sich Naninha der Misere angepasst und sich auf das trockene Maniokmehl spezialisiert – man brauchte es nicht einmal anzufeuchten. Im Nordosten gibt es einen Spruch der besagt, dass „der Hunger die Katze lehrt, Zuckerrohr zu lutschen" – aber weil ja nicht einmal Zuckerrohr in dieser gottverlassenen Einöde wuchs, konnte Naninha ihre diesbezüglichen Fähigkeiten auch nicht unter Beweis stellen.

Hinter dem Haus gab es einen einzigen Baum. Ein schöner, grandioser und sehr fruchtbarer Mangobaum. Er war eigentlich der Retter der Familie, denn mit seiner breiten Krone stellte er sich den nachmittäglichen Sonnenstrahlen in den Weg, und das Häuschen lag dann in seinem tiefen Schatten, während der Rest der Welt rundherum verbrannte. An jedem einzelnen Tag des Jahres bewies sich ihr dicht belaubter Freund als Schattenspender und Windfang, und an jedem Jahresende sogar als Linderer ihres ewigen Hungers. Denn wenn die Zeit der Mangoernte kam, pflegten alle ein bisschen an Gewicht zuzulegen – dann wurden sogar die Schweine eingesperrt, um sich nicht mit ihnen wegen der heruntergefallenen Früchte herumschlagen zu müssen. Der Baum bediente sie alle ohne jede Gegenleistung, begnügte sich mit dem bisschen Spülwasser, das sie für ihn opfern konnten. Er passte sich auch der Seife in seinem Trinkwasser an – war ja auch nicht besonders viel, denn sie mussten eben mit allem furchtbar sparen. Der Mangobaum war gewissermaßen ihr stummes Kindermädchen, war Lehrer und Spielplatz zugleich, in dessen dicht belaubten Ästen die Knaben herumtollten, klettern und springen lernten, während die Mädchen nur unten in seinem Schatten sitzen durften, denn, so sagt ein alter Volksglaube im Nordosten: „Mädchen dürfen einen Obstbaum niemals erklettern, das schadet seiner Ernte, denn wenn der Baum ihre Höschen sieht, bringt er keine Früchte mehr hervor."

Als der Hund nach Paraíso Verde kam, war gerade Mango-Zeit, und die Kinder rannten verklebt und mit verpappten, aufgestellten Haaren herum, in denen der Fruchtsaft eingetrocknet war, die Bäuche dick und rund. Es war die Zeit des Überflusses. Auch den Knaben war es während dieser Zeit verboten, auf den Mangobaum zu klettern – vielmehr mussten sich alle mit den Früchten begnügen, die der beste Freund der Familie ihnen täglich spendete, indem er sie auf den Boden fallen ließ – nicht mehr und nicht weniger. Aber der Mangobaum bescherte ihnen viel mehr als genug – fast schien es ihnen, als ob er ihre Bedürftigkeit kannte.

Zur Nacht, als sie alle in ihren Hängematten lagen, lauschten sie dem Pokke-dung – pokke, pokke-dung, dung – das war ihre Mahlzeit des nächsten Tages, die da von den Ästen fiel – direkt auf den Boden oder dazwischen auch auf das Blechdach des Wasserkastens. Die Kinder machten sich ein Spiel daraus, das nächste „Pokke-dung" vorauszusagen. Alle schliefen sie bestens in dieser Zeit des flotten, gelben Stuhlgangs, und ihr voller Bauch gab ihnen die Lebensfreude zurück. Das Häuschen hallte wider von ihrem Gelächter – es war die Zeit des Überflusses, die Schweine waren eingesperrt, denn von den Mangofrüchten bekamen sie nur die Schalen.

Gleich nach dem Aufwachen hieß es, die Mangos einzusammeln, der Mutter zu bringen, die sie eine nach der anderen abwusch, auf dem großen Küchentisch stapelte und sie mit einem sehr alten, vielfach geflickten Tuch bedeckte. Ihr Verzehr folgte dann einem traditionellen Ritual: Zuerst mussten die durch den Fall aufgeplatzten Früchte gegessen werden – damit sie nicht vorzeitig fermentierten oder gar faulten – und nur der bekam eine Frucht, der auch die Schalen in den Eimer für die Schweine warf und der Mutter den Kern zur Kontrolle zurück gab. Sicher, man hatte zwar Früchte im Überfluss während der Mango-Zeit, aber da die Familie riesengroß war, konnte man sich keine noch so kleine Verschwendung leisten. Der Kern musste weiß zurück bleiben, was weiter nicht schwer war, denn man brauchte ihn nur solange zu lutschen, bis die Süße der Frucht aufgebraucht war.

Als die Jungen ihrer Mutter den hinkenden Hund vorstellten, hatte diese gleich Mitleid mit ihm, träufelte Arnikatinktur auf die schmerzenden Stellen und befahl den Kindern, dass sie ihn in einer Ecke der Küche ausruhen lassen sollten, bis er sich von selbst wieder auf seine vier Beine erheben würde. Als der Vater ihn dann nach seiner Rückkehr entdeckte, wollte er wissen, was der Hund wohl in diesem Hause zu fressen bekommen könnte – Mangos oder Maniokmehl? Und dann schnippte er mit den Fingern in Richtung der armen Kreatur und rief lockend: „Komm-komm – komm-komm!" Und alle lachten, als der Hund sich anstrengte, Vaters Aufforderung nachzukommen, aber nur ein klägliches Winseln herausbrachte. Und Cidinha, die Jüngste, füllte gleich einen Löffel voll Mangosaft und flößte ihn dem Hund ein. Und sie nannten ihn fortan „Komm-Komm".

Nun, nachdem er sich an den Mango-Geschmack gewöhnt hatte, schleckte er sogar von selbst den Saft auf, den man auf seinen Teller goß. Und das eine oder andere Stück, welches herunterfiel, verschluckte er ebenfalls in seiner tierischen Freude, es allen recht zu machen. Und so ernährte der alte Mangobaum jetzt noch einen mehr. Es gingen zwei oder drei Tage ins Land, bis Komm-Komm wieder auf den Beinen stand und sich für die Umgebung interessierte – und es dauerte noch weitere zwei Tage, bis er gelernt hatte, eine Mangofrucht ohne die Hilfe der andern auszulutschen. Denn an diesem besonderen Ort, der Caatinga, sieht man noch heute Hunde, die Mangos auslutschen, und das ist dort die natürlichste Sache der Welt.

Der Tag, an dem Komm-Komm auf der Paraíso Verde erschien, war ein denkwürdiger Tag – eigentlich eine denkwürdige Nacht, weil plötzlich ein lang ersehnter Regenguss die von der monatelangen Trockenheit aufgeplatzte Erde erquickte – ein unglaubliches Ereignis, denn der Tag des Heiligen Joseph war längst vorbei, und niemand glaubte, dass jetzt noch Regen kommen würde. Tatsache ist, dass es an diesem Tag plötzlich „wunderschön nach Regen aussah", wie man im Nordosten zu sagen pflegt, wenn man einen dunklen Himmel erblickt, unter dem sich die wassergefüllten Wolken zusammenschieben. Und dann kam dieser Guss in der Nacht – wie aus einer riesigen Badewanne. Vater Raimundo hatte schon Tage vorher die Bohnen in den Staub gesteckt, in der ewigen Hoffnung, dass der Himmel vielleicht ein bisschen Regen schicken möge, der dann das Feld schon fertig bestellt vorfände. Alle sprangen sie aus ihren Hängematten in dieser Nacht, um den Regen zu feiern – man sah nicht die Hand vor Augen, aber freute sich halbtot über das Gottesgeschenk. Jetzt würden die Bohnen mit Sicherheit keimen, und weil es eine sehr schnellwüchsige Art war, würde ein weiterer kleiner Guss, den der Himmel während der Blüte schicken mochte, schon genügen, um sie alle zu retten – dann hätten sie Bohnen das ganze Jahr über und sogar ein paar zum Verkaufen.

Und da er, wie die meisten Menschen dieser Region, umgeben vom Aberglauben aufgewachsen war, behauptete Vater Raimundo fortan, dass Komm-Komm nur vom Lastwagen gesprungen war, um das Glück in ihr Haus zu tragen – und dass die Nachbarn damals umgezogen seien, weil sie nicht die nötige Geduld und den Glauben aufgebracht hätten. Es schien, als ob sie noch nie davon gehört hatten, dass wenn Gott sich verspätet, er schon auf dem Weg ist! Man muss nur die Geduld aufbringen zu warten, um die Dinge, deren man sich würdig erwiesen hat, von ihm zu erhalten – er schickt sie bestimmt. Ob nun Vater Raimundo sich würdig erwiesen hatte oder nicht, wer kann das wissen? Tatsache ist, dass die Bohnen keimten und der zweite Regen ebenfalls kam – und es wurde die beste Ernte, die dieses miserable Stückchen Erde je hervorgebracht hatte. Die Lagune in der Nähe war seit langer Zeit wieder einmal gefüllt, sogar der Bach fing wieder an zu fließen. Der Mais wurde ein einziges Fest, und so konnten sie sich sogar ein paar Hühner für den Hof anschaffen.

Komm-Komm lernte das von der Mutter für den sonntäglichen Mittagstisch ausgewählte Huhn zu fangen und festzuhalten, ohne es zu verletzen. Ein guter Schüler war er, man brauchte nur auf das Huhn zu deuten und ihm zuzurufen: „Fang!" – dann hatte der Vogel tatsächlich keine Chance: Komm-Komm packte zu und hielt fest, bis die Mutter das Huhn an den Füßen ergriff und dem Hund befahl loszulassen.

Die Maniokpflanzung gedieh prächtig. Das gespeicherte Maniokmehl und die Tapioca (Maniokstärke) würden für länger als ein Jahr reichen. Es machte Spaß, die riesigen Wurzeln auszugraben, die so zart waren, dass man sie nur kurz kochen musste, schon waren sie weich. Jetzt gab es wieder ein Frühstück mit Brot und Kaffee am

Morgen, und dazwischen mal einen Cuscuz aus Mais oder einen Tapioca-Pfannkuchen. Mittags hatte man neuerdings Anrecht auf ein Ei oder gar Hühnerfleisch – und es gab sogar Tage, da brachte Vater Raimundo einen Hammel mit nach Hause. War das ein Fest! Und dann schenkte er Komm-Komm plötzlich eine Gefährtin – „für das Glück, das er uns gebracht hat!"

Vater Raimundo sprach ihr Glück allein dem Hund zu. Und der räkelte sich unter dem Tisch, fraß ein bisschen aus der Hand eines jeden und wurde gefeiert wie ein König. Aber es ist wirklich sehr interessant, wie dieser traurige Ort, in den es ihn damals verschlagen, sich während seines kurzen Lebens so positiv entwickelt hat. Und heute erweist er sich seines Namens würdig, denn Gebüsch und Grün, ja sogar ein kleines gepflanztes Wäldchen schmücken die ehemals karge Wüstenei. Die Familie konnte ihren Besitz vergrößern, indem sie das Grundstück der ungeduldigen Nachbarn von damals dazu gekauft hat, von dem Geld der vielen guten Ernten. Paraíso Verde ist nun ein richtiges Landgut und macht seinem Namen Ehre. Auf den Weiden grasen ein paar fette Milchkühe, zahlreiche Obstbäume mit Cajus, Mangabas, Pinhas und anderen Früchten sind der Stolz ihrer Bewohner.

Auch Vater Raimundos Familie ist weiter angewachsen. Ein paar sind ihrer Wege gegangen, hinaus in die Welt, die anderen bearbeiten die Erde unter seiner Anleitung. Keiner von ihnen hat den Eltern je Schande gebracht – arbeitsfreudige, ehrliche, gute Menschen. Komm-Komms Familie hingegen hat man verkleinert: auf nur noch zwei Welpen, die ihrem Vater wie aus dem Gesicht geschnitten sind – „wie ausgespuckt", so sagt man im Nordosten. So ähnlich sind sie sich, dass Vater Raimundo es nicht riskieren wollte, den einen oder anderen zu verlieren, denn „wer weiß, ob nicht gerade der abgegebene ein Glückshund ist?" Und so werden die beiden zuletzt geborenen Söhne von Komm-Komm wohl die Bewachung des kleinen Glücks der Fazenda Paraíso Verde übernehmen müssen – wenigstens hat ihnen Vater Raimundo diese würdige Aufgabe zugedacht. Aber sie werden auch eine Gefährtin brauchen, damit sie mit ihr einen Nachfolger in die Welt setzen, der dann darüber wacht, dass das kleine Glück der Paraíso Verde sich nicht davonstiehlt. Aus Gründen der Sicherheit hat Vater Raimundo die beiden Söhne von Komm-Komm nach ihrem Vater benannt, der inzwischen an Haarausfall leidet und wohl bald sterben wird – beide heißen „Komm-Komm-Junior."

„Sobald der alte Komm-Komm gestorben ist, werden die beiden Söhne hier regieren, und beide heißen Komm-Komm-Junior – wird das keine Verwirrung stiften?", frage ich. „Nun ja", meint Vater Raimundo und kratzt sich etwas verlegen am Kopf, „mit dem Glück sollte man nicht herumspielen, und wenn man sich absichert, wird man auch alt."

Der alte Komm-Komm starb in Ehren in seinem fünfzehnten Lebensjahr, ohne je den Stich einer Impfnadel ertragen zu haben. Nie hat er gewusst, dass er den riesigen Haufen Hühnerknochen seines Hundelebens, um Gottes Willen, nicht hätte fressen dürfen, und nie hat ihm jemand Calcium, Eisen oder Vitamine verschrieben. Womit er ebenfalls bewiesen hat, ein Glückshund zu sein.

Interessant ist, dass der alte Mangobaum dasteht wie immer und seine Früchte hervorbringt, wann es ihm passt. Dass der traurige Ort sich inzwischen zu einer ansehnlichen Fazenda gemausert hat, scheint er nicht mitbekommen zu haben – oder doch? Wie immer beschützt er das Haus vor Wind und Wetter – allerdings nur noch einen Teil, denn das alte Häuschen ist umgebaut worden, es ist enorm gewachsen und der Mangobaum konnte da nicht mithalten. Mutter liegt noch oft im Schatten unter dem knorrigen Stamm des alten Freundes aus den Tagen des Hungers, dem einzigen Retter in dieser schwierigsten Phase ihres Lebens – Verbündete im Kampf gegen Misere und Tod. Einer seiner Wurzeln dient ihr als Kopfstütze. Mutter liegt da und leistet ihrem Freund Gesellschaft, ihre Gedanken schweifen in die Vergangenheit und versuchen die Zukunft zu ergründen – nicht ihre, sondern die ihrer Kinder. Sie schaut hinauf zum leuchtenden Grün zwischen den Zweigen, hie und da entdeckt sie einen Büschel mit Blüten, aber auch noch die eine oder andere Frucht. Jeden Morgen, den der liebe Gott ihr schenkt, liest sie die herabgefallenen Früchte ihres Freundes sorgfältig auf, stapelt sie auf dem Tisch und bedeckt sie mit einem frischen Tuch – aus weißem Linnen ist es jetzt und sorgfältig bestickt.

Wo Gerechtigkeit regiert, gibt es keine Armut!

Ein Philosoph der Landstraße

Ceará

Dieser Staat liegt nur zwei Grad südlich des Äquators, mit 570 Kilometern Stränden, Hügeln mit Atlantischem Regenwald, Wasserfällen, Wanderwegen, Höhlen mit Felszeichnungen und kolossalen, unerforschten Monolithen. Kein anderer Bundesstaat Brasiliens bietet eine größere Vielfalt an unterschiedlichen Landschaften als Ceará.

Strände, Sertões, Gebirge und historische Städte ergänzen sich zu einer wahrhaft einzigartigen Komposition – für viele Besucher die interessantesten Landschaften Brasiliens. Und nicht nur die Szenerie begeistert: Die Gastfreundschaft der Menschen, die typische Küche und die reiche Kultur und Folklore machen aus Ceará ein Reiseziel, das man Zeit seines Lebens nicht vergisst.

Hier beginnt der Küstenbereich, dessen Landschaftsimpressionen zu den elementarsten Erlebnissen einer Brasilienreise gehören. Man glaubt sich in einen Schöpfungsakt zurückversetzt, wenn man von einer haushohen Sanddüne den Blick ungehindert über ein türkisfarbenes Meer bis zur Verschmelzung mit dem lichten Blau des wolkenlosen Himmels wandern lässt. Manchmal entdeckt man das weiß blitzende Dreieckssegel einer Jangada (Segelfloß) wie verloren in der Weite der Elemente. Es sind eingeborene Fischer, an denen die ganze Entwicklung unseres Jahrhunderts vorübergegangen scheint. Mit ihren simplen Holzflößen wagen sie sich mehr als 100 Kilometer weit aufs Meer hinaus – übernachten festgebunden am Mast in der Einsamkeit der Elemente und kehren heim mit dem lebensnotwendigen Fang und vielen unglaublichen Geschichten.

Ihre bescheidenen Siedlungen unter Kokospalmen sind Oasen in einer Wüste aufgetürmter Sanddünen – oft noch ohne elektrisches Licht. Sie ernähren sich vom Meer und dem, was die Frauen durch den Verkauf ihrer traditionellen Klöppelspitze vom Markt in der Hauptstadt Fortaleza mit nach Hause bringen.

Von der Landspitze in Bitupitá im äußersten Nordwesten des Staates bis nach Icapuí im extremen Südosten erstrecken sich 573 Kilometer schönster Küste, die den Besucher mit einer Wassertemperatur zwischen 25° und 28°C und einer konstanten leichten Brise empfängt. In diesem paradiesischen Szenario gibt es Strände – wie Jericoacoara, Morro Branco, Canoa Quebrada oder Mundaú – die sich in ihrer ursprünglichen Struktur kaum verändert haben und außer einigen freundlichen Fischern dem Touristen keine besonderen Annehmlichkeiten bieten. Es sei denn, er ist ein Abenteurer. Ihm präsentieren sich gerade diese wilden Strände als besonders attraktiv. Das gesamte Gebiet ist von Jangadeiros besiedelt – jenen mutigen Hochsee-Fischern, die mit ihren Segelflößen Tage und Nächte auf hoher See verbringen, um dann mit Haien, Rochen und anderen großen Fischen heimzukehren.

Die Hauptstadt Fortaleza

Als moderne Metropole mit mehr als zwei Millionen Einwohnern, direkt am Meer gelegen, mit Sonnenschein das ganze Jahr über und einer Durchschnittstemperatur von 27°C, die durch eine konstante Brise vom Meer gemildert wird, bietet die Stadt etwa zwanzig Kilometer Strände mit lauwarmem Wasser und sauberem Sand, die von Touristen aus aller Welt enthusiastisch frequentiert werden. Die Abende sind voller Musik, Tanz und sprühendem Leben in Bars, Restaurants, Show-Bühnen, Theatern, Diskos und anderen Begegnungsstätten – Attraktionen, die Fortaleza zur lebendigsten Stadt des Nordostens machen.

Überall an den Stränden von Ceará und in den Fischer-Siedlungen kann man die „Rendeiras" beim Herstellen von Klöppelspitze beobachten, jener Kunst, die im 17. Jahrhundert mit den ersten Einwanderern aus Portugal nach Brasilien kam. Die Frauen der Fischer brachten sie, ergänzt durch eigene lokale Motive, zur Vollendung. Leider bringt ihnen ihre kreative Kunst nur wenig ein, deshalb ist es abzusehen, dass sie in Vergessenheit geraten wird. Schon heute sind es meist nur noch ältere Frauen, die man vor ihrem Kissen kauernd antrifft. Mit Stacheln der Babaçu-Palme haben sie die angefangene Spitze auf dem Kissen festgesteckt. Wenn man sie dann die Klöppelchen durcheinander wirbeln sieht, die ebenfalls aus Naturmaterialien gefertigt sind (der Klöppelkopf aus einer Palmnuss, vom vielen Greifen glatt poliert wie edles Holz), dann hat man Mühe, die einzelnen Arbeitsgänge mit dem Auge verfolgen zu können, so unwahrscheinlich schnell sind die

Bewegungen der gefurchten, dunkelbraunen Hände mit den flinken Fingern. Die Kunstwerke sind enorm arbeitsaufwendig: Für eine Stola aus weißem Spitzen-Filigran brauchen sie einen Monat und für eine Tischdecke manchmal ein halbes Jahr.

Floßfischer und Traumstrände

Praia de Jericoacoara war einst ein kleines, unbekanntes und schwer zugängliches Fischernest nordwestlich von Fortaleza. Seinen ursprünglichen Charakter entdeckt man allerdings immer noch auf den Sandpisten zwischen den Häusern und Hütten, zwischen den Haustieren, die freilaufend gehalten werden, und im ruhigen Rhythmus der Einwohner des kleinen Ortes. Aber der Ruf, einen der schönsten Strände des Landes zu besitzen, hat bewirkt, dass sich die wenigen Straßen von Jericoacoara dicht mit Pousadas, Restaurants und Bars gefüllt haben, in denen Touristen verkehren – auch ausländische. Die meisten von ihnen benehmen sich so, wie man es von zivilisierten Menschen in Hinblick auf den Schutz der Natur erwartet – aber es gibt auch andere. Das hat man eben davon, wenn man berühmt ist.

Im Februar 2002 wurde das gesamte Gebiet offiziell unter Naturschutz gestellt und heißt jetzt „Parque Nacional de Jericoacoara". Die beste Besuchszeit liegt in der zweiten Jahreshälfte, wenn es kaum regnet. Ein Ausflug per Buggy zum Tatajuba-Strand, ein Bad in der Lagoa de Jijoca, eine Wanderung zu Fuß oder zu Pferd zum Pedra Furada und den Sonnenuntergang von einer der Dünen herab zu beobachten, das sind hier fast obligatorische Programminhalte an einem der schönsten Küstenabschnitte von Ceará.

Der Jericoacoara-Strand ist auch von der ausländischen Presse (New York Times) als „einer der schönsten Strände der Welt" gelobt worden – ich kann mich da nur anschließen und ihm meinen persönlichen Strand-Oscar verleihen: Er hat einen breiten feinen Sandstreifen, Kokospalmen, eine riesige „Sanddüne des Sonnenuntergangs" – einen funktionierenden uralten Leuchtturm und interessante Felsformationen, denen die Einheimischen Namen wie „Natur-Aquarium", „Grotte der Prinzessin", „Salon mit zwei Türen" oder „durchbohrter Stein" gegeben haben. Im Monat Juli geht die Sonne in einer Position unter, die genau mit dem Blick durch das Loch im „durchbohrten Stein" zusammenfällt.

Das türkisblaue Meer, ein undefinierbarer Horizont, in dem sich die weite Wasserfläche verliert – das weiße Dreieckssegel einer Jangada im unendlichen Blau – ein Stück Brasilien, das man nie mehr vergisst.

Das Meer ist kein Hindernis, sondern ein Weg.

Ein Philosoph der Landstraße

Jangada-Regatta

Kai und seine Freundin Erika, aus Hamburg, lernte ich einst auf der ITB (Internationale Touristik Börse) in Berlin kennen – als wir uns später in Rio wiedersahen, buchten sie bei mir eine Brasilien-Rundreise. Überraschend bekam ich danach einen Bericht von Kai, in dem er mir begeistert von ihrer Begegnung mit den Jangadeiros in Ceará schrieb. Ich finde, sein Bericht passt gut zum Thema:

Erika hat immer ganz tolle Ideen – die ‚Sonnengarantie' hatte es ihr angetan, die du in deinem Prospekt über Nordostbrasilien so unwiderstehlich beschrieben hast, und ich fand die Idee ebenfalls nach meinem Geschmack, besonders wenn man sich aus dem deutschen Schneematsch-Monat März in ein Land mit dieser garantierten Sonne absetzen kann.

Über Rio de Janeiro und Salvador erreichten wir Fortaleza – schon mit drei Wochen Brasilienerfahrung hinter uns. Erikas rosarote Winterhaut hatte inzwischen eine fast bronzefarbene Tönung angenommen, nur ich lief mit einem T-Shirt über der Badehose herum, weil mir die Tropensonne gleich in Rio die Haut buchstäblich zerfetzt hatte, jetzt hielt ich mich respektvoll bedeckt. Erikas blonder Schopf und ihre anderen unübersehbaren Qualitäten wurden, besonders in Rio, von anerkennenden Pfiffen der braungebrannten Männlichkeit um uns herum begleitet, was sie, so konstatierte ich deprimiert, durchaus zu genießen schien – schließlich hatte sie von mir, so glaubte ich mich zu erinnern, noch nie einen derartigen Pfiff verehrt bekommen. Nun, man reist schließlich auch in andere Länder, um etwas dazuzulernen, oder nicht?

Fortaleza – wie könnte es anders sein – empfing uns tatsächlich mit Sonne. Und im Nachhinein kann ich nur bestätigen, was du über den Nordosten geschrieben hast: die Sonne schien ununterbrochen, das Meer war lauwarm, die weiten Strände wunderschön und furchtbar nette Menschen überall. Besonders nett unser Guide, der Deutsch mit französischem Akzent sprach, was Erika besonders ‚süß' fand. Mit offenem Buggy starteten wir vom Hotel in Fortaleza nach Cascavel – und nach einem guten, lokalen Mittagessen mit frisch gegrillter Languste ging es weiter nach Caponga, einer kleinen Fischersiedlung mit herrlichem Strand.

Am späten Nachmittag kommen die Fischer mit ihren Jangadas nach Hause zurück – mehr als einhundert dieser Holzflöße liegen dann auf einer Erhöhung aufgebockt, die Segel gestrichen, im fahlen Licht des Mondes, bis sie, noch vor Sonnenaufgang, von ihren jeweiligen Mannschaften wieder flott gemacht und auf Holzrollen ins Wasser geschoben werden, wo dann ein neuer Tag dieser mutigen Männer in der unendlichen Weite des Ozeans beginnt.

Wir waren schon ein paar Tage Gäste in einer kleinen, aber sehr romantischen Pousada – unser französisch-akzentuierter Guide hatte sich, bis zu unserem Rücktransport, Gott sei Dank, wieder nach Fortaleza zurückgezogen – als Erika mich beim Mittagessen anstrahlte und mit der Nachricht herausplatzte, ‚die Fischer veranstalten morgen, am Sonntag, ihr jährliches Wettrennen, eine Jangada-Regatta sozusagen, und wenn wir wollen, können wir mitfahren – auf einem Segelfloß', fügte sie noch begeistert hinzu.

An diesem Sonntag ist es gegen neun Uhr früh, die Sonne steht schon hoch, der Wind weht in Richtung auf's offene Meer, und der Strand wimmelt von Einheimischen und anderen Besuchern. Sogar ein paar Reporter sind da, denn die alljährliche Regatta von Caponga wird sogar in den regionalen

Zeitungen erwähnt, und eine große Menge Neugieriger belebt dann den kleinen Ort.

Erika stellt mich dem ‚Mestre Josias' (Floß-Kapitän und Steuermann) und dem ‚Proeiro' (Bug-Mann) vor. Nachdem sie den Mast aufgestellt und das Dreieckssegel gehisst haben, binden sie uns mit einem Tau um die Hüfte am Mast fest, sodass wir zwar noch genügend Bewegungsfreiheit haben, um ein paar Schritte zu tun, aber nicht mehr über Bord gespült werden können. Alle sind barfuß, weil man so den besten Halt auf dem schlüpfrigen Deck hat. Tun müssen wir gar nichts – höchstens den beiden Männern nicht im Weg stehen, wenn das Rennen losgeht.

Vom Strand starten alle teilnehmenden Jangada-Teams – in der Regel zwei oder drei Männer pro Floß – durch die turmhohe Brandung. Vom Ufer aus sieht diese Brandung so harmlos aus, aber wenn man dann, wie in einem Aufzug, plötzlich senkrecht hochgehoben wird – zwei oder auch dreimal – dann kann einem schon das Herz in die Hose bzw. ins Bikini-Höschen fallen. Von Erika kommt prompt auf jedem Wellenkamm ein spitzer Schrei, der unsere beiden Jangadeiros belustigte Blicke tauschen lässt – dann sind wir drüber weg. Erika hat ein bisschen von ihrer Farbe verloren, und wir nehmen Kurs auf die offene See. Etwa eine Stunde lang segeln wir so, immer geradeaus, bis man das Land nur noch als eine schmale Linie erkennen kann und wir eine Stelle erreichen, die anscheinend für den Start des Rennens ausgesucht worden ist, denn hier haben sich die teilnehmenden Teams versammelt. Mit gerefften Segeln haben sie ihre Flöße dem Auf und Ab der leichten Dünung angepasst, Sprachfetzen und Lachen schallen zu uns herüber. Unsere beiden neuen Freunde rollen ebenfalls ihr Dreieckssegel ein, setzen einen Treibanker, um das Floß auf der Stelle zu halten und versuchen dann ein Gespräch mit uns, das aber nicht so recht in Gang kommt, denn was kann man schon in drei Wochen Brasilien lernen – einfach zu wenig. Immerhin verstehe ich ihre Handzeichen insoweit, dass sie auf den Wind warten, der mit dem Höchststand der Sonne – also um die Mittagszeit – in Gegenrichtung dreht, also zum Land hin wehen wird.

Wir beiden Angebundenen sind in die Hocke gegangen, lehnen am Mast und beobachten, wie der weit entfernte, dunkelblaue Horizont sich hebt und wieder fällt – und wieder hebt und schon wieder fällt … Während die beiden Jangadeiros sich lebhaft mit den Männern eines neben uns ankernden Floßes unterhalten, sagt Erika schon seit einiger Zeit kein Wort mehr – ihre Gesichtsfarbe ist jetzt fast weiß, und noch ehe ich sie etwas fragen kann, explodiert ihr Magen – eine gewaltige Eruption mit den unverdauten Brocken ihres Früstücks ergießt sich auf die Floßbalken … Jäh unterbrechen die beiden Männer ihre Unterhaltung, und noch ehe irgendwelche Schuldgefühle uns befangen machen können, kniet Josias neben der kreidebleichen Erika und reicht ihr einen Becher mit frischem Wasser, während Raimundo einen Eimer voll Meerwasser schöpft, mit dem er die peinliche Sauerei wegspült – ,nenhum problem' – diesmal verstehe ich unseren lächelnden Freund sofort, und sogar Erika entlocken wir gemeinsam ein gequältes Lächeln.

Alle teilnehmenden Jangadas – ich zähle an die dreißig – haben sich inzwischen zu einer imaginären Linie formiert. Kurz nach Mittag dreht dann der Wind ganz plötzlich, und ein alter Mann gibt das Signal auf einer Trillerpfeife – jetzt geht's los. Auf allen Flößen wird der Treibanker eingeholt und das Dreieckssegel aufgezogen, träge kommen die Jangadas in Fahrt. Sowie der Wind voll zugepackt hat, können wir uns in unserem Haltetau, hinten beim Mestre, der mit dem schweren Ruder steuert, weit über die höherliegende Bordseite lehnen – als Gegengewicht sozusagen. Mehr ist nicht zu tun. Ich beobachte mit Vergnügen, wie der Proeiro mit einer Schöpfkelle Meerwasser aus der Bugwelle auffängt und in regelmäßigen Abständen ins Segel schleudert – der genässte Stoff quillt, das Gewebe wird dichter und hält dadurch mehr Wind – die Jangada wird schneller. Wenn wir eine gute Brise erwischen, dann nähern wir uns dem Land mit einer Geschwindigkeit von immerhin etwa 40 bis 50 km/h, um es einmal so als geborene Landratte auszudrücken. Dicht nebeneinander her geht die wilde Jagd – anfeuernde Rufe gellen von einem zum anderen Floß. Die aufschäumende Bugwelle schwappt uns über die nackten Füße. Ein großes Mittelschwert verhindert, dass das Floß kentert. Ich wundere mich, wie viele Parallelen zu einer echten Segelregatta ich hier entdecke – aber mein Spaß ist in diesem Fall noch viel größer. Erika steht auch wieder aufrecht und hält sich mit beiden Händen am Mast fest – sie ruft mir zu, dass es ihr wieder viel besser gehe – ich hebe meine Hand und spreize Zeige- und Mittelfinger zum Victory-Zeichen in Josias Richtung, der auf der Steuerbank das Heckruder mit beiden Händen festhält und zurückgrinst – der Übermut hat mich gepackt, ich brülle meine Freude in den Wind, der sie packt und dem Land zutreibt.

Wir segeln inzwischen mit so hoher Geschwindigkeit, dass wir selbst im hinteren Drittel des Floßes von der aufspritzenden Gischt getroffen werden – eine willkommene Erfrischung bei einer Lufttemperatur von fast vierzig Grad.

Inzwischen präsentiert sich die Linie der einzelnen Mitstreiter weit auseinander gezogen. Rechts und links von uns arbeiten die Proeiros der um die Wette segelnden Flöße wie besessen – sie tauchen die hölzerne Schöpfkelle am Floßrand in die schäumende Flut und befeuchten ohne Pause das geblähte Dreieckssegel – unmöglich aus unserem Blickwinkel zu sagen, wer nun weiter vorne liegt und wer nicht – außer dem Wind und dem Rauschen des Wassers kann man auch keine anderen Laute hören – jeder konzentriert sich auf seine Arbeit ...

Am Ufer kann ich inzwischen einzelne Gesichter unterscheiden – die Brandung verschluckt aber deren Stimmen. Sie kommt jetzt von hinten und hat uns so plötzlich in ihrem Griff, dass wir ordentlich erschrecken, als wir vom Kamm der riesigen Welle auf den flachen Strand tief unter uns schauen – aber dann sind wir schon im Parterre – die Männer springen ab und schieben das Floß noch ein Stück aus dem Gefahrenbereich der sich überschlagenden Wellen, während ich mich losbinde und dann schieben helfe. Da, wo das Floß aufgesetzt hat, ist das Rennen zu Ende. Dass wir nicht Sieger geworden sind, erfahren wir erst am nächsten Tag, aber das war uns auch nicht so wichtig.

Abends habe ich dann Josias und Raimundo zu ein paar Runden Cachaça eingeladen, um mich bei ihnen zu bedanken – gerade wollten sie sich nach Erikas Befinden erkundigen, die in unserem Zimmer geblieben war, als sie plötzlich in der einzigen, zum Strand hin offenen Kneipe der Siedlung erschien, um ihrerseits auch den beiden Männern die Hände zu schütteln – und ich staunte, wie gut sie sich bereits in der Landessprache auszudrücken verstand. Dass die Männer an den anderen Tischen nun alle zu der einzigen Frau in diesem Etablissement herüberschielten, die sogar mal an einem Cachaça nippte, konnte Erika nicht aus der Ruhe bringen – im Gegenteil, wie ich schon sagte, sie genoss es. Dass sie sich so gut gehalten hat in diesem Abenteuer, war für mich persönlich eine positive Erfahrung – diese plötzliche Übelkeit durch das Auf und Ab der Dünung, dafür konnte sie nun wirklich nichts. Stell' dir vor, in unserem nächsten Urlaub will sie mit mir nach Amazonien!"

Ein Reisebericht von Kai H.

Jeder kann das Steuer halten, wenn das Meer ruhig ist!
Ein Philosoph der Landstraße

Piauí

Dies ist der Staat mit den zahlreichsten archäologischen Fundstätten Brasiliens. Im Ort Raimundo Nonato, im Süden der Serra da Capivara, wurden Zivilisationsspuren der ältesten Bewohner beider Amerikas entdeckt – mehr als 35 archäologische Fundstätten hat man dort zur Erforschung katalogisiert. Auch im Nationalpark von „Sete Cidades" gibt es interessante Felsformationen und Überreste von antiken Zivilisationen.

Das Klima ist tropisch – mit Regenfällen während des Sommers von November bis Februar – und halbtrocken im Interior, dem Sertão. An der Küste und um den Rio Parnaíba herum liegen die jährlichen Niederschläge bei 1.000 bis 1.600 Millimetern, aber je weiter man in Richtung Südwesten vordringt, umso trockener wird die Landschaft.

Menschen aus Piauí sind von Natur aus misstrauisch und versuchen, mit Scheu und Zurückhaltung die wirtschaftliche Misere und allgemeine Armut zu verbergen, in der sich ihr Staat befindet. Die wiederholten Trockenperioden, die den Nordosten regelmäßig heimsuchen, haben die Viehwirtschaft dezimiert. Man sieht sie kaum noch, jene Herden, die seinen Ruhm und Reichtum einst begründet haben. Verblieben ist das Carnaúba-Wachs aus der Palme gleichen Namens, ein Exportprodukt, das in der Lebensmittel- und Kosmetikindustrie, in Medikamenten und als Bestandteil hochwertiger Autowachse und Polituren verwendet wird. Die Einwohner beschweren sich nicht über die Isolation, in der sie zu leben gezwungen sind. Wenn sie lamentieren, dann ist es wegen der Hitze – ob es nicht bald mal ein bisschen regnet, um die Landschaft zu erfrischen. Und sie warten darauf, dass es einen guten Winter geben möge, damit ihre Felder sich entwickeln können und sie eine Weide finden für ihre übriggebliebenen Rinder.

Die Hauptstadt Teresina

Teresina wurde am 16. August 1852 gegründet und hat heute etwas mehr als 800.000 Einwohner. Sie liegt 435 Kilometer oberhalb der Mündung des Rio Parnaíba und ist nach Manaus die heißeste Stadt Brasiliens – bis 42°C kann das Thermometer erreichen. Diese starke Hitze herrscht in den Monaten September bis Dezember, während die Temperaturen in der ersten Jahreshälfte normalerweise angenehmer sind. Als einzige Hauptstadt des Nordostens, die nicht am Meer liegt, hat Teresina seine Flussstrände entwickelt und strukturiert, und die gastfreundlichen Bürger erzählen dem Fremden gerne aus ihrem unerschöpflichen Schatz von Sagen und Legenden, die mit dem Fluss angespült wurden, und den anderen, die sich auf den Straßen und Plätzen ihrer Stadt ereignet haben.

Weil ihr das Meer fehlt, hat die Bevölkerung von Teresina besonders ihr Nachtleben intensiv vorangetrieben. Wöchentlich gibt es hier unzählige Optionen für Shows, Musik-Präsentationen, Theateraufführungen, Kinos und Nachtclubs, außerdem bieten feine Restaurants eine typische lokale Küche von unvergleichlicher Erlesenheit. Und so ist es der Stadt gelungen, nationale und internationale Veranstalter von Messen, Kongressen und Konventionen von ihrer guten Infrastruktur zu überzeugen – heute geben sie sich hier die Klinke in die Hand.

Einen Ozean und einen Strand mit weißem Sand, ein paar Dünen und vielen Kokospalmen wollten die Menschen aus Piauí aber unbedingt haben. Also handelten sie mit ihren Nachbarn aus Ceará einen bescheidenen Küstenstreifen aus, eingetauscht gegen den Distrikt Crateus, den Ceará dafür annektierte. Der relativ kleine, nur sechsundsechzig Kilometer kurze Küstenstreifen „Vila da Amarração" hat es in sich: Er bietet bewundernswert saubere Strände, umgeben von einer großen Zahl Lagunen, Flussbänken, Dünen und Mangrovenwäldern.

Die „Lagoa do Potinho" in Parnaiba ist besonders bemerkenswert wegen ihrer riesigen weißen Sanddünen und dem dort so faszinierenden Sonnenuntergang. Das Delta des Rio Parnaiba ist ein ökologisches Sanktuarium – geformt von achtzig großen und kleineren Inseln. Seen, Wasserfälle, Hochplateaus, Cerrados und Caatingas bilden zusammen eine Vielfalt von natürlichen Attraktionen, die bisher nicht einmal von den Brasilianern selbst alle entdeckt worden sind.

Fome Zero – Null Hunger

Um nach „Guaribas" im Staat Piauí zu gelangen, muss man Schluchten und Sandwüsten durchqueren. Geduld und Ausdauer sind wichtig, um die 653 Kilometer zu überwinden, die Guaribas von der Hauptstadt Teresina trennen. Wer Schwäche zeigt, bleibt mitten in der Wüste stecken – das gilt sowohl für den Menschen als auch für sein Fahrzeug. Ein Enduro-Motorrad ist am besten geeignet, um die zahllosen Löcher und Krater zu umfahren – oder ein Esel, dem der Weg so oder so nicht an die Nieren geht. Wenigstens sind dies die Empfehlungen der Einheimischen, die sich an das Gejammer der Besucher über die unmögliche Straßenverbindung längst gewöhnt haben.

In der Hauptstadt weiß niemand genau in welcher Richtung der Flecken „Guaribas" eigentlich liegt, ihn auf einer Karte zu suchen ist vertane Zeit. Auch auf der Straße weiß niemand zu sagen, ob ich auf dem richtigen Weg bin. Endlich treffe ich auf eine überzeugte, aber leider betrunkene Seele – wie eine festgehakte Schallplatte wiederholt er unermüdlich „Sim Senhor, para Guaribas!" An einer Tankstelle, dem üblichen Ort um sich zu informieren, fragen mich die Angestellten: „Gua…o que?" Die Trucker waren noch nie dort und die Marktwagen kommen dort anscheinend auch nicht hin. Der Polizist hat noch nie von Streitigkeiten in dieser Abgeschiedenheit gehört – die öffentliche Hand hat den Weg dorthin einfach vergessen und das schon seit geraumer Zeit.

Guaribas geriet am Anfang des vergangenen Jahrhunderts einfach in Vergessenheit, so sagen seine ältesten Mitbürger, und erschien erst wieder auf der Landkarte, als der Ort sich zum Schaufenster des Hungers im Land profilierte und zum Pionier für das Programm „Fome Zero" (Null Hunger) der Regierung Lula auserkoren wurde. Jetzt riecht dort alles nach Neuanfang: Verschiedene im Bau befindliche Häuser, die Schulen voller Erwachsener, die zum ersten Mal ihren Namen schreiben, neue Zisternen zwischen der einen und der anderen Häusergruppe, Liebesbriefe in den Säcken der ersten gegründeten Post, wehende Betttücher im Wind, die aus den Fenstern der ersten, neu eröffneten Pousada heraushängen, und der Geruch von Nagellack aus dem ersten, gerade eröffneten Schönheitssalon.

„Meine Damen und Herren, Sie hören Rádio Esperança, direkt aus Guaribas in Piauí, Brasilien – Pilot-Dorf des Programms ‚Fome Zero'!" Viele Bewohner glaubten nicht an die Stimme aus dem Radio, die sich mit dem Geknalle der Feuerwerkskörper und den religiösen Chorälen der Juni-Festlichkeiten mischten. Die Radiostation der Kommune verbreitete die Nachricht der neuen Vorhaben der Landesregierung bis zur Serra das Confusôes, jenem Gebirge, an dessen Ausläufern Guaribas liegt, und wo sie sich, wegen der begrenzten Reichweite, in der Halbwüste des Sertão verlor.

Fantastisch, was plötzlich alles an Neuem in Guaribas passiert. „Alt sind hier nur noch die Leute und ihre Bedürftigkeit", sagt Dona Tereza, 88 Jahre alt, eine der betagtesten Bürgerinnen. „Nicht mal eine schlechte Nachricht kam bisher zu uns durch, so isoliert waren wir vom Rest der Welt. Nicht mal die Politiker erinnerten sich an uns, um sich von den armen Seelen ihre Stimmen zu holen."

Es ist immer noch fürchterlich schwierig, zum Sitz des Distrikts vorzudringen, der 653 km von der Hauptstadt Teresina entfernt ist. Und man kann für diese Anfahrt nicht irgendein Auto benutzen, deshalb bin ich froh, dass ich mein Geländemotorrad habe. Auf den letzten 60 km durchquert man eine Sandwüste fast ohne Bewohner unterwegs. Das ist der Abschnitt zwischen dem Ort Caracol und der Endstation.

„Mein Sohn, Brasilien wurde zwar schon 1500 entdeckt, aber Guaribas hat man erst jetzt, in diesem Jahr wiedergefunden. Hier war die Tür zum Ende der Welt", sagt Seu Orlando, 62 Jahre alt und immer noch erstaunt über die plötzlichen Geschehnisse in seinem Ort. „Jetzt kommen sogar Leute von weit her, um die Dinge hier herum kennenzulernen. Alles hat seine Zeit, jetzt sind wir dran, unser Name erscheint wieder auf der Landkarte".

Seu Orlando hat eine Familie mit zehn Kindern durchgebracht und mit unzähligen Enkeln – „Nur wenn man sie zusammentreibt, kann ich sie zählen", sagt er lächelnd. „Wir waren vergessen und isoliert von jedweden politischen und öffentlichen Aktionen – wer hier herkam, hatte sich verlaufen. Höchstens mal der Wind, der macht hier eine Kurve", scherzt er, gewöhnt an den gelben Staub, der sich auf die zerfurchten Gesichter der Menschen legt und das Atmen erschwert.

Guaribas in Piauí erlebt sein zweites Comeback – vor acht Jahren geriet es in die Lokalnachrichten wegen eines Präfekten mit Namen Reginaldo Correia da Silva, weil dieser die Präfektur an seine Freunde vermietete, die das Gebäude als Bordell zweckentfremdeten. Er wurde seines Amtes enthoben – der Gerichtsprozeß steht noch aus.

Als Halter des schlechtesten IDH (Index der humanen Entwicklung) aller 5.507 Munizipien Brasiliens wurde Guaribas als Laboratorium des Programms „Fome Zero" ausgesucht, das ab März 2003 anlief. Neben der finanziellen Hilfe von monatlich R$ 50,00 für 500 der bedürftigsten Familien, um Lebensmittel zu kaufen, konnten die Menschen eine Reihe von Aktionen beobachten, durch welche die Landschaft und die Situation der Bürger verändert wurden.

„Niemals hat auch nur einer auf dieser Welt nach uns geschaut. Wir lebten hingeworfen, wie Gott die Kartoffel geschaffen hat", erzählt Dona Tereza. „Habe viele Leute gesehen, die hier gestorben sind, weil ihnen ein paar Kleinigkeiten gefehlt haben – eine kleine Hilfe, irgendein Zuspruch."

In Zusammenarbeit mit Brasília hat die Regierung des Bundeslandes Piauí einen Plan vorbereitet, der helfen soll das größte Problem zu lösen: fehlendes Trinkwasser. Ein neues Projekt, noch in der experimentellen Phase, erlaubt den Bewohnern von Guaribas bereits den Zugang zur Wasserversorgung des Ortes.

Die weitverbreitete Macho-Kultur ist daran schuld, dass man keine Männer beim Tragen der schweren Wasserkübel antrifft. „Früher mussten die Leute ganz schön weit laufen, über Felsen klettern, um ans Wasser zu kommen", sagt Nalva Alves, 23. Mittlerweile ist ein Reservat für Trinkwasser von den Technikern der Regierung im Zentrum des Ortes eingerichtet worden. Dieses Projekt heißt „Sede Zero" (Null Durst) und hat das Leben der Bewohner am stärksten verändert. Man sieht sie zwar immer noch mit den Wasserkübeln auf dem Kopf, aber die Entfernungen sind geschrumpft – anstatt 4 bis 6 Kilometer weit weg, befindet sich das kostbare Wasser jetzt nur wenige Meter vor der Haustür. Das gleiche Techniker-Team untersucht nun die Möglichkeit, verschiedene künstliche Brunnen im Dorf und auch in weiter entfernten Siedlungen anzulegen. Die Herausforderung heißt: „Wasser für alle 4.814 Bürger von Guaribas".

Schon ganz früh am Morgen formiert sich die Warteschlange vor dem Wasser-Reservoir. „Mein Sohn, man kann schon sagen, dass wir jetzt fast im Luxus leben. Du machst dir ja keinen Begriff, wie wir bisher hier aushalten mussten", erzählt Valda Alves, der die Administration des Hotels Ferreira obliegt, des Pionier-Hotels, eingeweiht in diesem Jahr, Spitzname: „Unterkunft der Autoritäten". Mit Hängematten, die im Foyer gespannt sind und Betten in den Zimmern hat es eine Kapazität für „ungefähr dreißig Köpfe". Das Bad funktioniert noch auf der Basis der Kalebasse – man schöpft aus einem Tonkrug und gießt sich das Wasser über – aber richtige Duschen sind schon bestellt und unterwegs, versichert Valda.

Die miserablen wirtschaftlichen Zustände, das Fehlen von trinkbarem Wasser und die Unterernährung haben Guaribas zu einem Ort gemacht, wo die mittlere Lebenserwartung nur bei 56 Jahren liegt – weit unter dem nationalen Mittel von 68 Jahren. Was die Kindersterblichkeit betrifft, herrschen afrikanische Zustände – 59,9 auf 1.000 Geburten – der mittlere Landeswert liegt mit 29,6 deutlich niedriger. „Jedes Haus und jede Hütte hat schon ein paar Engelchen in den Schoß unseres Herrn zurückschicken müssen, da half nichts", erzählt der Bauer João Bento, dem acht seiner 15 Kinder gestorben sind. Guaribas hatte kein Krankenhaus und auch keinen Arzt.

„Hab' viele Tote gesehen, die man in eine Hängematte gewickelt und dann kilometerweit getragen hat, um ein Fahrzeug zu finden und die Leichen in die nächste Stadt zu fahren", erzählt Seu Orlando.

Der Distrikt hat zwar noch kein Hospital, kann aber ab sofort auf regelmäßige ärztliche Besuche zählen – wieder eine erstaunliche Neuerung für seine Bürger. Es gibt noch keine offizielle Statistik, aber die Koordination des Programms „Fome Zero" gibt bekannt, dass in den letzten drei Monaten in Guaribas kein einziges Kind gestorben sei.

Neuigkeiten, Neuheiten und Neuerungen gibt es inzwischen zuhauf im kleinen, ehemals vergessenen Guaribas. Während der Juni-Feierlichkeiten wurde außer dem Radio-Kanal „Esperança" (Hoffnung) auch der erste Schnellimbiss eingeweiht. Wenig später dann der Pionier-Schönheitssalon „mit einer Apparatur zum Strecken des Kraushaars und allem anderen", verspricht die Werbung der Besitzer.

Wegen der neueröffneten Post-Filiale müssen nun die Rentner und die durch „Fome Zero" bedachten Familien nicht mehr die lange staubige Piste nach Caracol (60 Kilometer) unter die Füße nehmen – oder gar nach Raimundo Nonato (200 Kilometer). Die neuen Gebäude im Rohbau vor der Felsensilhouette des nahen Gebirges sind ebenfalls Teil des Entwicklungsprogramms. „Du bist gekommen, um uns dabei zuzusehen, wie wir uns in Menschen verwandeln, nicht?", lässt sich der 27-jährige Lídio vernehmen. Er arbeitet jetzt als Maurer an einem dieser Gebäude, gleich hinter einem riesigen „Out-Door", das die Ankunft der Nordost-Bank im Ort ankündigt.

Mit viel Gespür für Legenden und kuriose Geschichten erzählen die Einwohner von dem neuen Ruf des Ortes im ganzen Land. „Die Polizei hat vor ein paar Tagen in São Paulo einen unserer Jungen hopsgenommen. Als er seinen Ausweis vorzeigte und sie sahen, dass er aus Guaribas war – ah, mein Junge – da hat sich alles für ihn geändert: Sie haben sich mehr als einmal bei ihm entschuldigt, sie hätten ja nicht gewusst, dass er aus dem bedürftigsten Ort Brasiliens stamme", so erzählt mein neuer Freund Seu Orlando – und beschwört, bei seinen weißen Haaren, die absolute Wahrheit der Geschichte.

Die Neuigkeiten finden ihr Echo ganz besonders in der näheren Umgebung. Bisher gewöhnt, dass die Bewohner von Guaribas zu ihnen nach Caracol kamen, machen sich jetzt die Händler und Lieferanten ihrerseits auf den sandigen Weg nach Guaribas. Sie veranstalten offene Märkte auf den wenigen Erdpisten des Ortes und legen dort ihre Waren aus. „Die Dinge kommen jetzt zu uns", bemerkt Dona Tereza Rocha. „Manchmal bin ich richtig baff über all diese Veränderungen – es sieht tatsächlich so aus, als seien jetzt wir an der Reihe. Niemand würde sagen, dass es schon ein Paradies ist, aber dass wir jetzt zur Gesellschaft gehören, kann man nicht mehr bestreiten. Das mag wenig sein für denjenigen, der schon immer im Speck gelebt hat, aber für uns ist es sehr viel!"

Weil der Lula einen Teller Suppe vergeben hat, jubelt das Volk ihm zu!

Ein Philosoph der Landstraße

Maranhão

Dieser Staat grenzt an die Nord-, Nordost- und Mittelwest-Regionen und besitzt dank seiner Bevölkerung aus Weißen, Afrikanern und Indianern ein überaus reiches kulturelles Erbe, das sich in einer vielgestaltigen Folklore, einer exzellenten Küche und einem interessanten Kunsthandwerk niederschlägt. Als Ergänzung zu seinen historischen Schätzen besitzt der Staat die zweitlängste Küste des Landes – 640 Kilometer – neben vielen weiteren Attraktionen, wie zum Beispiel der größten Busch- und Savannen-Landschaft des Interiors und herrlichen Wasserfällen. Er ist der einzige Staat des Nordostens mit Amazonas-Regenwald, mit den „Lençois Maranhênses", der größten Dünenlandschaft der Welt und dem größten Korallenriff-Komplex Südamerikas. Trotz dieser Vorzüge ist er dem internationalen Tourismus noch fast unbekannt.

Die Hauptstadt São Luis

Sie ist die einzige Hauptstadt Brasiliens, die von Franzosen gegründet wurde – am 8. September 1621. Heute ist sie aber eine der portugiesischsten Städte des Landes, mit der größten Sammlung kolonialer Architektur in Südamerika. São Luis liegt auf einer Halbinsel, deren Spitze in Richtung Nordost zeigt – im Westen umgeben von der Bucht São Marcos, im Osten von der Bucht São José. Der Rio Anil teilt São Luís in zwei Hälften: auf der einen Seite die modernen Stadtteile, wie São Francisco oder Renascensa – auf der anderen das historische Zentrum mit kolonialen Villen, deren Fronten mit Kacheln aus Portugal verkleidet sind. Die wichtigste Verbindung zwischen den beiden ist die Brücke José Sarney. Im historischen Zentrum präsentieren sich 3.500 denkmalgeschützte Gebäude – rund ein Drittel davon wurde 1997 von der UNESCO zum „Kulturerbe der Menschheit" erklärt.

Die Ruinenstadt Alcântara liegt der Halbinsel von São Luís schräg gegenüber, am jenseitigen Ufer der Bucht von São Marcos. Erbaut im Jahr 1648, war die Stadt einst, im 18. Jahrhundert, kommerzielles Zentrum und Sitz der landwirtschaftlichen Aristokratie von Maranhão. Aus ihrer Glanzzeit ist ein halb verfallener architektonischer Komplex von mehr als 300 Gebäuden, Plätzen und Straßen übrig geblieben. Die doppelstöckigen Sobrados – die meisten ebenfalls in Trümmern – demonstrieren mit ihren mit handbemalten Kacheln besetzten Erkern und Balkonen den Reichtum jener historischen Wohlstandsgesellschaft.

Die Auferstehung des Ochsen

In Maranhão wird das bedeutendste Volksfest des Jahres „Bumba-Meu-Boi" genannt, eine Kombination aus Musik, Tanz und Theater, die Elemente aus der indigenen, afrikanischen und lusitanischen Kultur vereint. Und allein in São Luis gibt es circa sechzig Gruppen des „Bumba-Meu-Boi", mit Musikern, die verschiedene typische Instrumente spielen, wie zum Beispiel die „Zabumbas" (große Bauchtrommeln) oder die „Matracas" (Metallringe, die im Rhythmus aneinander geschlagen werden). Am 22.Juni, zwei Tage vor dem São João-Fest zur Sonnenwende wird die Hauptfigur des Festes geboren: der „Boi" (Ochse) – um am folgenden Tag getauft zu werden, nach einem bestimmten Ritual jeder Teilnehmergruppe. Und damit beginnt das Fest, das sich bis zum 30.Juli hinzieht.

Europäische Einwanderer brachten dereinst die Geschichte des Festes mit, Afrikaner ergänzten sie mit dem Rhythmus ihrer Perkussionsinstrumente und die indigene Bevölkerung stand bei der tänzerischen Choreografie Pate. Und mit jedem entzündeten Sonnenwendfeuer im Juni erfuhr das Fest ein paar Ergänzungen. Angefeuert von einer unübersehbaren Zuschauermenge, tanzte sich der mit bunten Ornamenten geschmückte und mit Muscheln und glänzendem Schmuck behängte Ochse in die Herzen eines ganzen Volkes. Der „Bumba-Meu-Boi" ist im Norden und Nordosten ebenso beliebt und berühmt, wie in anderen Teilen Brasiliens Samba und Karneval. Hier ist die Kurzfassung der Legende:

Eine Sklavin mit Namen Catirina, in anderen Umständen und geplagt von jenen besonderen Gelüsten schwangerer Frauen nach einem besonderen Appetithappen, bringt ihren Mann Chico dazu, den Lieblingsochsen ihres Herrn zu töten, um ihre Lust auf Ochsenzunge zu befriedigen. Als der Gutsherr die Missetat entdeckt, schickt er seine Indios dem geflüchteten Schuldigen hinterher, die ihn einfangen. Er wird nun vor die Wahl gestellt, entweder den Ochsen wieder lebendig zu machen oder ihn mit seinem Leben zu bezahlen. Also ruft man den Doktor, dessen Diagnosen und verrückten Rezepte die Medizin völlig auf den Kopf stellen – und der Ochse kehrt tatsächlich ins Leben zurück, dem Sklaven wird verziehen.

Der Ochse besteht aus einem Gerüst aus Holz und Palmstroh, bedeckt mit einer Decke aus rotem oder schwarzem Samt, dicht mit Muscheln, gold- und silberfarbenen Metallstücken dekoriert und mit bunten Bändern behängt. Dieser lebensgroße Corpus, der mit dem aufgesetzten, mit Hörnern bewehrten Kopf einem Ochsen verblüffend ähnlich sieht, ist innen hohl und wird von einem kräftigen Tänzer in gebückter Haltung auf den Schultern getragen. Es gehört sicher sehr viel Kraft und Ausdauer dazu, dieses Gerüst über Stunden im Rhythmus der Musik hin und her zu bewegen. Die übergeworfene, bestickte Decke reicht bis dicht über den Boden, sodass die Beine des Tänzers nicht zu sehen sind – damit wird die Illusion vom lebenden Ochsen überraschend überzeugend, besonders wenn der Tänzer die schwerfälligen Bewegungen eines Ochsen gut imitiert.

Es ist Tradition in Sao Luis, dieses Festes mit einem delikaten „Caldo de Ovos" (Eiersüppchen) ausklingen zu lassen – oder mit einem Fischeintopf, vorzugsweise direkt am Strand – um die Batterien wieder aufzuladen und einem Kater am nächsten Morgen vorzubeugen.

Die Bettlaken von Maranhão

Eine Wüste im Tropenland Brasilien, das weltweit für seine immergrünen Regenwälder und seine herrlichen Badestrände bekannt ist? Doch, die gibt es tatsächlich: Auf einer Fläche von 155.000 Hektar entlang eines Küstenstreifens von 70 Kilometern erstreckt sich eine mit haushohen Dünen durchzogene Sandwüste, die von manchen Besuchern die „brasilianische Sahara" genannt wird. Ihren offiziellen Namen „Lençois Maranhênses" (Bettlaken von Maranhão) versteht man erst, wenn man die bis zu 30 Meter hoch aufgetürmten, schneeweißen Sanddünen aus der Luft erlebt: sie sehen aus wie riesige Laken, wahllos über ein gigantisches Bett geworfen.

Winde fegen mit bis zu 70 km/h über dieses Gebiet, besonders in den Monaten September und Oktober, die Niederschlagsmenge liegt bei 1.500 bis 1.750 Millimeter pro Jahr – die Temperaturen schwanken zwischen 16ºC bei Nacht, und 38ºC tagsüber – das Klima ist warm und ein bisschen feucht, vier bis fünf Monate regnet es überhaupt nicht.

Um die majestätische Schönheit dieser einzigartigen Landschaft wirklich begreifen zu können, muss man sie persönlich kennenlernen. Und dann erlebt man diese brasilianische Wüste als Oase: Denn im Vergleich zur Sahara regnet es hier etwa dreihundertmal mehr – stets in der ersten Jahreshälfte – und das Regenwasser staut sich in unzähligen, kristallklaren Lagunen, die inmitten des Dünenlabyrinths entstehen und die den Himmel in tiefem Azurblau bis Türkisgrün spiegeln.

Die „Lençois Maranhênses" befinden sich in steter Bewegung. Das Wasser der Flüsse Rio Preguiças und Rio Parnaíba transportieren den feinen Quarzsand bis ins Meer und die Meeresströmungen verteilen ihn über die einsamen Strände der Küste. Der Sand trocknet aus, wird besonders leicht – der Wind wirbelt die feinen Sandkörner auf und formt aus diesem Ballett der mikroskopisch kleinen Sandpartikel haushohe Dünen, die sich bis zu 50 Kilometer ins Land hinein erstrecken. Tausende von Wanderdünen in konstanter Veränderung durch den Einfluss der Winde – eine der jüngeren geologischen Formationen, aber immerhin schon 13.000 Jahre alt.

Erstaunlicherweise findet man in den vom Regen geformten Süßwasserlagunen reichlich Fische, Krebse und Mollusken – niemand weiß dieses Phänomen genau zu erklären, denn die Lagunen trocknen im letzten Drittel des Jahres völlig aus. Eine Hypothese vermutet, dass der Fischlaich im feuchten Sand überlebt und die Brut mit dem fallenden Regen schlüpft – eines der vielen Mysterien dieser grandiosen Landschaft, die 1981 unter Naturschutz gestellt und in einen Nationalpark verwandelt wurde, mit dem Ziel, dieses ungewöhnliche Ökosystem zu bewahren und die einheimische Bevölkerung für den Naturschutz zu sensibilisieren.

Apropos Bevölkerung: Rund 370 Kilometer von Sao Luis entfernt liegt der kleine Ort Barreirinhas am Rio Preguiça, dem Fluss, der die „Lençois Maranhênses" durchquert und sie in die sogenannten „Pequenos Lençois" (kleine Bettlaken) und die „Grandes Lençois" (große Bettlaken) unterteilt. Barreirinhas ist das Tor zum besagten Nationalpark und man erreicht den Ort am bequemsten per Kleinflugzeug von São Luis aus – über die prekären Pisten dorthin sollte man zumindest nicht das eigene Auto zu Schanden fahren. In dem Ort findet der Besucher schlichte Unterkunft in den Pousadas: kleine Familienunterkünfte, die dem Gast in der Regel eine Vollpension anbieten – einfache lokale Kost inklusive Fisch, Shrimps und anderer Meeresfrüchte.

Die beste Jahreszeit, um dieses überaus interessante Gebiet kennenzulernen, liegt zwischen Juli und Dezember, wenn der Regen jene Süßwasser-Lagunen zwischen den Dünen gefüllt hat. Mitten im Herzen dieser scheinbaren Wüste befinden sich zwei Oasen: Queimada dos Britos und Baixada Grande. Die Trails sollte man stets unter Führung eines erfahrenen lokalen Guides angehen und es ist zu empfehlen, immer Trinkwasser und ein Lunch-Paket auf diese Wanderungen mitzunehmen, außerdem Sonnenbrille, Sonnenschutz und Badehose – die Lagunen bieten dem Besucher unterwegs stets ein erfrischendes Bad.

Darüber hinaus möchte ich zu bedenken geben, die Dünenbewegung nicht zu unterschätzen: Diese Wanderdünen pflegen alles zu verschlingen, was sich ihnen entgegenstellt: Autos, Menschen, Esel, Häuser, ganze Siedlungen. Die Einheimischen erzählen von der Zeit, als das Dorf der Caeté-Indianer vollkommen verschüttet wurde, verschlungen von Dünen, wie von einer Sand-Lawine. Der Flughafen der Stadt Tutóia im Grenzgebiet des Parks liegt ebenfalls begraben unter den Dünen. Im Ort Barrerinhas droht der „Morro da Ladeira", eine riesige Sanddüne von über zwanzig Metern Höhe, den Eingang zur Stadt zu verschließen.

Sie war für mich wie eine Quelle in der Wüste!

Ein Philosoph der Landstraße

TEIL VI

Der Norden – Amazonien

Brasiliens Nordregion umfasst mehr als die Hälfte des gesamten Landesterritorums. Die mitten im Regenwald gelegene Hauptstadt des Staates Amazonas, Manaus, ist heute ein idealer Ausgangspunkt für Ausflüge und Expeditionen in die immergrüne Wildnis, in der sich die größte Pflanzenvielfalt unserer Erde entwickelt hat – zum Beispiel mehr als 10.000 Arten von Orchideen und Seerosen und mehr als 300 Arten von Farngewächsen, die jeden Besucher dieses „grünen Paradieses" begeistern. 1.800 Vogelarten bietet der Regenwald Schutz und Nahrung und mehr als 250 Säugetierarten verstecken sich in ihm.

Der tropische Regenwald überrascht besonders Stadtmenschen auf Schritt und Tritt, fasziniert und motiviert, weil er Gefühle und Sehnsüchte anspricht, die in unserer technisierten Welt längst verschollen sind. Die seelische Verwandtschaft des Menschen mit der Natur wird nirgends so deutlich spürbar wie im Verlauf einer Dschungel-Tour und die Teilnehmer kommen sich unter jenen elementaren Eindrücken in einer Art und Weise näher, die ein ganzer Stab von Animateuren nie erreichen würde. Blitzsaubere Flussstrände bieten ein ganz neuartiges Badeerlebnis, wenn man zum Beispiel an einer Kanufahrt teilnimmt oder in der immergrünen Wildnis im Hausboot unterwegs ist.

Primitive Indianersiedlungen versetzen die Besucher zurück in die Steinzeit, nachdem sie noch vor wenigen Stunden im hektischen Rio de Janeiro oder São Paulo den Jet bestiegen haben. Riesige Lianen löschen den Durst mit gespeichertem, aromatischem Wasser, Palmenmark stillt den Hunger und mit den Samenkernen der Urucum-Pflanze bemalen wir uns nach Indianerart in grellem Rot. Die kirschgroßen, roten Früchte der Guaraná-Pflanze, der heilende Eigenschaften zugeschrieben werden, sind eine überraschende Entdeckung und ein „Seringueiro" (Latexsammler) zeigt den Gringos die Technik, mit der die Gummibäume angezapft werden. Per Boot entdeckt man schließlich Amazoniens Königin der exotischen Flora: die Victoria-Regia-Wasserrose – besonders faszinierend sind ihre riesigen Blätter von bis zu zwei Metern Durchmesser. In der regionalen Küche ist frischer Fisch ein Hochgenuss – mehr als 1.200 Fischarten tummeln sich in den Gewässern Amazoniens. Gegrillt über offenem Feuer am Flussufer oder als „Caldeirada" im Tontopf gegart – ein Gedicht auch für Gourmets. Während eines solchen Ausflugs lernt man auch ein paar typische Früchte der Amazonas-Region kennen, wie zum Beispiel Cupuaçú, Genipapo, Biriba, Graviola und andere, die sich bestens als Dessert eignen. Die Bewohner Amazoniens bereiten aus ihnen köstliche Säfte, Liköre und sogar Eiscremes zu.

Pará

Flächenmäßig der zweitgrößte Staat Brasiliens, liegt Pará in der Ostregion des brasilianischen Nordens, mit einer Fläche von 1.250.000 Quadratkilometern und einer Gesamtbevölkerung von rund fünf Millionen. Sein Klima ist typisch äquatorial und er ist zu 87% von Regenwald bedeckt. Die Bezeichnung „Pará" stammt aus der Tupi-Indianersprache und bedeutet „Fluss-Meer" (Pa'ra). So nannten die dort ansässigen Indios den rechten Arm des Amazonas, der beim Zusammentreffen mit dem Rio Tocantins auf eine so ungeheure Breite anschwillt, dass man sein jenseitiges Ufer nicht mehr erkennen kann und die riesige Wasserfläche wie ein Meer aussieht.

Die Hauptstadt Belém

Zu Deutsch „Betlehem". Sie liegt gut einen Grad südlich des Äquators und 120 Kilometer vom Atlantik entfernt, in einer Bucht des Rio Guajará. Die historisch bedeutende Stadt, gegründet 1616, hat auch für Kulturreisende einiges zu bieten: Sie ist Eingangstor zum Amazonas und zur gesamten Amazonas-Region. Die „Stadt der Mango-Bäume", wie sie auch genannt wird, präsentiert sich ganzjährig in feucht-warmem Klima und der schon weit über die Region hinaus bekannte Regen am Nachmittag verleiht der Stadt einen besonderen Charme. Wie jede Metropole wächst Belém mit einer gewissen Hoffnung auf eine bessere Zukunft, aber ohne seine historischen Monumente zu verleugnen: auf der einen Seite hypermoderne Gebäude von gewagter Architektur – auf der anderen die Altstadt mit ihren charakteristischen jahrhundertealten Villen, den schattigen öffentlichen Plätzen und ihren imposanten Kirchen und Kathedralen. Diese Altstadt birgt ein unglaublich reiches historisches Erbe. Ihre alten Gebäude sind mit handbemalten Keramikkacheln verkleidet, kostbare Reliquien, die während des Gummi-Booms aus Europa importiert wurden.

Viele Straßen in Belém gleichen grünen Tunneln, umgeben von dichtstehenden Mango-Bäumen, die besonders während der heißen Mittagsstunden angenehmen Schatten spenden. In Belém wird der Besucher überall erfrischende Früchte und Säfte bekommen, ein wohlschmeckendes Eis aus lokalen Tropenfrüchten zum Dessert und eine Hängematte für die Siesta nach dem Mittagessen. Eine leichte Brise, die den Duft des nahen Regenwaldes und der reifen Mangos mit sich bringt, zirkuliert immer in dieser Stadt zwischen dem grünen Laub der Bäume.

Die exotische Musik und die mitreißenden Tänze, die Legenden und der allgemeine Mythos von Pará hinterlassen beim Besucher einen tiefen Eindruck von der Magie und den vibrierenden kulturellen Wurzeln der Menschen dieser Region. Alles hier ist ungewöhnlich und fremd, in einem überraschend exotischen Sinne: die Choreografie einer Tanzdarbietung, die berauschend schönen lokalen Kostüme der Tänzer und Musikanten. Und dann die Musik und der Rhythmus selbst: Carimbó, Siriá und Lundú verführen auch den steifsten Touristen mit ihrer unwiderstehlichen Sinnlichkeit. Während des ganzen Jahres kann man solche Volksfeste in Pará entdecken und an ihnen teilnehmen, wie zum Beispiel dem Boi-Bumbá, der Marujada oder dem Cairé.

Erlebt man eines der zahlreichen Feste in der Hauptstadt oder im Landesinnern, wird man unwillkürlich mitgerissen vom ansteckenden Rhythmus des Carimbó, ohne den keine Tanzveranstaltung in Pará denkbar wäre: die symbolische Werbung des Mannes um die Gunst einer Frau, getanzt in rhythmischer Vollendung und einer faszinierend sinnlichen Ekstase. Im Monat Juni, anlässlich der „Festas Juninas", den Sonnenwend-Feierlichkeiten, erscheinen die Städte im Staat Pará alle turbulent und bunt. Festplätze, Tanzgruppen, typische

Gerichte wie Ente in Tucupí-Sauce und die bunten Fähnchen des São João – folkloristischer Charme, Sinnlichkeit und Gourmetfreuden pur.

Das Herz von Belém

Im Stadtteil Bairro do Comércio, am Boulevard Castilhos França, täglich unter freiem Himmel: „Ver-o-Peso", der meistfrequentierte Markt von Belém – inzwischen weltberühmt für seine skurrilen Verkäufer und ihre ungewöhnlichen Produkte. Die Entstehung dieses Marktes geht auf das 17.Jahrhundert zurück. Seinen Namen hat er von einer damaligen gesetzlichen Auflage, nach der alle zum Verkauf angebotenen Waren von dem Kontrollposten „Haver-o-Peso" auf das von den Händlern angegebene Gewicht kontrolliert werden mussten.

Direkt am Ufer des meist lehmtrüben Rio Guajará gelegen, ist der Ver-o-Peso-Markt heute kulturelles Symbol der Stadt und einer ihrer touristischen Mittelpunkte, der als beliebtes Postkartenmotiv des Staates Pará und sogar ganz Amazoniens Weltruf erlangt hat. Hier bekommt man den umfassendsten Eindruck vom kulturellen Spektrum der Menschen Amazoniens. Angefangen beim Verkäufer von Hausmittelchen gegen alle nur erdenklichen Leiden und Gebrechen, der mit einer unglaublichen Zungenfertigkeit den Vorübergehenden wahre Wunder verspricht, bis zum Straßensänger, dessen Modinhas und Boleros mit anzüglichen Texten die Marktbesucher aller Altersgruppen und aller Gesellschaftsklassen stets aufs Beste unterhalten, findet man hier eine ungewöhnliche Galerie von Menschenwesen, die vor allem auch die Besucher aus dem fernen Europa sofort in ihren Bann schlägt.

Die mit Früchten und Gemüse hoch beladenen Boote und Kanus legen schon in den frühesten Morgenstunden an der steinernen Treppe an, die vom nebelverhangenen Fluss direkt hinauf zum Marktgelände führt. Die Angekommenen bauen ihre Stände auf, fügen schwitzend Gestelle zusammen, binden, nageln und verschrauben – und wenn gegen 9:00 Uhr das erste größere Kontingent von Kunden naht, liegen die Waren bereits dekorativ sortiert und mit den besten Exemplaren in der vordersten Reihe, auf den Verkaufsregalen. Die Händler und Verkäufer stammen aus allen Himmelsrichtungen des Staates Pará. Inmitten der großen Zahl authentischer Caboclos aus den Wäldern Amazoniens findet sich hier auch ein ganz anderer Menschenschlag ein: Nipónicos (Japaner). Sie verkaufen meistens Gemüse und Früchte und haben einen vorzüglichen Ruf unter den Kunden, insbesondere wegen der Qualität ihrer Melonen. Aber auch Brasilianer aus Anrainerstaaten kann man unter dem Marktvolk entdecken, allen voraus die Nordestinos (Nordöstler), besonders die aus Ceará, welche traditionsgemäß ihre Ziehharmonika erklingen lassen, mit der sie die Kunden zu ihren Ständen locken, an denen sie die typischen Ledersachen der Vaqueiros und Cangaceiros anbieten.

Wer es noch nicht weiß, dem sei hiermit gesagt, dass der Schutzpatron unseres Ver-o-Peso ein gutmütiger Schwarzer mit Namen „São Benedito da Praia" gewesen ist, der, so heißt es in den Versen des Lyrikers Bruno de Menezes, zu jeder Stunde des Tages oder der Nacht einen Grund fand, sich das Leben mit ein paar Gläschen Cachaça zu verschönern und bei einem Umbanda-Ritual kraftspendenden Weihrauch zu inhalieren. Und mit diesen afrikanischen Wurzeln ist es kein Wunder, dass man auf dem Markt auch verschiedene Stände mit Artikeln für Umbanda, Candomblé, Quimbanda und andere von Sklaven eingeführte religiöse Zeremonien antrifft. Lourival Cavalcante vom gutbesuchten Stand des Zé Raimundo Baú meint: „Das Geschäft geht so gut, dass ich schon vier Jahre hier etabliert bin, und es ist mir noch nie durch den Kopf gegangen, es aufzugeben." Unter den am häufigsten verkauften Produkten sind die sogenannten „Banhos de Cheiro" (Duft-Bäder) mit sinnigen Namen: „Comigo ninguém pode" (Niemand kann mit mir) – „Limpa corpo" (Reinigt den Körper) – „Atrai freguês" (Lockt den Kunden) und „Amansa" (Zähmt).

In der Nähe jener schlüpfrigen Steintreppe, die zum Fluss hinunter führt, steht eine Gruppe von Kiosken, deren Besitzer dem Besucher einen köstlichen Peixe Frito (gegrillten Fisch) über dem Holzkohlenfeuer zubereiten – der kommt direkt vom Boot in den Kühlschrank und von dort auf den Grill. Niemand muss hier singen oder sich die Kehle heiser schreien, denn die Kunden folgen schon dem verlockenden Bratenduft in Scharen. Und obwohl immer ein paar darunter sind, die etwas von „unhygienisch" murmeln, probieren wollen sie trotzdem. Pfeffer und die berühmte „Molho de Tucupi" (Tucupi-

Sauce) aus Maniok sind unumgängliche Beigaben für dieses Vergnügen – fragen Sie nur mal eine der freundlichen Köchinnen.

„Wir behandeln unseren Fisch mit allergrößter Umsicht, bevor er in die Pfanne oder auf den Grill wandert", sagt Lorinda, eine von ihnen. „Die Leute bilden sich ein, dass Hygiene fehle – aber die fehlt überhaupt nicht, glauben Sie mir! Die Menschen haben eben diese Idee im Kopf, obwohl es keinen Grund dafür gibt – nicht bei uns! Sind Leute aus der Großstadt, nicht von hier, müssen immer über etwas meckern. Müssten mal sehen, wie die Ausländer unseren Fisch mögen! Und sie wollen immer noch Pfeffersoße drauf" – mit einem reizenden Lächeln nimmt sie das Fächeln der Glut unter ihrem Grill wieder auf.

Das Schönste für den Fremden sind wahrscheinlich die überraschenden Originale menschlicher Wesen, die einem mittelalterlichen Sittengemälde entsprungen scheinen: Zum Beispiel der Bananenverkäufer, der sein fleckiges Hemd bis zur Brust hochgerollt trägt, barfuß zwischen den Baracken herumspringt und mit durchdringendem Organ seine Ware anpreist. Ein kleiner schwarzer Junge, der Papiersäcke zum Transport des Einkaufs verhökert – dabei rollt er so unnachahmlich mit seinen lang bewimperten Augen, dass ihm kaum jemand zu widerstehen vermag. Oder der geschickte Fisch-Tranchierer mit seiner auffälligen Schildkappe, der es sich nicht verkneifen kann, hinter der einen oder anderen Kundin anerkennend her zu pfeifen. Ein von der Sonne dunkelbraun gerösteter Caboclo schleppt Kisten mit Heilkräutern heran und schüttelt sich den Schweiß vom Körper wie ein nasser Hund. Und dann die irritierend aufdringlichen Losverkäufer, die man, hat man einmal das Wort an sie gerichtet, vergeblich versucht wieder loszuwerden.

„Schlohweißes Haar und eine Brille mit Fassung aus Schildpatt" – nach dieser Beschreibung werden Sie sofort José Luz Machado de Oliveira erkennen, einen Greis von 92 Jahren aus Ceará, der 14 Jahre auf dem Ver-o-Peso mit dem Verkauf von hausgemachten Heilmittelchen verbracht hat. Jeder kennt ihn hier und vertraut seinen weisen Worten, wie denen eines guten Arztes. Sein Verkaufsschlager ist eine Seife aus Kakao, die in Cametá „nur für ihn" hergestellt wird. „Kein Jucken, das ihr standhält – nur Seife drauf und schon ist's vorbei mit der Juckerei! Ich hab' hier Mittel gegen jedwedes Leiden. Wenn jemand Rheumatismus hat, ist nichts besser als Capivara-Öl. Und wenn Sie das nicht wollen, dann habe ich noch Öl vom Tapir, Andiroba oder Öl von der Giboia (Boa Constrictor). Für Husten und Halsweh ist ein Tee aus Ingwer oder männlichem Knoblauch das Beste!" – so fesselt der sympathische Kräutergreis seine Kunden und vertraut mir an, dass er auch schon mal im Gefängnis gewesen ist.

Eine Gruppe von Neugierigen hat sich auf einem der Trottoirs bei den Docks versammelt und wächst zusehends. Sie umstehen das bekannte „Trio Família", das Songs mit Themen aus dem täglichen Leben des Volkes zum Besten gibt. In diesem Fall behandeln sie mit tieftraurigem Pathos die Geschichte der „Kinderleiche, die man in einem Kofferraum in Marabá fand" – sie wird nun schon zum dritten Mal von den Umstehenden gewünscht, die alle den Obolus von 1 Real in einen Strohhut entrichtet haben, den das jüngste Mitglied der Familie ihnen unter die Nase hält.

Auch der Açaí-Markt ist Teil des Ver-o-Peso: Neben dem Verkauf der Palmfrüchte und entsprechender Extrakte, die von den benachbarten Inseln stammen, findet der Besucher hier Bars und Kioske, in denen er in aller Ruhe exotische Getränke und die Kreationen der lokalen Küche von Pará probieren kann, während ihm eine Brise von der Guajará-Bucht die erhitzte Stirn kühlt. Übrigens können Sie heutzutage in allen größeren brasilianischen Städten die erfrischende und vitaminreiche Açaí-Frucht probieren – verlangen Sie „Açaí na tigela", Açaí in der Schale (und damit Sie die richtig aussprechen bei Ihrer Bestellung: „Assa-i na tijela").

Die Insel Marajó

Die größte Flussinsel der Welt, umgeben von rund 2.500 Inseln und Inselchen, liegt der Hauptstadt Belém vorgelagert in der Amazonasmündung – mit ihren fünf Millionen Hektar Fläche ist sie etwas größer als die Schweiz. Ungefähr 250.000 Menschen leben hier verstreut – die meisten sind Nachfahren der Nheengaiba-Indianer, die, 1659 von dem Priester Antônio Vieira befriedet, sich mit afrikanischen Sklaven und portugiesischen Emigranten gemischt haben. Ihre Keramik-Kunst aus der präkolumbianischen Marajoara-Kultur lebt hier noch immer in alter Tradition fort.

Marajó hat zwei Jahreszeiten: Die regenreiche von Januar bis Juni und die weniger regnerische von Juli bis Dezember. Während ersterer werden große Teile der Insel überschwemmt – besonders der östliche, tiefer gelegene Teil der Savannen-Landschaft, wo oft die drei Meter hohen Straßendämme nicht mehr passierbar sind, während die westliche, höher gelegene Region des Regenwaldes von einer Überschwemmung verschont bleibt. Marajó ist eine der wichtigsten ökologischen Refugien unseres Planeten und ein für den Naturliebhaber unvergleichlich vielfältiges Spektakel, mit schier unerschöpflichen Alternativen.

Der landschaftliche Überfluss setzt sich aus Regenwald, Savannen, Flussstränden und Seen aller Größen sowie Bächen und Sumpfgebieten zusammen – ergreifend in ihrer Ursprünglichkeit. Außer den überall zu sichtenden Büffel- und Rinderherden gibt es auf der Insel unzählige interessante Vogelarten. Besonders häufig ist der Guará (Scharlachsichler – Eudocimus ruber), eine rote Ibis-Art, deren fliegende Schwärme ein unbeschreiblich entzückendes Bild abgeben. Alligatoren, Piranhas und zahlreiche Exemplare der Boa Constrictor leben zusammen mit den Nutztieren in einer kaum gestörten Idylle.

Marajós Wirtschaft basiert in erster Linie auf der Büffel- und Rinderzucht sowie dem Fischfang. Sekundär spielen Holz und Kautschuk-Gewinnung eine Rolle. Die Herden auf den weiträumigen Fazendas ergeben heute einen Bestand von circa 200.000 Schweinen und einer Million Rindern, ein Drittel davon sind Büffel.

Die Büffel sollen dereinst von einem Schiff, das vor der Küste mit einer Ladung Vieh aus Malaysia für Französisch-Guayana sank, herübergeschwommen sein. Hier auf der Insel werden sie gut behandelt: Sie haben immer und überall „Vorfahrt" – der Mensch arbeitet mit und manchmal auch auf ihnen, aber niemals steht er ihnen im Weg. Vier Büffelarten unterscheidet man auf Marajó: Das Fleischtier, das Milchtier, das Lasttier und eine Hybridart. Die Büffel sind den Gegebenheiten der Insel bestens angepasst. Mit ihren breiten Hufen sind sie gute Schwimmer – während der Überschwemmungen tauchen sie und weiden die Vegetation unter Wasser ab – sie fressen fast alles und ihr dickes, dreischichtiges Fell trotzt Parasiten und Schlangenbissen. Deshalb sind sie Rindern in bestimmten Gebieten überlegen und auch günstiger in der Haltung.

Der Marajoara-Mann ist ein ganz besonderer Typ: In seiner Kleidung, seinem Wesen, der Art zu denken und das Leben zu betrachten unterscheidet er sich von allen anderen Brasilianern. Er kleidet sich einfach: Hosen, ein besticktes Hemd und ein Strohhut sind alles, was er braucht. Und wenn er reitet – oft auf einem gezäumten Büffel statt auf einem Pferd – dann tut er dies barfuß. Er ist kein Freund von Diskussionen, fragt kaum, beantwortet nur, was er gefragt wird und hasst es aus seiner Routine gerissen zu werden. Er ist ein guter Jäger und Fischer und lehnt keinerlei Arbeit ab, selbst wenn er nicht mit ihr zurechtkommt.

Die Büffel-Farmen sind eine besondere touristische Attraktion. Sie bieten Aktivprogramme zu Land und zu Wasser, per Pferd, Jeep oder Boot an, inklusive einer sehr ordentlichen Vollpension. Hier können die Besucher sich auch einmal selbst als Büffelreiter versuchen. Wettrennen zwischen Touristen auf diesen urwüchsigen 800 bis 1.200 Kilogramm schweren Reittieren, die man dabei mit einem Strick durch den Nasenring und einer Reitgerte dirigiert, sind auf Marajó inzwischen „in"! Allerdings empfiehlt es sich für Ungeübte die Schuhe dabei anzubehalten.

Wenn eine Taube dir auf den Kopf kackt, danke
Gott, dass Kühe nicht fliegen können!

Ein Philosoph der Landstraße

Amazonas

Dies ist der vom Tourismus am besten erschlossene Staat Amazoniens, wenn auch nur in einem relativ geringen Radius rund um seine Hauptstadt Manaus. Der Staat mit dem Namen des größten Flusses der Erde, von dem er von West nach Ost durchquert wird, besitzt auch die größte Fläche aller brasilianischen Staaten – rund 1.560.000 Quadratkilometer. Sein Bodenrelief setzt sich aus festen, flachen Landflächen (Terras firmes) und überschwemmten Tiefebenen (Várzeas und Igapós) zusammen. Erhebungen finden sich an den Grenzen zu Roraima und Venezuela, wo die Serras (Bergketten) von Itapirapecó, Imeri, Urucuzeiro und Cupim das Amazonas-Tiefland einrahmen. In diesem Grenzgebiet befindet sich auch der Pico da Neblina, mit 3.014 Metern Brasiliens höchste Erhebung.

In diesem riesigen Gebiet leben heute nur 3,5 Millionen Menschen – das entspricht einer Bevölkerungsdichte von 2,2 Einwohnern pro Quadratkilometer. Das liegt auch am Regenwald, der den Staat zu 90% bedeckt und durch eine der fortschrittlichsten Regierungen in Sachen Umweltschutz administriert wird. Die mittleren Temperaturen liegen bei 30 bis 32°C – mit einem äquatorialen, feuchtheißen Klima.

Die Dschungelstadt Manaus

Die Hauptstadt des Staates Amazonas war eine der ersten Städte Brasiliens mit elektrischem Licht, nachdem die Brasilianer mit dem Kautschuk Ende des 19. Jahrhunderts den Weltmarkt erobert hatten und sich plötzlicher Reichtum mitten im Urwald ausbreitete.

Aus dieser Epoche stammt auch das weltberühmte Teátro Amazonas, in dem sogar Enrico Caruso einst gesungen haben soll. Die Stadt wurde nach den Manaos-Indios der Region benannt und liegt am linken Ufer des Rio Negro, oberhalb seiner Mündung in den Rio Solimões, dessen lehmgelbes Wasser sich mit den cola-braunen Fluten des Rio Negro beim „Meeting of the Waters" zum Rio Amazonas vereinigen.

Wer nach Manaus kommt, der ist in der Regel besonders neugierig auf den Regenwald und sein vielbeschriebenes, fremdartiges Ambiente. Die einen möchten die gefürchtete „Grüne Hölle" der Abenteuerbücher ihrer Jugend endlich mal mit eigenen Augen sehen, andere kommen mit einer Art wissenschaftlichem Interesse an Pflanzen und Tieren nach Manaus, um jetzt mit einer kundigen Führung die wunderbaren Details dieser einmaligen biologischen Vielfalt zu erschließen. Und es gibt unter ihnen natürlich auch jene, die nur einfach mal weg möchten von der nervtötenden Hektik, dem lästigen Lärm und der Luftverschmutzung der Großstädte, um eine abenteuerliche Flusskreuzfahrt durch die immergrüne Wildnis zu unternehmen, die Harmonie der Natur hautnah zu erleben und einfach mal „die Seele baumeln zu lassen".

Doch bevor Sie eine Tour durch den Regenwald unternehmen, sollten Sie sich erst einmal akklimatisieren, denn das feuchtheiße Klima so nahe am Äquator kann einem ganz schön zusetzen, ganz besonders, wenn Sie vielleicht gerade aus dem winterlichen Europa angereist sind. Quartieren Sie sich ein bis zwei Tage in einem guten Hotel ein und nutzen Sie diese Zeit, um die interessante Stadt im Regenwald ein bisschen zu erforschen. Es lohnt sich allemal.

Das Amazonas-Theater

Das einzige weltbekannte Highlight in Manaus ist das historische Teátro Amazonas. Das architektonisch sehr reizvolle Gebäude wurde während der Belle Epoque errichtet, als die Stadt Unsummen durch den brasilianischen Gummi-Boom verdiente. Die Idee des Amazonas-Theaters wurde 1881 erstmals von einem Mitglied des Repräsentantenhauses, Antônio José Fernandes Júnior, geäußert. Er machte den kühnen Vorschlag, ein kulturelles Juwel im Herzen des Amazonas-Regenwaldes zu errichten, um Manaus zu einem Kulturzentrum nach westlichem Vorbild zu machen.

Die Arbeit ging während der folgenden fünfzehn Jahre nur langsam voran – mit einigen Pausen und Neuanfängen zwischen 1885 und 1892. Die Dachpfannen wurden aus dem Elsass importiert, aus Paris kamen die Möbel und Einrichtungen im Stil Louis XV. Den Carrara-Marmor für die Treppen, Statuen und Säulen führte man aus Italien ein. Die Stahlwände wurden in England geordert. Das Theater hat 198 Lüster und Kronleuchter – 32 davon sind aus Murano-Glas. Der Bühnenvorhang mit seinem Gemälde des „Encontro das Águas" (Begegnung der Wasser – gemeint ist der Zusammenfluss von Rio Negro und Rio Solimões, die den Amazonas bilden) stammt von Crispim do Amaral aus Paris. Die Kuppel des Gebäudes ist außen von 36.000 Keramikkacheln bedeckt, die in den Farben der brasilianischen Nationalflagge bemalt sind.

Als 1895 die Außenarbeiten am Gebäude endlich abgeschlossen waren, konnte man die Dekoration des Interieurs und die elektrische Installation beschleunigt vorantreiben. Der Italiener Domenico de Angelis malte die herrlichen Deckenpanele im Auditorium und im Empfangsraum. Trotzdem dauerte es weitere zwei Jahre – nachdem das Gebäude bereits im Dezember 1896 eingeweiht und die erste Aufführung am 7.Januar 1897 mit der italienischen Oper „La Gioconda" stattgefunden hatte – bis das Amazonas-Theater endlich vollendet war – ein Projekt, dessen Bau insgesamt siebzehn Jahre in Anspruch genommen hatte.

Das Rendezvous der Wasser

Circa 17 Kilometer unterhalb von Manaus mündet der Rio Negro in den Rio Solimões – ein majestätisches, gewaltiges Naturspektakel, dem man im gebräuchlichen Touri-Englisch den Namen „Meeting of the Waters" (Begegnung der Wasser) gegeben hat. Wie sein Name bereits suggeriert, hat der Rio Negro einen dunkleren Wasserkörper, der auch langsamer und schwerer ist als der des Rio Solimões. Der eine wird als „Schwarzwasser-Fluss" bezeichnet und der andere als „Weißwasser-Fluss", obwohl letzterer eher von gelblicher, lehmig-trüber Färbung ist. Bedingt durch die unterschiedliche Beschaffenheit der beiden Ströme – hinsichtlich Wassertemperatur, Wasserdichte und ihrer Fließgeschwindigkeit – teilen sie über circa 30 km das gleiche Bett ohne sich zu vermischen, der dunkle Rio Negro und der lehmgelbe Rio Solimões fließen, zum Entzücken der Touristen, nebeneinander her, bevor sie sich zum Amazonasstrom vereinen. Deutlich kann man von der Reeling eines der vielen Ausflugsboote den Fluss des dunklen Rio-Negro-Stroms neben dem lehmgelben des Solimões mit dem Auge verfolgen – beide trotzen einer Vermischung bis über den Horizont hinaus.

In der Regel hält eine Schiffstour auf diesen Gewässern am späten Nachmittag noch eine besondere Überraschung parat: einen unbeschreiblichen Sonnenuntergang, der jedem Zuschauer den Atem raubt. Die brillantroten Farbtönungen eines Sonnenuntergangs in Amazonien und ihre Spiegelungen im Wasser gehören zweifellos zu den unvergesslichsten Eindrücken der Natur überhaupt. Egal an welcher Küste Sie je gestanden haben, um die Sonne im Meer versinken zu sehen, nichts kann sich mit einem Sonnenuntergang am „Meeting of the Waters" vergleichen – und bevor sich der unübersehbare Wasserstrom am durchglühten Horizont verliert, haben Sie das Gefühl mitten in einem Ozean zu stehen – in einem Ozean milliardenfachen Lebens.

Der Amazonasstrom

Das Becken des Amazonasstroms erstreckt sich nördlich und südlich vom Äquator über zwei Fünftel Südamerikas. Von Brasilien im Südosten bis Kolumbien im Nordwesten umfasst Amazonien das gesamte hydrografische Netz des Amazonas und seiner Nebenflüsse, bis hin zu den Anden. Die riesige Fläche erstreckt sich außerhalb Brasiliens über sieben weitere Länder: Französisch-Guayana, Surinam, Britisch-Guayana, Venezuela, Kolumbien, Ekuador, Peru und Bolivien.

Der gewaltigste Fluss unseres Planeten, der Amazonas, entspringt in den peruanischen Anden in einer Höhe von über 5.000 Metern. An seinem Oberlauf trug er bis vor kurzem noch den Namen „Rio Solimões", inzwischen ist der Name „Amazonas" aber offiziell auch dort eingeführt worden.

Der Amazonas fließt rund 6.500 Kilometer, bevor er in den Atlantik mündet, gespeist wird er von circa 10.000 Nebenflüssen, von denen 100 schiffbar und 17 mehr als 1.600 Kilometer lang sind (zum Vergleich: unser Rhein ist 1.236 Kilometer lang). Das hydrografische Potenzial Amazoniens entspricht ungefähr einem Fünftel des gesamten Süßwasservorrats unserer Erde. Die Tiefe des Hauptstroms schwankt zwischen 10 und 60 Metern, bei Niedrigwasser hat der Amazonas eine durchschnittliche Breite von zehn Kilometern, doch mit der jährlichen Überschwemmung steigt der Wasserpegel nicht nur bis zu 15 Meter, sondern der gigantische Strom kann sich auch auf eine Breite von 50 Kilometern ausdehnen. Sein Delta erreicht sogar eine Breite von 250 Kilometern – daraus ergießen sich pro Sekunde 160.000 Kubikmeter Wasser ins Meer – mehr als bei Nil und Mississippi, den beiden nächstgrößten, zusammen.

Die Anrainerstaaten sind vom Wasser geprägt. Hier reist man nicht auf Straßen, sondern vorzugsweise per Boot. Die Flüsse sind die eigentlichen Verkehrswege in Amazonien. Von der Mündung flussaufwärts ist das Flussbett des Amazonas so tief, dass Überseeschiffe weiter als 3.000 Kilometer (bis Iquitos in Peru) ins Landesinnere vordringen können.

Der Regenwald

Der tropische Regenwald ist eine Vegetationsform, die man nur in den konstant feuchten Klimazonen antrifft – oder richtiger: antraf, denn die tropischen Regenwälder Ozeaniens, Südasiens und Afrikas sind heutzutage entweder ganz verschwunden oder auf einen vergleichsweise geringen Restbestand dezimiert worden. Den tropischen Regenwäldern Mittel- und Südamerikas droht dieselbe Gefahr, wobei der Regenwald Amazoniens dank seiner vergleichsweise riesigen Ausdehnung (mit heute noch fast 5 Millionen Quadratkilometern) unter bestimmten Umständen vielleicht noch zu retten sein kann. Tropischer Regenwald wird von Experten seinem jeweiligen Standort entsprechend in „Tieflandregenwald", „Prämontaner-„ und „Berg-Regenwald" unterschieden. Im Amazonasgebiet gibt es dazu noch den periodisch von Nebenflüssen überschwemmten „Várzea-Regenwald" sowie den erhöht wachsenden, nie überfluteten „Terra-Firme-Regenwald" (Festlands-Wald).

Maßgebend für das Klima in einem Regenwaldgebiet sind ganzjährige Niederschläge – besonders intensiv während der Regenperioden – sodass dort Regenmengen von 2.000 bis über 4.000 Millimeter pro Jahr zu verzeichnen sind, also mehr Regen fällt als verdunstet. Die Temperaturen im Regenwald ändern sich im Lauf eines Jahres nur geringfügig. In den wärmsten Monaten liegen sie zwischen 28 bis 31°C – in den kühlsten Monaten um die 24°C.

Vormittags, nachdem sich durch die zunehmende Sonneneinstrahlung Luft und Boden erwärmt haben, steigt der Dampf des Regenwassers nach oben. Der Himmel bedeckt sich zunehmend mit dichten Wolken, die sich, häufig zusammen mit einem Gewitter, nachmittags oder über Nacht wieder abregnen.

Das Amazonasbecken ist der größte Sauerstoffproduzent unseres Planeten und sein tropischer Regenwald hat einst unter der irreführenden Bezeichnung „Grüne Hölle" die Fantasie so mancher Abenteurer beflügelt. Tatsächlich vermag man die Überraschungen, mit denen diese Wildnis aus ihrer scheinbaren grünen Monotonie heraus ihre Besucher plötzlich überrascht, kaum zu fassen. Allein die täglichen Regengüsse hier am Äquator sind dramatisch: An einem einzigen Tag kommt das gesamte Wasser eines europäischen Jahres herunter.

Ideale klimatische Bedingungen – kein Frost und keine Trockenheit – haben die artenreichste Pflanzenvielfalt unseres Planeten hervorgebracht: Blüten und Früchten begegnet man hier gleichzeitig und in jedem Baum meint man eine neue Art zu entdecken. In der verschlungenen Wirrnis kann man drei Etagen unterscheiden: Kleinere Bäume und Jungwuchs streben bis zu 20 Meter durch die ewige Dämmerung empor, das Hauptdach bilden die Baumkronen auf etwa 35 Meter Höhe. Ab und zu wird diese geschlossene Decke von den noch höheren „Urwaldriesen" durchbrochen, die sich bis zu 60 Meter hoch der Sonne entgegenrecken. Eine perfekte biologische Technik von Brett-, Luft-, Stelz- und Stützwurzeln gibt diesem Gewölbe die nötige Stabilität. In jeder Etage haben sich besonders spezialisierte Fauna- und Flora-Arten entwickelt. In der Regel leben sie ausschließlich in einem relativ kleinen Verbreitungsgebiet, mit einer geringen Zahl an Individuen. Deshalb kann allein die Abholzung einer bestimmten Baumart bereits die Lebensgrundlage bestimmter Arten zerstören – sie sterben aus. Man schätzt, dass auf diese Weise unzählige Arten verschwunden sind, bevor sie überhaupt vom Menschen wahrgenommen wurden. Der Forscher erlebt hier eine überraschende Vision der Schöpfung, wenn er Pflanzen nebeneinander antrifft, die in ganz unterschiedlichen erdgeschichtlichen Epochen entstanden sind.

Über den weichen Waldboden ziehen Heere angriffslustiger Insekten. Die meisten Ameisenarten findet man hier, sie beschleunigen die Zersetzung toter Materie und führen sie in lebende Substanz zurück. Den kriechenden und fliegenden Millionen von Insekten, die zu den Plagen eines Dschungelabenteuers gehören, kommt eine entscheidende Bedeutung in der Bestäubung der Pflanzen zu, denn ein Transport der Pollen durch Wind ist wegen der stehenden Luft innerhalb des grünen Gewölbes fast ausgeschlossen. Die Makro-Fauna auf dem Waldboden ist relativ arm. Die verschiedenen Kröten und Frösche, die man hier beobachten kann, präsentieren sich in unterschiedlichen Anpassungsformen, um an das für die Entwicklung ihrer Larven nötige Wasser zu gelangen. Bemerkenswert sind ein paar große Säugetiere wie der Tapir (Anta), Wildschweine (Queixada und Cateto), unter den Vögeln Mutum (Rotschnabelhokko) und Inhambu (eine Taubenart), die man am Boden entdecken kann.

Die Bäume des Regenwaldes stehen auf dem nackten Quarz antiker Böden – ganz im Gegensatz zu den Bäumen anderer Wälder, die auf durch Eiszeiten geschaffenen, jungen und nährstoffreichen Böden wachsen. Der Boden stellt für den Regenwald lediglich die Möglichkeit zu seiner physischen Stabilisierung dar. Sogenannte „Mykorrhizen" (Pilzkulturen) führen den Bäumen in diesem Fall die benötigten Nährstoffe zu – eine fantastische Symbiose der Natur.

Rund 80% der Biomasse werden in den Baumkronen produziert – deshalb hält sich die Mehrheit der Fauna des Regenwaldes in den vernetzten Kronen der Bäume auf, nur wenige von ihnen kommen je auf den Waldboden herunter. Blätter, Zweige und tierische Reste, die auf den Boden fallen, werden dem Nährstoffkreislauf umgehend über die dicht an der Oberfläche verlaufenden Baumwurzeln wieder zugeführt.

Der erste Eindruck unbegrenzten Wachstumpotenzials, der bei einem Besuch des tropischen Regenwaldes mit seinem üppigen Grün entstehen mag, ist eine Täuschung. Verglichen mit dem Boden europäischer Waldgebiete kann man den Regenwaldboden durchaus als unfruchtbar bezeichnen. Dieser Boden war über Jahrtausende einer feuchtwarmen Witterung ausgesetzt, sodass das im Untergrund liegende Gestein mancher Gebiete bis zu einer Tiefe von fünfzig Metern verwittert ist – Mineralien, wichtig für die pflanzliche Ernährung (wie zum Beispiel Calcium, Phosphor und Stickstoff), sanken dadurch tiefer in den Boden hinab, sodass er in seinem oberen Bereich extrem arm an Nährstoffen ist, folglich verbleibt nur die Nährstofflieferung über der Erde: organische Substanzen aus erst seit kurzem abgestorbenen Pflanzen und Tieren, die sich wegen des Klimas schnell zersetzen. Wegen des dichten Wurzelnetzes der Bäume versickern sie kaum – einige werden bereits über dem Boden von epiphytisch lebenden Pflanzen absorbiert. Die Pflanzen des Regenwaldes stellen damit eine perfekte Anpassung an ihren kargen Boden dar – sie haben ein fein abgestimmtes Recyclingsystem organischen Abfalls entwickelt, das auf Störungen besonders empfindlich reagiert.

Die Flora im tropischen Regenwald scheint auf den ersten Blick ein unentwirrbares Durcheinander zu bilden, in dem man lediglich die Stämme der größeren Bäume unterscheiden kann, die sich wie Säulen von dem grünen Chaos abheben. Sie sind es, die den übrigen Pflanzen eine Existenzmöglichkeit bieten, wenn sie sich an ihnen empor ranken, von ihnen gestützt werden, durch sie ein bisschen Sonnenlicht genießen oder sogar auf ihnen seine epiphytische Existenz bestreiten.

Erst seit relativ kurzer Zeit hat man das komplexe Versorgungssystem der Regenwälder soweit erforscht, dass man seine Zusammenhänge verstehen kann. Dabei ist auch klar geworden, dass Ameisen und Termiten, die zu Abermillionen auf dem Boden zu finden sind, eine lebenswichtige Rolle in der Existenz des Waldes spielen: Sie wandeln nämlich pflanzliche Biomasse in tierisches Eiweiß um – sind also Mittler zwischen Produktion und Konsum. Und wegen der hohen Produktion von Biomasse – dank des milden und feuchten Klimas während des gesamten Jahres – ist der Regenwald nicht von den Nährstoffen des Bodens abhängig. Bis in die Kronen der Bäume ist der Stoffkreislauf gesichert. Und in diesen Baumkronen trifft man auch die meisten Flora- und Fauna-Arten des Regenwaldes an, was durch die neueste, die sogenannte „Baumkronenforschung", bestätigt wurde. Die Baumkronen, 30 bis 40 Meter über dem Boden, sind ein für Wissenschaftler wie für Touristen schwer zugänglicher Bereich. Die Vogelwelt ist dort besonders vielgestaltig: Papageien, Tukane und Spechte der verschiedensten Gattungen sind leicht zu entdecken, auch der Pavãozinho do Pará und die Cigana (beides Fasanenarten).

Unter den Säugetieren der Baumkronen dominieren die Beuteltiere, Fledermäuse, Nagetiere und verschiedene Primaten mit ganz unterschiedlichen Verhaltensweisen: Der Brüllaffe (Bugío) ist tagaktiv und ernährt sich vorzugsweise von Blattwerk, der Nachtaffe (Aotus) ist der einzige nachtaktive Primat und bevorzugt Früchte, die Pinsellohräffchen (Sauins), gefräßige Insektenvertilger, teilen sich in verschiedene Spezies und Subspezies auf, die man durch ihre Färbung und unterschiedlichen Kopfformen unterscheiden kann. Neben den herkömmlichen Pollenträgern kommt auch den Amazonas-Affen eine wichtige Rolle in der pflanzlichen Bestäubung zu. Vögel, Fledermäuse und Affen des Regenwaldes übernehmen die Verbreitung von Früchten und Samen der Bäume.

Um an das lebenspendende Licht zu kommen, hat ein großer Teil der Regenwaldvegetation sich zu Kletterpflanzen entwickelt – man unterteilt sie in „Lianen", „Epiphyten" und „Hemi-Epiphyten". Lianen sind im Boden verwurzelt, Blätter bilden sie erst in der Baumkrone. Sie können Luftwurzeln ausbilden, durch die sie die Wasserversorgung regeln. Als „Epiphyten" bezeichnet man zum Beispiel Farne und Bromelien. Sie entwickeln sich auf Gabelungen und starken Ästen der Bäume, ohne mit ihren Trägern eine physiologische Verbindung einzugehen – sie sind also keine Parasiten. Dagegen profitieren sie vom besseren Licht in den höheren Etagen, während sie mittels ihrer Blätter (sogenannten Nischenblättern) Hohlräume bilden, in denen Humus entsteht und sich Wasser sammeln kann. Humus und Wasser werden durch spezielle Saugschuppen von der Blattoberfläche absorbiert. Und die Hemi-Epiphyten schließlich ziehen einen Mittelweg vor, um sich mit Nährstoffen zu versorgen: Als junge Pflanzen existieren sie rein epiphytisch – als Aufsetzer auf einem Baum – später bilden sie dann Bodenverbindungen aus, durch die sie auch von unten Wasser und Mineralien aufnehmen. Betritt man das immergrüne Urwaldgewölbe zum ersten Mal, dann fallen einem vor allem Lianen ins Auge – es sind die Pflanzen, welche das Erscheinungsbild der typischen Regenwaldvegetation am meisten prägen und wohl auch als dekorativstes Szenario später in unserer Erinnerung haften.

Von den rund sieben Millionen Quadratkilometern des Amazonas-Regenwaldes besteht der größte Teil aus Festland. Darunter versteht man in diesem Fall Waldgebiete, die nie überschwemmt werden oder unter Wasser stehen. Sie erstrecken sich über eine große Ebene bis auf 200 Meter Höhe, eingefasst von Gebirgsketten. Die große Ebene entstand aus den Ablagerungen des Belterra-Sees, der den größten Teil des Amazonas-Beckens vor 1,8 Millionen Jahren bedeckte.

Der geflutete Wald (Floresta Alargada) Amazoniens ist jenes Gebiet, das im jährlichen Überschwemmungsbereich des Amazonas und seiner Zuflüsse liegt. Die Überschwemmungen können – vom normalen Level der Flussoberfläche aus betrachtet – eine Höhe von mehr als zehn Metern erreichen. Pflanzen und Tiere überleben diese periodischen Überschwemmungen dank ihrer einzigartigen Anpassungsfähigkeit.

Die zahllosen Flüsse Amazoniens unterscheiden sich infolge der unterschiedlichen geologischen Terrains, die sie jeweils durchqueren, stark in Bezug auf die chemische Zusammensetzung ihres Wassers, ihrer Temperatur, ihrer Farbe und Fließgeschwindigkeit. Flüsse, die man „Weiß-" oder auch „Trübwasser" nennt, wie der Rio Solimões oder der Rio Madeira, fließen durch Regionen, die reich an Mineralien und organischen Stoffen sind. Flüsse, die man als „Schwarzwasser" bezeichnet, wie den Rio Negro zum Beispiel, durchqueren sandige Regionen, arm an Mineralien. Sie sind transparenter und von den Bodensubstanzen ihrer Ufer dunkelbraun getönt. Daneben existieren aber auch Flüsse von unglaublicher Transparenz, wie zum Beispiel der Rio Tapajós. Diese entspringen in Regionen des alten Kontinental-Schildes, sind jedoch ebenfalls arm an Mineralien und anderen Nährstoffen.

Die Waldregionen, welche von den Weißwasser-Flüssen geflutet werden, bezeichnet man lokal als „Várzeas" – jene von den Schwarzwassern gefluteten als „Igapós". Die Vegetation der Várzeas ist wesentlich vielfältiger als jene der Igapós, auch das hängt mit den Nährstoffen der Weißwasser und der Nährstoffarmut der Schwarzwasser zusammen. Das gleiche kann man auch bei der Fauna der beiden Waldtypen feststellen, besonders bei den Unterwasser-Spezies: Die Weißwasser-Flüsse sind äußerst fischreich, während die Schwarzwasser-Flüsse von den Einheimischen treffend als „Hungerflüsse" bezeichnet werden. Die Gebiete allerdings, wo sich die beiden Fluss-Typen vereinigen, sind extrem nährstoffreich.

Die Bäume in den gefluteten Wäldern haben sich sowohl morphologisch als auch physiologisch an eine Existenz halb unter Wasser angepasst. Sie haben Wurzeln entwickelt, die den Sauerstoff im Wasser aufnehmen können. Diese Bäume sind arm an Epiphyten, und Unterholz existiert praktisch nicht. Dafür sind die Flächen bedeckt von einer reichen, krautigen Flora, wie dem Mori-Gras, dem Canarana und dem wilden Reis. Während der Überschwemmungsperiode bildet das Gras schwimmende Inseln. Andere schwimmende Pflanzen, wie zum Beispiel die Victoria Regia oder die Wasserlinsen, passen sich ebenfalls dem steigenden Wasserspiegel an.

Die Säugetiere der gefluteten Wälder – Tapire, Wasserschweine, Faultiere – sind gute Schwimmer. Affen und anderer Wald-Säugetiere sind selten in diesen Gebieten, verglichen mit den Wäldern des Festlandes. In den Flüssen der Várzea finden sich jedoch verschiedene Spezies aquatischer Säugetiere – zum Beispiel Delfine, der Amazonas-Manati und Fischotter.

Das Wasser der gefluteten Wälder ist reich an Wasser-Reptilien. Unter ihnen sind die Schildkröten wichtige Vertilger der aquatischen Vegetation. Sie stehen zwar unter Naturschutz, sind aber immer noch eine begehrte Jagdbeute der Waldbewohner. Unter den Kaimanen ist der Jacaretinga (Palaeosuchus trigonatus) vom Aussterben bedroht – die einzige endemische Spezies in Amazonien. Der Jacaré-Açu (Melanosuchus niger) ist der häufigste Kaiman der Region.

In Amazonien leben rund zehntausend Arten von Fischen. In erster Linie sind es die früchtefressenden Arten, die sich in Koevolution mit den Bäumen Amazoniens entwickelt haben: Die Früchte fallen ins Wasser, werden von den Fischen gefressen und ihre Samen, resistent gegen die Verdauungsenzyme, werden weit transportiert und wieder ausgeschieden. Verschiedene Fische, besonders die der großen Gruppe „Charcinoidea", haben Gebisse entwickelt, die für den Verzehr einer bestimmten Fruchtart ideal sind. Die Verteilung der Pflanzensamen durch die Fische der Várzeas und Igapós ist von vergleichbarer Bedeutung wie die Verbreitung der Samen des Festlandes durch Vögel und Säugetiere.

Ameisen und Termiten begleiten das Auf und Ab der Wasserflut, indem sie die Bäume hinauf und hinab klettern. Viele verschiedene Arten von Insekten leben auf der schwimmenden Vegetation und besonders die enormen Populationen von Moskitos und anderen irritierenden Blutsaugern werden von ihr hervorgebracht. Die Schwarzwasser-Flüsse sind dagegen frei von dieser Plage. Die gefluteten Wälder beherbergen auch verschiedene Arten von Bäumen, die in der Wirtschaft Brasiliens eine Rolle spielen, besonders die sogenannten Edelhölzer. Seringueira, Sorva, Andiroba, Maçaranduba, Buriti und Tucum produzieren Gummi, Öl, Harz, Nüsse und Fasern von wirtschaftlicher Bedeutung. Die Várzeas sind besonders reich und produktiv. Gegenwärtig entwickelt man hier große landwirtschaftliche und industrielle Projekte.

Verschiedene Spezies der Várzea sind vom Aussterben bedroht, schuld daran ist das schnelle Wachstum der urbanen Strukturen, die Staudämme und die Vergiftung der Flüsse mit Quecksilber durch Goldgräber. Jagd und Fischerei ohne Gesetze und Kontrollen in der Várzea haben bereits zur bedrohlichen Dezimierung verschiedener großer aquatischer Wirbeltiere geführt. Die Liste der vom Aussterben bedrohten Spezies wird angeführt von den Süßwasser-Delfinen, den Amazonas-Manatis, den Riesenottern, den Echten Schildkröten und den erwähnten Jacaretinga-Kaimanen. Unter den bedrohten Fischen ist besonders der Pirarocu betroffen, der weltgrößte Süßwasserfisch.

Die große Produktivität der Várzea begünstigte eine dichte Indio-Population zur Zeit der Eroberung Brasiliens. Die Ufer großer Flüsse beherbergten viele Dörfer mit Tausenden von Einwohnern. Die Flussbewohner pflanzten Mais und Maniok auf dem mit Mineralien angereicherten Uferschlamm an, sie ernteten wilden Reis und profitierten von einem reichen Fischangebot. Sie lebten in gesellschaftlich organisierten Gruppen und bedienten sich der Arbeit von Sklaven aus von ihnen besiegten Nachbarstämmen.

Die Ufer der Schwarzwasser-Flüsse, jener „Hunger-Flüsse", waren dagegen auch in historischer Zeit nur gering besiedelt. Weil sie jedoch frei von blutsaugenden Insekten waren, zogen die neuen Einwanderer es vor, sich an ihren Ufern anzusiedeln. Eine kurze Zeit lang war Barcelos die Hauptstadt der Region – am mittleren Rio Negro gelegen. Dann aber wechselte die Administration nach Manaus, in die Nähe der fischreichen Várzea.

Vom Kanu aus sind interessante Beobachtungen der Fauna Amazoniens zwischen Igapós und Igarapés möglich. Während des Tages entdeckt man hier ganze Schwärme von Papageien und Sittichen, die sich in einem der zahlreichen Fruchtbäume um die besten Plätze balgen und dabei einen Heidenlärm machen. Reiher stehen unbeweglich beim Fischen in einer Wasserrinne – Fasane und Wildhühner sitzen auf niedrigen Ästen über dem Wasser und lassen ihre Rufe herüberwehen. Kleine Teichhühner eilen geschäftig über die riesigen schwimmenden Blätter der Victoria Regia und haschen mit spitzem Schnabel nach Insekten und deren Larven. Und wenn das Boot einen der höheren Bäume am Ufer passiert, kann man sicher die eine oder andere Affenfamilie entdecken, die sich von ihrem Ast aus vor Neugier fast die Hälse ausrenkt, um die fremden Eindringlinge zu beobachten.

Wenn dann das Sonnenlicht, meist in überraschender Farbigkeit, am Horizont verlischt, stimmen die ersten Frösche den Abendchor an – erst ganz vereinzelt und plötzlich wie eine trommelwirbelnde Woge aus Millionen von Schallblasen. Sie eröffnen das allnächtliche Konzert – die Melodie des Regenwaldes, zu der Grillen und Zikaden, Eulen, Ziegenmelker und andere Nachtvögel ihren Beitrag leisten. Ein raubtierartiges Brüllen dazwischen stammt in der Regel von einem Hochzeit feiernden Kaiman, aber wenn man Glück hat und viel Geduld, dann trägt auch der größte Räuber des Regenwaldes, der Jaguar, ein Solo zum nächtlichen Konzert bei – sein Brüll-Stakkato ist ein Erlebnis, welches einem das Adrenalin durch die Adern treibt.

Das touristische Angebot ist in Amazonien vergleichsweise dünn. Das heißt allerdings nicht, dass man dort noch kein Programm für Sie organisieren könnte. Sie sollten jedoch in touristisch kaum erschlossenen Gebieten keine 5-Sterne-Hotels, sondern rustikale Lodges oder solche Unterkünfte erwarten, die internationalem Hotelstandard kaum entsprechen. Essen können Sie, was auf den einfachen lokalen Tisch kommt und in punkto Service wird oft ein Lächeln der Menschen die Qualität ersetzen – aber was für ein Lächeln!

Eine Fernstraße durch den Regenwald

Fast unberührt von der Außenwelt lebten die Ureinwohner Amazoniens, die Indios, über Jahrhunderte in ihrem grünen Paradies – in Harmonie mit ihrer sensiblen Umwelt. Als dann die brasilianische Militär-Regierung unter Präsident Emílio Garastazú Medici 1970 zum Sturm auf die bis dato unwegsame Wildnis blies, kam für viele Indianer die Apokalypse in Form einer 4.500 Kilometer langen Bresche, die von Tausenden von Arbeitern mit stählernen Monstern durch ihren seit Urzeiten bewohnten Lebensraum getrieben wurde – die „Transamazônica". Lautlos und unsichtbar hinter dem grünen Vorhang hervor verfolgten die erschreckten Waldmenschen den rücksichtslosen Raubbau an der Natur: Millionen jahrhundertealter Bäume, so hoch wie 12-stöckige Häuser, wurden gefällt – Millionen Kubikmeter Erde auf- und umgeschichtet – die größte Baustelle der Welt, eine klaffende Wunde im lebensspendenden Organismus des Regenwaldes.

Im Konvoi der Straßenarbeiter wagten sich auch die ersten Siedler, die vor der Trockenheit des Nordostens oder der Arbeitslosigkeit des Südens geflohen waren, in diesen hoffnungsvollen, regenreichen Raum. Propaganda-Flugblätter der Militärregierung versprachen ihnen die Überschreibung des von ihnen besetzten Landes, zusammen mit umfangreichen Startkrediten. Also legten sie Feuer in der ihnen so feindlich erscheinenden Wildnis und brannten sich ihren neuen Lebensraum in den Wald. Die meisten von ihnen waren Analphabeten und ahnten nicht, dass sie an dem Ast sägten, auf dem sie saßen. Sie erkannten zwar bald, dass der Urwaldboden nach einer ersten Ernte zu schwach war, eine zweite oder dritte hervorzubringen, aber der Wald war groß, also brannten sie sich neue Felder heraus. Eine wahnwitzige Vernichtungswelle gegen eine wissenschaftlich teilweise noch nicht einmal katalogisierte Flora und Fauna kam in Gang.

Sowohl die Siedler als auch die Regierung hatten sich gründlich verrechnet: Die dem Urwald abgerungene Transamazônica-Piste hatte die Staatskasse geleert, die Startkredite der Neusiedler waren schnell verbraucht, Krankheiten grassierten und die Reste von Optimismus wurden regelmäßig von den gewaltigen Tropenregen weggespült.

Als Präsident Medici 1970 das „Programm zur Nationalen Integration" verkündete, um unter anderem auch 100.000 Familien aus dem trockenen Nordosten entlang einer quer durch das Amazonasgebiet geschlagenen Erdtrasse anzusiedeln, setzte er eine riesige Welle von Einwanderern in Gang. Alles wurde viel zu schnell und zu unüberlegt getan, und die willigen Einwanderer wurden mit falschen Versprechungen, wie Krediten, Landbesitz, Infrastruktur, Schulen und Gesundheitsversorgung, geködert. Zur Bekräftigung gab man jedem von ihnen ein kleines Startgeld in die Hand. Tausende begaben sich jubelnd auf die tagelange, für viele sogar Wochen dauernde Anreise und fanden bald heraus, dass der Regenwald sie nicht mit offenen Armen aufnahm. Das kleine Startgeld war bei den Wucherpreisen im Urwald bald verbraucht – die ersten Mitglieder der Familie erkrankten an Malaria oder Typhus – jedoch befand sich die nächste Gesundheitsfürsorge noch ein- bis zweitausend Kilometer weit hinter ihnen. Ganze Siedlungsgemeinschaften scheiterten.

Ursprünglich war die Transamazônica als Einschnitt von einem Ende Brasiliens zum andern geplant – von João Pessoa/Paraíba, an der Ostküste, bis nach Cruzeiro do Sul/Acre, im extremen Westen. Eine Gesamtstrecke von 5.296 Kilometern – „ein Werk, welches mit bloßem Auge von einem Raumschiff aus zu erkennen sein sollte", so die formulierte Forderung der Militärregierung in Brasília. Der erste Teil von 1.070 km, der Itaituba/Pará mit Humaitá/Pará verbinden sollte, wurde für den Verkehr am 31. Januar 1974 geöffnet – als rohe Erdpiste, an der die ersten Regenfälle bereits drastische Veränderungen durch Erosionsrutsche bewirkten. Asphalt gab es nur zwischen João Pessoa in Paraíba und Floriano in Piauí, auf den ersten 1.000 Kilometern. Und dabei blieb es. Ein anderer Teil von 750 km wurde lediglich mit Schotter bestreut. Insgesamt verblieben ein bisschen mehr als 1.400 km gerade noch befahrbar. Heute werden nur noch die ersten 1.230 Kilometer der Transamazônica benutzt – bis nach Itaitúba, am Rio Tapajós. Entlang dieses Teilstücks haben sich ein paar der Siedler halten können. Dahinter verfaulten die Holzbrücken und schloss die schnell wuchernde Vegetation die klaffende Wunde. Als ich zwischen 1976 und 1978 die Transamazônica mit dem Motorrad befuhr, schien es so, als ob der Regenwald dort den „Krieg" bereits gewonnen hatte.

Erst mit der Internationalen Umweltkonferenz in Rio de Janeiro (1991) fing man auch in Brasilien endlich an, die lebenswichtige Bedeutung aller natürlichen Ressourcen zu erkennen und erste Gesetze zu ihrem offiziellen Schutz zu entwerfen. Das von der ganzen restlichen Welt observierte Amazonasgebiet stand dafür ganz oben auf der Liste. Die IBAMA (Brasilianische Organisation zum Schutz der

Umwelt) wurde als oberste Naturschutzbehörde gegründet, um auf ganz Amazonien und den Rest Brasiliens ein waches Auge zu haben und gegen Umweltsünder rigoros vorzugehen – inzwischen auch per Satellit und dem mit amerikanischer Hilfe im Amazonasgebiet konstruierten Radar-Netz SIVAM. Noch sind die Erfolge gering, aber das Umweltbewusstsein innerhalb der breiten Bevölkerung wächst spürbar, der Nachwuchs wird in den Schulen mit Umweltschutz-Themen konfrontiert, und die Eltern lernen von ihren Kindern.

Inzwischen ist auch dem letzten radikalen Nationalisten klar geworden, dass die Transamazônica eine der größten Fehlentscheidungen und Fehlinvestitionen der neueren brasilianischen Geschichte gewesen ist. Aber sie hat wenigstens auch den skrupellosen Unternehmern und hart gesottenen Ingenieuren gezeigt, dass der Amazonas-Regenwald ein lebender Organismus ist, der einen solchen operativen Einschnitt nicht ohne Gegenwehr hinnimmt. Er leidet, er wehrt sich, und überlebt, wenigstens vorläufig noch, und die gefährliche Wunde scheint langsam zu vernarben.

Ist der Regenwald noch zu retten?

Es gab mal Zeiten, da hat diese Frage das brasilianische Gewissen beunruhigt, ohne dass im Lauf der Jahre und nach einer Reihe von Regierungen jemand eine definitive und verlässliche Antwort darauf gegeben hätte. Nachrichten über die wunderbare, unvergleichliche Natur der Amazonas-Region sind heutzutage leider immer gekoppelt an Meldungen über die fortschreitende Zerstörung des Regenwaldes, die Verschmutzung des Wassers, die Gefährdung der Biodiversität und die Diskriminierung der indigenen Bevölkerung. Die endlos in allen möglichen Medien wiederholte Behauptung, dass Brasilien die Kompetenz fehle, mit Amazonien richtig umzugehen, scheint sich zu bewahrheiten. Die Serie von schlechten Nachrichten hat ein reales Fundament: Brasilien hat bisher diesen größten biologischen Schatz unseres Planeten eher mit der Unentschlossenheit und der Distanz einer lieblosen Stiefmutter behandelt.

Ich bin viel durch Amazonien gereist, um das gesamte Drama und seine tragischen Details zu erleben. Und ich wollte darüber hinaus auch die Projekte kennenlernen, welche diese reiche Biodiversität dauerhaft erhalten könnten. Dabei durchquerte ich weite Gebiete, in denen der Regenwald definitiv zerstört war, aber ich entdeckte auch Initiativen in Reservaten von Naturprodukt-Sammlern, sprach mit indigenen Führungspersönlichkeiten und anderen Waldbewohnern, deren Meinungen wieder Hoffnung machten, dass eine für die Umwelt unbedenkliche Nutzung der Natur möglich ist.

Die Hauptgründe für den Regenwaldverlust in Brasilien sind die illegale Entnahme von Edelhölzern (an der auch die Europäer durch ihre Abnahme beteiligt sind), die Ausbreitung der industriellen Agrarwirtschaft (Soja und Rinder für den Export – allein Deutschland hat seine Importe von brasilianischem Fleisch und Soja in den letzten vier Jahren verdoppelt), die erwähnte Brandrodung durch eingewanderte Kleinbauern – und vor allem anderen die lasche, unentschlossene Haltung einer korrupten Regierung.

In ökologisch intakten Regenwaldgebieten kommen Brände in der Regel nicht vor. Der durch Abholzung beinträchtigte Zusammenschluss der Baumkronen und die trockenen, leicht entzündlichen Ausholzungsreste an solchen Stellen machen sie allerdings extrem anfällig für Brände. Das Feuer führt dann dazu, dass sich der Baumkronenschluss weiter senkt und die Gefahr eines erneuten Ausbruchs von Feuer ansteigt, besonders in den Monaten der Trockenheit.

Einen Beitrag zur Erhaltung des Regenwaldes können Landschaftsschutzgebiete leisten, aber am Beispiel Brasilien wird deutlich, dass auch deren Schutz oft nur auf dem Papier besteht. Man hat angeblich kein Geld zu ihrer kontrollierten Unterhaltung (weil das in den Taschen der Beauftragten verschwindet), man hat nicht genügend Kontrollpersonal (weil diese Leute unterbezahlt sind) und man unternimmt nichts gegen skrupellose Agrarunternehmen, die sich die benötigten Flächenerweiterungen aus dem Urwald herausbrennen, oder gegen illegale Sägewerke, welche die Bäume für ihre Mahagonibretter sogar aus dem Regenwald der Schutzgebiete stehlen.

Heute steht Amazonien im Mittelpunkt der Debatten über die globale Erwärmung, weil circa drei Viertel von Brasiliens CO_2-Emissionen aus dem Rauch von Brandrodungen stammen. Neueste Erkenntnisse bestätigen auch, dass der Regenwald Amazoniens durch Fotosynthese in der Lage ist, bis zu zwei Milliarden Tonnen Kohlendioxyd aus der Atmosphäre zu absorbieren – etwas mehr als die 1,5 Milliarden Tonnen, die das Land ausstößt.

In der Hochsaison der Waldbrände verdunkelt der Rauch die Sonne, die Bewohner der umliegenden Städte leiden unter Atembeschwerden, die Krankenhäuser sind mit Asthma-Patienten überbelegt, auf den Straßen sieht man kaum die Hand vor Augen und die Autos müssen tagsüber mit Licht fahren. Und wozu das alles? Um die Viehweiden der Großgrundbesitzer zu erweitern, fallen die Bäume, und wenn der Boden dann nichts mehr hergibt, geben die Viehzüchter die unfruchtbaren Terrains weiter an die Sojapflanzer – die päppeln sie mit Kunstdünger wieder auf. Die Spekulanten und Landbesetzer arbeiten entweder außerhalb des Gesetzes oder sie sind tatsächlich im Besitz eines Titels von der korrupten staatlichen INCRA (Nationales Institut für Kolonisierung und Agrarreform).

Die Abholzung des Regenwaldes hat bereits 17% Amazoniens vernichtet – rund 700.000 Quadratkilometer. Das ist eine Fläche, die etwa der doppelten Größe Deutschlands entspricht. Noch ist der Amazonas-Regenwald das größte zusammenhängende tropische Waldgebiet der Erde. In seinen Flüssen gibt es 2.000 Arten von Fischen (in ganz Europa circa 200). Im Umkreis von 150 Kilometern rund um Manaus finden sich mehr Vogelarten als in Kanada und den USA zusammen. Auf einem einzigen Baum Amazoniens hat man 95 Ameisenarten identifiziert – die Superlative der Natur Amazoniens sind einzigartig!

Was aussieht wie ein homogener Wald ist in Wahrheit ein Mosaik aus Landschaften und differenzierten Ökosystemen: Hoch- und Tiefebenen, Hügel, überschwemmte Terrains und festes Land, Flüsse aller Größen, Wasser in verschiedenen Färbungen, feuchte und trockene Wälder, Savannen, Sümpfe und Mangrovendschungel. Diese eindrucksvolle Komposition der Natur lockt Abenteurer an und scheint Aktionen des Staates zu hemmen.

Erfreulicherweise zeichnet sich eine deutliche Tendenz zur nachhaltigen Entwicklung ab, was bedeutet, von den Ressourcen des Regenwaldes zu profitieren, ohne ihn dadurch zu schädigen. Ein paar föderative und staatliche Reservate Amazoniens haben ein solches Konzept bereits in die Praxis umgesetzt – mit bedeutsamen Fortschritten. Im „Reservat für nachhaltige Entwicklung Cujubim" – mit 24.000 Quadratkilometern größer als Israel, im hintersten Winkel des westlichen Amazoniens – ist die Abholzung des Waldes zum Stillstand gekommen. Das Gesetz des persönlichen Überlebens zwingt die Bewohner aber noch immer dazu, vom Aussterben bedrohte Süßwasserfische zu harpunieren und gesetzlich geschützte Wasserschildkröten zu fangen.

Bis sich die Regierung endlich zu diesem Modell durchgerungen hat, ist viel Zeit vergangen, ohne dass sie ihre schützende Hand über Amazonien gehalten hätte – ein gefährliches institutionelles Vakuum war entstanden. Und in dieses Vakuums fielen nationale und internationale Abenteurer in den Regenwald ein, entrollten die falschen Fahnen des Fortschritts und entfesselten Tragödien.

Die größte Tragödie überhaupt ist die immer noch fortschreitende Zerstörung des Regenwaldes. Nachdem sie zwischen 2000 und 2006 um die Hälfte zurückgegangen war, nahm sie in den Folgejahren wieder zu – motiviert durch die Untätigkeit der Regierung.

Die Entfernung, welche die Südbrasilianer von Amazonien trennt, bewirkt, dass diese Region zu einer zwiespältigen Quelle des Stolzes und des Ärgers, der Begeisterung und der Befremdung, der Attraktion und des Widerwillens wird. Seine Präsenz in ihrer Existenz können sie jedoch nicht leugnen. Wenn ein Paulistaner ein Glas Wasser trinkt, so garantiert die Wissenschaft, dann trinkt er Wasser aus Amazonien. Die regelmäßigen Niederschläge im Südosten und Süden Brasiliens hängen ab von der durch den Regenwald Amazoniens produzierten Feuchtigkeit, die von den Luftströmungen transportiert wird.

Um Amazonien zu retten, müssen vor allem die Brasilianer selbst diese fantastische Region besser kennenlernen.

Letztlich werden wir nur bewahren, was wir lieben.
Wir werden nur lieben, was wir verstehen.
Und wir verstehen nur das, was man uns gelehrt hat.

Baba Dioum, Senegal

Menschen in Amazonien

In den 1970er Jahren, der Zeit der großen, von der brasilianischen Militärregierung implantierten infrastrukturellen Projekte, betrachtete man Amazonien noch als „Grüne Hölle", einen undurchdringlichen, ungesunden Dschungel, von Moskitos und giftigen Tieren verpestet, verurteilt zur Vernichtung durch Siedler, Holzfäller, Goldsucher und andere Abenteurer, die den Mut hatten sich dort niederzulassen. Diese Vision hat sich in den letzten Jahrzehnten wesentlich geändert, weil man verstanden hat, dass die Amazonasregion ein nationales Erbe ist, das nicht einfach so vernichtet werden kann, ohne die Zukunft des Landes ganz wesentlich zu kompromittieren. Allerdings verbleibt der Amazonas-Regenwald unter der Herrschaft der Natur, als eine Region, in der Menschen nicht willkommen sind. Trotzdem leben dort 25 Millionen Brasilianer, die die Herausforderung einer menschenfeindlichen Umgebung angenommen und Wurzeln geschlagen haben. Es ist erschreckend zu bemerken, dass man in der entstandenen Debatte über die beste Art und Weise zur Erhaltung des Regenwaldes den Protagonisten der Amazonien-Saga vergisst: nämlich den Menschen. Das Schicksal der Region hängt aber viel mehr von ihren Bewohnern ab als vom Papierkram aus Brasília oder einer Unterstützung durch NGOs. Priorität aller Initiativen sollte eine Verbesserung der Lebensqualität und die Schaffung von wirtschaftlichen Voraussetzungen für seine Bewohner sein, um ihnen damit Alternativen zur Ausbeutung ihrer Umwelt zu bieten. Nur so werden sie den Regenwald bewahren, anstatt ihn zu zerstören und dann wird auch in ihnen der Stolz über seine natürliche Artenvielfalt wachsen.

Die Üppigkeit der Natur steht in krassem Gegensatz zur Lebensqualität der Bewohner Amazoniens. Die idyllische Vorstellung vom Caboclo (Waldbewohner), der in einem tropischen Paradies lebt und von dort nicht weg möchte, ist ein Fantasiegebilde derer, die in einer komfortablen Stadt an Brasiliens Küste wohnen, weit weg von Amazonien. Mittlerweile können die Caboclo-Familien zwar auch in den verstecktesten Winkeln Amazoniens, die nur per Boot erreichbar sind, die Globo-Telenovelas ansehen und sie haben auch elektrisches Licht aus einem Diesel-Generator – aber das allein bringt ihnen keine Lebensqualität. Natürlich würden die meisten gerne im modernen Wohlstand des Südens leben, den sie gerade in den ausgestrahlten Novelas bewundern dürfen, und nicht wie lebende Reliquien einer isolierten Vergangenheit. Waldbewohner und Indios ziehen es heute vor, auf einem Gasherd zu kochen, selbst wenn sie dafür mit Gütern bezahlen müssen, die sie aus dem Wald entwenden. In diesen abgelegenen Gebieten, ohne Kommerz und ohne Geld, ist der Tausch von Waldprodukten gegen Industriegüter die einzige Form der Versorgung der Bevölkerung. Um den Fernseher zwei Stunden lang in Betrieb zu halten, verbraucht ein Generator circa einen Liter Dieselöl, der auf dem lokalen Tauschmarkt zum Beispiel gegen eine Schildkröte ertauscht werden kann, die als traditionelle Delikatesse beliebt ist. Wie soll man den Leuten erklären, dass die Jagd auf Tiere, die seit Generationen zum lokalen Speiseplan gehören, jetzt auf einmal ein Verbrechen darstellt?

Nach der Kolonialzeit erlebte Amazonien die erste große Migrationswelle am Übergang ins 20.Jahrhundert. Nach drei aufeinanderfolgenden Trockenperioden im Nordosten wurden Horden von Landflüchtlingen zur Extraktion von Latex nach Amazonien geschickt. Schätzungsweise 300.000 bis 500.000 siedelten sich im Regenwald an. Das Ende des Gummi-Booms ließ dann nicht nur die Latexsammler in der Isolation zurück, sondern ruinierte auch die reiche, europäisierte Elite in Manaus und Belém. Während des Zweiten Weltkriegs wurden mehr als 150.000 Personen in die Staaten Acre, Amazonas und Pará entsandt, denn Gummi war wieder knapp geworden in der Welt und die Kautschukproduktion Brasiliens erfuhr noch einmal einen kurzen Aufschwung. Die dritte bedeutende Einwanderungswelle wurde in den 1970er Jahren von der Militärregierung angetrieben. Die zollfreie Zone von Manaus, der Vormarsch von Landwirtschaft und Viehzucht sowie die offizielle Landverteilung durch die Regierung sind zu Anreizen für eine Umsiedelung vieler Brasilianer in die Amazonasregion geworden.

Jene Einwanderer, zusammen mit den Eingeborenen und den traditionellen Waldbewohnern, haben sich vermischt und den „Homo amazonicus" geschaffen – den an die Amazonasregion angepassten Brasilianer, der vom Rest des Landes nicht besonders gut verstanden wird. Die Amazonien betreffende Politik zielt in der Regel auf die Wald- und Flussbevölkerung, das sogenannte „Povo da Floresta" (Waldvolk). Diese Art zu denken stammt aus den 1970er Jahre, als erst 3,5% der Bewohner Amazoniens in städtischen Bezirken lebten, aber in den letzten drei Jahrzehnten hat sich das demografische Profil zunehmenden verändert. Heute lebt die überwältigende Mehrheit der Bevölkerung in den Städten Amazoniens und ihre Probleme sind dieselben wie die der Bewohner irgendeiner Stadt im Süden oder Südosten, nur noch wesentlich verstärkt durch das Fehlen einer infrastrukturellen Dienstleistungsbasis.

Alle Lösungsvorschläge, die darauf abzielen, Menschen ohne Möglichkeit eines persönlichen Fortschritts im Regenwald zu halten, erweisen sich als Flop. Ein deutliches Beispiel dafür sind die „Sammler-Reservate zur Selbsterhaltung", eine Idee vom Führer der Latex-Sammler, Chico Mendes, die in den 1980er Jahren umgesetzt wurde. Heute gibt es 86 solcher Reservate, in denen 300.000 Personen leben. Nachdem sich das Sammeln von Latex und Paranüssen als unzulänglich für eine menschenwürdige Existenz erwiesen hatte, wandte sich die Bevölkerung lukrativeren Aktivitäten zu: Sie fällen Bäume, verkaufen das Holz und bereiten Weideland für die Viehzucht vor. Nach Schätzungen haben einige dieser Sammler-Reservate bereits 20% ihrer Bewaldung verloren und eine Herde von 40.000 Rindern grast nun auf den entwaldeten Flächen.

Ein Erfolgsbeispiel kommt von der anderen Seite – es entwikkelt sich gewissermaßen mit dem Rücken zum Regenwald: In der 1967gegründeten Freihandelszone von Manaus konzentrieren sich moderne Industrien, die im vergangenen Jahr einen Umsatz von 60 Milliarden Reais (circa 22,2 Milliarden Euro) erreichten, ohne dafür einen einzigen Baum zu fällen. Die Freihandelszone wird als bedeutender Grund dafür angesehen, dass der Staat Amazonas der am wenigsten abgeholzte in ganz Amazonien ist. Nach seinem Beispiel könnte man in der gesamten Region weitere saubere Industriekomplexe gründen, zum Beispiel solche, die für die pharmazeutischen und biotechnologischen Sektoren produzieren.

Jedes Projekt zu einer nachhaltigen Entwicklung Amazoniens muss allerdings auch den Abbau jener Kraftwerke einbeziehen, die den größten Teil der regionalen Energie liefern und durch Dieselöl angetrieben werden. Obwohl Amazonien als die „Lunge der Welt" bezeichnet wird, verschmutzen seine thermoelektrischen Kraftwerke mit jährlich sechs Millionen Tonnen Kohlendioxyd die Atmosphäre. Dies entspricht der doppelten Menge an CO2, die von der gesamten Fahrzeugflotte der Metropole São Paulo jährlich in die Atmosphäre aufsteigt. In einer Region mit so vielen gewaltigen Flüssen könnte man meinen, dass Wasserkraftwerke doch die Lösung für das Energieproblem wären. Inzwischen macht Brasiliens Regierung die ersten Schritte in diese Richtung, aber diese Projekte werfen wieder ganz andere Probleme auf. Ein Beispiel dafür ist das Wasserkraftwerk in Belo Monte, auf das ich noch eingehen werde.

Es leben 400.000 Indios in Amazonien, fast 200 Ethnien in unterschiedlichen Kontaktsituationen mit der brasilianischen Gesellschaft. Die immer noch isolierten Indio-Gruppen repräsentieren weniger als 1% dieses Universums. 75% der Indios leben im Regenwald. Trotzdem möchten auch sie nichts davon wissen, weiter in ihrem prähistorischen Zustand zu verharren. „Jene, die im Dorf bleiben, möchten die Stadt hineinholen", sagt Almir, Häuptling der Suruí aus Rondônia. In ganz Amazonien nutzen Indios das Internet, um ihr Kunsthandwerk zu verkaufen, zu studieren und ihre Rechte einzufordern: „Um politischen Einfluss zu bekommen, ist das Internet besser als Pfeil und Bogen", stellt Almir fest, der im vergangenen Jahr eine Vereinbarung zur kartografischen Erfassung des Territoriums seines Volkes mit Google getroffen hat.

Eines der größten Hindernisse bei der Entwicklung Amazoniens ist die Tatsache, dass ein signifikanter Teil davon gesetzloses Territorium ist. Nur 4% der Ländereien Amazoniens sind auf Besitztiteln eingetragen. In einer Unendlichkeit, die 52% des brasilianischen Territoriums entspricht, weiß niemand, wer der Besitzer des Bodens ist, auf dem er lebt. „Es gibt auf der ganzen Welt kein Beispiel einer Region, die sich ohne juristische Sicherheit wirtschaftlich entwickelt hat", sagt der Philosoph Denis Rosenfield von der Universität in Rio Grande do Sul. „In einem ungesicherten Umfeld vermeiden die Menschen Investitionen auf längere Sicht und versuchen, nur vom direkten Nutzen zu profitieren", ergänzt er. Ohne die gesetzliche Anarchie zu beseitigen, ist es schwierig die Erhaltung des Regenwaldes zu garantieren oder die Region zur Verbesserung der Lebensqualität für die Bevölkerung Amazoniens vorzubereiten.

Teil VII

Brasiliens Ureinwohner

Wer sind sie und woher kamen sie? Mehr als fünfhundert Jahre nach der ersten Begegnung sind die Eingeborenen des südamerikanischen Kontinents immer noch ein Mysterium für den weißen Mann. Niemand kann mit absoluter Sicherheit sagen, wann und woher sie kamen. Was man weiß, ist, dass eine Einwanderung der ersten Menschen in Amazonien bereits vor über 14.000 Jahren stattgefunden hat – das konnte man inzwischen anhand von ausgegrabenen Fossilien und deren Altersbestimmung einwandfrei nachweisen. Ob die wahrscheinlichste aller möglichen Hypothesen, nämlich eine Einwanderung der Menschen über die Beringstraße im hohen Norden des Doppelkontinents, tatsächlich der Wahrheit entspricht, das wird noch immer heftig diskutiert.

Bis vor etwa 10.000 Jahren waren der asiatische und der amerikanische Kontinent noch durch die „Beringia" genannte Landbrücke zwischen Sibirien und Alaska verbunden, sodass Menschen zu Fuß von einem zum anderen Kontinent gelangen konnten – so die wahrscheinlichste aller Hypothesen. Auch später, als die Kontinente durch eine 82 Kilometer breite Meerenge getrennt wurden, war der Übergang zu Fuß noch möglich, da dieser Kanal während des Winters zufror.

Ihre Präsenz gab denen, die sich die „Entdecker der Neuen Welt" nannten, schon erste Rätsel auf: Wer waren diese nackten, braunen Menschen? Von welchem der zehn Stämme Israels mochten sie abstammen? Oder von welchem der drei Söhne Noahs? Ob sie wohl eine Seele hatten? Und wenn, wie konnten sie solange Zeit ohne Gott ausgekommen sein?

Christoph Kolumbus entschied, sie „Indios" zu nennen weil er glaubte, einen neuen Seeweg nach Indien entdeckt zu haben. Als die Portugiesen dann im Jahr 1500 in Südamerika an Land gingen, war ihnen dieser Irrtum bereits bekannt. Aber wer waren diese „Indios der Neuen Welt" wirklich? „Gute Eingeborene", berichtete Pero Vaz de Caminha seinem König – und „gute Eingeborene" echoten die Philosophen Rousseau, Montaigne und Diderot. Oder waren sie tatsächlich „bestialische Kannibalen", wie andere Chronisten behaupteten? Wie sollte man sie also einschätzen, wenn sich die einen brutal und unzugänglich zeigten – wie zum Beispiel die Aimoré, die Menschenfleisch zu essen pflegten, „zu ihrer Ernährung und nicht etwa aus Rache oder um ihren Hass zu befriedigen" – und andere, die sich so zahm und friedlich gaben, wie zum Beispiel die Carijó – „die zahmsten Eingeborenen der Küste"?

Die indigenen Völker im heutigen Südamerika stammen von Jägern ab, die durch den Isthmus von Panama aus Nordamerika weiter nach Süden gewandert sind und deren Nachfahren sich auf dem gesamten Subkontinent verteilten – schon vor ein paar Jahrtausenden. Viele Jahrhunderte lebten diese Menschen als Jäger und Fischer in kleinen Familien-Clans, bis sie mit der Entwicklung des Ackerbaus begannen. Anstatt rastlos umherzustreifen und dem Wild nachzustellen, schlossen sie sich fortan zu größeren Gemeinschaften zusammen, die den Boden gemeinsam bearbeiteten und was sie ernteten, miteinander teilten. Die Bearbeitung der Felder veranlasste sie, sich in einem dafür geeigneten Gebiet niederzulassen und sesshaft zu werden – auf die Jagd gingen die Männer fortan nach der Einsaat und vor der Ernte, wenn auf den Feldern nichts weiter zu tun war, und ihren Frauen fiel die Aufgabe zu, mit ihren Kindern durch den Wald zu streifen, um essbare Früchte, Nüsse, Schildkröteneier, Honig und andere Gaben der Natur zu sammeln, um damit ihren Nahrungsbedarf zu ergänzen, ohne dadurch dem Wald und seinen Kreaturen irgendwelchen irreparablen Schaden zuzufügen. Im Gegenteil, diese Ureinwohner lebten in perfekter Harmonie mit ihrer Umwelt und waren sich ihrer Abhängigkeit von der Natur nicht nur bewusst, sondern verehrten sie und huldigten ihr in vielfältigen Riten und Zeremonien, brachten ihren spirituellen Repräsentanten – den Geistern des Himmels und der Erde, des Wassers, des Waldes und seiner Tiere – Bitt- und Dankopfer dar.

Als die ersten Europäer im 16.Jahrhundert bis an den Amazonasstrom vordrangen, stießen sie auf einen von zahlreichen Eingeborenen bewohnten Wald – auf Menschen, die sich unbeschwert und fast nackt in einer scheinbar menschenfeindlichen Umwelt bewegten und den Europäern vertrauensvoll und freundlich entgegenkamen. Diese Begegnung hatte für die Eingeborenen fatale Folgen: Sie infizierten sich mit von den Europäern eingeschleppten Viren. Epidemien grassierten und rafften ganze Völker dahin, darüber hinaus wurden sie von den in ihren Wald eindringenden weißen Männern mit Feuerwaffen aus ihren angestammten Wohngebieten vertrieben – bis sie begriffen, dass die Begegnung mit dem weißen Mann ihnen nur Tod und Verderben brachte und sie sich in die unzugänglichsten Gebiete der Regenwaldwildnis zurückzogen.

Bis heute ist man sich auch nicht einig über die genaue Zahl der Ureinwohner zur Zeit der ersten europäischen Einwanderungen, Schätzungen liegen zwischen 6 und 10 Millionen. Diese Zahlen geben eine Vorstellung vom Ausmaß der Vernichtung der indigenen Völker, dessen sich die europäischen Invasoren schuldig gemacht haben – durch Gewalt, durch die Übertragung von Krankheiten und vor allem durch ihre ignorante „Politik der Angleichung".

Nachdem sie ihnen alles weggenommen hatten, schickten die Eroberer weiße Männer ganz in Schwarz zu ihnen, die ihnen ihren Gott als Wiedergutmachung anboten.

Wenn man sich die Verteilung der indigenen Völker im heutigen Brasilien auf einer Landkarte ansieht, dann kann man deutlich den konstanten Rückzug vor der historisch-wirtschaftspolitischen Expansion erkennen. In Brasilien existieren immer noch indigene Volksgruppen, die niemals Kontakt mit dem weißen Mann hatten – bei einigen dieser Gruppen weiß man nicht einmal ungefähr, in welchem Lebensraum sie sich aufhalten – an ihnen sind sämtliche Veränderungen im Land unbemerkt vorübergegangen. Sie pflegen die kulturellen Traditionen ihrer Vorfahren und leben von der Jagd, dem Fischfang, dem Sammeln von Waldfrüchten und, in manchen Fällen, auch von einer flüchtigen Feldbestellung – absolut isoliert, nicht nur von der brasilianischen Gesellschaft, sondern auch von anderen Eingeborenen. Sie verteidigen ihr Territorium todesmutig und wenn sie den Gegner nicht aufhalten können, ziehen sie sich in noch weiter entfernte Gebiete zurück.

Wenige oder gar keine Informationen hat man bis jetzt über diese Gruppen, auch ihre Sprache ist unbekannt. Aber man ist sich über einige für ihre Existenz lebenswichtige Faktoren durchaus im Klaren: Dazu gehört auch die Demarkation ihrer Rückzugsgebiete als biologische Reservate – bis sie aus eigenem Interesse den Kontakt mit der restlichen Zivilisation aufnehmen.

Seit 1987 unterhält die FUNAI eine Waldläufer-Einheit, deren Teams die Aufgabe haben, isolierte Völker zu lokalisieren und zu schützen. Sie werden „Kontakt-Fronten" genannt und arbeiten in den Bundesstaaten Amazonas, Pará, Acre, Mato Grosso, Rondônia und Goiás.

Wissen entsteht mit der Zeit – jedoch Weisheit dauert!

Ein Philosoph der Landstraße

Begegnung mit den Ureinwohnern

Es war am Rio Araguaia, einem der schönsten Flüsse des brasilianischen Mittelwestens. 2.600 Kilometer lang, markiert er über Hunderte von Kilometern die Grenze zwischen den Bundesstaaten Goiás und Mato Grosso, Pará und Maranhão, ehe er in der Nähe der Stadt Marabá in den gewaltigen Rio Tocantins mündet. Das blaugrün schimmernde Wasser des Araguaia gibt während der Trockenperiode eine große Zahl schneeweißer Sandstrände frei, die nahe eines Dorfes von den Bewohnern gern zum Baden aufgesucht werden – während seiner zahllosen Windungen durch die immergrünen Galeriewälder dienen sie Vögeln, Alligatoren, Wasserschweinen und vielen anderen Tieren zu demselben Zweck.

Mein Erstkontakt waren ein paar Indiofamilien in windschiefen Hütten am Ufer des Araguaia. Die beiden auf die Wangen tätowierten blauschwarzen Kreise wiesen sie als Angehörige des Karajá-Volkes aus, wie mir mein Freund Roberto erklärte. Sie liefen in schmuddeligen Textilien herum, wie es von einem amerikanischen Baptistenprediger, der sich unter ihnen aufhielt, angeordnet worden war. Wenn ich mich heute an jene ersten Eindrücke erinnere, so waren es eben diese abgetragenen Kleidungsstücke, die den ehemals stolzen Naturmenschen die menschliche Würde nahmen. Später habe ich dieses Dilemma immer wieder dort beobachtet, wo Missionare in indigene Dorfgemeinschaften eingedrungen waren: Sie predigten, dass Nacktheit Sünde sei und verteilten die abgetragenen Klamotten überseeischer Spenden, um sie von ihrem sündigen Dasein zu erlösen, versäumten aber, ihnen die Waschanleitung mitzuliefern.

Die Indios, denen die bunten, weichen Stoffe zusagten, trugen sie, bis sie entweder steif vor Schweiß und Schmutz waren oder ihnen in Fetzen vom Körper hingen. Epidemien, die viele indigene Völker an den Rand der Ausrottung brachten, waren die Folge dieses ignoranten Kleiderzwangs. Und dass ich mich selbst unzählige Male mit Missionen und ihren Indianerbeauftragten angelegt habe, ist das Resultat meiner persönlichen Beobachtungen dieser Ignoranten vor Ort, wie sie nach fünfhundert Jahren missionarischer Tradition die Eingeborenen und eigentlichen Herren dieses Kontinents immer noch wie sündige, unmündige Individuen behandeln und sich vom „einzigen, wahren Gott" dazu ausersehen fühlen, diesen „armen Heiden" den rechten Weg zu weisen und sie aus ihrer „sündigen Nacktheit" zu befreien.

Niemand kann sagen, wem der größere Anteil an der Auslöschung von Millionen Eingeborenen anzulasten ist: der mordenden und versklavenden portugiesischen Soldateska oder den eifernden Missionaren konkurrierender Kirchenorden, die mit ihrer Ignoranz den Eingeborenen ein langsames und qualvolles Massensterben bescherten, indem sie ihre traditionelle spirituelle Welt verdammten und ihre Kultur mit Füßen traten, ohne sie je kennengelernt zu haben. Was Wunder, dass die Xavante vom oberen Rio das Mortes im Jahr 1948 zwei Salesianer-Missionare mit Keulen erschlugen, als die in einem ihrer Dörfer ihre Lebensweise kritisierten. Solch „ungeheure Gräueltat" ging durch die Weltpresse – die Xavante, heute mit rund 15.000 Mitgliedern eine der stärksten indigenen Gemeinschaften Brasiliens, verwehren Missionaren noch immer den Zutritt zu ihrem Territorium.

Die große Mehrheit der überlebenden brasilianischen Ureinwohner wird inzwischen von der „Fundação Nacional de Assistência ao Índio" (FUNAI) medizinisch, wirtschaftlich und auch gesellschaftlich unterstützt und betreut. Ihre Beamten, die heute teilweise von studierten Indios selbst gestellt werden, schirmen ihre Kommunen gegen schädliche Einflüsse von außen ab, auch gegen Besuche von unbefugten Personen. Andererseits steht es den Indios frei, Söhne und Töchter mit der Welt der Weißen bekannt zu machen, sie in eine Schule und später auf die Universität zu schicken, denn allein durch eine schrittweise Anpassung haben die indigenen Völker auf längere Sicht eine Überlebenschance. Für die adaptierten Gruppen hat man innerhalb ihres Territoriums Schulen eingerichtet, in denen sie neben der portugiesischen Landessprache gleichfalls in ihrer Muttersprache unterrichtet werden. Auch diesen Unterricht übernehmen größtenteils eingeborene Lehrer. Die Indios überleben – wenigstens einige ihrer Völker – nicht nur im biologischen Sinn, sondern auch kulturell. Das beweisen kürzlich beendete Studien, die besagen, dass die indigene Bevölkerung in den letzten Jahrzehnten relativ schnell anwächst.

Allerdings werden die Indios von den brasilianischen Behörden nicht als touristische Attraktion angesehen, deshalb ist eine entsprechende Besuchserlaubnis für ein Indio-Territorium auch kaum zu bekommen – und das finde ich, den Indios zuliebe, ganz in Ordnung.

Vergangenheit ist die verbrauchte Zukunft!

Ein Philosoph der Landstraße

Expedition in die Wildnis

Es war im Jahr 1972, als verschiedene ethnografische Artikel in einem Souvenirladen in São Paulo mein Interesse weckten: kunstvoll geflochtene Körbe und Schalen, Bogen und Pfeile mit Knochenspitzen, bunte, halbkreisförmige Federkronen, die man wie einen Fächer zusammenschieben konnte, bemalte Figuren und Töpfe aus gebranntem Ton – man spürte die Handarbeit in den kleinen Unregelmäßigkeiten, jedes Stück ein Unikat – und doch konnte man auch an jedem Stück seinen Hersteller erkennen und das Volk, dem er angehörte – jedenfalls konnte das die Besitzerin des Ladens. Fasziniert erfuhr ich, dass ihr Mann selbst diese Gegenstände von seinen Expeditionen ins Mato-Grosso-Gebiet mitbringe. Ich war sofort begeistert, als sie mir vorschlug, ihn kennenzulernen.

Roberto ist Brasilianer mit italienischen Vorfahren, damals Anfang vierzig, braungebrannt und mit einem schwarzen Vollbart. Seine Frau Angelica hatte ihm offensichtlich von meinem tiefen Eindruck erzählt, den die im Laden ausgestellten Gebrauchsgegenstände der Indios auf mich gemacht hatten – strahlend umarmte er mich bei meinem ersten Besuch in seiner Wohnung und nach ein paar Caipirinhas war es beschlossene Sache, dass ich ihn auf seiner nächsten Tour begleiten durfte – ich wollte mich dafür an seinen Ausrüstungskosten beteiligen.

Nach einer Anreise von mehr als 1.500 Kilometern in einem VW-Bus – schwer beladen mit Hauszelt, Feldbetten, Lebensmitteln, Tauschartikeln für die Indianer und vielem für mich vorerst noch undefinierbarem Material – erreichten wir den kleinen Flecken Aruanã, am Ufer des Rio Araguaia. Nie hatte ich einen schöneren Fluss gesehen. Aus der Ferne schimmerte seine Oberfläche türkisgrün, von seinem fast weißsandigen Ufer aus konnte man die Fische in bis zu vier Meter Tiefe des kristallklaren Wassers dahingleiten sehen, und in jeder Flussbiegung erstreckte sich ein ausgedehnter Sandstrand. Es war Juli, Trockenzeit, und das Wasser hatte seinen Tiefststand erreicht.

Joaquim und Jonas erwarteten uns auf einem mittelgroßen, regionalen Hausboot – ersterer war der Bootspilot und der zweite sein Assistent, Bordkoch und Jäger der Expedition. Außerdem war Jonas, als Halbindianer, auch als Dolmetscher von unersetzlichem Wert. Das Boot bestand aus einem einzigen überdachten Raum, in dem man tagsüber vor der brennenden Sonne geschützt war, an einem aufklappbaren Tisch die Mahlzeiten einnehmen konnte und des Nachts Hängematten zum Schlafen aufspannte. Sogar eine Kühltruhe war vorhanden, die man vor der Fahrt mit Eisblöcken bestückte, um selbstgefangene Fische aufzubewahren oder das Wild, mit dem Jonas regelmäßig von einem kleinen Ausflug während unseres Badeaufenthalts am Strand zurückzukehren pflegte. Joaquim oblag die Verantwortung für das Boot und den Außenbordmotor, den er nicht nur zu warten, sondern auch zu reparieren verstand, wozu er während der Reise auf dem Araguaia auch Gelegenheit bekam – manchmal war es ein im Wasser treibender Baumstamm, dessen Astwerk in die Antriebsschraube geriet, manchmal eine plötzliche Sandbank unter Wasser, auf der sich das Boot festkeilte – einmal wurde die Schiffsschraube sogar abgerissen und versank in der Tiefe. Roberto und ich verbrachten Stunden auf einer Sandbank, während Joaquim und Jonas so lange an der vermuteten Stelle tauchten, bis sie die Schiffsschraube tatsächlich wiederfanden.

Das gleichmäßige Tuckern des Motors und die flimmernde Hitze machen mich schläfrig. Ich lehne mich über Bord und lasse die Arme ins vorbeiströmende Wasser hängen – das erfrischt ein bisschen. Der Galeriewald auf dem steil abfallenden Ufer über uns leuchtet in zahlreichen Nuancen von Grün, aber der Lianen-Dschungel zwischen den einzelnen größeren Bäumen ist dicht verschlungen, kein Blick dringt da hinein. Ab und an plumpsen ein paar Schildkröten aufgeschreckt von ihrem Sonnenplatz auf einem überhängenden Ast ins Wasser, wenn sich das Boot nähert – vom gegenüberliegenden flachen Ufer gleiten ein paar Kaimane lautlos in die Fluten, andere bleiben mit geöffnetem Rachen einfach liegen. Mit dem Fernglas kann ich kleine Vögel beobachten, die zwischen den Zähnen der Reptilien ungeniert umherspazieren und sie von Fleischresten säubern. „Das sind die Zahnstocher der Kaimane", ergänzt Jonas meine Betrachtungen.

Wir fahren den Araguaia stromab und legen nach Auskunft von Joaquim so etwa 100 Kilometer pro Tag zurück – einem Tag, der für uns mit Sonnenaufgang beginnt, geweckt vom täglichen Chor der Brüllaffen, die wir auch manchmal im Geäst der überhängenden Bäume am Ufer entdecken. Die männlichen, fast schwarzen Tiere besitzen einen Kehlsack, dessen Klangkörper jene überraschend gutturalen, grollenden Töne hervorbringt. In der Regel nehmen wir ein Bad im Fluss, bevor Jonas das Frühstück aufträgt. Es gibt Kaffee und Cracker mit Marmelade, manchmal ein hartgekochtes Ei dazu oder etwas kalten, gekochten Fisch und natürlich Früchte. Die schönste Zeit des Tages: Nebelschwaden hängen über dem Fluss, die nächtliche Kühle hält noch an, Papageien und Aras verlassen in Schwärmen ihre Nester und fliegen laut krakeelend übers Wasser zu ihren Futterplätzen. Scheue Capivaras lagern in Gruppen auf den Sandbänken – weiße

Reiher und manchmal auch der eine oder andere mannsgroße Jabiru-Storch stelzen zwischen ihnen herum – Kaimane dösen zu Hunderten am Rand der flachen Sandufer. Jetzt weiß ich, warum ich nach Brasilien gekommen bin – hier bin ich meinem Traum ganz nahe! São Felix, am linken Ufer des Araguaia, erreichen wir gegen Mittag des fünften Tages. Dem kleinen Ort gegenüber erstreckt sich eine riesige Flussinsel, die „Ilha do Bananal" – sie wird vom kleineren Arm des Araguaia auf ihrer Ostseite umflossen, den man auch Rio Javaé nennt, nach dem Indio-Volk gleichen Namens, das jene Seite der Insel bewohnt. Auf der Westseite, São Felix fast gegenüber, befindet sich die größte Siedlung der Karajá-Indianer. Weiße haben ihr den Namen „Santa Isabel" gegeben. Um wieder mal in einem Bett zu schlafen, übernachten Roberto und ich in einer kleinen Pension in São Felix – schon beim Abendessen fallen mir die Augen zu, und das klappernde Geräusch des Deckenventilators kann meinen anschließenden tiefen Schlaf auch nicht mehr stören.

Die Karajá

Der Araguaia ist in diesem Abschnitt gut fünfhundert Meter breit. Erst wenn man sich dem jenseitigen Ufer nähert, kann man die mit Palmstroh gedeckten Hütten der Indianer ausmachen, die sich der umgebenden Buschsavanne harmonisch anpassen. Es ist noch früh am Morgen und wir legen neben einem Kontingent von Kanus an, in denen ein paar splitternackte Kinder hocken und ihre Angelruten ins Wasser halten – die blauschwarzen Haare reichen ihnen bis auf die Hüften, über der Stirn sind sie zu einem Pony gestutzt. von seinem fast weißsandigen Ufer aus konnte man die Fische in bis zu vier Meter Tiefe des kristallklaren Wassers dahingleiten sehen, und in jeder Flussbiegung erstreckte sich ein ausgedehnter Sandstrand. „Sind das jetzt richtige Indios?" frage ich. Roberto lächelt: „Warte mal ab, bis du die Xavante siehst."

Während wir noch mit dem Vertäuen des Bootes beschäftigt sind und dann unsere Tauschartikel für die Karajá zusammenraffen, füllt sich das Ufer mit neugierigen Menschen jedweder Altersgruppe. Alle tragen entweder Badeshorts oder einen handgewebten Lendenschurz, die Brüste der Frauen sind unbedeckt. Außer den schon erwähnten kreisrunden Stammesabzeichen auf den Wangen sind die Oberkörper, Arme und Beine beider Geschlechter mit schwarzen Ornamenten kunstvoll bemalt – und unter dieser Bemalung wirken sie eigentlich gar nicht mehr nackt.

Aus der schnatternden Menge tritt ein älterer Mann heraus und schreitet mit unnachahmlicher Würde auf Roberto zu – er hebt die Hand zum Gruß, sofort heben seine Stammesgenossen hinter ihm ebenfalls ihre Hände – dann hat er uns erreicht, Roberto und er umarmen sich herzlich, wie ich überrascht feststelle. Roberto kommt zwei- bis dreimal pro Jahr hierher, um Waren zu tauschen. Uataú, der Oberhäuptling der Karajá, ist sein langjähriger Freund.

Nachdem mich Roberto dem alten Mann vorgestellt hat und ich die gleiche herzliche Umarmung von ihm erfahren habe – wobei ich feststelle, dass er nach frischen Tomaten riecht – bekomme ich Gelegenheit, dieses vom Leben in der Wildnis geprägte und von tiefen Furchen durchzogene Gesicht des alten Häuptlings aus der Nähe zu betrachten, während die beiden noch Höflichkeiten austauschen. Ein Gesicht mit wachen, lebhaften Augen und einer Adlernase, angegraute lange Haare bis zum Gürtel, ein sehniger Körper wie der eines jungen Mannes – aber seine zerfurchten Züge strafen seinen Körper Lügen.

Wir schlagen den Pfad zu den Hütten ein. Die Menge folgt uns in angemessenem Abstand, zwischen ihnen springen ein paar gelbbraune Hunde herum. Nach fünfhundert Metern Fußmarsch erreichen wir den Dorfplatz, um den sich etwa zwanzig Hütten gruppieren. Sie haben einen rechteckigen Grundriss, mit einem zum Platz hin offenen, überdachten Vorbau, in dem Frauen eine Feuerstelle unterhalten und die Mahlzeiten zubereiten oder sie sitzen dort mit ihren Töchtern auf dem festgestampften Boden und flechten an einer Matte oder einem Korb – es gibt immer etwas zu tun. Unter dem Vordach der Behausungen spielt sich das Leben dieser Menschen tagsüber ab.

Wo immer ich vorbeikomme, fordert man mich freundlich auf einzutreten, und das mache ich dann auch, um eine dieser Behausungen von innen betrachten zu können. Es gibt keine Fenster, lediglich einen halbrunden Eingang, durch den ich nur gebückt in das Halbdunkel des Innenraumes eintreten kann. Der ist angenehm kühl und ich verstehe den Verzicht auf Fenster. In der Mitte des einzigen großen Raumes befindet sich eine zweite, im Moment erkaltete Feuerstelle, zwischen den Stützpfosten des Daches sind Hängematten aufgespannt, darunter liegen Hirschfelle und geflochtene Matten auf dem Boden. Im Palmstroh der verkleideten Wände stecken Bögen, lange Pfeile und verschiedene andere Gebrauchsgegenstände – auch der eine oder andere Federkopfputz ist dabei. Auf niedrigen Holzsockeln stehen große Keramik-Krüge mit Deckel, in ihnen befindet sich das Trinkwasser vom Fluss – eine Schöpfkelle aus Kalebassen-Kürbis mit einem Holzstiel hängt jeweils daneben. Roberto bedient sich unbesorgt von diesem Wasser und bietet es mir an – es schmeckt gut und ist angenehm kühl, ein besonderer Effekt des Tonkruges. Seit die Frauen der Karajá Aluminiumtöpfe als begehrte Tauschartikel in ihr Leben integriert haben, schleppen sie jene schweren Keramikkrüge nicht mehr auf dem Kopf bis zum Fluss, um sie dort auszuspülen und neu zu füllen, sondern benutzen die federleichten Alu-Pötte für diese tägliche Arbeit. Der schwere Krug wird dann vor der Hütte ausgespült und mit frischem Wasser befüllt, das sie zusätzlich durch ein Baumwolltuch seihen, um Unreinheiten zurückzuhalten.

Roberto, der Häuptling und eine Anzahl Männer des Dorfes sitzen unter einem auf vier Pfosten ruhenden Sonnendach – ihrem angestammten Versammlungsort – und palavern. Es geht um die bevorstehende Tauschaktion und man präsentiert seine Präferenzen von beiden Seiten – nur Uataú kann sich mit portugiesischen Sprachbrocken verständlich machen, denn schließlich war er schon einmal in der neuen Hauptstadt Brasília. Die Diskussion dauert viele Stunden, während der ich mich im Dorf umsehe und immer wieder viele Hände schüttele, die sich mir entgegenstrecken. Die Kinder begleiten mich in Scharen von Hütte zu Hütte, denn ich habe eine Tüte Gummibärchen dabei und verteile immer mal wieder eine Handvoll davon.

Jonas empfängt uns auf dem Boot mit fantastischen gegrillten Steaks vom „Pintado", einem großen Hautfisch, den er während unserer Abwesenheit geangelt hat. Sein Fleisch ist außer einem knorpeligen Mittelstück völlig grätenfrei und mit ein bisschen Remouladensauce aus Robertos Vorrat ein Gedicht. Dazu gibt es Reis und gekochte

Bananen – sogar Caipirinhas hat er zur Feier dieses ruhigen Tages gemixt – für uns ein wahres Festessen. Begeistert von den Eindrücken im Karajá-Dorf berichte ich von unseren Erlebnissen, Roberto und Jonas beantworten meine zahlreichen Fragen. Unter anderem erfahre ich von ihnen, dass die Karajá schon seit 1920 in Frieden mit der weißen Bevölkerung leben, dass ihr Häuptling Uataú mehr als sechzig Jahre alt sein muss, was ich in Anbetracht seines Auftretens und des jugendlich straffen Körpers kaum glauben kann – und dass sein von seinem fast weißsandigen Ufer aus konnte man die Fische in bis zu vier Meter Tiefe des kristallklaren Wassers dahingleiten sehen, und in jeder Flussbiegung erstreckte sich ein ausgedehnter Sandstrand. „Geruch nach frischen Tomaten" von der roten Urucum-Pflanzenfarbe stammt, welche die meisten Indianervölker neben der schwarzen Genipapo zum Bemalen ihrer Körper benutzen.

Roberto ergänzt noch, dass der Name „Karajá" ihnen von dem Anthropologen Paul Ehrenreich verliehen wurde, einem der ersten Wissenschaftler, der ihnen 1888 begegnete. Sie selbst bezeichnen sich bescheiden als „Iny" (wir), und ihre Sprache gehört zum linguistischen Makro-Jê-Stamm. Was Indianer betrifft, ist Roberto ein wandelndes Lexikon, aus dem ich mir immer mal wieder ein paar Erklärungen hole, wenn er gerade bei Laune ist, wie an diesem Abend vor seinem erwartungsvollen Handel mit den Indianern. Der klagende Ruf des Urutáu (Ziegenmelkers) weht über die vom Mondlicht in flüssiges Silber getauchte Flut des Araguaia, über der ich zufrieden in meiner Hängematte schaukele.

Als ich aus meiner Schlafmatte krieche, dämmert der Morgen herauf – ein besonders frühes Frühstück diesmal, denn am Ufer haben sich bereits die ersten Indios mit ihren Tauschartikeln niedergelassen. Sie warten geduldig, bis Roberto den Tauschhandel eröffnet. Er hat eine Decke im Wohn- und Schlafraum des Bootes ausgebreitet und auf ihr die verschiedensten Handelswaren, deren Wert für die Indios er aus seiner langen Erfahrung einzuschätzen weiß. Da türmen sich Decken und Shorts, Alu-Töpfe, Teller und Plastikbecher, Haumesser, Axt- und Beilköpfe ohne Stiel, große und kleine Küchenmesser, Taschenlampen mit Batterien, die Metallköpfe von Hacken und Schaufeln, Einwegfeuerzeuge, Angelhaken und Nylonschnur für große und kleine Fische, Parfums und Seifen, Taschenspiegel und Kästen mit bunten Keramikperlen – fast alles, was das bescheidene Indianerherz begehrt.

Inzwischen ist Uataú in vollem Ornat seiner Häuptlingswürde erschienen: Sein riesiger, halbrunder Federschmuck hinter dem Kopf wird durch ein breites Stirnband gehalten, er trägt einen Bastrock mit einem bunten Federgürtel. Die Unterarme stecken in langen, rot gefärbten Baumwollmanschetten, in den Ohrläppchen trägt er federgeschmückte Holzstäbchen, um den Hals unzählige Windungen von Ketten aus Samenperlen, von der durchbohrten Unterlippe hängt ein heller Baststreifen bis auf den Bauch herab, auf den Oberkörper hat seine Frau frische rote Urucum-Farbe aufgetragen – eine wahrhaft prächtige, respektgebietende Erscheinung.

Zwischen seinen Leuten und unserem Boot bleibt er stehen, um den Ablauf des Tauschhandels zu kontrollieren – und dann geht es los. Einer nach dem anderen treten die Männer und Frauen jetzt an die Bootsreling, halten uns ihre Tauschartikel hin und deuten dann auf den einen oder anderen Gegenstand auf unserer Decke, den sie sich als Gegengeschenk wünschen. Hie und da wirft der Häuptling ein portugiesisches Wort als Dolmetscher dazwischen. Ich selbst bin entzückt über die fantastischen Beispiele indigenen Kunsthandwerks, die da zum Vorschein kommen: verschiedene Arten von Kopfschmuck aus Ara- und Papageienfedern, Halsketten, Armbänder und Gürtel aus Naturmaterialien, handgefertigte Bogen mit dazugehörigen Pfeilen, Keulen mit dekorativ umflochtenem Griff und Federschmuck, Körbe und geflochtene Schalen aller Größen, attraktive Keramiksachen – unter denen besonders die berühmten Karajá-Puppen aus gebranntem Ton von Robertos Geschäftskunden in São Paulo sehr geschätzt werden – und viele aus Naturmaterialien gefertigte Gegenstände ihres täglichen Bedarfs, wie geflochtene Siebe, Tragetaschen und Körbe, Hängematten aus Palmfasern, Maniok-Reiben, Lippen-Nasen- und Ohrenschmuck, auch Stücke, die es wert wären, in die Sammlungen von Museen aufgenommen zu werden. Jonas nimmt die Sachen entgegen und verpackt sie in mitgebrachten Säcken – die Keramiksachen schlägt er in Zeitungspapier ein und verstaut sie in Holzkisten.

Ich muss sagen, der Handel läuft wie am Schnürchen und wenn der eine oder andere mal nicht zufrieden scheint, zeigt sich Roberto sofort von seiner großzügigen Seite und gibt noch ein paar Angelhaken oder ein Küchenmesser dazu. Nach drei Stunden sind die Vorräte auf beiden Seiten aufgebraucht, die Erwachsenen ziehen sich zurück, Uataú umarmt uns alle der Reihe nach und folgt dann seinem Volk auf dem Pfad zum Dorf.

Ein paar Kinder sind geblieben und fangen an lästig zu werden, weil sie nun versuchen, für sich noch einen Vorteil aus unserer Tauschbereitschaft herauszuschlagen. Ein Dreikäsehoch mit Rotznase möchte seinen Kinderbogen und drei Pfeile eintauschen, ein anderer bietet uns gar eine riesige Vogelspinne, die er in seinen Händen hält, als Tauschobjekt an. Wir verteilen ein paar Angelhaken und Gummibärchen unter ihnen, dann wirft Joaquim den Motor zur Abfahrt an. Es geht weiter den Araguaia stromab, während wir uns das Mittagessen aus Jonas Kombüse schmecken lassen, diesmal sogar mit ein paar Büchsen gekühltem Bier.

Der Fluss der Toten

Nur wenige Kilometer unterhalb von Santa Isabel mündet der Rio das Mortes in den Rio Araguaia, auf seiner linken Uferseite. Während wir uns bisher entlang der Grenze zwischen den Bundesstaaten Mato Grosso und Goiás bewegt haben, folgen wir jetzt dem Rio das Mortes, dem „Fluss der Toten", stromauf, in einem noch wilden Teil von Mato Grosso. Die Übersetzung von Mato Grosso als „dichtes Gestrüpp" charakterisiert diesen Teil des Landes recht gut. Weite Flächen sind mit trockenem, dornigem Gestrüpp überzogen, aus dem nur hie und da einige verkrüppelte Bäume herausragen. Von Mai bis Oktober herrscht hier eine grausame Dürre mit Tagestemperaturen bis 45°C, gelbbrauner Staub bedeckt dann alle Pisten und Pfade durch diese einsame, urweltliche Landschaft. Die Adern, an denen sich das Leben während dieser Trockenperiode abspielt, sind die größeren Flüsse und die kilometerbreiten Galeriewälder, von denen sie gesäumt werden. Ende Oktober leiten schnell aufeinander folgende Gewitter den Beginn der Regenzeit ein – gewaltige Regengüsse lassen die Flüsse anschwellen, sie treten dann kilometerweit über ihre Ufer. Der während der Dürre scheinbar abgestorbene „Mato" erwacht zu neuem Leben, ein Blütenmeer von unglaublicher Farbenpracht überzieht dann das Dornengestrüpp.

Aber jetzt ist Juli, der trockenste Monat überhaupt, mit extrem niedrigem Wasserstand. Das merken wir gleich in der Mündung des Rio das Mortes: plötzlich ein schabendes Geräusch unter dem Boot – und dann sitzen wir fest auf einer Sandbank. Der Rio das Mortes, wesentlich schmaler als der Araguaia, hat besonders vor seiner Mündung den mitgeführten Sand aufgestaut – als wir ins Wasser springen, um das Boot gemeinsam zurück in die enge Fahrrinne zu schieben, stellen wir fest, dass es hier nicht mehr als einen halben Meter tief ist. Es macht Spaß, sich im lauwarmen Wasser abzurackern und die Strömung des Flusses hilft uns – nur ein paar Minuten und unser Kahn hat sich von der Sandbank gelöst. Joaquim wirft den Motor an und wir schwingen uns hinein. Nach einer halben Stunde sind wir aus der Gefahrenzone raus, der Fluss ist jetzt tiefer, hat kaum noch Strömung. Wenn alles gut geht, erreichen wir binnen drei bis vier Tagen das Wohngebiet der Xavante am Fuß der Serra do Roncador.

Im Gegensatz zu dem breiten Rio Araguaia, kann man auf dem nur etwa fünfzig bis sechzig Meter breiten Rio das Mortes die Tierwelt beider Ufer beobachten, die hier deutlich zahlreicher ist. Capivaras erleben wir hier in Herden, Kaimane auf jeder Sandbank, riesige Leguane dösen auf überhängenden Ästen und lassen sich, wenn wir uns nähern, blitzschnell ins rettende Wasser fallen. Ganze Affenherden beobachten uns aus dem Geäst der höheren Uferbäume, und einmal überraschen wir sogar einen Tapir beim Morgenbad, als wir um eine Flussbiegung gleiten. Aras, Papageien und Tukane sieht man regelmäßig und in großen Scharen, Störche, Reiher und andere Wasservögel ebenfalls

Jonas bringt eine dreieinhalb Meter lange, noch lebende Boa Constrictor von einem seiner Jagdausflüge mit. Er hält ihren Kopf fest und hat sich den Rest um die Schultern geschlungen – da wir noch genügend Fisch und zwei Fasane in unserer Kühltruhe haben, entlassen wir sie wieder in die Freiheit, während mir Jonas einen Vortrag über die Vorzüge und den Wohlgeschmack von Schlangenfleisch hält und Joaquim hinter ihm missbilligend seine Nase rümpft. „Jonas ist Halbindianer", sagt er dann später zu mir während einer gemeinsamen Pinkelpause, „der frisst auch gegrillte Termiten, Vogelspinnen und Heuschrecken und findet die gut – das heißt aber nicht, dass ich seinen Geschmack teile." Damals gab ich ihm recht, nicht ahnend, dass ich nur ein Jahr später, während meines fast zweijährigen Aufenthalts unter den Xavante, Jonas' „kulinarische Verirrungen" als durchaus akzeptabel und einige sogar als wohlschmeckend empfinden würde.

Nun, noch war ich ein Gringo in dieser Wildnis, ein Neuling, der sich möglichst zurückhielt und Augen und Ohren aufsperrte, um zu lernen. Ausgerechnet der eher introvertierte Joaquim jagte mir einen gewaltigen Schrecken ein, weil ich während einer unserer Badepausen entdeckte, dass er vom Heck des Bootes aus Piranhas angelte – und zwar mit einem blutigen Stück vom Fasan – während wir gerade mal zehn Meter von ihm entfernt im Wasser planschten. Mir fielen all die fürchterlichen Geschichten über diese gefährlichen Raubfische auf einmal ein – wie der Blitz war ich raus aus dem Wasser. Über mein kreidebleiches Gesicht wollten sich die anderen totlachen, während sie völlig ungerührt weiterbadeten. Joaquim bereitete uns anschließend eine köstliche Piranha-Suppe zu, wobei er das vor Gräten strotzende Fleisch durch ein Sieb pürierte und ihm ein paar Eidotter und ein wenig Cachaça zufügte – ein Hochgenuss! Und während wir die superbe Suppe schlürften, lernte ich etwas über die Verhaltensweisen der Piranhas: Angriffe auf Menschen in fließenden, relativ flachen Gewässerabschnitten gehörten seiner erfahrenen Meinung nach nicht dazu. Überhaupt seien entsprechende Beschreibungen maßlos übertrieben – und inzwischen, nach jahrelanger Erfahrung in der Wildnis, weiß ich, dass neunzig Prozent der Buchbeschreibungen tatsächlich nicht nur übertrieben sondern blanker Unsinn sind, aber auch, dass Joaquim die Gefahr der Piranhas etwas verharmlost hat (siehe meine Hausboot-Episode im Kapitel „Aus meiner Pantanal-Erfahrung").

Am Abend des zweiten Tages auf dem Rio das Mortes hören wir die Töne zum ersten Mal – Töne wie aus einer Panflöte, die vom jenseitigen Ufer zu unserem verankerten Hausboot herüberwehen. Wir sitzen gerade beim Abendessen und Jonas sagt: „São eles." (Das sind sie.) – Roberto nickt nur. Schließlich erklärt er mir, dass uns wahrscheinlich herumstreifende Jäger der Xavante entdeckt haben und nun beobachten – mit kleinen Kalebassen-Flöten verständigen sie sich untereinander. Bei mir erzeugen diese unheimlichen Töne eine Gänsehaut. Insekten und Nachtvögel schweigen, wenn die Instrumente erklingen, und wir machen uns gegenseitig Mut, indem wir uns schweigend angrinsen.

Erst jetzt erfahre ich, dass Roberto bisher noch nie bis zum Dorf der Xavante vorgedrungen ist, lediglich ein paar ihrer Männer hat er vor seiner letzten Tour in Aruanã getroffen und war von ihnen eingeladen worden. Ich frage mich sofort, ob eine solche Einladung auch von der gesamten Dorfgemeinschaft respektiert werden wird und Jonas, der ihrer Sprache mächtig ist, beruhigt mich. Allerdings war auch er noch nie in ihrem Dorf, das zwischen dem Fluss und der Serra do Roncador liegen soll, in der Nähe einer Stelle, die von den Weißen „Pimentel Barbosa" genannt wird.

Roberto raucht seine Pfeife zu Ende und zieht sich dann in seine Hängematte zurück. Jonas klappert noch ein bisschen mit dem Geschirr beim Abwasch, Joaquim schnarcht schon längst in seinem Führerstand und ich selbst schaukele hellwach vor mich hin und versuche zu erraten, was die folgenden Tage uns wohl bringen mögen. Die Flöten höre ich in dieser Nacht nicht mehr – nur das Sirren der Moskitos, die versuchen, eine Lücke im Netz meiner Schlafmatte zu entdecken. In einem Albtraum verfolgt mich Uataú federgeschmückt und keulenschwingend.

Der unwiderstehliche Geruch von frischem Kaffee holt mich aus meinen Träumen. Die anderen sitzen bereits beim Frühstück. Unser Morgenbad fällt heute aus, Roberto hat es plötzlich eilig. Während wir noch kauen, startet Joaquim bereits den Motor und nimmt Kurs stromaufwärts. Ich spüre, dass Roberto von einer gewissen Nervosität befallen ist, möchte aber nicht weiter in ihn dringen, irgendwann wird er schon darauf zu sprechen kommen.

Die immergrünen Ufer rechts und links scheinen unverändert. Ganz im Gegenteil zu den Karajá, die man als Flussindianer bezeichnen könnte, bauen die Xavante keine Kanus und können nicht einmal schwimmen, erzählt mir Jonas. Sie legen weite Strecken zu Fuß zurück und überqueren Flüsse an seichten Stellen. „Xavante" wurden sie einst von irgendwelchen Weissen genannt, die in ihrer Sprache „Waradzu" heißen. Sie selbst nennen sich „A'uwe" (Menschen, Leute) oder auch „A'uwe uptabi" (wahre Menschen).

Nun haben wir nach Joaquims Schätzung seit der Mündung etwa dreihundert Kilometer zurückgelegt. Am Abend dieses dritten Tages ist jedoch kein Xavante-Dorf zu sehen – und das ist es, was Roberto unruhig macht, er kommt mit seinem Zeitplan in Verzug. Weder Jonas noch Joaquim wissen genau, wie weit oberhalb es von der Mündung liegen mag und schon seit gestern Abend haben wir die Ausläufer der Serra do Roncador, einer hohen Felsenformation, erreicht. Informationen, die Roberto bei den Karajà einholte, beschrieben das Gebiet der Xavante als „hinter der Mündung des Rio das Mortes in den Araguaia". Nun, das mochte ja stimmen, aber ihr Dorf hatten sie anscheinend versteckt.

Während des recht schweigsamen Abendessens hören wir sie dann wieder, die Flöten der Xavante. Diesmal scheinen es mehr zu sein als gestern Abend – ob wir das als Signal für die Nähe des Dorfes werten können? Roberto meint das jedenfalls und gibt sich wieder ein bisschen gelassener. Wir machen ein paar Büchsen Bier auf und trinken auf die kommende Begegnung – morgen, nehmen wir an.

Ein handtellergroßer Nachtfalter verbrennt sich die Flügel an unserer Kerosinlampe – immer wieder flattert er gegen das heiße Glas und taumelt zurück – als er sich erschöpft für einen Moment an der Bordwand niederlässt, schnappt ein Gecko nach ihm und verschlingt ihn mit Haut und Haaren – das heißt, mit Flügeln und Beinen.

Fressen und gefressen werden, das Gesetz des Dschungels. Aber die Xavante sollen angeblich keine Kannibalen sein, hat man uns mehrmals glaubhaft versichert. Diesmal lausche ich ihrem Flötenkonzert bis spät in die Nacht, dann übermannt mich der Schlaf.

Die Xavante

Ich liege noch in der Hängematte, als Joaquim schon wieder Kurs aufnimmt – der tuckernde Motor bringt mich auf die Beine. Da sitzt er auf seiner Steuerbank, trinkt seelenruhig seinen Kaffee, während er mit dem linken nackten Fuß das Steuerruder führt. Ein ruhiger, zurückhaltender Mensch, dunkelbraun gebrannt und sehnig, der lieber zuhört als selbst erzählt, aber wenn ihm ein paar Cachaças die Zunge gelöst haben, hat er stets ein paar wundervolle Geschichten drauf. Mit ihm fühlt man sich sicher auf diesem Boot, es gibt kein technisches Problem, dass er nicht zu lösen verstünde, weder mit dem Motor noch mit dem Bootskörper, aber wie er es anstellt, stets die beste Fahrrinne zu finden und dabei auch noch auf den geringsten Widerstand der Strömung zu achten, ist mir bis heute ein Rätsel geblieben – ein echter Dschungelfluss-Profi.

Roberto und ich haben eigentlich recht wenig zu tun, während das Boot in Bewegung ist. Er sichtet und katalogisiert die eingetauschten Artikel der Karajá, während ich ihm dabei zusehe, denn jedes einzelne Stück fasziniert mich in seiner unnachahmlichen, handwerklichen Qualität und seinem dekorativen Charakter, wobei ich mir stets einen solch kostbaren Federschmuck an einer weißen Wand bei mir zuhause vorstelle.

Hinter der nächsten Flussbiegung entdecken wir dann plötzlich die halbkugelförmigen Hütten auf einer Anhöhe über dem Fluss, da und dort steigt aus ihnen Rauch auf. Am Ufer selbst scheint bereits die gesamte Bevölkerung versammelt, denn das Tuckern unseres Aussenborders ist in der Wildnis weit zu hören. Wir erkennen Männer, Frauen und Kinder, die uns offensichtlich erwarten. Roberto lacht plötzlich wieder und Jonas meint trocken: „Se tem criança, é porque são de paz" (wenn Kinder dabei sind, sind sie friedlich). Ich finde seine Logik bemerkenswert und beruhigend zugleich.

Betont langsam und umständlich vertäuen Joaquim und Jonas das Boot am Ufer. Die völlig nackte, braune Menschenmenge ist etwas zurück getreten, hat Platz gemacht, damit die beiden zwei Holzpflöcke tief in den Sand schlagen können. Roberto und Jonas haben ein paar Geschenke aus bereitstehenden Säcken gekramt und legen sie, zunächst von außen noch unsichtbar, unter die Sitzbank.

Dann gehen sie an Land, während ich mir das Geschehen vom Boot aus ansehe.

Aus der Menge löst sich jetzt ein älterer Mann mit schlohweißen, langen Haaren – der einzige Indianer, der mit Shorts und einem Hemd bekleidet ist, das ehemals wohl weiß war. Alle anderen Männer sind nackt bis auf eine schwarz-weiße Doppelschnur um die Hüften, zwei glatt polierten Holzstäbchen in den Ohrläppchen und einer Baumwollschnur mit einer Feder um den Hals – und auf ihrem Penis tragen sie ein vorne spitz zulaufendes Hütchen aus Palmblattmaterial – „die Minihose des Mannes", so die Erklärung von Joaquim.

Auffällig ist auch ihr Einheitshaarschnitt: eine Ponyfrisur, deren kurze Fransen über die Stirn bis hinter die Ohren reichen, am Hinterkopf fallen die Haare lang über die Schultern herab. Der Haaransatz am Hinterkopf ist kreisrund ausgeschabt und diese kahle Stelle ist mit rotem Urucum eingefärbt. Die Stammeszugehörigkeit der meisten Indianer kann man übrigens an ihrer typischen Haartracht erkennen – dies habe ich aber erst später gelernt.

Die Frauen halten sich im Hintergrund. Ein paar von ihnen haben große, mit Deckeln verschlossene Körbe auf dem Rücken, deren verlängerte Henkel sie um die Stirn gelegt haben. Im Gegensatz zu den Karajá, bei denen die Frauen ein wichtiges Wort mitzureden haben, herrscht bei den Xavante das absolute Patriarchat. Frauen werden oft wie Arbeitstiere gehalten, sie bebauen und jäten das Maniokfeld, bereiten die Speisen zu, kümmern sich um die Kleinkinder, flechten Körbe und Matten, räuchern die Jagdbeute, schleppen ungeheure Lasten von Brennholz auf ihren Schultern heran, auf denen nicht selten noch ein halbwüchsiges Kind reitet, während das Jüngste an der Brust liegt. Selbst der Hüttenbau ist meistens Sache der Frauen. Sie tragen dieselbe Frisur wie die Männer, und während letztere relativ groß (bis zu 1,75 Meter) erscheinen, sind die Frauen bedeutend kleiner, gedrungen, breithüftig und kräftig, von ihrer schweren Arbeit gezeichnet und vollkommen schmucklos. Der Genitalbereich wird auch bei der Frau von einem winzigen, dreieckigen Palmfaserartefakt abgedeckt, gehalten durch eine Hüftschnur.

In den verdeckelten Körben liegen übrigens die Neugeborenen, ich sehe es jetzt, als eine der Frauen ihren Säugling herausnimmt und an die Brust legt. Die größeren Kinder und Halbwüchsigen bilden die vordersten Reihen unserer Zuschauer. Alle sind barfuß.

Der alte Mann mit dem weißen Haar kommt mir wie ein ehrwürdiger Baron vor – er hat ein noch markanteres Gesicht als der Karajá-Häuptling Uataú und muss auch älter sein. Später erfahre ich von Jonas, dass es sich um den berühmten (und berüchtigten) Xavante-Häuptling „Apoena" handelt – er wird schon um 1920 als erwachsener Krieger in historischen Aufzeichnungen erwähnt, ist also sicher an die 80 Jahre alt – eine absolute Ausnahme, denn damals hatten Waldindianer wie die Xavante keine höhere Lebenserwartung als durchschnittlich vierzig Jahre. Apoena hat in seiner Jugend immer wieder Krieg gegen die weißen Invasoren geführt – vierundzwanzig Menschen soll er im Kampf Mann gegen Mann getötet haben – auch die beiden Salesianer-Missionare von 1948 gehen auf das Konto seiner Krieger.

Auf eine schwere Keule gestützt, steht er jetzt vor Roberto, sieht ihm aufmerksam ins Gesicht. Während sein Volk die beiden umringt, beginnt er eine lange, ausführliche Begrüßungsansprache, die eigentlich nur Jonas versteht, aber da der Greis keine Übersetzungspausen macht, lassen wir seinen Worten einfach ihren phonetischen Lauf – feierlich wirken sie trotzdem auf uns. Als Jonas uns später den Inhalt wiedergibt, finde ich besonders interessant, dass der Häuptling praktisch jeden Satz noch einmal wiederholt hat – wahrscheinlich um seinen Worten mehr Nachdruck zu verleihen – und dass er uns als Freunde begrüßt, „die mit vielen Geschenken für die Xavante angekommen seien" – der alte Fuchs weiß seine Gäste zu verpflichten.

Dann nimmt er Roberto bei der Hand und schlägt die Richtung zu den Hütten ein – Jonas und ich folgen den beiden und die Menge folgt uns. Nur Joaquim bleibt auf dem Boot zurück und wird sich die Zeit mit Piranha-Angeln vertreiben, wie er sagt.

Als wir die Hügelkuppe erreicht haben, zähle ich fünfundzwanzig halbkugelförmige Hütten, die im Kreis um den Dorfplatz herumstehen – einem großzügigen Areal von mindestens drei- bis vierhundert Metern Durchmesser.

Während ich mich ein bisschen im Hüttenrund umsehe, sitzen Roberto und Jonas dem alten Häuptling am Rand des Dorfplatzes unter einem großen Schattenbaum gegenüber – die ranghöchsten

Männer, unter ihnen zwei Söhne aus Apoenas Familie, ergänzen die Palaverrunde. Man hat sich auf Hirschfellen niedergelassen, Apoena redet auf Roberto ein, es fällt ihm schwer, Pausen einzulegen, damit Jonas übersetzen kann. Trotzdem gelingt diesem das recht gut, denn da der alte Häuptling immer alles zweimal zu sagen pflegt, legt Jonas seine Übersetzung einfach über die jeweilige Wiederholung und zwar dicht an Robertos Ohr. Worum es eigentlich geht? Ich erfahre es von Roberto beim Abendessen im Boot.

„Eigentlich nichts Weltbewegendes", meint er gut gelaunt, „eher so eine Art höfliche Unterhaltung, um uns als Gäste willkommen zu heißen. Im Mittelpunkt steht deutlich sein Interesse an unseren Waren oder besser ‚Geschenken', wie er sich geschickt auszudrücken versteht. Dafür versichert er uns seiner Freundschaft – viel mehr war es eigentlich nicht, und wäre er nicht von mir unterbrochen worden, hätte er noch einmal von vorne angefangen – zum dritten Mal!" „Aber eine dreifach gefestigte Freundschaft, das hat doch etwas für sich", werfe ich dazwischen – während Joaquim überraschend einwendet, dass er „diesen wilden, nackten Kerlen nicht über den Weg traue" und darauf besteht, dass wir zu unserer Sicherheit das Boot nach Einbruch der Dunkelheit am jenseitigen Ufer verankern. Alle stimmen dieser Idee zu, und da der Fluss hier kaum Strömung hat, paddeln wir unseren Kahn geräuschlos und gemeinsam auf die andere Seite. Immerhin haben wir unter den rund dreihundert Einwohnern etwa achtzig große, kräftige Krieger gesehen – „aber vom Schwimmen halten sie nicht viel, und bestimmt nicht bei Nacht", tröstet mich Joaquim, und ich lausche der Melodie des Waldes, einem Chor aus Grillen, Zikaden, Fröschen und Vogelstimmen, ab und an unterbrochen vom Brüllen eines verliebten Kaimans oder dem Platschen eines springenden Fisches neben mir im Wasser. Es gibt keine bessere Therapie, um in tiefen Schlaf zu sinken.

„Kiu – kiu – kiu!!!" Die grellen Schreie unserer gefürchteten Freunde wecken uns früh. Nebelschwaden treiben über dem Wasser – wir entdecken ein paar Gestalten am jenseitigen Ufer, die herüberwinken. Meine Decke ist feucht vom Nebel – „Lass die nur rufen, sollen gefälligst warten, bis wir gefrühstückt haben" – Roberto hat sich über Nacht ein paar Gedanken gemacht, die ihn nicht gerade fröhlich stimmen: Apoena erwartet viele Geschenke von ihm – von Handel aber hat er nichts gesagt. Vom Tauschgeschäft mit den Karajá sind noch viele Säcke mit Material übrig geblieben, das er mit den Xavante zu tauschen beabsichtigte, aber wie soll er denen jetzt noch seine Business-Idee klarmachen, wenn die alles geschenkt haben wollen? Und um diesen seinen Standpunkt gegen Apoenas Erwartungen durchzusetzen, dafür sind wir mit nur vier Mann nicht überzeugend genug. Natürlich könnten wir auch einfach abhauen – Leinen los und full speed stromab – aber diese Idee finden wir einmütig beschämend. Jonas meint, dass wir nicht in Gefahr sind – Joaquim ist es egal ob wir bleiben oder abhauen – ich selbst habe dann eine Idee: „Wie wäre es, wenn wir zumindest einen Teil deiner Waren vor ihnen als Geschenke ausbreiten, vielleicht fühlen sie sich dadurch veranlasst, uns ihrerseits Gegengeschenke zu machen? Wenn auch vielleicht nicht so gezielt wie beim Handel mit den Karajá, könnte dabei doch zumindest ein Ersatzgeschäft rausspringen?" Wider Erwarten findet Roberto meine Idee gut. Wir legen ab und überqueren den Fluss – diesmal mit Motorkraft.

Die Menge nackter Menschen, die uns am jenseitigen Ufer erwartet, scheint ebenso zahlreich zu sein wie gestern. Uarodí, einer von Apoenas Söhnen, empfängt uns heute – mit Umarmung und Schulterklopfen, jeder Einzelne von uns wird von ihm abgeklopft. Dann geht er vor und bedeutet uns mit einer weit ausholenden Armbewegung, ihm zu folgen. Roberto geht neben ihm, Jonas und ich tragen die Geschenke hinterher, eingeschlagen in eine große Decke. Die Menge folgt uns neugierig schnatternd, dazwischen tollen ein paar gelbe Hunde herum.

Unsere Geschenkelast ist ziemlich schwer, aber der Dorfplatz ja, Gott sei Dank, nicht allzu weit. Uarodí strebt einem offenen Unterstand zu, einem Dach auf Stelzen, gibt seinen Männern eine kurze Anweisung, worauf sie ein paar Hirschfelle herbeibringen und auf dem Boden ausbreiten. Die beiden Häuptlinge, der eingeborene und der weiße, setzen sich nieder, die Menge hat sich erwartungsvoll rund um die Szene aufgestellt. Jetzt öffnen wir die Decke – und wie beim Hochgehen eines Bühnenvorhangs geht jetzt ein überrschtes Raunen durch die Menge beim Anblick so vieler Sachen, von denen Roberto weiß, dass sie ihre Herzen schneller schlagen lassen: Aluminiumtöpfe und Pfannen, Macheten, Angelhakenpäckchen, Nylonschnur-Röllchen, Parfümfläschchen, Handspiegel und Seifen, die den Umstehenden begeisterte Schnalzlaute entlocken (damit Sie sich davon eine Vorstellung machen können, legen Sie die Zunge hinter Ihre obere Zahnreihe und pressen sie dann nach vorne, indem Sie dazu ein weiches, stimmloses „D" formen).

Uarodí nimmt die Geschenke nacheinander in die Hand und zeigt sie dann herum, ein Parfümfläschchen schraubt er auf, riecht daran und verdreht die Augen, riecht an den Seifen – schließlich fängt er an, die einzelnen Sachen zu verteilen. Dabei überrascht mich die Disziplin: Diejenigen, denen er etwas geben möchte, ruft der Häuptlingssohn beim Namen, sie treten vor, empfangen das von ihm ausgewählte Geschenk und ziehen sich dann still zurück – ohne zu zögern, weil sie vielleicht etwas anderes vorgezogen hätten, und ohne zu murren. Die Sachen reichen bei weitem nicht für alle, als alles verteilt ist, kehren sie zu ihren Hütten zurück, auch diejenigen, die leer ausgegangen sind. Uarodí möchte die Decke haben – und bekommt sie. Vorläufig ist dies das Ende der Geschenke-Verteilung – man umarmt sich wieder und wir begeben uns zurück zum Boot.

Mittagspause. Jonas grillt ein paar Wildschweinsteaks aus unserer Kühltruhe, während der Reis gart. Nur ein paar Dorfköter leisten uns Gesellschaft – und dann balgen sie sich um die Knochen, die wir ihnen zuwerfen. Wir alle wissen, dass Roberto sich mit den Geschenken nicht etwa verausgabt hat – mindestens ein halbes Dutzend Säcke mit Waren steht noch voll bis oben hin, unter einer Plane versteckt, im Abstellraum. Nun heißt es für Jonas irgendwie einen geschickten Übergang zu finden, Uarodí zu erklären, dass Roberto sich für diese Sachen Gegengeschenke vorstellt, um nicht alles einfach so zu verschleudern. Joaquim grinst breit, wahrscheinlich vor Schadenfreude, dass ihm diese diffizile Aufgabe nicht bevorsteht. Jonas nimmt es gelassen – wird schon schief gehen. Aber wir warten in unseren Hängematten erst einmal ab, Geduld ist ein bewährtes Mittel, wenn man mit Indianern zu tun hat – nicht nur bei den Rothäuten Nordamerikas.

Es ist später Nachmittag, als sie zwei halbwüchsige Knaben schicken, die uns wieder ins Dorf bitten. Wir folgen ihnen, diesmal ohne Geschenke. Roberto erklärt Jonas auf dem kurzen Weg noch, was er sagen soll, damit der Handel endlich in Gang kommt – da fällt unser Blick auf den Unterstand, um den sich wieder das ganze Dorf versammelt hat, auch Apoena entdecken wir diesmal in seinem dunkelweißen Hemd. Ob sie jetzt wohl reklamieren wollen, schießt es mir durch den Kopf – oder vielleicht den Rest unserer Geschenke einfordern?

Die Menge weicht auseinander und wir trauen unseren Augen nicht: Auf den Hirschfellen türmen sich alle erdenklichen Gebrauchsgegenstände eines Xavante-Haushalts in mehreren Ausführungen. Da gibt es handgeflochtene Körbe in allen Größen, mit und ohne Deckel, sauber verarbeitete Jagdbogen und Pfeile mit unterschiedlichen Knochenspitzen, verschieden große Jagdkeulen mit umflochtenem Griffstück, wunderschöne Tanzrasseln, mehrere Halsgebinde mit der symbolischen Doppelfeder, dem Markenzeichen der Xavante, Samenperlenketten in unterschiedlicher Ausführung und Länge, und sogar einige Exemplare jener Cabaça-Flöten, die wir vor Tagen zum ersten Mal am nächtlichen Flussufer gehört haben, sind dabei, geschmückt mit Schalen von Hirschhufen und bunten Federn.

Das Schönste an diesen Ethnografika ist ihre Patina: Alle Stücke stammen aus direktem, manchmal jahrelangem Eigengebrauch und sind deshalb besonders wertvoll für museale Sammlungen.

Ich sehe es Roberto an, dass er genauso überrascht ist. Was hat er sich für Sorgen gemacht, dass diese Reise durch den Abstecher zu den Xavante diesmal Verluste einbringen würde – die Tauschartikel der Karajá würden gerade mal die Benzinkosten decken. Ich kann buchstäblich zusehen, wie ihm jetzt ein Stein vom Herzen fällt. Apoena macht eine großzügige Geste über das am Boden liegende Kunsthandwerk seines Volkes und setzt dann noch mal zu einer seiner langen Wiederholungsreden an, die Roberto und Jonas geduldig ertragen, während ich zurück zum Boot marschiere, um ein paar leere Säcke zum Verpacken der Sachen zu holen. Joaquim sperrt Mund und Nase auf, als er von mir erfährt was geschehen ist. Ich greife mir fünf Jutesäcke und haste zurück – Apoena spricht immer noch, die Menge lässt mich durch.

Diesmal protestieren wir alle drei, als Joaquim das Boot nach dem Abendessen wieder ans jenseitige Ufer bringen will – Roberto meint lachend, wenn er immer noch vor den Xavante Angst habe, solle er unser Beiboot nehmen und seine Hängematte zwischen den Bäumen am anderen Ufer aufspannen. Unser Gespräch vor dem Einschlafen dreht sich natürlich exklusiv um die unerwartete Gegengeschenk-Reaktion der Dorfbewohner, die wir heute erlebt haben. Allerdings wird es jetzt noch schwerer werden, mit unseren restlichen Waren plötzlich einen gezielten Tauschhandel anzufangen.

Den darauf folgenden Morgen verbringen wir am Fluss – wir baden mit unseren neuen Freunden und angeln mit den Kindern, die begierig sind, ihre neuen Angelhaken auszuprobieren. Am Nachmittag schlendern wir ein bisschen zwischen den Hütten umher und haben Gelegenheit, die Behausungen auch von innen kennenzulernen. Sie sind etwa fünf bis sieben Meter hoch und ihr Innenradius liegt bei zehn bis zwölf Metern. Ein einziges halbrundes Loch, durch das wir nur gebückt eintreten können, führt ins Innere – auch hier gibt es keine Fenster. Man kann das Stangengerüst erkennen, das von dünnen Lianen zusammengehalten wird. Von außen ist es wasserdicht mit Palmwedeln abgedeckt. In der Regel bietet eine solche Hütte Platz für vier bis fünf Familien, deren Schlafplätze durch verschiedene Matten und Tierfelle gekennzeichnet sind. Die Xavante schlafen auf dem Boden, das Knüpfen von Hängematten ist ihnen fremd. Wie bei den Karajá stecken ihre wenigen Habseligkeiten im Palmstroh der verkleideten Hüttenwände. Eine gemeinsame Feuerstelle ist in der Mitte des Raumes angelegt – hier werden Maniokfladen gebacken und Wild oder Fisch gegrillt. Keramikkrüge finde ich in diesen Hütten keine – überhaupt keinerlei Behälter aus gebranntem Ton, nur aus Schalen des Cabaça-Kürbis. Wahrscheinlich versorgen sie sich mit Wasser direkt am Fluss, der ja nur ein paar Meter vor den Hütten vorbeifließt.

Was machen wir aber jetzt mit unserer restlichen Handelsware? Nach einer ausführlichen Diskussion sind wir alle der gleichen Meinung, nämlich sie zu verschenken – und unsere Rechnung geht tatsächlich auf, besser und nachhaltiger als wir uns das je hätten vorstellen können:

Nach dem Mittagessen schultern wir also die restlichen Säcke und gehen den kurzen Weg ins Hüttenrund. Neugierige Mienen allenthalben, ein paar Kinder laufen lärmend hinter uns her. Apoena kommt uns in Begleitung einiger Männer entgegen. Jonas erklärt ihm, während wir jenem Unterstand zustreben, dass wir noch mehr Geschenke für unsere Freunde hätten, die wir jetzt verteilen wollten. Und dann machen sie alle große Augen, als der Inhalt der Säcke zum Vorschein kommt: weitere begehrte Aluminiumtöpfe, ein Haufen Messer und Macheten, sogar Axtschneiden sind diesmal dabei, die bei unseren Zuschauern wieder jenes anerkennende Zungenschnalzen bewirken, und viele Decken (ein besonders begehrter Artikel, denn die Nächte werden zwischen Juli und August auf dem Plateau empfindlich kühl). Im Nu hat sich wieder das ganze Dorf versammelt und der betagte Häuptling übernimmt persönlich die Verteilung – niemand drängt sich vor, alle warten bis sie aufgerufen werden und es gelingt dem weisen Mann tatsächlich jeden Einzelnen zu bedenken, keiner geht diesmal leer aus. Alle scheinen zufrieden mit dem, was sie bekommen haben.

Ein beeindruckender Nachmittag für mich. Vor allem das überraschend disziplinierte Verhalten dieser Waldmenschen, die von den Zivilisierten so gern als „Wilde" bezeichnet werden, hat mich beschämt. Von Roberto wusste ich, welch großen Wert zum Beispiel eine Axtschneide oder ein großes Haumesser aus Metall bei ihnen haben und wie begehrt sie sind. Ihr Interesse an diesen wertvollen Gerätschaften des „Waradzu" kann man durchaus mit dem Interesse der Zivilisierten an Gold oder Diamanten vergleichen, die für die Indios nie mehr bedeutet haben, als leicht zu beschaffende Schmuckstücke – man fand sie ja überall im Sand der Flussufer (wenigstens in historischer Zeit). Die sogenannten Zivilisierten haben sich im Lauf der Kolonialgeschichte immer wieder wie Wilde aufgeführt und nicht nur die Indios, sondern in ihrer Habgier sich auch gegenseitig umgebracht. Die sogenannten Wilden hatten die von ihnen begehrten Metallgerätschaften gegen ihre aufgelesenen Gold-Pepitas eingetauscht und sie dann ihren Verwandten und Bekannten, je nach Bedarf, sogar ausgeliehen – zum Beispiel eine Axt für die Holzbearbeitung oder einen Spaten fürs Feld.

Aber die Weißen lachten über die dummen Wilden, weil sie wertvolles Gold gegen Eisen gaben – und die Wilden lachten über die dummen Weißen, weil diese ein wertvolles Werkzeug von langer Beständigkeit gegen ein winziges Stückchen Schmuck eintauschten.

Die Dorfbewohner haben sich nach dem Empfang ihrer Geschenke zurückgezogen, Jonas rollt die leeren Säcke zusammen. Roberto und Apoena umarmen sich ausgiebig – dann machen wir uns im letzten Glanz der untergehenden Sonne auf den Rückweg zum Boot. Joaquim hat eine Menge Piranhas gefangen und schuppt sie gerade – es wird zur Feier des Tages wieder seine berühmte Fischsuppe geben.

Immer wieder in solchen Momenten steigt ein unbeschreibliches Glücksgefühl in mir auf – dieses einfache Leben hat es mir angetan. Oder sind es die Eindrücke der Begegnung mit jenen einfachen Menschen, die mich so berühren? Ganz deutlich spüre ich, dass mir jeder einzelne Tag dieser Reise unter die Haut gegangen ist. Ist das meine Seele, die sich an diesen Erlebnissen erfreut? Jedenfalls geht in mir etwas vor in diesen Tagen – ich fühle mich irgendwie lebendiger als je zuvor, verbundener mit meinen neuen Freunden, als ich es je für möglich gehalten hätte, fast schon wie ein Neusiedler in jener Wildnis, die doch so vielen von uns Stadtmenschen Angst und Schrecken einjagt.

Wir sitzen an diesem Abend noch lange beieinander, niemand ist besonders gesprächig, jeder hängt seinen eigenen Gedanken nach. Diese Vollmondnacht am Rio das Mortes ist für die stille Bewunderung aller Beteiligten gemacht. Trommelfrösche untermalen die Szene mit ihrem beruhigenden Stakkato – der Urutáu lässt seinen klagenden Ruf ertönen – der Chor der Wildnis unterhält uns auf das Angenehmste und sogar die Moskitos scheinen uns in dieser besinnlichen Stunde nicht stören zu wollen.

„Kiu – kiu – kiu!" Wir sitzen bereits beim Frühstück, als die wohlbekannten Schreie in hohem Diskant zu uns dringen – diesmal wohl aus Hunderten von Xavante-Kehlen und direkt aus dem Dorf. „Vamos lá.", Roberto ist voller Ungeduld – aber auch alle anderen sind gespannt, ob unserer Strategie der Erfolg beschieden sein wird.

Demonstrativ langsam steigen Roberto, Jonas und ich den Pfad zum Dorfhügel hinauf. Trotz der frühen Stunde ist es bereits drükkend heiß. Frauen, die uns auf dem Pfad begegnen und dem Fluss zustreben, um dort die Kinder zu waschen, heben scheu die Hand zum Gruß. Überall vor den Hütten stehen Bewohner mit freundlichen Mienen, viele grüßen uns ebenfalls mit erhobener Hand – wir haben den Eindruck, dass das Eis nun endgültig gebrochen ist. Diesmal ist es wieder Uarodí, der unsere Führung übernimmt, nachdem er uns alle drei ausgiebig umarmt hat. Aber dann sind wir doch sehr enttäuscht, als wir auf den Hirschfellen des schon erwähnten Unterstands lediglich ein paar wenige Gegenstände erblicken, hauptsächlich Körbe. „Nun, die werden wohl nichts mehr haben.", denke ich – und errate damit die Gedanken, mit denen sich Roberto in diesem Moment ebenfalls beschäftigt.

Diesmal hat Uarodí ein paar runde Hocker aus Stücken eines Palmstamms aufstellen lassen, auf denen er uns bedeutet Platz zu nehmen – er selbst und einige seiner ranghöchsten Krieger besetzen die übrigen. Und dann, anscheinend extra für uns als Überraschung inszeniert, erscheinen nacheinander die Männer des Dorfes und legen ihre Gegengeschenke vor uns nieder – die Frauen stehen etwas abseits und beobachten kichernd, wie Roberto jeden Einzelnen umarmt und ihm dankt. Ein Händedruck wäre wohl einfacher und schneller erledigt, wir hatten jedoch schon am ersten Tag mit den Xavante bemerkt, dass sie dieses Händeschütteln als lächerlich empfanden – warum, haben wir nie erfahren, sind dann aber auf die bei ihnen übliche Umarmung mit ausgiebigem Schulterklopfen übergegangen.

Unsere „Bescherung" dauert den ganzen Vormittag. Was da an herrlichen Etnografika vor uns liegt, übertrifft nicht nur Robertos kühnste Hoffnungen, sondern bedeutet für ihn auch einen nie zuvor erlebten Erfolg seiner Handelsreise. Er kann sich jetzt als Freund der immer noch gefürchteten Xavante betrachten, und der Handel mit ihnen wird ihm auch finanziell einen beachtlichen Gewinn einbringen, denn ihre relativ wenigen, aber qualitativ hochwertig verarbeiteten Gegenstände des täglichen Bedarfs finden bei Privatsammlern und Museen reißenden Absatz. Besonders die Waffen – Bogen, Pfeile und Keulen von erlesener Verarbeitung, sind Kostbarkeiten für jeden Sammler. Auffallend ist, dass die Xavante keinerlei Keramik selbst herstellen – die wenigen Tontöpfe ihres Gebrauchs haben sie bei Nachbarstämmen eingetauscht oder sie erbeutet. Und von Federschmuck halten sie wohl nichts, zumindest nicht auf dem Kopf, dennoch sind einige ihrer Schmuckartikel mit kleinen bunten Federn besetzt. Unser schönstes Stück ist ein Tanzkostüm aus Palmbast, welches der Schamane bei bestimmten Ritualen trägt – er verschwindet ganz unter dem übergestülpten Bast, nur die Arme und die Füße bleiben sichtbar.

Die Männer helfen uns beim Bündeln unserer Geschenke, und dann begleiten sie uns und tragen die Sachen noch zum Boot hinunter. Uarodí geht ebenfalls mit und erklärt, zu Jonas, unserem Dolmetscher gewendet, dass er uns gegen Abend im Dorf erwarte, seine Männer wollten für ihre Gäste tanzen. Roberto ist sehr zufrieden, und das sieht man ihm an. Geradezu euphorisch kommt er mir vor, aber selbst Joaquim, der bis jetzt nicht einmal Gelegenheit hatte, sich das Dorf aus der Nähe anzusehen, weil er es immer vorzieht, das Boot zu bewachen, zeigt sich beeindruckt von unserem offensichtlichen Ergebnis. Jetzt hilft er Jonas, die einzelnen Sachen mit Zeitungspapier zu umwickeln und dann in Säcke zu stecken – ich stehe bewundernd davor und kann mich nicht satt sehen an der wundervollen handwerklichen Verarbeitung der einzelnen Stücke. Roberto erklärt mir den Herstellungsprozess einer Keule aus Eisenholz, die hoch poliert und mit einem umflochtenen Griffstück vor mir an der Bordwand lehnt – beinahe mannshoch. „Das Polieren des Holzes erreichen sie mit Zähnen von Wildschweinen", bemerkt er abschließend, „insgesamt arbeitet ein Mann circa ein bis zwei Wochen an einer solchen Kriegskeule." Und Jonas fügt hinzu: „Damals, als eine Begegnung mit den Xavante noch lebensgefährlich war für jeden, der sich in ihr Gebiet wagte, pflegten sie ihren Feind im Nahkampf mit der Keule zu erledigen – und nachdem sie ihn erschlagen hatten, ließen sie die Keule auf der Brust des getöteten Feindes zurück, gleichsam als Warnung für andere – so waren die damals!" Und ich denke an Joaquims Bedenken, das Boot über Nacht am Ufer ihres Dorfes zu belassen – die Furcht vor diesen ehemals erbarmungslosen Kriegern sitzt immer noch tief in der Erinnerung der Bevölkerung von Mato Grosso.

Als die Sonne an diesem Spätnachmittag den Horizont berührt, leiten grelle Schreie den Tanz der Xavante ein. Die rot und schwarz bemalten Körper der Männer – es sind sicher mehr als hundert –

bewegen sich in Gruppen, an den Händen gefasst und mit den nackten Füßen den Rhythmus stampfend, über die weite Fläche des Dorfplatzes, in dessen Mittelpunkt der Häuptling Apoena, seine Söhne und Unterhäuptlinge Uarodi und Paheri und der Schamane Jussaprê die Tanzrasseln schwingen. Die Frauen und Kinder stehen vor den Hütten und schauen zu. Das Beeindruckendste sind die kehligen Stimmen der Männer – mit einer überraschend brachialen Urgewalt schwingt ihr gutturaler Chor über den Platz und lässt uns erschauern. Nie habe ich etwas Ähnliches erlebt und auch später nie mehr Vergleichbares gehört – die Erde bebt spürbar unter den stampfenden Füßen, wenn sich eine Gruppe unserem Standort nähert, über schwarz und rot bemalte Muskelpartien perlt der Schweiß, der Chor schwillt an und steht für einen Moment ohrenbetäubend vor uns wie eine tönende Wand. Die Tänzer nehmen scheinbar keine Notiz von uns, sind ganz konzentriert auf ihre einzigartige Rezitation einer von ihren Vorfahren übernommenen Kommunikation mit der sie umgebenden Natur.

Die üblichen Tierstimmen der Dschungelnacht werden verschlungen von dieser Woge urmenschlicher Lautäußerung, sogar die Frösche schweigen andächtig an diesem Abend. Gellende Schreie in hohem Diskant leiten eine neue Phase des Sprechgesangs ein, dessen Texte von den Schöpfungen ihrer zahlreichen Gottheiten und den Taten ihrer heldenhaften Vorfahren berichten.

Es verlangt den Männern das Äußerste an Energie und Konzentration ab, sie tanzen – ohne eine einzige Pause – bis der erwachende Tag den Horizont in ein tiefes Rot taucht und die Brüllaffen die aufgehende Sonne begrüßen.

Allerdings hatten wir uns gegen Mitternacht bereits in unsere Hängematten auf dem Boot zurückgezogen, und auch der kräftig herüber hallende Chor der Xavante-Krieger konnte uns nicht um unseren wohl verdienten Schlaf bringen.

Von Natur aus sind alle Menschen sich nah – die
Erziehung entfernt sie voneinander!

Konfuzius

Das Totenfest der Xingu-Völker

Der Wind und eine schneidende Kälte scheinen unsere persönlichen Feinde zu sein in jener Nacht. Der Mond steht nur als schmale Sichel am Himmel und die Sterne glitzern ebenfalls kalt. Immerhin kann man beim schwachen Schein der Gestirne doch in etwa die Silhouette des Ufers erkennen, an dem unser motorisiertes Aluminiumboot vorbeirauscht.

Wir sind zu acht: Mein Freund Jonas, der Bootspilot, eine Familie aus der Schweiz mit ihren beiden halberwachsenen Kindern, ein Paar aus Deutschland und meine Wenigkeit, der Reiseleiter – nicht zu vergessen die Behälter für Benzin und unser ganzes Gepäck – fast zu viel für ein Boot von nur acht Metern Länge.

Eigentlich lag es nicht in meiner Absicht, die Anfahrt zum Dorf der Yawalapiti in die Dunkelheit der Nacht zu verlegen, aber das deutsche Paar war viel zu spät am Treffpunkt in Canarâna erschienen. Wegen eines Streiks der Airline hatten sie in São Paulo umbuchen müssen, und weil dadurch die Zeit knapp geworden war, entsprachen wir dem Vorschlag unseres erfahrenen Bootspiloten Jonas, am selben Abend noch loszufahren (Die Leser kennen ihn bereits aus meiner Begegnung mit den Xavante). Ich weiß, dass er die Position jeder einzelnen Sandbank im Fluss kennt und man sich seiner großen Erfahrung und seinen Luchsaugen getrost auch nachts anvertrauen kann. Also verabschiedeten wir uns noch am selben Spätnachmittag von den Besitzern einer Fazenda am Ufer des Rio Xingu, bei denen ich schon oft einen Zwischenstopp mit meinen Touristen eingelegt hatte.

Unser Boot schießt in die Mitte des Flusses. Zusammengekauert und trotz ihrer dicken Schwimmwesten noch zusätzlich in Decken gehüllt, starren unsere Gäste auf einen imaginären Horizont, der zwischen dem dunklen Wasserspiegel und dem spärlich beleuchteten Himmel kaum auszumachen ist. Die Dunkelheit ringsum, die wärmende Decke und das gleichmäßige Brummen des Außenborders sind überzeugende Argumente für ein kleines Nickerchen, selbst in dieser unbequemen Sitzposition – doch die Schwimmweste stützt meinen müden Rücken ein wenig. Zwischendurch werde ich wieder wach und bemerke, dass im Fluss jetzt mehrere weiß schimmernde Sandbänke zu erkennen sind. Jonas, am Steuer im Heck, hat sie längst gesehen und die Geschwindigkeit gedrosselt – zu mir nach vorne macht er ein beruhigendes Handzeichen – und nach einem Blick auf meine zusammengekauert schlafenden Schäfchen, nicke ich auch wieder ein ...

... und bin plötzlich wieder hellwach – irgendetwas hat fürchterlich gekracht oder hab' ich das nur geträumt? Alle anderen rühren sich ebenfalls – schlaftrunkene Fragen schwirren umher, aber niemand weiß sie zu beantworten, ich auch nicht. Der Motor brummt unverändert, aber Jonas steuert jetzt in einem Bogen das Ufer an – auf einer Landzunge können wir erst einmal aussteigen, um die müden Glieder zu strecken. Wir ziehen das Boot ganz aufs Land, Jonas klappt den Außenborder hoch und besieht sich mit Hilfe einer Taschenlampe besorgt die Antriebsschraube. Dann macht er wieder ein zufriedenes Gesicht und erzählt mir endlich, was eigentlich los war – und ich muss sagen, im Nachhinein sträuben sich mir die Haare bei der Vorstellung, was da hätte passieren können: Ein riesiger, im Wasser treibender Baumstamm war plötzlich aus der Dunkelheit vor dem Boot aufgetaucht, zu spät, um ihm mit einem Ausweichmanöver zu entgehen, also hatte Jonas den Motor voll aufgedreht und das aus dem Wasser ragende Drittel des Urwaldriesen übersprungen – es hatte gekracht, als die Kielspitze des starken Aluminiumbootes von dem Baumstamm nach oben gedrückt wurde und der Rest unbeschadet über den schlüpfrigen Stamm schlidderte – eine Sache von Sekunden und schon vorbei als unsere Gäste wach wurden. Kein Grund also, sie nachträglich noch zu beunruhigen. Wir belassen es bei der Erklärung, dass wohl ein Ast oder ein Stein mit der Bootsschraube in Berührung gekommen sei.

Diesmal werde ich durch das Klicken eines Kameraverschlusses wach. Die ersten Strahlen der Sonne beleuchten eine Idylle, die unseren Gästen wie eine Szene aus dem Paradies erscheinen muss: An einem Flussstrand ein splitternacktes Paar mit ihrem kaum dem Babyalter entwachsenen Sohn, beim morgendlichen Bad. Ich schaue auf meine Uhr – es ist 5h30. Andere Indianer kommen hinzu, und unter ihnen erkenne ich meinen Freund Takumã, Häuptling und Medizinmann des Kamaiurá-Stammes. Die Begrüßung ist herzlich, und meine Gäste sind fast außer sich vor Entzücken. Mir fällt meine erste Begegnung mit den Xavante vom Rio das Mortes wieder ein, und ich weiß genau, was in diesem Moment in ihnen vorgeht.

Nach einem kurzen Zwischenstopp setzen wir unsere Bootsreise in Richtung des Yawalapiti-Dorfes ohne weitere Zwischenfälle fort – gegen 9h30, nach acht Stunden Fahrt auf dem großen Strom Xingu, erreichen wir die Mündung des kleineren Rio Tuatuarí, an der das Dorf liegt. Alle helfen, das Boot auf den Sand zu ziehen und mit einer Kette an einem überhängenden Ast zu befestigen.

Aber niemand muss sein Gepäck selbst schleppen – die halbwüchsigen Knaben der Yawalapiti tun das für uns, nachdem wir von den gerade im Dorf anwesenden Männern begrüßt worden sind. Die meisten kennen mich von anderen Besuchen, lächeln mir zu, halten sich jedoch bescheiden zurück. Wir werden zur Oca (Hütte) von Waripirá und seiner Frau Keheri geführt, sie sind Cousins des Häuptlings Aritâna und seiner Schwester Yâna. Unser Gepäck wird auf einer Art Holzrost auf Beinen, dem „Jiráu", vor unseren Hängematten abgestellt, die vom Herrn des Hauses persönlich aufgespannt werden. Und dann servieren uns die Gastgeber ein Frühstück – mit gebackenen Maniok-Fladen, geräuchertem Fisch, einem Brei aus Tapioca und, man höre und staune, Kaffee! Ich schaue mir unsere Gäste einzeln an, wie sie da im Schneidersitz vor dem großen Keramik-Tablett sitzen, das Keheri uns hingestellt und auf dem sie unter den Speisen eine grüne Tischdecke aus frischen Bananenblättern eingezogen hat – alle schlingen mit Appetit und leuchtenden Augen. Keheri legt ab und zu ein Stück Holz ins stets brennende Feuer nach, um unseren Kaffee warm zu halten, oder verscheucht eine Fliege, die sich am Fisch gütlich tun will – der übrigens allen zu schmecken scheint.

Ich nehme die Gelegenheit wahr, um unseren Gästen in dieser Umgebung auf den Zahn zu fühlen. Gewiss, sie wurden schon vor Antritt ihrer Brasilienreise zu Hause über alle Umstände informiert, mit denen sie während eines Besuchs bei diesen Naturmenschen zu rechnen haben, aber es kann nicht schaden jetzt noch mal nachzuhaken, in dieser realistischen Umgebung der Oca – nur ein Dach über dem Kopf, eine Hängematte zum Schlafen und einen Fluss zum

Baden. Es gibt keine Toilette, keine Dusche, kein Bett, keinen Ventilator, keinen Herd und noch viel weniger Mineralwasser oder gar Cola. Der Herr Knöpfli aus der Schweiz – wir dürfen ihn Andreas nennen – bringt es auf den Punkt: „Wir sind so überwältigt von dem, was uns zu erleben vergönnt ist, dass sämtliche anderen Begleitumstände ihre bisherige Bedeutung verlieren. Man könnte unter diesen Naturmenschen sich selbst vergessen." Genau das war es, was ich bei meiner ersten Begegnung mit den Xavante damals auch gespürt hatte, und es gibt kaum etwas Schöneres für mich, als wenn ich Mitmenschen entdecke, die das so empfinden wie ich selbst. Danke, Andreas!

Nach dem Frühstück verlassen wir das dämmrige Halbdunkel unserer Oca und gehen die kurze Strecke zurück zum Fluss, um nunmehr unser Morgenbad zu nehmen. Auf dem sandigen Pfad begegnen wir ein paar Frauen, die vom Wasserholen kommen, mit gefüllten Aluminiumtöpfen auf dem Kopf, die heutzutage ihre schweren Keramikkrüge ersetzen – die eine oder andere trägt noch dazu einen Säugling auf dem Arm, und Hunde springen zwischen ihnen herum.

Es ist schon recht warm, das Wasser ist herrlich, ganz klar und sauber, der Grund feinsandig – sieben Caraíbas, wie die Yawalapiti uns weiße Zeitgenossen nennen, bei der Morgentoilette, in Badehosen und Bikinis. Nur ein paar Kinder sind mitgekommen, an die muss man sich gewöhnen, sie verfolgen einen neugierig auf Schritt und Tritt, sind aber auch willige Laiendarsteller bei den Filmaufnahmen des Herrn Knöpfli, der sie dirigiert, wie ein Regisseur. Interessant ist, dass sie immer sofort verstehen, was er von ihnen will, obwohl Andreas nicht mal portugiesisch spricht.

Die Deutschen, Martin und seine Frau Evelyn, haben sich einem Indio genähert, der bis zum Hals im Wasser steht und sie anlächelt – sie fotografieren seinen aus dem Wasser ragenden Kopf, dessen helmartig geschnittenen schwarzen Haare etwa eine Handbreit mit der roten Farbe der Urucum-Pflanze getränkt sind. Jetzt fährt er mit zwei Fingern in die Farbe, nähert sich Martin lächelnd und beginnt ihm eine Linie auf die Brust zu zeichnen – aus der Linie werden zwei, drei, dann kommen Kurven und Kreise dazu – ein Ornament in roter Farbe entsteht. Und Evelyn verknipst den ganzen Film mit dem Mann, der ihren Martin bemalt, indem er immer wieder seine Finger in die dicke Urucum-Paste auf seinen Haaren taucht – und der Knöpfli steht dahinter und filmt das Ganze. Jonas ist ein Stück zurückgefahren, um bei den Kamaiurá seine Mutter zu besuchen, die freut sich immer so, wenn er mal ein bisschen Zeit hat, vorbeizuschauen. Außerdem will er seinen Freunden natürlich die Geschichte vom Sprung über den Baumstamm erzählen.

Quarup

Es wird Zeit, dass ich von dem eigentlichen Grund berichte, der uns hierher geführt hat: Einmal im Jahr findet unter den Stämmen im Xingu-Gebiet der Quarup statt – ihr Fest zu Ehren der Toten, welches für Touristen im Allgemeinen nicht zugänglich ist. Der gesamte Parque Indigena do Xingu ist für den Tourismus off-limits und das hat seine Gründe: Die Indios werden von den Behörden nicht als touristische Attraktion gesehen, sondern als Teil der brasilianischen Bevölkerung in einem sehr sensiblen Übergangsstadium, in dem eine Störung von außen, besonders durch einen unkontrollierten Tourismus, verheerende Folgen an Identitätsverlust für die Indianer haben würde. Deshalb ist eine Besuchserlaubnis auch kaum oder nur in Ausnahmefällen zu bekommen. Zwei unserer Gäste sind solche Ausnahmen, Andreas ist Ethnologe in Bern und Martin Anthropologe in Marburg – mit einer Erklärung ihrer Institute, übersetzt ins Portugiesische und von der brasilianischen Botschaft entsprechend beglaubigt, darüber hinaus noch mit Gesundheitsattests und Impfbescheinigungen von allen mitreisenden Familienmitgliedern, bekam ich für sie eine Sondererlaubnis, das Xingu-Gebiet vierzehn Tagen lang besuchen zu dürfen. Ein besonderer Glücksfall war, dass wir gerade zum Quarup-Fest ankommen würden, deshalb auch unsere Eile.

Der Quarup findet jedes Jahr in einem anderen Dorf statt, dessen Bewohner die anderen Stämme per Boten zur Teilnahme einladen. Diesmal sind die Yawalapiti die Gastgeber und das bedeutete für sie, reichlich Fische heranzuschaffen, um die zahlreichen zu erwartenden Gäste, mehr als eintausend Nachbarn aus den umliegenden Dörfern, verpflegen zu können. Zehn Tage vor dem Fest transportieren die Männer ein riesengroßes Netz mit mehreren Kanus bis zum Abfluss einer Lagune und spannen es dort über die gesamte Breite des Kanals. Hier bleibt es über mehrere Tage und wird kurz vor dem Fest eingeholt. Da ist dann das ganze Dorf auf den Beinen, jeder schnappt sich einen Korb oder einen Aluminiumtopf und rennt in Richtung des Flussufers, zu dem die Männer das Netz vorsichtig hindrehen, während sie es stetig und gleichmäßig einholen. Rund um den Sandstrand sitzt die gesamte Dorfgemeinschaft und versucht aufgeregt aus den Mienen der Männer und ihren gespannten Muskeln die Menge der Fische zu ergründen, die man vom Netz erwarten kann. Es waren bisher immer mehr als genug, denn das große Netz benutzen sie nur, wenn sie für ein besonderes Fest viele Gäste erwarten, wie in diesem Jahr für den Quarup. Für den Eigenbedarf erlegen sie ihre Fische mit Bogen und Pfeilen mit vielfachen Widerhaken – die Söhne lernen es von ihren Vätern, gleich wenn sie laufen können.

Wenn schließlich die gesamte Beute auf dem Sandstrand zappelt, wird sie verlesen – Männer, Frauen und Kinder beteiligen sich an der Arbeit. Alle großen Fische werden auf die Seite gelegt, sie sind für die Speisung der Gäste reserviert und gehören dem Häuptling, der in diesem Jahr den benachbarten Stamm der Waura als Ehrengäste eingeladen hat. Die kleineren Fische werden von Frauen und Kindern in improvisierten Behältern nach Hause geschleppt – in der Regel reicht der Fang für alle. Anschließend riecht es im ganzen Dorf nach geräuchertem Fisch: Große Holzgrills sind vor den Ocas aufgebaut, auf denen die großen Fische für die Gäste im beizenden Rauch grüner Blätter liegen. Die Frauen sitzen davor, beschäftigt mit einer Handarbeit, legen Holz nach und verscheuchen die Hunde, die ab und zu mal einen sehnsüchtigen Blick riskieren.

Der erste Tag im Dorf vergeht für uns viel zu schnell. Die Indianer sind voll beschäftigt mit den Vorbereitungen für ihre Gäste, die morgen Nachmittag eintreffen werden und nehmen deshalb kaum Notiz von uns. Evelyn und Martin sind beim Fotografieren auf dem Dorfplatz – er läuft stolz mit seiner neuen Urucum-Bemalung herum. Andreas ist auch mit seiner Filmkamera beschäftigt und macht Nahaufnahmen von Keheris geschickten Händen, die Palmblätter ineinander flechten für eine Matte. Seine Frau Agnes hat ein bisschen Kopfweh und liegt in ihrer Hängematte, im Schatten der Oca. Seine beiden Söhne, Peter (12) und Robert (15) lernen von den Kindern unserer Gastgeber Fische mit Pfeil und Bogen zu erlegen – in einem seichten Tümpel, in den die Väter, für eben dieses Training, immer wieder lebende kleine Fische einsetzen. Faszinierend zu beobachten, mit welcher Geschicklichkeit schon die kleinsten Jungs, nicht älter als fünf bis sechs Jahre, mit ihrem kleinen Flitzbogen umgehen, den ihnen der Vater angefertigt hat. Sie warten einen Moment mit aufgelegtem Pfeil am Rand des Tümpels, bis ein kleiner Fisch zwischen den Wasserpflanzen sichtbar wird – Pfeil spannen und abschießen geschieht dann überraschend schnell hintereinander und mit einer unvergleichlich grazilen Bewegung. Und wenn dann dieser bronzefarbene Knirps seinen Pfeil mit dem Bogenende herausgefischt hat, zappelt doch tatsächlich ein winziger Fisch an der Spitze! Auch Andreas hat jetzt die Gruppe der braunen Knirpse entdeckt, zwischen denen sich seine beiden Jungs wie weiße Riesen ausnehmen – und seine Filmkamera schnurrt.

Nach unserer gemeinsamen Toilette im Fluss, bei der wir Gelegenheit haben, einen dieser malerischen tropischen Sonnenuntergänge zu erleben, fällt die Dunkelheit fast ohne Übergang auf die Natur und das Dorf. Die Stimmen der Nacht erwachen – der vielstimmige Chor der Trommelfrösche, der hohe Diskant der Zikaden – während die Menschen im Dorf langsam ruhig werden und sich in ihre Ocas zurückziehen.

So einer Oca wird man eigentlich nicht mit dem Begriff „Hütte" gerecht, denn erstens ist sie riesig – zwischen 20 und 30 Meter lang, 10 bis 15 Meter breit und in der Mitte circa 8 bis 10 Meter hoch – und zweitens viel solider konstruiert als jede vorstellbare Hütte. Sie hat etwa die Form einer riesigen, ovalen Käseglocke und besteht aus einem festen Holzgerüst, über das mehrere Lagen Palmstroh bis zum Boden so angebracht sind, dass der Regen ablaufen kann. Die Oca bleibt auch während der wochenlangen Regengüsse zwischen November und März vollkommen dicht. Ihr Giebel besitzt mehrere windgeschützte Rauchabzüge, die bei Bedarf verschlossen werden können. Außer einem niedrigen Eingang, den man mit einer Matte ebenfalls zuhängen kann, gibt es in der gesamten Konstruktion keine

Öffnungen oder Fenster, sodass im Innern stets ein kühles Halbdunkel herrscht. Vier bis sechs Feuerstellen im Zentrum werden von den Bewohnern täglich benutzt und sind so perfekt konzipiert, dass ihr Rauch senkrecht zu den Abzügen aufsteigt, ohne die Augen zu reizen. Zwischen der Außenwand und den etwa drei Meter nach innen versetzten Stützpfosten haben alle Mitglieder ihre Hängematten aufgespannt – davor jeweils ein hölzerner Tragerost, der Jiráu, auf dem jeder seine paar Habseligkeiten verstauen kann. Bogen und Pfeile, Lanzen und Keulen stecken im nachgiebigen Stroh der Wandverkleidung. In diesem riesigen Rund, auf schätzungsweise 200 bis 400 Quadratmeter, wohnen immer mehrere Familien zusammen.

Waripirá und Keherí kümmern sich rührend um uns. Unser Gastgeber hat einen frischen Pintado-Fisch für uns gefangen, den Keherí wahrhaft köstlich in Bananenblättern gegart hat – es gibt sogar „Indio-Salz", so nennen sie selbst eine aus Pflanzen gewonnene Substanz, die sie zum Salzen von Fisch oder Fleisch manchmal benutzen. Das Trinkwasser stammt aus einer Quelle und wird in großen, zugedeckten Tonkrügen aufbewahrt. Dadurch ist es kühl und schmeckt angenehm. Wie unsere Gastgeber ziehen auch wir uns bald nach dem Essen in unsere Hängematten zurück – alle sind müde nach der letzten Nacht, zusammengekauert im Boot, und unseren vielen neuen Eindrücken von heute.

Mir scheint, dass meine Gäste den ersten Kulturschock mit der indigenen Realität besser überstanden haben, als ich angenommen hatte. Die Nacht ist fast lautlos, ab und zu zirpen ein paar Grillen – die Indianer sind ruhige Schlafgenossen.

Noch bevor die Sonne aufgeht, sind alle wieder auf den Beinen. Keherí röstet schon unsere Beijus fürs Frühstück und lächelt uns zu. Ein aufgeplusterter, noch ganz junger grüner Papagei sitzt sehr fotogen auf ihrer Schulter. Ab und zu kaut sie eine kleine Portion Maniokmehl, dreht dann den Kopf dem Vogel zu und der nimmt ihr den gekauten Brei von den Lippen – klar, dass Andreas noch vor dem Frühstück wieder einen Film einlegt, um diese Szene nicht zu verpassen. Keherí lässt sich ausgesprochen gern fotografieren – dem Papagei ist es egal.

Ihr Mann, der mit uns frühstückt, erzählt uns eine Geschichte, die sich als Appell an die Umweltverschmutzer dieser Welt entpuppt:

„Als ich klein war, wusste ich gar nichts – wusste nicht, wie die Welt ist und nichts von der Erde. Ich sorgte mich nicht um die Gewässer, die Wälder, die Tiere, die Fische oder andere Reichtümer der Natur. Die Nacht bedeutete für mich Ausruhen, der Tag war für mich Freude – nur Spiel mit den anderen, ohne an etwas anderes zu denken. Für mich waren alle Flüsse sauber und wer an den Ufern der Flüsse wohnte, war bei guter Gesundheit. Heute bin ich dagegen sehr in Sorge um die Flüsse, die Fische und die Luft. Hier am Xingu leben wir zwar auf einem für uns reservierten Territorium, aber der Fluss kommt von weit her und er nimmt unterwegs viele schädliche Dinge auf. Wir können seine Quellen nicht sehen, denn sein Oberlauf liegt außerhalb unseres Reservats. Auch die Luft ist verschmutzt, die Sonne strahlt und das Wasser der Welt verdampft. Dann regnet es und das verschmutzte Wasser kehrt zur Erde zurück. Die Verschmutzung der Luft kommt von weit her, von anderen Ländern, in denen es Krieg gab – in denen Bomben explodiert sind. All das verschmutzt die Luft und wir sehen es nicht. Es gibt Orte auf dem Planeten, wo keine Flüsse mehr existieren und keine Wälder. Deshalb müssen wir verhindern, dass man unseren Vater Xingu und unsere Mutter Wald verletzt."

Dem gibt es nichts hinzuzufügen, höchstens, dass Jonas uns bei der Übersetzung assistiert hat, der an diesem Morgen plötzlich wieder aufgetaucht war.

Als wir von unserer Morgentoilette im Fluss zurückkommen, stehen auf dem Dorfplatz bereits viele Indianer, die wir noch nicht gesehen haben – sie scheinen dunkler als die Yawalapiti, wie aus Bronze. Es sind die vom Häuptling Aritãna geladenen Ehrengäste für den Quarup – die Waura. Damit sie die besten Plätze für ihr Camp bekommen, wurden sie etwas früher hergebeten. Die Boten, welche alle Stämme des Oberen Xingu zum großen Quarup der Yawalapiti offiziell einladen sollen, sind immer noch unterwegs – erst ab Mittag wird mit dem Erscheinen einer großen Anzahl weiterer Gäste gerechnet, bis zum Sonnenuntergang sollen dann die letzten eintreffen.

Und genauso geschieht es: Die Kamaiurá und die Kalapâlo erscheinen zuerst, denn ihr Dorf ist nur wenige Kilometer von dem der

Yawalapití entfernt. Dann die Meinaco, Matipú, Nahukiá und Aueti – einige von ihnen kommen in schwer beladenen Einbäumen über den Fluss – und selbst die Kuikúro schaffen ihren längeren Marsch auch noch vor dem Sonnenuntergang. Ihnen allen werden Parzellen zwischen dem Dorf und dem Badeplatz am Fluss angewiesen, wo sie sich niederlassen können – zum Schlafen werden sie allerdings in den beiden bevorstehenden Nächten kaum kommen.

An diesem Freitagabend, als die letzten Strahlen der sinkenden Sonne hinter dem jenseitigen Ufer des Xingu verlöschen, beginnen die Indianer zu singen – erst die Yawalapiti, als Gastgeber und dann die Waura, als Ehrengäste. Dann präsentieren sich alle teilnehmenden Gäste gemeinsam auf dem großen Platz vor den Ocas, auf dem morgen der Quarup stattfinden wird. Zum ersten Mal sehen wir den Häuptling Aritâna in vollem Ornat – ein breitschultriger, muskulöser Mann mit einem kronenartigen Federschmuck in Rot, Gelb und Schwarz, befiederten Holzpflöcken in den Ohren, dicken Oberarmbändern aus weißer Baumwolle und ebensolchen Bändern oberhalb der Wadenmuskeln. Ein mit Federn verzierter Baumwollgürtel vervollständigt seine Festtracht. Sein Gesicht ist mit der Farbe der Jenipapo (Jenipa americana) von der Stirn bis unter die Nase geschwärzt und sieht beinahe furchterregend aus.

Glücklicherweise brauche ich Andreas und Martin nicht zurückzuhalten, ihnen ist bei der Beobachtung dieser von allen Beteiligten sichtbar ernst genommenen Zeremonie klar, dass von unserer Seite Zurückhaltung angebracht ist. Inzwischen erklärt Jonas ein paar Details zum besseren Verständnis dessen, was wir gesehen haben und noch sehen werden:

„Der ‚Quarup' ist das Fest der Indianer im Xingu-Gebiet zu Ehren Verstorbener, die allgemein bekannt und beliebt waren, die sowohl politisch als auch wirtschaftlich viel für ihr Volk getan haben – kurz: große Führer, mutige Kämpfer und geschickte Diplomaten. Das alles war der alte Häuptling der Yawalapiti, Parú, Vater des jetzigen Häuptlings Aritâna, der Ende des Jahres 2001 in den xinguanischen Himmel aufgestiegen ist. Um ihn und sein Andenken zu ehren, kommen alle Stämme, die ihn kannten und verehrten, zum diesjährigen Quarup."

Und dann fügte Jonas noch hinzu: „Um 1950 herum gab es vom großen, tapferen Stamm der Yawalapiti nur noch sechs Mitglieder, unter ihnen Parú und seine Schwester. Es ist dem großen weißen Kämpfer für die Sache der Indios und Gründer des Parque Indigena do Xingú, Orlando Villas Bôas, zu verdanken, dass die Yawalapiti heute wieder zu einem Volk von rund 200 Mitgliedern angewachsen sind. Es gelang ihm nämlich, alle persönlichen und kulturellen Differenzen zwischen dem Volk der Kamaiurá und den Yawalapiti beizulegen und Parú mit der Schwester des heutigen Häuptlings der Kamaiurá, Takumã, zu verheiraten, seine eigene Schwester ehelichte einen Mann vom Stamm der Kuikúro. Auch die anderen vier heirateten Mitglieder aus diesen beiden Ethnien und so sprechen die Yawalapiti heute, außer ihrer eigenen, auch zwei Fremdsprachen."

Wir schlafen in dieser Nacht nicht so tief wie in der vorigen. Meine Gäste sind besorgt, dass sie etwas verpassen, auch wenn Jonas ihnen glaubwürdig versichert, dass das eigentliche Fest erst morgen beginnt.

Ein Jammern und Klagen liegt in der Morgendämmerung über dem Dorf. Keherí ist nicht da, aber der gute Waripirá hält unser Frühstück bereit. Wir erkennen ihn kaum wieder unter seiner schwarzen Bemalung und mit seinem farbigen Kopfschmuck. Diesmal schlingen wir nur schnell ein paar Happen herunter und schlüpfen dann gespannt nach draußen.

Scheint aber nicht viel los zu sein, auf den ersten Blick sieht der große Platz fast leer aus. Dann entdecken wir eine Gruppe Männer, Frauen und Kinder, die sich an einem etwa zwei Meter langen Baumstamm zu schaffen machen. Die Männer haben ihn hochkant in ein Loch auf dem Dorfplatz gesenkt, sodass er nicht umfallen kann. Von seinem oberen Drittel haben sie rundherum die Rinde etwa drei Handbreit weit entfernt. Das gelblich schimmernde, glatte Holz wird nun an dieser Stelle von den Frauen mit schwarzen und roten Ornamenten bemalt – auch Keherí ist unter ihnen und nickt uns zu. Die ganze Gruppe ergeht sich dabei in einem traurigen Singsang, der von allen Seiten aus den umstehenden Ocas begleitet wird – jenes Jammern und Klagen, das wir schon während unseres Frühstücks bemerkt haben. Während wir der kleinen Gruppe bei ihrer dekorativen Arbeit zuschauen, ist es an Jonas, uns ein bisschen erklärend auf die Sprünge zu helfen:

„Ein heiliger Baum – sie nennen ihn ‚Kam'ywá' – liefert den Stamm, welcher den zu verehrenden Geist verkörpert, in diesem Jahr den Geist von Parú, der ein Yawalapiti war. Deshalb veranstalten seine Angehörigen und seine Stammesmitglieder den Quarup. Die, die den Stamm für das Fest herrichten, bemalen und schmücken, sind seine direkten Familienangehörigen, die Söhne, Töchter, Geschwister und Ehepartner. Der ‚Herr des Quarup', in diesem Fall Aritâna, der Sohn von Parú, wählt einen befreundeten Stamm als Ehrengäste und schickt Boten aus, um alle die einzuladen, die Parú geschätzt haben – dass so viele gekommen sind, bedeutet für Aritâna und die Yawalapiti eine große Ehre."

Erst jetzt bemerke ich, dass auch Aritâna selbst sich zu der kleinen Gruppe gehockt hat und letzte Hand an die Bemalung des Baumstamms legt. Sein Gesicht ist abgeschminkt, nur auf dem helmartigen Haarschopf glänzt jener handbreite Streifen dicker roter Urucum-Paste. In der Hand hält er ein dünnes Stöckchen, umwikkelt mit Rohbaumwolle, das er als Pinsel benutzt und immer wieder in eine Kalebasse mit schwarzer Farbe taucht. Von der Gegenseite malt Keherí das gleiche schwarze Ornament auf das Holz. Es ist erstaunlich, welche Geschicklichkeit beide Künstler dabei entwickeln. Andreas verfolgt ihre Arbeit, Abschnitt um Abschnitt, mit seiner Videokamera – Evelyn und Martin fotografieren – die Jungen Peter und Robert werden von zwei kleinen bronzefarbenen Knirpsen im Gesicht bemalt – Agnes schaut der Szene fasziniert zu.

Jonas erzählt uns von der Mythologie der Indianer vom Xingú: „Der große Geist Maivotsinim schüttelte seinen weißen Haarschopf und schuf zwölf Baumstämme, die er in einem Kreis anordnete. In ihrer Mitte entzündete er ein Feuer. In der Nacht weinte er und sang in Erwartung der Schöpfung. Erst mit der aufgehenden Sonne wurden die Stämme lebendig: Männer und Frauen, die ersten Menschen des Xingu." Und er fährt fort, denn unsere Gäste lauschen aufmerksam jedem seiner Worte: „1961 wurde dieser Lebensraum für fünfzehn verschiedene Stämme gegründet, aber drei davon waren bereits aus anderen Gebieten eingewandert, und heute sind wir sechzehn verschiedene Indiovölker im Gebiet des Xingú geworden, weil wir die aufgenommen haben, die vor der Gewinnsucht der Caraíbas (Weißen) aus ihren angestammten Gebieten fliehen mussten. Heute bewahren wir hier jahrhundertealte Sitten und Gebräuche und verschiedene indigene Sprachen. Der Quarup ist unser größtes und bedeutendstes Fest, in Verehrung der Kinder der zwölf Baumstämme und der Toten unserer Gemeinschaft. Aber es ist auch ein Fest des Lebens, das die Seelen der Toten befreit: Wenn der Baumstamm zuletzt dem Wasser des Xingu übergeben wird, damit seine Seele ungestört entweichen kann, dann wiederholt sich die Schöpfung des großen Maivotsinim – die Welt wird wiedergeboren und auch der Frieden, denn Frieden ist etwas für die Lebendigen."

Ein alter Mann bringt meterlange Baumwollbinden herbei – sie bestehen aus Hunderten von gedrehten Baumwollfäden, die zusammengefasst wie Binden aussehen. In diesem Fall sind sie von dem alten Mann, einem Künstler des Stammes, in abwechselnde, handbreite Abschnitte gelb und rot eingefärbt worden. Aritâna und der alte Mann umwickeln nun den oberen kürzeren Teil des Stammes, auf dem die Rinde stehen geblieben ist, mit einer Lage der eingefärbten Baumwolle – das abwechselnde Gelb und Rot kontrastiert perfekt mit dem Schwarz der aufgemalten quadratischen Ornamente von beiden Seiten. Jetzt kommt der untere Teil dran, er bekommt drei Lagen der gefärbten Baumwolle untereinander, und zwar in den Farben so versetzt, dass sich auch über die drei Lagen nach unten die gelben Felder mit den roten abwechseln, also insgesamt eine schachbrettartige Musterung entsteht. Der Rest des Baumstamms bleibt, wie er ist. Eine große Federkrone wird von Aritâna um den Stamm gebunden – und da wird es ganz deutlich: Der Stamm sieht jetzt aus wie ein riesiger Kopf auf einem langen Hals – die beiden schwarzen quadratischen Ornamente, rechts und links, sind die Augen, ein von der Stirn nach unten ragender Federbusch bildet den Nasenrücken. Sieben riesige Schwanzfedern von der Harpyie, Südamerikas größtem Raubvogel, werden abschließend in den Stirnteil der Federkrone eingesteckt – jetzt hat der Kopf sein dekoratives Gleichgewicht erreicht.

Aritânas Schwester Yâna bringt in einem Deckelkorb die wenigen persönlichen Sachen ihres verstorbenen Vaters herbei. Zusammen breiten sie sie auf dem abgeflachten oberen Teil des Stammes aus, wie auf einem Tischchen: seinen Kopfschmuck aus Falkenfedern, eine große Halskette aus Muschelschalen, die Glasperlenschnur, die er als Gürtel trug und einige andere Objekte.

Wie zum Zeichen, dass die Vorbereitungen getroffen sind, erheben jetzt alle ihr Klagen zu einem weithin hörbaren Trauerchor, der wiederum von den Ocas her beantwortet wird – dann verschwinden alle in ihren Behausungen, um ihre Körper für die eigentliche Zeremonie zu bemalen und zu schmücken.

Andreas wird ungeduldig und fragt, ob schon alles vorbei sei. Jonas beruhigt ihn, dass es jetzt erst anfängt. Immerhin geht es bereits auf den Nachmittag zu, und keiner von meinen Gästen möchte zwischendurch etwas essen, um nichts zu verpassen. Mir gefällt ihre Einstellung. Wir haben es uns unter einem schattigen Strohdach am Rand des Dorfplatzes bequem gemacht. Andreas hat ein riesiges Stativ aufgebaut, um absolut verwacklungsfreie Aufnahmen zu bekommen, Martin und Evelyn nehmen es gelassener – wir harren der Dinge, die da kommen werden, während ich meine Feldflasche mit kühlem Wasser aus unserem Yawalapiti-Tonkrug kreisen lasse.

Und sie kommen. Es ist fünf Uhr am Nachmittag, die Sonne steht für Andreas' Aufnahmen leider schon recht tief, als aus allen Ocas gleichzeitig die Frauen auftauchen und der Mitte des Dorfplatzes zustreben, wo der geschmückte Stamm aufgestellt ist. Alle sind nackt, ihre Körper kunstvoll bemalt, die Haare frisch eingeölt und mit den schweren Schnüren ihrer schönsten Keramikperlen behängt – Blau scheint ihre bevorzugte Farbe zu sein. Im selben Moment müssen alle anderen ebenfalls mit ihrer Bemalung fertig geworden sein, denn von allen Seiten strömen die Familien jetzt auf den Platz, um mit ihrem Wehklagen den Toten zu ehren, der dort durch den heiligen Baum Kam'ywá repräsentiert wird. Und dann kommen die bronzefarbenen Waura mit ihrem Totengesang, den sie in beeindruckender Formation darbieten und deren schrille Zwischenrufe ein besonderer Effekt sind, der uns allen ordentlich unter die Haut geht.

Nach Sonnenuntergang haben sich dann alle Anwesenden um den riesigen Dorfplatz gruppiert. Im fahlen Licht der Gestirne leuchten die weißen Baumwollbänder und Gürtel auf der dunklen Haut, die partiell noch mit Jenipapo abgedunkelt worden ist. Ein Feuer wird von jungen Kriegern vor dem dekorierten Baumstamm angezündet. Nachdem das Holz gut angebrannt ist und die Flamme den halben Dorfplatz beleuchtet, kauern sich die Pajés (Schamanen) aller anwesenden Stämme in einem Halbkreis um den Kamʻywá – sie rauchen aus tönernen Pfeifen und blasen ihren Rauch gegen den geschmückten Stamm – anschließend sprechen sie murmelnd mit dem Geist von Parú.

Zwischen Samstagabend und der Frühe des Sonntags erweisen alle anwesenden Stämme dem davongegangenen weisen Häuptling der Yawalapiti die größte aller Ehren – den gemeinsamen Quarup. An Schlaf ist vorerst nicht zu denken, wir lauschen ganz ergriffen diesem Männerchor, einem elementaren, gutturalen, tristen und gleichzeitig hinreißenden Sound, den man im Leben nie mehr vergessen wird. Ob ich selbst mal ein Indianer war, in einer früheren Inkarnation?

Schließlich sind wir gegen Mitternacht doch in unsere Hängematten gekrochen und geschlafen haben wir auch, trotz der Chöre, die während der ganzen Nacht anhielten, aber unsere Körper verlangten einfach ihr Recht.

Beim Frühstück zieht Andreas plötzlich ein Tonbandgerät aus seinem Gepäck und wir hören ein paar Ausschnitte von Aufnahmen, die er zwischen den singenden Männern gemacht hat – und plötzlich stehen alle Bewohner unserer Oca um uns und das Gerät herum und wollen sich ausschütten vor Lachen, wenn sie den einen oder anderen Vorsänger an seiner Stimme erkennen. Jonas macht dem ein Ende, indem er erklärt, dass wir keine Batterien mehr hätten, und Andreas stellt das Gerät ab. Wer weiß, ob uns sonst die Aufnahmen und das Gelächter der Nachbarn nicht noch in Misskredit gebracht hätten – vielleicht hätte Andreas vorher fragen sollen – sind es doch immerhin Gesänge zu Ehren eines Toten.

„Andreas, Film einlegen, in einer knappen halben Stunde fängt der Huka-Huka an!" Heute beim Ringkampf, der den Quarup beschließt, bekommen Andreas und Martin ihre Chance auf Fotos von allen Teilnehmern – und das bei bestem Tageslicht. Punkt acht Uhr soll die Show an diesem schönen Sonntagmorgen beginnen, also begeben wir uns zu unserem Schattendach am Rand des Dorfplatzes. Wir müssen um viele wartende Männergruppen herummanövrieren und bemerken den einen oder anderen ihrer eingeölten Ringer-Champions dazwischen.

In diesem Moment formieren sich die Yawalapiti zu einem großen Halbkreis – sofort schließen die Waura als Ehrengäste diesen Kreis. Die anderen Teilnehmer verteilen sich gleichmäßig hinter dieser Front, die eine innere kreisrunde Arena freihält. Die Kalapâlo sind die Favoriten dieses Wettkampfes, den sie im vergangenen Jahr schon zum zweiten Mal gewonnen haben. Wenn man ihre relativ großen, gut proportionierten Körper betrachtet, kommen einem keine Zweifel an ihrer Überlegenheit, höchstens an den Chancen der andern. Tafukumã, ihr Häuptling, führt seine Kämpfer in die Mitte des Platzes – gleich acht kräftig gebaute Krieger, die, so scheint es mir, jetzt schon siegessicher in die Runde blicken – jedenfalls haben sie den Hals gereckt und das Kinn vorgeschoben und blicken drein, als ob sie Kinder erschrecken wollten. Ein anerkennendes Raunen geht durch die Menge. Die Kalapâlo-Champions sind nackt bis auf einen Baumwollgürtel und dicke Knieschützer. Ihre Körper sind mit kleinen roten und schwarzen Ringen bemalt – „das Zeichen des Jaguars", raunt mir Jonas zu.

Es scheint endlich loszugehen. Aritâna spricht ein paar Worte – ziemlich laut, damit sie auch von allen Anwesenden gehört werden, denn mehr als 1.100 Indianer sind zum Quarup seines Vaters Parú hier zusammengekommen. Dann tritt sein Ehrengast, der alte Häuptling der Waura, in den Kreis. Auf eine große Keule gestützt spricht er ein paar Worte. Als er endet, lassen die Zuschauer ihr rhythmisches „Huka – huka – huka – huka" hören – und die ersten Gegner der Kalapâlo erscheinen etwas zaghaft in der Kreismitte. Sie sind alle ebenso spärlich bekleidet – jeder mit seiner bevorzugten Bemalung – jedoch fällt der eine oder andere durch seinen eingeölten Körper auf. Mit diesem Trick will er wohl seinem Gegner das Zupacken erschweren. So an die fünfzig Athleten zähle ich, die sich innerhalb des Kreises eingefunden haben, die meisten sind ganz normal gebaute junge Männer.

Aritâna, der Herr und Gastgeber der Zeremonie, gibt das Zeichen – die Kämpfe fangen an! Man beginnt mit individuellen Zweikämpfen der bewährtesten Champions, wobei sich die Kalapâlos sofort Respekt verschaffen. Danach kommen simultane Kämpfe zwischen verschiedenen rivalisierenden Paaren und zum Schluss die Zweikämpfe der ganz Jungen.

Jeder Zweikampf folgt einem festgesetzten Reglement: Die Ringer stellen sich einander gegenüber auf – die aufputschenden Huka-Rufe der Menge ertönen – die beiden Gegner umkreisen sich im Uhrzeigersinn, wobei sie mit dem rechten Bein auf dem Boden aufstampfen, den linken Arm ausgestreckt und den rechten hinter dem Rücken halten – dazu rufen sie „Hu! Ha! Hu! Ha!" – bis sie ihre rechten Hände plötzlich ineinander verkrallen und sie mit der linken den Hals des Gegners umschließen. Umschlungen fallen sie auf die Knie – und wir verstehen nun den Sinn der dicken Knieschützer. Die Kontrahenten halten einen Moment inne, starren sich an, packen zu und versuchen nun, sich gegenseitig auszuhebeln, hochzuheben und auf den Rücken zu werfen.

Gleich bei diesem ersten Kampf können wir die Überlegenheit eines Kalapâlo beobachten, mit der er den ölglänzenden Yawalapiti-Mann überlistet: Er packt zuerst dessen ölige Arme, klatscht dann die eine Hand in den Staub des Bodens und gleich darauf die andere, während er sich den Gegner mit nur einem Arm vom Leibe hält. Dann packt er mit den jetzt abrutschfesten Händen erbarmungslos zu und wirft den Yawalapiti blitzschnell auf den Rücken – aus ist der Kampf. Es gibt keinen Schiedsrichter, sondern obliegt den Athleten selbst, Sieg oder Niederlage anzuerkennen. Es gibt auch keine Trophäen für die Gewinner – nur die Anerkennung und den Respekt aller Anwesenden. Der Yawalapiti zieht sich zurück – der Kalapâlo bleibt. Er wird an weiteren Kämpfen teilnehmen, denn die eingeladenen Gäste kämpfen nicht gegeneinander, sondern nur gegen die Ringer der Gastgeber, die damit eine schwere, jedoch ehrenvolle Aufgabe vor sich haben.

Nach diesem Eröffnungskampf gruppieren sich drei bis vier Ringer-Paare auf einmal im Kreis – die einzelnen Durchgänge dauern lediglich ein paar Minuten, aber alles läuft geordnet und sehr diszipliniert ab – kein Aufbegehren eines Muskelprotzes, keine Schmährufe aus den Reihen der Zuschauer – nur ihr anfeuerndes „Huka – huka –

huka!" Jedes Mal, wenn sich die siegreichen Ringer zu einer Pause in die Kreisperipherie zurückziehen, eilen ihre Frauen, Mütter oder Schwestern herbei um ihnen Mingau anzubieten, einen Stärkungsbrei aus der Pequi-Frucht (Cariocar brasiliensis), denn während des Kampfes trinken die Männer kein Wasser. Und während sie ihm die Kalebasse an den Mund führt, singt sie ihm eine liebliche Weise ins Ohr – „einen kraftspendenden Kriegsgesang", erklärt Jonas.

Die Kämpfe dauern bis zum Mittag an. So lange, bis nur noch Ringer von einem Stamm übrig sind, der dann den Kollektivgewinn für sich verbucht. Die Besten sind – keiner hat es anders erwartet – wieder die Kalapâlo: Mit sechs von ihren acht Kämpfern haben sie alle Gegner geschafft – ein überragender Sieg. Auch beim großen Finale flippt niemand aus, man sucht seine Stammesbrüder auf und hat jetzt Zeit bis zum nächsten Jahr, sich zu überlegen, wie man die Kalapâlo überwinden könne. Jonas vertraut mir an, dass die meisten den Sieg dem Brei der Pequi-Frucht zuschreiben – „und die Kalapâlo essen mehr Pequi-Früchte als sonst was!"

Die einzelnen Stammesverbände formieren sich wieder und marschieren dann in einer langen Prozession quer über den weiten Platz zum Kam'ywá. Aritâna beugt seine Stirn für einen Augenblick und berührt die Federkrone seines Vaters – es ist unglaublich still in diesem Moment, die Stille von mehr als eintausend Menschen – und sie bleiben so ruhig, bis er allen Schmuck vom Stamm abgenommen und wieder in jenem Bastkorb mit Deckel verstaut hat. Dann ruft er die Namen der sechs Kalapâlo-Ringer und Sieger des Huka-Huka, die legen den Kam'ywá auf drei Seilstücke um, nehmen ihn an den Seilenden vorsichtig auf und tragen ihn der Prozession voran, die sich jetzt zum Ufer des Xingu-Flusses bewegt. Dort angekommen lassen sie den Stamm ins Wasser gleiten – der taucht erst mal unter, kommt dann wieder hoch, treibt langsam aus der Bucht und wird schließlich von der Strömung erfasst – der erlöste Geist von Parú kann die Erde verlassen.

Unter dem Strohdach, das normalerweise als Versammlungsort für die Männer dient – es steht nur auf Stützen und ist von allen Seiten offen – haben die Frauen ein riesiges Buffet aufgebaut. Die Gäste haben wahrscheinlich, seit sie ankamen, nicht mehr richtig gegessen.

Auch wir haben Hunger, halten uns aber zurück, wollen auf keinen Fall unangenehm auffallen. Das Buffet ist auf einem, mit frischen Bananenblättern bedeckten, riesigen Jiráu aufgebaut – bestimmt fünf Meter lang – viele Beiju-Fladen und unglaublichen Mengen geräucherter Fisch sind darauf ausgebreitet. Mehrere Tonkrüge, mit Deckel und einer Trinkkalebasse davor, enthalten frisches Quellwasser. Und ich entdecke Bananen – riesige Rispen mit reifen Bananen und eine Menge anderer Früchte.

Jeder bedient sich schweigend, und zwar mit einem Beiju-Fladen, auf den ein großes Stück Fisch platziert wird – und zieht sich dann zurück, um in der Hocke, ruhig und gelassen, seine Mahlzeit zu vertilgen – nur ein paar kleinere Kinder schnattern aufgeregt, aus einem mir nicht ersichtlichen Grund. Unsere beiden Schweizer Jungs haben sich schon selbst bedient und kauen zufrieden. Der Fisch ist wirklich gut, und man kann sich an seinen rauchigen, fast salzlosen Geschmack leicht gewöhnen. Andreas schleicht geduckt herum und filmt, Hunger scheint der überhaupt nicht zu haben, während Evelyn und Martin sich genauso brav wie die Indianer bedienen, die gute Agnes schält sich eine Banane. Alles in allem scheint unser Versuch aufzugehen, trotz dieser bescheidenen Verpflegung machen eigentlich alle recht zufriedene Mienen.

Am Nachmittag wollen wir uns gemeinsam in der Badebucht treffen. Auf dem Weg dorthin kommen wir an den letzten aufbrechenden Gästen vorbei. Den einen oder anderen Stamm möchten wir noch während der folgenden Tage besuchen, deshalb ist es gut, dass sie uns hier unter dem Schutz Aritânas schon angetroffen haben – das erleichtert den Kontakt, der dann schon fast ein Wiedersehen wird. Sie nicken uns freundlich zu, wir nicken zurück, manche heben die Hand zum Gruß. Im Wasser sind wir diesmal ganz für uns. Ich freue mich, dass alle durcheinander schnattern – sie scheinen erregt von den Geschehnissen, was sie gesehen haben, bewegt ihre Gefühle, keiner meckert über die bescheidenen Umstände, alle sind gesund und voller Lebensfreude. Ich brauche also nichts zu fragen, sie sagen mir schon alles. Jonas, diesmal mit zum Baden gekommen, ist jetzt ihrer aller Held – mich brauchen sie nur noch zum Übersetzen.

Vorurteile

Die indigene Bevölkerung wird von der brasilianischen Gesellschaft teils mit negativen Vorurteilen betrachtet, teils idealisiert. Die Vorurteile kommen eher aus den Reihen derer, die mit Indianern in direktem Kontakt leben – der Landbevölkerung. Politisch, wirtschaftlich und ideologisch beherrscht von Distrikts-Eliten, deren Interessen an den indigenen Gebieten und ihren natürlichen Ressourcen, an Holz oder Mineralien, sie vorantreiben, verwickeln sich solche Landbevölkerungskommunen in Konflikte mit den Mitgliedern indigener Dorfgemeinschaften, denen dieses Gebiet nicht nur zugesprochen, sondern auch durch Gesetz zugesichert worden ist. Und in der Absicht, die Indios zu diskriminieren, bedienen sie sich aller möglichen abfälligen Stereotypen: bezeichnen sie als Diebe, Nichtsnutze, Faulpelze und Säufer, um die Invasion ihrer Gebiete als eine geradezu notwendige und, wenn möglich, gerechte Sache erscheinen zu lassen – noch ganz im Sinn der Invasoren vor fünfhundert Jahren.

Die Stadtbevölkerung hingegen, die in großen Entfernungen von den Indioterritorien lebt, tendiert zu einer positiven Einstellung, wenngleich sie die Indianer generell als unbedeutend betrachtet. In diesem Fall beurteilt man die Eingeborenen oft nach einem Sammelsurium von romantischen Vorstellungen und Annahmen, zum Beispiel: als die Herren des Landes und seine ersten Bewohner, als diejenigen, die es verstehen, in Einklang mit der Natur zu leben, ohne sie zu gefährden. Sie werden jedoch auch als Teil der Vergangenheit gesehen, so als ob sie sich in einem Prozess des Aussterbens befänden. Aber ganz im Gegenteil: Neueste Daten beweisen, dass die indigene Bevölkerung in den letzten drei Jahrzehnten an Wachstum zugelegt hat. Erst in letzter Zeit sind sich die verschiedenen Schichten der brasilianischen Gesellschaft bewusst geworden, dass Indianer vor allem Mitbürger sind. Sie leben im gleichen Land, nehmen Teil an der Erarbeitung von Gesetzen, wählen Kandidaten und stellen sich gemeinsamen Problemen, wie zum Beispiel den Konsequenzen der Schadstoffbelastung der Umwelt, und verfolgen die Aktionen der Regierung in den verschiedenen politischen, wirtschaftlichen, gesundheitlichen, erzieherischen und administrativen Ressorts. Heute ist endlich eine Bewegung zur

Beschaffung aktualisierter und vertrauenswürdiger Informationen über Indianer entstanden – und das Interesse herauszufinden, wer sie eigentlich sind.

Brasilien ist einzigartig in seiner immensen ethnischen und linguistischen Vielfalt, insgesamt 215 bekannte indigene Völker und circa 40 isolierte Gruppen, über die man noch keine brauchbaren Auskünfte hat, sind derzeit in Brasilien zu Hause. Mindestens 180 Sprachen werden von den Mitgliedern dieser Völker gesprochen, die 30 unterschiedlichen Sprachfamilien angehören.

Allerdings darf man nicht vergessen, dass auch die unterschiedlichen kulturellen Elemente dieser indigenen Völker kontinuierlichen Veränderungen und Weiterentwicklungen unterworfen sind, so wie die Kultur jeder anderen menschlichen Gesellschaft. Und man sollte ebenfalls bedenken, dass Veränderungen auch ohne den Kontakt mit den aus Europa und Afrika stammenden Kulturen vor sich gegangen wären – vielleicht jedoch ein bisschen positiver für die Indianer.

Hinsichtlich ihrer kulturellen Vielfalt kann man sowohl die indigene mit der nicht-indigenen Gesellschaft vergleichen, als auch die unterschiedlichen kulturellen Aspekte der einzelnen indigenen Völker Brasiliens untereinander. Es ist dringend notwendig, dass man die ethnische Identität jedes dieser eingeborenen Völker anerkennt und für sich betrachtet – ihre Sprache kennenlernt und auch die traditionellen Formen gesellschaftlicher Organisation. Dass man etwas lernt von ihrer besonderen Art und Weise, mit der Natur umzugehen, und der Nutzung der natürlichen Ressourcen. Das verlangt nach unserem Respekt vor den kollektiven Rechten jedes einzelnen dieser Völker und nach unserem Interesse an einer friedlichen Koexistenz und einem kulturellen Austausch.

Nur so könnte man Brasilien noch verändern:
Das Land den Indios zurückgeben und sich bei ihnen entschuldigen.

Autor unbekannt

Teil VIII

Wiedersehen mit Rio

Erst vor vierzehn Tagen bin ich von einem fast zweijährigen Deutschlandaufenthalt in die Stadt am Zuckerhut zurückgekehrt, in der ich zuvor zwölf Jahre lang gelebt habe – von fast vierzig Jahren in Brasilien. Ich bin „zu sehr zum Brasilianer geworden", wie meine Freunde in der Heimat sagen, „um mich bei ihnen wieder einzuleben und vor allem anpassen zu können" – ich fürchte, dass sie das durchaus so meinen, wie es sich anhört.

Wir haben Oktober (2005) und der tropische Sommer meldet sich an. Tagsüber steigen die Temperaturen schon auf über 30°C, nächtliche Gewitter mit starken Regenfällen kühlen die Luft wieder etwas ab. Ich habe ein bisschen Geld gespart und es nicht so eilig, wieder in einer Touristikagentur vor dem Computer zu sitzen. Erst mal ein bisschen umsehen in der Stadt und an ihren langen Stränden. Alte Freunde besuchen – einen Churrasco genießen – Caipirinhas – eine Feijoada – frische Crevetten.

Rio hat sich überhaupt nicht verändert in den zwei Jahren, die ich weg war. Derselbe Tumult, der gleiche ohrenbetäubende Lärm, derselbe ineinander verkeilte Verkehr, das gleiche abenteuerliche Chaos – besonders im Stadtteil Copacabana an der Rua Barata Ribeiro, wo meine Unterkunft liegt. Meine besten Freunde, Bruno und Célia – er ist Tourguide und sie Immobilienmaklerin – finden, dass sich auch sonst nichts geändert hat: an der Korruption, an den Zusammenstößen zwischen Polizei und Drogenmafia, an den Lügen und der Unfähigkeit der Politiker, den täglichen Überfällen, der Verunsicherung der Bürger. Nur teurer ist alles geworden. Nach ein paar Vergleichen stelle ich fest: Etwa um 70% sind die Preise während meiner Abwesenheit gestiegen.

Das bedeutet, dass ich mit meinen paar Euro nicht bis Ende des Jahres durchhalten werde, sondern mir möglichst ab nächstem Monat einen Job suchen muss. Schöne Bescherung.

Samstagmorgens um halb neun: Er steht mitten auf dem mit kleinen schwarzen und weißen Mosaiksteinchen gepflasterten Trottoir, direkt vor dem mit einem schweren Eisengitter gesicherten Tor zu dem Hochhaus, in dem ich im achten Stock bei einer älteren Dame ein Zimmer gemietet habe. Er schreckt auf, als der Portier per Knopfdruck, von seinem Tisch im Korridor aus, das Türschloss mit einem lauten „Klack" entsichert, um mich hinaus zu lassen, aber er weicht nicht von der Stelle. Das Trottoir ist hier sehr schmal, der dicht an ihm vorbeirasende Verkehr scheint ihn jedoch nicht weiter zu stören – er ist an ihn gewöhnt. Nur wenn ein großer Bus die verqualmte Luft vor sich herschiebt, sträuben sich seine Nackenhaare, und er tritt von einem Bein aufs andere.

Für einen Straßenköter ist er ziemlich groß und seine beharrliche Haltung lässt eher darauf schließen, dass er einmal bessere Tage gesehen hat – dass sein staubiges, dichtes, schwarzes Fell in jenen Tagen vielleicht sogar regelmäßig gebürstet wurde. Den großen Kopf mit den schon ergrauten Barthaaren hält er leicht gesenkt, sein Blick ist ausdruckslos, lustlos, abwartend vielleicht – aber worauf sollte er warten? Er glaubt nicht mehr an die Menschen, seit sie ihn plötzlich verstoßen haben und doch mahnt ihn sein knurrender Magen immer wieder daran, dass er von ihnen abhängig ist. Wenn sie ihm etwas zuwerfen, in einem eher seltenen Anflug von Mitgefühl, schlingt er es runter – doch er schaut nicht mehr zu ihnen auf und sein Schwanzstummel hat das dankbare Wedeln eingestellt. Immerhin machen die vorbeihastenden Passanten einen respektvollen Bogen um ihn herum, vielleicht, weil er so groß ist und immer noch gefährlich auszusehen vermag, wenn er plötzlich seine Lefzen über den Zähnen hochzieht, weil ihn jemand geschubst hat.

Nur ein paar Schritte weiter ist eine Bäckerei – sie heißt „Flor de Copacabana" (Blume von Copacabana), in der ich seit der Wiederaufnahme meines Berufslebens in Rio de Janeiro mein karges Frühstück einnehme. In den ersten Morgenstunden sind die abgewetzten Barhocker vor der Glastheke besetzt von Arbeitern in fleckigen Latzhosen und Büroangestellten in Anzug und Krawatte, die sich hier ein hastiges Frühstück einverleiben – in der Regel Kaffee mit Milch und furchtbar viel Zucker, dazu ein frisches Brötchen, aufgeschnitten und mit gesalzener Butter bestrichen. Bäckereien sind in Brasilien zur Straße hin offen, wie die Bars, Drogerien, Supermärkte und überhaupt die meisten Geschäfte, in denen reger Publikumsverkehr herrscht. Ich stelle mich in die Schlange vor der Kasse, um dort meine Bestellung aufzugeben und auch gleich zu bezahlen – dafür bekomme ich einen Kassenbon in die Hand, den ich der Bedienung hinter der Theke reiche und nochmal meine Bestellung wiederhole – die rechnet dann nach und beginnt dann endlich mit dem Eingießen meines Kaffees. Ein typisches Geschäftsgebaren, womit man verhindern will, dass sich gewisse Kunden, mit ihren Brötchen oder nach ihrem Morgenkaffee, in dem allgemeinen Trubel davonmachen, jedoch, wie alle unglaublich umständliche Bürokratie in diesem Land: stressig, zeitraubend und einfach ärgerlich, wenigstens für mich, der ich zwischendurch mal zwei Jahre lang wieder in deutschen Supermärkten einkaufen durfte, in denen die Kassiererinnen die Waren schneller addieren als man sie einzupacken vermag

Die kleine, rundliche Bedienung hinter der Theke beginnt mit dem Eingießen meines Kaffees – das heißt: Sie hält erst mal zwei Kannen über meine Tasse, die eine mit Milch, die andere mit Kaffee, und erkundigt sich nun, wie ich ihn haben möchte: „Mehr Milch oder mehr Kaffee, halb Kaffee und halb Milch oder doch mehr Kaffee und weniger Milch?" Ich sage es ihr und sie fängt an einzugießen: erst die heiße Milch (dabei schaut sie mich fragend an, bis ich ihr ein Handzeichen gebe, als die Milch das von mir gewünschte Level erreicht hat), dann den Kaffee – den gießt sie randvoll, so voll, dass er überschwappt. Ich blicke sie anklagend an, sage ihr, dass ich den Kaffee so übergeschwappt nicht haben will – sie zieht einen Schmollmund und stellt meine Tasse auf eine frische Untertasse mit aufgelegter Serviette. Jetzt akzeptiere ich gnädig. Nun muss ich noch die übervolle Tasse von der höheren Glastheke herunter auf die Abstellkante vor mir balancieren, denn die kleine Dicke kommt da nicht hin mit ihren kurzen Armen. Natürlich geht dabei wieder etwas daneben. Sie zuckt mit den Schultern und beginnt mit dem Aufschneiden meines Brötchens, wofür sie, der Hygiene wegen, über ihre linke Hand, die das Brötchen hält, eine Plastiktüte wie einen Handschuh streift – die das Messer schwingende ist unbedeckt. Sie streicht kräftig Salzbutter auf die beiden Hälften und klappt sie wieder zusammen, schneidet sie etwas schräg in der Mitte durch und reicht sie mir dann auf einem kleineren Teller – immer noch mit Schmollmund. Ich grinse sie an und balanciere den glühend heißen, übervollen Kaffee zum Mund. Sie nimmt den nächsten Kassenbon eines geduldig Wartenden entgegen und beginnt die ganze Zeremonie von vorn.

Geduld. Das ist ein wichtiger Rat für Brasilienbesucher und eine absolut überlebenswichtige Strategie für Ausländer, die länger in diesem Land bleiben möchten. Es fällt einem Europäer, der hier nur seinen Urlaub verbringt, besonders schwer, sich in der kurzen Zeit seines Aufenthalts auf solche Geduldsproben einzustellen.

Aber bleiben wir mal bei meinem Frühstück in besagter Bäckerei. An diesem Morgen erstand ich, außer meinem üblichen Frühstück, auch eine „Rabanada" – das ist eine große Scheibe in Milch eingeweichtes Weißbrot, in Ei gewälzt und nach dem Ausbacken mit Zucker und Zimt bestreut. Viele Kunden essen diese billige Leckerei zu ihrem Kaffee. Ich ließ mir eine einwickeln – ohne Zucker und Zimt. Etwas Besseres war mir im Moment nicht eingefallen. Dann ging ich die wenigen Meter zu meinem Hauseingang zurück, wo er immer noch mit hängendem Kopf ausharrte.

Ich ließ mich auf einem Treppenabsatz vor ihm nieder, wickelte die Rabanada aus und schob sie ihm auf dem Papier entgegen. Zu meiner Enttäuschung reagierte er überhaupt nicht, schien nicht einmal in meine Richtung zu blicken. Jetzt stieg sogar eine eilige Fußgängerin über den Leckerbissen hinweg – und in ihrem Schatten schnappte er zu – die Rabanada war weg, nur noch das leere Papier bewegte sich leicht im Luftzug des vorbeirauschenden Verkehrs. Ich beobachtete ihn, wie er gemächlich ein paar Meter weitertrottete, um sich dann im schattigen Winkel einer Garagenausfahrt niederzulegen und sein erobertes Frühstück so gemächlich zu verzehren, wie es sich für einen alten Herrn gehört. Ich wartete, ob er vielleicht doch ein bisschen mit dem Stummelschwanz wedeln würde – aber er tat es nicht.

An diesem Morgen schlendere ich am Copa-Strand entlang, denn nur morgens beleuchtet die Sonne, im richtigen Einfallswinkel, die Skyline der Wohn- und Hotelpaläste, von der die vier Kilometer lange, hufeisenförmige Bucht von Leme und Copacabana eingerahmt wird.

Diesen Rahmen mit der typischen Stadtstrandszenerie davor möchte ich in ein paar Bildern festhalten.

Trotz der frühen Stunde ist der Sandstrand bereits dicht besetzt. Bei Ebbe, wie an diesem Morgen, hat er eine Breite von fast zweihundert Metern. In seiner oberen Hälfte liegen die Spielfelder für Fußball, Strand- und Foot-Volley, die untere, vor den träge anrollenden Wellen, haben die Wasser- und Sonnen-Fans belegt.

Ins Wasser gehen die Cariocas in der Regel nur mal kurz zwischendurch zum Abkühlen – wenn man einen schönen Körper hat, verhaltenen Schrittes und mit spielenden Muskeln, die Männer, mit wiegenden Hüften, den Busen zum Horizont gereckt, die Frauen. Und nach kurzem Eintauchen in die Wellen genießt man die ebenso spektakuläre Rückkehr zu seinem Handtuch unter den anerkennenden Blicken des Strandpublikums. Der Carioca ist ein Voyeur. Er bewertet jene menschlichen Attribute besonders hoch, die seine optischen Sinne reizen und seinen Appetit auf sexuelle Abenteuer stimulieren – während er den weniger offensichtlichen, wie Seele und Verstand, eher befremdet gegenübersteht und selten bereit ist, ihrer Entdeckung ein bisschen Geduld und Zeit zu opfern. Natürlich gibt es da Ausnahmen, aber die bestätigen nur die Regel.

Und die Regel der Frauen heißt: „Zeig' (fast) alles, was du hast." Ich bin nicht prüde, aber in den zwei Jahren, die ich weg war, ist es den Cariocas gelungen – und in diesem Fall meine ich die weiblichen – ihre unvergleichliche Kunst der Zurschaustellung atemberaubender Körperformen noch um etliche Nuancen zu steigern. Sie haben vor allem das Dekolleté wiederentdeckt, allerdings in einer dermaßen unverhaltenen Totalität, dass einer Marie Antoinette und sogar einer Lucrezia Borgia bei ihrem Anblick die Schamesröte ins Gesicht gestiegen wäre. Damit nicht genug, auch die einheimische Jeansmode ist um ein Stück kürzer geworden – nicht unten an den Knöcheln, sondern oben, am Bauch. Die Hüftpartie, durch deren Schlaufen man früher einen Gürtel geschlungen hat, sie ist weg! Die Hose hält jetzt auch ohne Gürtel, durch hautengen Sitz unterhalb der Taille, einfach auf den breiten Hüften, durch die sich eine echte Carioca in der Regel auszeichnet. Dass auf diese Weise beim Bücken die Trennungslinie der Pobacken eine Spur herausschaut, ist durchaus Absicht. Und von seiner Vorderfront her bietet dieses weit unterhalb des Nabels ansetzende Beinkleid noch den Vorteil, dass jener, meist mit einem Piercing geschmückte Mittelpunkt cariocanischen Körperkults nun ebenfalls zur Bewunderung frei gegeben ist, denn auch das dekolletierte Blüschen reicht nicht so weit hinab. Übrigens, dass es in Rio soviele hochgewachsene Schönheiten gibt, liegt in den meisten Fällen an ihren „Tamancos" – das sind hochhackige Korksandalen, die ihre Trägerin großzügige fünfzehn bis zwanzig zusätzliche Zentimeter wachsen lassen. Mit Jeans, die bis auf den Boden reichen, ist dann die Täuschung vollkommen.

Wenn Sie nun annehmen, dass die mit so aufregenden Formen und dekorativem Zierrat ausgestattete Weiblichkeit ihren Bewunderern auch mal ein kokettes, vielleicht sogar lasziver Lächeln gönnt, dann täuschen Sie sich gewaltig. Sie kennen sicher den inzwischen auf internationalen Laufstegen allgemein üblichen grimmigen Raubtierblick? Jene scheinbar wütenden Gesichtszüge, aus deren aufgeworfenen Lippen man ein gefährliches Knurren zu vernehmen scheint? Mit diesem einstudierten Laufstegblick stolzieren auch die selbstbewussten Carioca-Damen inzwischen durch die Straßen oder am Strand entlang. Ich möchte sogar behaupten, dass sie umso gnadenloser und abweisender dreinschauen, je aufreizender ihr Outfit ist – eine durchaus verständliche Bremsreaktion?

Inzwischen bin ich an der Einmündung der Avenida Princesa Isabel in die Avenida Atlântica angelangt, wo auf der gegenüberliegenden Seite der riesige Turm des Hotel Meridien prangt. Der Übergang vom Copacabana- zum Leme-Strand ist nahtlos – auch die in jeweils 50 Metern Abstand postierten Kioske sind die gleichen. Erst bei näherem Hinsehen entdeckt man ein paar kleine Unterschiede: Der Leme-Strand ist weniger dicht belegt, unter der Woche ist er sogar fast leer. Von den älteren Herrschaften wird er wegen seiner Ruhe bevorzugt und kurioserweise sind hier an den Kiosken die Kokosnüsse billiger als in Copacabana. So eine junge, grüne Kokosnuß auszutrinken ist ein sehr gesundes Vergnügen. Man bekommt sie „natural" – direkt vom Strunk, oder „gelado" – aus dem Eisschrank. Mir schmeckt sie „natural" am besten, denn die isolierende, dicke Schale hält die Flüssigkeit im Innern stets angenehm frisch, und ihr feines Aroma kommt bei dieser natürlichen Temperatur zur angenehmsten Entfaltung.

Ich setze mich unter einen der aufgespannten Tisch-Sonnenschirme mit Blick aufs Meer, und ein braungebrannter, junger Bursche stellt meine Kokosnuss auf den Plastiktisch. Ich entferne die Papierhülle vom Strohhalm und gebe mich dann ganz diesem ersten tiefen Zug aus dem Innern der Frucht hin. Wenn die Nuss anfängt zu röcheln, weil der Halm die letzten Tropfen der Flüssigkeit aufsaugt, kommt der zweite Teil des Vergnügens: die mehr oder weniger dick angesetzte weiße Fruchtschicht an der Innenwand zu verspeisen. Dazu gibt man die Nuss zurück an den Kioskbesitzer mit dem Wort „abra!" (öffne!) – ob jemand davon die bekannte Zauberformel „Abrakadabra" abgeleitet hat, weiß ich nicht – und wenn Sie etwas zart besaitet sind, dann schauen Sie lieber nicht hin, wenn der Kioskbetreiber mit wenigen gezielten Hieben seines Hackmessers die Kokosnuss in der offenen Hand in drei Teile zerlegt, ohne sich dabei einen Finger abzuhacken. Mit einem kleinen Seitenhieb trennt er dann noch einen Schaber von der Außenhülle ab, mit dem sich die Innenschicht wunderbar ablösen lässt – insgesamt eine köstliche Zwischenmahlzeit. Auch für die vielen Tauben, die sich auf die ausgeschabten Schalen stürzen, um die Nussreste herauszupicken, wenn man sie nach dem Verzehr des Inhalts unter dem Tisch deponiert.

Die Luft ist heiß, ein lauer Wind weht angenehm erfrischend vom Meer her. Ich fange an, im Schatten meines Sonnenschirms ein wenig zu dösen. Plötzlich ein heftiges Flattern der Tauben unter meinem Tisch – und da sehe ich ihn. Er hat sich ein Stück von meiner dort deponierten Kokosnuss geschnappt und trägt sie nun zu einem leeren Tisch, unter dem er sich niederlegt und seine Beute zwischen den Vorderpfoten beleckt. Kein Zweifel möglich, er ist es – an seinem trotzigen Gesichtsausdruck und seinem Stummelschwanz erkenne ich ihn.

Er scheint Erfahrung mit Kokosnüssen zu haben – es knirscht und knackt laut und vernehmlich, wenn er seine Kiefer einsetzt, um an die Reste des Fruchtfleisches zu kommen. Dabei beobachtet er wachsam seine Umgebung. Ich möchte den sehen, der es wagt ihn zu vertreiben. Unter seinen Vorfahren mag ein Rottweiler gewesen sein, die kräftigen, leicht nach außen gewinkelten Beine und die breite Brust sprechen dafür – und vielleicht ein Schäferhund: Die lange Schnauze und auch das dichte, mittellange Fell sehen danach aus.

Ich unterbreche meine Betrachtungen und bestelle eine zweite Kokosnuss. Er hört auf zu knacken und beobachtet jetzt jede meiner Bewegungen aufmerksam. Ich beeile mich mit dem Austrinken, lasse die Nuss am Kiosk aufschlagen, dann lege ich eines der Drittel neben meinem Stuhl auf den Boden. Er verfolgt alles genau, macht aber keine Anstalten sich das Stück zu holen. Die Tauben sind da sehr viel mutiger – schon trippeln sie kopfnickend heran und picken nach dem weißen, nahrhaften Inhalt – also nehme ich das Stück wieder an mich. Er ist sehr vorsichtig und wird wissen, warum. Ich schubse das halbrunde Nussdrittel ein Stück über das schwarzweiße Wellentrottoir in seine Richtung – im Nu sind die Tauben hinterher – da fährt er zwischen sie wie ein schwarzer Derwisch und schnappt zu, die Vögel retten sich mit knatterndem Flügelschlag in die Luft. Jetzt ist er wieder die Ruhe selbst, beißt ein Stück nach dem anderen krachend ab, hält es dann geschickt zwischen den Vorderpfoten und schabt das Fruchtfleisch mit den Zähnen heraus.

Inzwischen schaut auch der Kioskbesitzer fasziniert zu – einen Hund, der Kokosnüsse frisst, habe er noch nie erlebt, meint er. Und weil wir beide nun in eine Richtung starren, bleiben auch gleich ein paar neugierige Passanten stehen und starren ebenfalls den großen schwarzen Hund an, der unter einem der Tische Kokosnussstücke abnagt. Ob es mein Hund sei, will einer wissen – der Kioskbesitzer verneint, es sei ein streunender Hund.

„Und wenn er die Tollwut hat?", wirft eine aufgetakelte Mitvierzigerin mit einem Riesendekolleté dazwischen – aller Augen richten sich prompt auf ihr freizügiges Display.

„Jemand muss die Hundefänger rufen", bemerkt ein älterer Herr in schlottriger Badehose und einer giftgrünen Schildkappe, während ein junger, kraftstrotzender Bursche mit überlegenem Lächeln eine Hand aus dem Kraushaar seiner ihn anschmachtenden Freundin nimmt und sein Handy betätigt.

Mein schwarzer Freund scheint die Gefahr zu erkennen, die ihm droht: Er zieht die Lefzen hoch und knurrt, laut und deutlich, was die Mehrheit der Neugierigen in ihrer Vermutung bestätigt, dass hier ein Fall von Tollwut vorliegen muss – außerdem: Wer hat schon mal davon gehört, dass ein Hund Kokosnüsse frisst, ist doch klar, dass der nicht normal ist!

Ich schubse ihm, ungeachtet der wachsenden Menge von Gaffern, das nächste Nussdrittel hin und er holt es sich ungerührt, zieht dabei allerdings wieder drohend die Lefzen hoch – die Menge weicht zurück und ein paar vorwurfsvolle Blicke treffen mich. Das laute Knacken der Nussschalen ist das einzige Geräusch in der ratlosen Stille. Und plötzlich hören wir alle die Sirene.

„Die Feuerwehr", meint der kraftstrotzende Bursche, „die werden mit so was fertig, die haben Erfahrung mit tollwütigen Hunden."

Und mein Freund hat wohl auch Erfahrungen mit der Feuerwehr: Beim ersten Ton der Sirene lässt er von seiner Kokosnuss ab, hebt den großen Kopf, lauscht einen Moment mit gespitzten Ohren und drohend entblößtem Gebiss – und macht einen Riesensatz vom Trottoir auf den Sandstrand, ist mit wenigen Sprüngen an der Wasserlinie und rennt in Richtung Copacabana auf und davon, ohne sich noch einmal umzublicken. Ich setze ein zufriedenes Grinsen auf und bahne mir einen Weg durch die perplexe Menge, unter der sich jetzt ein paar Wichtigtuer mit den heranrollenden Feuerwehrleuten über tollwütige Hunde auslassen werden.

Das Ende des Leme-Strandes ist von steil aufragenden Felsen begrenzt, an deren Fuß ein schmaler Pfad, etwa zehn Meter, über dem Meer entlang und in die Bucht hineinführt. Hier ist der Stammplatz der Angler – in dichter Reihe stehen sie am Geländer, baden ihre Würmer und warten, dass ein Fisch anbeißt. Ein Gruppe Neugieriger umringt einen Betonpfosten, auf dem sich ein älterer Japaner aufgebaut hat, mager wie ein abgenagter Hühnerknochen. Er sei schon siebzig, sagen die Leute, und er würde von hier aus ins Meer springen, das täte er immer an den Wochenenden. Zehn bis zwölf Meter in freiem Fall – und er muss einen ziemlichen Bogen springen, denn der Fels verläuft schräg hinunter zum Wasser!

Ehe ich noch meine Kamera einstellen kann, ist er weg – ich sehe ihn gerade noch auf's Wasser klatschen. Er taucht wieder auf und winkt den Leuten grinsend zu. Zuvor hat er am Geländer ein dickes Tau befestigt, an dem er sich jetzt über den steilen, schrägen Felsen wieder nach oben hangelt – ein wirklich zäher alter Knochen. Ob er wohl nochmal . . .? Nein, tut er nicht, „perigoso demais" (zu gefährlich) sagt er wieder grinsend. Und da halten die Leute einen Hund, der Kokosnüsse frisst, für nicht normal.

Es ist jetzt verdammt heiß, und ich bin der Einzige weit und breit, der mit langen Jeans und Turnschuhen am Strand herumläuft – ein Gringo eben. Aber das stört niemanden. Wir sind in Rio, und an der Copacabana sind alle Verrücktheiten erlaubt – auch ein Gringo in langen Jeans bei fast vierzig Grad.

Ein bisschen Schatten finde ich bei Milton in einer Nebenstraße. Er ist ein „Camelô", ein fliegender Händler, er verkauft Früchte an die Vorübergehenden. Ich habe ihn und seine Verkäuferin Marcelly vor ein paar Tagen kennengelernt, als ich mir ein Dutzend Bananen bei ihnen aussuchte. Ein Camelô zu sein bedeutet in Brasilien in der Regel, andauernd mit dem Gesetz in Konflikt zu geraten, denn sie haben keine Lizenz für ihre Verkaufstätigkeit und sie sind den lizenzierten und vor allem steuerzahlenden Ladenbesitzern natürlich ein Dorn im Auge.

Besonders im Stadtteil Copacabana und in der Innenstadt veranstaltet die Polizei regelmäßige Razzien, aber das Frühwarnsystem der Camelôs funktioniert so gut, dass sie meistens schon weg sind, wenn der träge Arm des Gesetzes eintrifft. Erwischt werden nur die weniger mobilen – und anstatt deren Waren zu konfiszieren und sie an arme Leute zu verteilen (ein Vorschlag, den ich einem der Beamten mal unterbreitete), schlagen die Polizisten mit ihren Holzknüppeln alles kurz und klein.

Eine Schlacht zwischen Polizei und Camelôs kann dramatische Ausmaße annehmen, denn die Händler, deren Existenz mit dem Verlust der Waren auf dem Spiel steht, setzen sich heftig zur Wehr – und da der Polizei der Einsatz von Schusswaffen ausdrücklich untersagt ist, haben die Straßenhändler eine echte Chance durch ihre zahlenmäßige Überlegenheit und vor allem durch ihre verzweifelte Entschlossenheit. Eisenstangen, Obstkisten und Pflastersteine werden gegen die Polizisten eingesetzt. Eine beleibte Obstverkäuferin hat einmal einen Polizisten mit einer Wassermelone krankenhausreif geschlagen – ihn aber später dort besucht und sich bei ihm entschuldigt.

Auch Milton und Marcelly sind nicht mobil. Wenn die Warnung vor einer Razzia sie erreicht, haben sie in der Regel höchstens fünf Minuten Zeit, die wertvollsten Früchte zusammenzuraffen und in einem Zeitungskiosk auf der gegenüberliegenden Straßenseite zu verstecken, dessen Besitzer mit ihnen befreundet ist.

Just in solch einem kritischen Augenblick begegnete ich ihnen zum zweiten Mal und half ihnen spontan die Kisten über die Straße ins Versteck zu tragen. Nur noch ein paar Bananen lagen herum, Milton, Marcelly und ich saßen demonstrativ auf ein paar Kisten beim Domino-Spiel, als drei Polizeibeamte auftauchten – und dann die Überraschung:

„Die sind harmlos", sagt Milton erleichtert, steht auf und klopft dem einen freundschaftlich auf die Schultern.

„Na, alles verkauft?", meint der mit einem Blick auf die Bananen.

„Kannst du mitnehmen.", antwortet Milton großzügig – und die Polizisten raffen tatsächlich die zwei Dutzend Bananen zusammen. Dann schälten sie sich jeder eine und zogen kauend weiter. „Die kommen einmal pro Woche vorbei, kriegen dann ein paar Früchte von mir und geben Ruhe" erklärte Milton ihren friedlichen Abzug.

So einfach kommen sie allerdings nicht immer davon. Wenn die richtige Schlägertruppe ihren Kistenstand bearbeitet hat – in der Regel einmal pro Monat – dann stehen die beiden scheinbar deprimiert und ratlos in einem Haufen von zermatschten Früchten und Holzsplittern herum. Sobald die Schläger aber in eine Nebenstraße eingebogen sind, fegen sie den Matsch beiseite, holen die versteckten Kisten aus dem Kiosk und bauen ihren Stand neu auf. Eine halbe Stunde später kann die Stammkundschaft schon wieder bedient werden. Ja, sie haben tatsächlich Stammkunden, meist ältere Herrschaften aus der Nachbarschaft, die nicht bis zum Supermarkt laufen wollen und gerne ein paar Centavos mehr für die Früchte direkt in ihrer Straße zahlen. Außerdem bringt ihnen Marcelly auf Wunsch die Bestellung, die sie per Handy aufgeben können, bis ins Haus. Milton hat seinen Standort vortrefflich gewählt: einen Häuserblock vom Copa-Strand entfernt, an einer Ecke der Rua Constante Ramos, auf dem Trottoir vor einer Bäckerei, gegenüber von einer Bar und einem Zeitungskiosk. Mit allen Besitzern ist er bestens befreundet: Der Portugiese von der

Bäckerei übergibt ihm jeden Abend einen Sack mit übriggebliebenem Brot, der Barbesitzer zeigt seinem Publikum die wichtigsten Fußballspiele im Fernseher über dem Tresen und spendiert für seine engeren Freunde bei jedem Tor seines Flamengo-Vereins einen Schoppen, außerdem stehen Miltons Obstkisten nachts unter dem Schutz seines Nachtwächters. Der Kioskbesitzer leistet, wie schon gesagt, erste Hilfe in Notsituationen, indem er Miltons Obstkisten vor der Polizei versteckt.

Die Constante Ramos ist eine beliebte Durchgangsstraße für ein buntgemischtes Publikum: Rentner, Hausangestellte, ältere Damen, die ihre Hündchen ausführen, Mütter mit Kinderwagen, Surfer, Prostituierte und Touristen – die meisten wollen zum Strand oder schlendern von ihm heimwärts. Und Miltons Früchte sind stets eine Versuchung, zumal er eine große Auswahl davon hat und beste Qualität dazu.

Milton ist 58 Jahre alt, groß, hager und braungebrannt, mit grauen Locken und ebensolchem Bart, hat nur noch zwei Zähne im Mund, aber Feuer im Blick und bedient seine Kunden in einem weißen Arztkittel, auf dessen Brusttasche „Volte sempre" (Komm' immer wieder) mit blauem Garn aufgestickt ist. Ein kleines Zweiglein Rosmarin trägt er, wie alle Frucht- und Gemüsehändler, hinters Ohr geklemmt. Er ist ein umgänglicher, höflicher Zeitgenosse, der es gut versteht, älteren Damen seine Früchte aufzuschwatzen, indem er ihnen deren unterschiedliche Wirkungen auf den menschlichen Organismus erklärt – und an dem Gekicher der alten Weiber kann man leicht erkennen, auf welche Wirkungen Milton da anspielt.

Marcelly ist 22 Jahre alt, eine kräftige, etwas untersetzte Nachfahrin afrikanischer Sklaven – schwarz wie Ebenholz, mit etwas groben Gesichtszügen und wunderschönen, mandelförmigen Augen mit kohlschwarzer Iris. Ihre üppigen Lippen entblößen eine Reihe makelloser, schneeweißer Zähne. Das krause, schwarze Haar trägt sie während der Arbeit zu einem Knoten geschlungen, leichte Bluse und ein kurzes Jeans-Röckchen sind alles, was sie an Arbeitskleidung braucht, und die allgemein üblichen Tamancos geben ihren nackten Füßen und Beinen eine angenehm feminine Präsenz. Besonders auffällig finde ich ihre gutturale Stimme, die mich an amerikanische

Blues-Sängerinnen erinnert, habe Marcelly allerdings noch nie singen gehört. Sie lacht viel und trägt mit ihrem freundlichen Wesen erheblich zur Erweiterung von Miltons Stammkundschaft bei. Milton überlässt ihr oft den Verkauf, wenn er seiner besonderen Leidenschaft frönt, dem Dominospiel mit seinen Freunden.

Im Schatten eines Baumes, von dem aus man den Fruchtstand übersehen kann, sitzen sie auf umgestülpten Obstkisten und vergessen den hektischen Verkehr um sich herum – in ihrer Mitte ein breites Brett, auf dem gespielt wird. Dann hallt die Umgebung wieder vom Geknalle der Dominosteine auf dem Holz, gelegentlichen Flüchen der bezwungenen Gegner und dem schadenfrohen Gelächter des Siegers.

Milton, Manuel und Raimundo sind das verbissenste Domino-Trio, das ich je erlebt habe. Manuel ist Portugiese, etwa in Miltons Alter, ziemlich beleibt und hat nur noch seine vier Eckzähne im Mund, mit denen er aussieht wie ein Vampir, wenn er grinst. Eine großkarierte, rotweiße Schildmütze ist sein Markenzeichen, niemand hat ihn je ohne sie gesehen. Und er trinkt leidenschaftlich gern einen Schoppen Bier, wenn den jemand bezahlt.

Raimundo, aus Bahia, hat die Farbe von Bitterschokolade, sein Alter kann man schwer schätzen, höchstens an seinem schneeweißen Haar – vielleicht siebzig oder achtzig? Früher hat er mal eisgekühlten Mate zwischen den Sonnenanbetern am Strand verkauft, aber das machen seine Beine heute nicht mehr mit. Jetzt winkt er Autos in Parklücken ein und lebt von den Trinkgeldern, die er dafür bekommt. Ihm geht's beim Domino in erster Linie darum, Manuel endlich mal zu schlagen. Manchmal, wenn er sich sehr konzentriert, macht sich der untere Teil seiner dritten Zähne selbstständig und schiebt sich aus seinem zerknitterten Mund langsam heraus – ungerührt drückt Milton seinem Freund die Zähne in den Mund zurück, bevor sie auf das Brett fallen und vielleicht die Dominosteine durcheinander bringen. Raimundo entschuldigt sich dann jedesmal ausgiebig, und Manuel fragt nur gereizt: „Haste nu' den nächsten Stein oder können wir dich überspringen?"

Und darum geht es beim Domino meiner neuen Freunde: Jedes Spiel zählt einen Punkt für den Gewinner – wer zuerst zehn Punkte erreicht, ist Sieger, die anderen beiden spielen weiter, bis der Verlierer feststeht. Der zahlt dann die Runde Bier an der Bar auf der anderen Straßenseite. Manuel hat eigentlich nie Geld dabei – wenigstens behauptet er das. Braucht er auch nicht, denn er gewinnt immer. Fast immer. Nur einmal war ich Zeuge des Dramas, als Milton und Raimundo ihn besiegten: Manuel saß da und starrte auf das Brett, als habe er gerade sein Todesurteil vernommen, dann fluchte er fürchterlich und fletschte seine Vampirzähne – drehte sich schließlich zu Milton um und sagte in weinerlichem Ton, dass er kein Geld dabei habe und ob er ihm nicht die Schoppen auslegen könne? Darüber wurde Raimundo furchtbar wütend und bedachte Manuel mit den allerübelsten Schimpfnamen aus dem bahianischen Strassenjargon, die ihm gerade so einfielen, und Milton weigerte sich, ihm das Geld zu borgen. Also sprang ich ein, obwohl Raimundo strikt dagegen war und mir versicherte, ich würde das Geld nie wiedersehen, während Manuel mich dankbar anlächelte, mir die Schultern klopfte und mich seinen Lebensretter nannte. Und dann gingen wir gemeinsam hinüber zur Bar. Schon von weitem zeigte Milton dem Keeper vier ausgestreckte Fnger seiner Hand – und vier Schoppen Bier erwarteten uns an der Theke.

Inzwischen bin ich selbst aktives Mitglied in Miltons Dominorunde und habe mich, nach zahlreichen spendierten Schoppen und einer gewissen Lehrzeit, in der mir Raimundo verschiedene Tricks beibrachte, langsam ins Mittelfeld gespielt – jedenfalls muss ich jetzt nicht mehr die meisten Schoppen bezahlen. Raimundo hat mich auch darüber aufgeklärt, dass sich Manuel nicht etwa deshalb immer neben mich setze, weil ich jetzt sein guter Freund geworden sei, sondern weil er von mir als schwachem Spieler die besten Vorlagen bekomme. Jetzt verstehe ich auch, warum immer ein heftiger Streit wegen der Sitzordnung entbrennt, bevor sie mit dem Spielen anfangen, an dem sich die verschiedensten Zeitgenossen beteiligen: Taxifahrer und Wachmänner, Hotelpagen und Portiers, der Kioskbesitzer, ein Barman – und sogar der Bäcker ist manchmal dabei. Als einzige Frau darf Marcelly ebenfalls mitspielen, wenn keine Kunden am Stand sind. Kommen dann zwischendurch welche vorbei, steckt sie ihre Dominosteine in die Bluse und packt den Kunden die gewünschten Früchte ein – während Manuel die ganze Zeit krakeelt, dass sein Spiel unterbrochen sei und er sich so nicht konzentrieren könne.

An einem jener heißen Samstage, die wir mit Dominospielen an unserer Straßenecke vor der Bäckerei totschlugen, geschah allerdings etwas sehr Merkwürdiges – etwas, das mir im Nachhinein wie ein Zeichen erscheinen will, dessen Sinn ich damals nicht verstand und wofür ich auch später keine logische Erklärung finden konnte.

Es begann damit, dass ich mich von meiner Domino-Kiste aus nach Marcelly umdrehte, die nicht vom Fruchtstand zurückkam, und Manuel wieder einmal fürchterlich krakeelte. Und da hockte sie neben den Früchteauslagen und fütterte meinen großen schwarzen Freund mit überreifen Bananen und Papayas, die Milton nicht mehr verkaufen konnte. Marcelly saß vor diesem riesigen schwarzen Hund mit dem Stummelschwanz, kraulte ihm den Kopf und sprach leise auf ihn ein, während der seelenruhig die ihm überlassenen Früchte verschlang und ab und zu einen sichernden Blick durch die Runde schweifen ließ. Ich war platt – und sie musste mein Erstaunen bemerkt haben, jedenfalls winkte sie mich zu sich. Ich ging langsam und zögernd auf die beiden zu, den Blick auf das große Tier gerichtet, das weiter ganz ruhig seine Früchte vertilgte und es geschehen ließ, dass Marcelly meine Hand nahm und sie zu seinem Kopf führte – tatsächlich, ich kraulte sein Fell und, er ließ es sich gefallen, als ob wir uns schon lange kennen würden. Schließlich waren wir uns ja tatsächlich schon ein paar Mal begegnet, wenn auch unter ungünstigen Umständen und in respektvollem Abstand. Ich berichtete Marcelly von diesen Begegnungen und sie erzählte mir, dass sie ihn „Tufão" nannten – Taifun, ich fand den Namen sehr passend für das riesige Tier.

Das Dominospiel war nunmehr geplatzt: Manuel war sauer, weil es diesmal keinen Schoppen für ihn gab. Milton kam herüber, um nun seinerseits ein bisschen mit Tufão zu spielen, der sich plötzlich wie ein Schoßhund aufführte. Als ich eine Fleischpastete aus der Bäckerei holte und ihm hinhielt, setzte er sich sogar auf seine Hinterbacken und nahm sie mir vorsichtig aus der aufgehaltenen Hand. Den ganzen Nachmittag lag er so im Schatten von Miltons Obstkisten, als ob er dazugehörte. Erst als die beiden gegen Sonnenuntergang abzubauen begannen, trollte er sich. „Er schläft im warmen Sand am Strand", meinte Milton. Keine Ahnung, woher er das wusste.

Die schöne, ungezwungene Zeit bei Milton und Marcelly ist vorbei. Ich habe einen Job bei einer Agentur in Copacabana gefunden, bin dort ganztags im touristischen Marketing tätig. Bei Milton und Marcelly gehe ich täglich nach Geschäftsschluss kurz vorbei, helfe ihnen manchmal beim Zusammenpacken und nehme ein paar Früchte mit nach Hause. Samstags komme ich dann zum Domino. Zu meiner Überraschung hat mir die Freundschaft mit den Camelôs einen großen Bekanntenkreis erschlossen. Leute sprechen mich plötzlich auf der Straße an und nennen mich „Amigo do Milton". Der Bäcker an Miltons Ecke hat mir einen Rabatt eingeräumt – sogar ein Taxifahrer hat mich neulich umsonst ein paar Straßen weit zu Bruno und Célia gefahren, weil deren Adresse auf seinem Weg lag und ich eben ein „Amigo do Milton" bin.

Um meine lange Freundschaft zu Bruno und Célia zu erklären, muss ich etwas weiter ausholen: Im Dezember 2003 entschloss ich mich Hals über Kopf nach Deutschland zurück zu gehen, weil ich irgendwie in einer negativen Phase steckte. Alles, was ich anfing, ging schief und schließlich musste ich noch aus nächster Nähe miterleben, wie rivalisierende Mitglieder der Drogenmafia sich auf offener Straße gegenseitig über den Haufen schossen. Da schien für mich das Ende meines Brasilienenthusiasmus gekommen.

Ich löste meine Wohnung auf, verschenkte meine Möbel an Freunde und übergab Bruno und Célia meine wenigen persönlichen Sachen zum Aufbewahren, obwohl ich damals nicht daran glaubte, je wieder zurückzukehren. Aber „Erstens kommt es anders und zweitens als man denkt": Deutschland war nach so vielen Jahren auch ganz anders, als ich es mir vorgestellt hatte. Vor allen Dingen gab es für mich im Alter von fünfzig Jahren keinen Arbeitsplatz mehr. Erst recht nicht in dem kleinen Dorf am Bodensee dicht an der Schweizer Grenze, in dem ich durch die Einladung eines Freundes gelandet war. Doch es gefiel mir dort. Die beschauliche Ruhe inmitten einer aus bewaldeten Hügeln bestehenden Winterlandschaft tat meinen strapazierten Nerven anfangs gut. Die wenigen Menschen, mit denen ich

Umgang hatte, schienen mir wohltuend zurückhaltend. Und auf dem Arbeitsamt der Kreisstadt gewährte mir eine freundlich lächelnde Dame eine bescheidene Sozialhilfe.

Ich pflegte durch den tiefen Schnee eines nahen Waldstücks zu stapfen und meinen Gedanken nachzuhängen. Einer davon ergriff schließlich hartnäckig von mir Besitz: „Das ist nun das Alter, leer und kalt und einsam wie eine Schneelandschaft. Nun ist mein aktives Leben vorbei."

Hätte ich nicht das „BrasilienPortal" gehabt, für das ich während dieser Phase zahlreiche Artikel und Geschichten schrieb, die mich zeitweise aus meinen fast depressiven Zuständen befreiten, die den Enthusiasmus für meine tropische Wahlheimat wieder aufleben ließen und meiner Willenskraft neue Impulse gaben – nun, dann wäre ich wahrscheinlich nie nach Rio de Janeiro zurückgekehrt.

Während des ersten deutschen Frühlings besserte sich auch meine Stimmung, die mit Grün und bunten Blüten geschmückte südbadische Landschaft konnte mich sogar eine Zeit lang überzeugen, hier am richtigen Ort zu sein und bleiben zu wollen.

Als aber dann wieder die Herbststürme über die Felder fegten und die ersten Schneeflocken den nahenden nächsten Winter ankündigten, da begann ich den Entschluss zu bereuen. Dieser Winter in Deutschland festigte meine Überzeugung, dass ich nicht mehr hierher gehörte. Auch ich erkannte klar und deutlich, dass ich „viel zu sehr zum Brasilianer geworden war", um mich dem europäischen Klima im Allgemeinen und der deutschen Lebensart im Besonderen wieder anpassen zu können und vor allem, daran auch noch Freude zu haben.

Ab diesem Winter war ich nur noch von einem einzigen Gedanken beseelt: Wie komme ich zurück nach Brasilien? Rein finanziell ein Ding der Unmöglichkeit – von den paar Scheinen Sozialhilfe pro Monat konnte man nicht einmal eine Bahnreise abzweigen, geschweige denn einen Flug nach Rio. Und wenn ich nicht bis zum November zurück war, würde ich mein permanentes Visum für Brasilien endgültig verlieren.

Aber wo ein Wille ist, ist auch ein Weg: Schon im Februar überraschte mich mein Freund Marco mit dem Vorschlag, an seiner Statt im September das BrasilienPortal auf einer Inspektionstour zum Amazonas zu vertreten – Varig Airlines spendierte den Flug, und am Ende würde ich einfach in Rio zurückbleiben.

Und so ist es dann auch gelaufen: Am 9.September traf ich mich auf dem Frankfurter Flughafen mit zwölf Repräsentanten verschiedener deutscher Touristikagenturen, die zu diesem „FAM-Trip" eingeladen worden waren. Bruno stand bei meiner Zwischenlandung in Rio um sechs Uhr früh schon in der Empfangshalle und nahm meine zwei schweren Koffer entgegen. Zwei Stunden später bestieg ich mit meiner Gruppe und nur einem kleinen Rucksack den Flieger nach Manaus, um mir im Regenwald verschiedene Lodges anzusehen – sechs Tage Natur pur lagen vor mir und darauf freute ich mich – aber das ist eine andere Geschichte.

Die Maschine aus Manaus brachte mich am 15. September, punkt 20:30 Uhr, aus dem Regenwald in die Zivilisation zurück. Zehn Minuten später umarmten mich Bruno und Célia in der Halle des Galeão-Flughafens, bevor wir über die auf Betonsäulen verlegte Schnellstraße „Linha Vermelha" dem flimmernden Lichtermeer der Großstadt entgegenfuhren – nach zweiundzwanzig Monaten Abwesenheit war ich endlich wieder zurück in Rio de Janeiro. Jenes Zimmer im achten Stock eines Wohnblocks in Copacabana hatte mir Célia besorgt – und damit war der erste Schritt zu meiner Wiedereingliederung getan.

Ich bin wieder umgezogen, wohne inzwischen im Stadtteil Flamengo und fange an, mich langsam wieder einzugewöhnen. Allerdings gibt es für jemanden wie mich, ohne Auto, auch erhebliche Nachteile an dieser Stelle: Dies ist ein exklusives Wohngebiet, was heißt, dass der Bäcker nicht gleich zwei Häuser weiter ist, wie in Copacabana, sondern man einige Häuserblocks weit marschieren und zwei verkehrsreiche Straßen überqueren muss, um seine Lebensmittel einkaufen zu können – eine Tortur in der zurzeit herrschenden Hitze. Auch die vielen günstigen Kilo-Restaurants, in denen man sich das gewünschte Menü selbst zusammenstellen kann, und nach Gewicht bezahlt, gibt's hier nicht, und die verdreckte Botafogo-Bucht vor dem Park lässt sich nicht mit dem Strand von Copacabana vergleichen. Die Schönheit der Stadtlandschaft ist in dieser Gegend eher eine optische Täuschung.

Unter der Woche bleibt mir, außer in der Mittagspause, keine Zeit mich ein bisschen in der Stadt umzusehen: Morgens fahre ich mit dem Bus rein nach Copacabana, an dessen Ende mein Arbeitsplatz liegt, und abends wieder nach Flamengo zurück – wobei ich, wenn es nicht gerade regnet, den Copa-Strand zu Fuß hinter mich bringe – als Training für meinen Körper und als Erfrischung für meine Seele. Außerdem komme ich so am Stand von Milton und Marcelly vorbei.

Einen neuen Freund habe ich im „Rondinella" gefunden, einem der zahlreichen Strandcafés an der Avenida Atlântica. Einer der Kellner namens Luis hat mich mal mit seinem unwiderstehlichen Lächeln eingefangen und zu einem seiner Tische eskortiert. Dann wurde ich in einer so zuvorkommenden, höflichen und respektvollen Art und Weise von ihm bedient, dass ich das Rondinella heute nur noch betrete, wenn Luis Dienst hat. Und dann bleibe ich schon mal auf ein paar Schoppen Bier und wir plaudern ein bisschen zwischen seiner Servierarbeit.

Er ist Nordestino, stammt aus dem nordöstlichen Bundesstaat Ceará und sein Vater war „Jangadeiro", einer jener tollkühnen Fischer, die sich mit ihren gebrechlichen Segelflößen weit hinaus aufs offene Meer wagen. Luis selbst ist schon seit mehr als zwanzig Jahren in Rio und hat hier eine Familie gegründet – aber er verzehrt sich vor Sehnsucht nach seiner Heimat. Als er erfuhr, dass ich schon in Morro Branco gewesen bin, wo er in einer Hütte auf den steil abfallenden Felsenklippen über dem türkisfarbenen Ozean geboren wurde, hatte er Tränen in den Augen, die er verschämt zu verbergen suchte.

An einem dieser Abende, es war ein Samstag kurz vor Weihnachten, wurde es später als gewöhnlich: Ich hatte mit Milton und Manuel den ganzen Nachmittag Domino gespielt und anschließend noch im Rondinella vorbeigeschaut, wo mich Luis prompt entdeckte und, wie gewohnt, zu einem seiner Tische am Rand des schwarz-weißen Wellentrottoirs geleitete.

Was meinen normalerweise recht kurzen Aufenthalt im Rondinella dann wesentlich verlängerte, war das überraschende Auftauchen meines Freundes Bruno – das Rondinella ist sozusagen seine Stammkneipe, denn er wohnt nur wenige hundert Meter oberhalb in der

Rua Siqueira Campos. Auch er kam gerade von seiner Arbeit, hatte einen Schwarm Touristen durch den Stadturwald von Tijuca geführt, das weiße Haar hing ihm in Strähnen vom Kopf und sein Hemd war durchgeschwitzt. Mit einem tiefen Seufzer ließ er sich in den Stuhl neben mir fallen und putzte dann erst mal seine beschlagene Brille, bevor er die „Manjubinhas" kostete, mit denen ich gerade beschäftigt war. Ich habe ein Faible für die Manjubinhas – kleine, kaum fingerlange Fischchen, etwa so groß wie Sprotten, die inklusive Kopf und Schwanz, kross frittiert auf den Tisch kommen und herrliche Knabberhäppchen zum Bier abgeben – außerdem gibt's noch eine fantastische Sauce Tartare dazu, zum Einstippen. Müssen Sie unbedingt mal probieren!

Ich möchte die Gelegenheit wahrnehmen, Ihnen, lieber Leser, eine von Brunos Marotten zu erklären, die mich, als ich sie zum ersten Mal erlebte, in ziemliche Verlegenheit brachte: Zu seinem Schoppen Bier bestellt er nämlich grundsätzlich ein zweites, leeres Glas – ein Kellner, der ihn nicht kennt, macht erst einmal ein ziemlich verdutztes Gesicht. Weil aber seine Frau Célia es fürchterlich peinlich findet, wenn Bruno dem überraschten Kellner auch noch das Warum des zweiten Glases erklärt, wiederholt er inzwischen lediglich seine geheimnisvolle Bestellung in etwas strikterem Ton, was in der Regel ausreicht. Spannend wird es dann, wenn Bruno seine Bier-Zeremonie mit einem vollen und einem leeren Glas vor den Augen der Zuschauer zelebriert: Er gießt langsam das Bier vom einen in das andere – das macht er neben seinem Stuhl über dem Boden, falls etwas daneben gehen sollte – und das wiederholt er solange, bis die gesamte Kohlensäure sich verflüchtigt hat, denn, so seine Erklärung: „Ich mag Bier wirklich gern, aber von der Kohlensäure bekomme ich immer fürchterliche Blähungen."

Natürlich verfolgen die neugierigen Kellner ein bisschen abseits interessiert sein Zeremoniell – auch das anwesende Publikum wird in der Regel aufmerksam und starrt herüber zum Bierjongleur Bruno. Das letzte Mal, als er dem perplexen Kellner auch noch die Erklärung zu seinem mysteriösen Verhalten präsentierte, hat Célia fast einen Nervenzusammenbruch erlitten, denn das gesamte Lokal diskutierte plötzlich über Blähungen und deren Folgen. Seither muss Bruno vor dem Ausgehen mit ihr versprechen, kein Bier zu bestellen. Also trinkt er es bei Gelegenheiten wie dieser. Luis, der seine Marotte schon lange kennt, kommt auch ohne Hinweis mit zwei Gläsern zurück und zelebriert die Kohlensäure-Entfernung gleich für ihn mit, als Spezialservice sozusagen, während das Publikum an den Tischen um uns herum wieder anfängt, die Hälse zu recken. An diesem denkwürdigen Abend bringt Bruno es auf ganze sechs blähungsfreie Schoppen, und es ist schon nach Mitternacht, als wir uns von Luis verabschieden und dann noch ein Stück bis zu meiner Bushaltestelle miteinander gehen. Ein leichter Nieselregen hat eingesetzt und Bruno macht sich nach einer herzlichen Umarmung schnell davon.

Ich stehe um diese späte Stunde fast allein an der überdachten Haltestelle – etwas abseits zwei Gestalten und auf einem Treppenabsatz einer der vielen Straßenbewohner, der sich mit einem großen Pappkarton zugedeckt hat und im Schlaf die grausame Welt zu vergessen sucht. Vor mir der übliche Straßenverkehr, der zwar nach Mitternacht etwas übersichtlicher wird, in Rio de Janeiro aber rund um die Uhr fließt – nur die Frequenz der Busse nimmt nach Mitternacht spürbar ab. Wenn man nicht das circa Zwanzigfache für ein Taxi bezahlen möchte, dann heißt es eben warten.

Plötzlich werde ich von einer heiseren Stimme aufgeschreckt: „Esse é um assalto! Nenhum movimento – se não leva bala!" (Das ist ein Überfall! Keine Bewegung – sonst bekommst du eine Kugel). Der Kerl steht direkt hinter mir und bohrt mir etwas in die Seite – ich nehme an, dass es der Lauf einer Pistole ist. Jetzt kommt ein zweiter dazu, ein Junge von höchstens sechzehn oder siebzehn Jahren, wiederholt die Warnung und beginnt an meiner Kleidung herumzufummeln – schnell hat er meine Brieftasche gefunden, dann nimmt er mir noch meine Armbanduhr ab – zwischendurch ermahnt er mich mehrmals, ja keine hastige Bewegung zu machen.

Ich spüre den harten Druck an meiner Hüfte und bin weit entfernt davon, an eine Reaktion auch nur zu denken. Nun soll ich auch noch meine Turnschuhe ausziehen. Just in diesem kritischen Moment ertönt von hinten ein tierisches Gebrüll, das sich fast gleichzeitig mit einem hysterischen Aufschrei des Pistoleiros hinter meinem Rücken mischt – der Druck der Pistole ist plötzlich weg und der Kerl vor mir lässt mit entsetzt aufgerissenen Augen meine Sachen fallen und rennt davon. Ich drehe mich um, sehe den anderen auf dem Trottoir liegen, seine schwarz glänzende Pistole etwas abseits und über ihm steht ein riesiger schwarzer Hund und hält mit grollendem Knurren sein blutendes Handgelenk fest – es ist Tufão!

Als ich erleichtert seinen Namen ausspreche, wedelt er doch tatsächlich mit seinem Schwanzstummel, hält aber den Kerl weiterhin unbarmherzig fest. Der verlegt sich jetzt aufs Betteln – ich solle doch, „pelo amor de Deus!", meinen Hund zurückrufen. Ich nehme zuerst einmal meine Sachen und dann die Pistole an mich, dann versuche ich mit Tufão zu reden. Er reagiert zu meinem großen Erstaunen sofort: Auf mein Kommando „Solte-o!" (Lass' ihn los!) lässt er das arg lädierte Handgelenk des Kerls auf's Pflaster sinken. Der Junge starrt immer noch bis ins Mark erschüttert das große schwarze Ungeheuer über ihm an und wagt es nicht auch nur ein Glied zu rühren.

Ein paar Taxen haben angehalten, aber niemand steigt aus – ich nehme an, dass die Fahrer ebenfalls Respekt vor Tufãos imposanter Erscheinung haben.

Ich habe gerade noch Zeit, den großen Kopf meines Freundes zu kraulen und mich bei ihm zu bedanken, als die erste Polizeisirene ertönt – für Tufão das Signal zum Abgang. Mit einem zufriedenen Blaffen verschwindet er in der Schwärze der Nacht. Der Dieb liegt immer noch leise wimmernd auf dem Pflaster. Ich mache eine Bewegung mit der Hand – er versteht, springt auf, stammelt „obrigado Senhor" und hetzt davon.

Als die Taxifahrer dann aussteigen und die Polizei endlich eintrifft, ist die Haltestelle leer, denn auch ich habe mich in eine Nebenstraße verdrückt. Keine Lust, mit einer Pistole angetroffen zu werden, die mir nicht gehört, und eine Geschichte erzählen zu müssen, die mir vielleicht niemand glaubt – außerdem ist der Polizei in dieser Stadt kaum mehr zu trauen als den Banditen. Das hat einerseits mit der bescheidenen Ausbildung zu tun und andererseits mit ihrer noch bescheideneren Bezahlung. Auch Tufão traut ihnen ja offensichtlich nicht mehr, denn dass er mal ein Polizeihund gewesen sein muss, das steht inzwischen für mich fest.

Was für eine Geschichte! Am nächsten Tag erzähle ich sie zuerst einmal Milton und Marcelly. Zu meiner Überraschung wundern die sich am allerwenigsten und berichten nun ihrerseits, wie Tufão einmal Schläger vom Finanzamt erfolgreich vertrieben habe. Nun war ich also nicht nur der „Amigo do Milton", sondern auch der „Amigo do Tufão" – ein erhebender Gedanke.

Übrigens, wenn ich meinem tierischen Amigo begegnen will, dann ist dazu die beste Gelegenheit samstags bei Milton. Während wir Domino spielen, trottet auch Tufão irgendwann am Nachmittag vorbei. Und seit ich für ihn jedes Mal einen riesigen Knochen oder ein Rippenstück bereithalte, kommt er sogar regelmäßig. Cleverer Hund. Und auch, dass er sich niemandem definitiv anschließt, imponiert mir. Er hat die wahre Freiheit entdeckt, die auf der persönlichen Entscheidung des Individuums beruht – und er schätzt sie wie ich. Wenn er zwischendurch etwas Zuneigung braucht, dann holt er sie sich – Marcelly und ich sind nur zu gerne bereit, ihn einen ganzen Nachmittag lang zu verhätscheln und zu verwöhnen – und wer weiß denn, wen er sonst noch so kennt? Jedenfalls macht er durchaus keinen unterernährten Eindruck. Tufão, du hast Erfahrung mit den Menschen, und die hat dich gelehrt, besonders vorsichtig zu sein mit der Wahl deiner Freunde. Kluger Hund!

*Die Menschen kann man danach beurteilen,
wie sie die Tiere behandeln!*

Ein Philosoph der Landstraße

Mein Enthusiasmus schwindet

„Deus é Brasileiro" (Gott ist Brasilianer) – das ist immer noch einer der Lieblings(an)sprüche dieses selbstbewussten Volkes, dem der liebe Gott tatsächlich von allem, was eine menschliche Existenz zufrieden und glücklich machen kann, im Überfluss gegeben hat. Erlebt man als Europäer zum ersten Mal die herrliche Natur Brasiliens unter der fast ganzjährig scheinenden Sonne – wie ich damals vor zig Jahrzehnten, ausgestreckt im warmen Sand, die ausrollenden, warmen Brandungswellen umschmeicheln meine Fußzehen, und eine dieser reizenden Schönheiten spielt mit meinen Brusthaaren und nennt mich „Meu amor" – dann ist man durchaus bereit, diesen und auch andere Sprüche der Brasilianer als Volksweisheiten zu akzeptieren.

Sie erinnern sich sicher, dass es damals, während meiner „Entdeckung Brasiliens" Liebe auf den ersten Blick war, die ich für dieses Land empfand, und dass ich seine Menschen wegen ihrer fröhlichen Lebenseinstellung und der spontanen Art, wie sie mir entgegenkamen, bewunderte. Über die schweren Zeiten galoppierender Inflation und einer die Meinungsfreiheit behindernden Militärregierung hinweg haben sie ihre unbekümmerte Fröhlichkeit retten können. In den darauffolgenden Jahren der jungen Demokratie, der Währungsstabilität und des wirtschaftlichen Aufschwungs ist sie jedoch paradoxerweise immer seltener geworden. Heute haben es die Brasilianer auf den Straßen der Großstädte nur noch eilig, das ehemals einladende Lächeln der hübschen Frauen ist einem starren Blick gewichen, man lächelt nicht mehr zurück, sondern blickt durch sein Gegenüber hindurch, als sei er Luft.

Der Grund dafür ist die allgemeine Verunsicherung in den Großstädten: Diebstähle und bewaffnete Überfälle bei Tag und Nacht, Schießereien zwischen Banditen und der Polizei mitten auf dicht bevölkerten Straßen, unbeteiligte Passanten, die durch verirrte Geschosse sterben – die täglichen Nachrichtensendungen sind voll davon. Wer es sich leisten kann, zieht sich in so genannte „Condomínios" zurück, hinter hohe, mit Starkstrom geschützte Mauern oder in Appartements der Wolkenkratzer, die mit hohen Eisengittern eingefasst sind und rund um die Uhr von einem oder mehreren bewaffneten Portiers bewacht werden.

Die scheinbar drastischen Vorsichtsmaßnahmen üben zwar eine beruhigende Wirkung auf die Bewohner dieser Menschenkäfige aus, eine abschreckende auf die Banditen allerdings kaum, weil sie heutzutage über eine bessere Bewaffnung verfügen als die brasilianische Polizei und vor allem viel gerissener sind als diese. Mit der technischen Perfektionierung bürgerlicher Alarm- und Abwehranlagen werden auch die Betrugs-, Überfall- und Einbruchmethoden der Banditen immer trickreicher und ihre Aktionen immer dreister. Erst kürzlich hat sich eine Gruppe solcher Verbrecher am helllichten Tag mit der Polizei einen Schusswechsel vor dem Hilton-Hotel in Rio geliefert, nachdem sie den überraschten Gästen ihre Wertsachen abgenommen hatten.

Inzwischen hat dieser Virus aus der Drogenszene der Metropolen São Paulo und Rio de Janeiro die Vagabunden sämtlicher Großstädte des Landes infiziert und mobilisiert und ist neuerdings dabei, sich auch im Innern des Landes auszubreiten, wo in zahlreichen Kleinstädten mitten in der Nacht die Geldautomaten von gewaltigen Dynamitladungen auseinandergerissen werden. Die wenigen Polizisten jener Orte sind machtlos, denn sie werden vorher von den Banditen in ihrer eigenen Polizeiwache eingesperrt.

Meine Liebe zu diesem Land und zu seiner berauschend schönen Natur hat sich zwar nicht verändert, jedoch ist meine Bewunderung der Menschen und ihrer besonderen Eigenheiten im Lauf der Jahre auf der Strecke geblieben. Ihre Spontaneität, von der ich anfangs so beeindruckt war und die ich gerne als typisch brasilianisch akzeptierte, weil ich bei einer ersten Begegnung auf offener Straße von diesen extrovertierten Zeitgenossen zu einem Cafezinho oder sogar einem Churrasco eingeladen worden war, oder weil ich begeistert vom Flirt mit einer glutäugigen Schönheit vom Strand zurückkam – diese Spontaneität gibt es nicht mehr, sie hat sich inzwischen in vorsichtige Zurückhaltung und oft sogar in deutliches Misstrauen verwandelt.

Und die brasilianische Lebensfreude? Auch die zeigt sich dem Besucher inzwischen eher selten – man entdeckt sie höchstens in Gruppen beim Karneval, im Fußballstadion oder bei einer Show – auf der unsicheren Straße aber lachen höchstens die Kinder, während sie von ihren Müttern zur Eile angetrieben werden. Kein Wunder, denn die vielgepriesene brasilianische Freiheit spielt sich inzwischen hinter den schmiedeeisernen Gittern der Türen und Fenster, hinter Stacheldraht und mit Alarmanlagen gesicherten, meterhohen Mauern ab – in der „Freiheit der Wohnkäfige".

Wenn man Brasilianer vor vierzig Jahren erlebt hat, dann kann man nicht umhin, ihr heutiges Verhalten als die bedauerliche Situation eines unmündigen Volkes zu erkennen, das als größte katholische

Nation dieser Welt seit Jahren in einer kollektiven Lethargie gegenüber einer durch und durch korrupten Staatsmacht dahindämmert – einer skrupellosen Clique von arroganten Pseudo-Politikern, deren einzige Sorge der Aufstockung ihrer Pfründe gilt, die durch eine perfide Strategie allgemeiner Volksverdummung Karriere machen und deren haarsträubende, durch couragierte Journalisten kontinuierlich aufgedeckten Skandale anscheinend auch im Ausland keine ernstzunehmende Kritik mehr provozieren.

Apropós „Strategie der Volksverdummung" möchte ich mal ein Beispiel anführen, das vor kurzem durch alle Zeitungen in Brasilien ging: Ein Unternehmer aus dem Süden, in Santa Catarina, investiert in Fortbildungskurse seiner Angestellten: Sie dürfen studieren, was sie wollen, er bezahlt ihr Studium – selbst wenn sie zum Beispiel Philosophie belegen wollen, was ihm für sein Unternehmen keinen direkten Nutzen bringt – egal, ihm liegt die Zufriedenheit seiner Angestellten am Herzen. Er selbst wuchs in bettelarmen Verhältnissen auf, gerne hätte er damals jemanden gehabt, ihm ein Studium zu ermöglichen, wie er in einem Interview sagte, aber da war niemand. Heute, nachdem er trotzdem ein wohlhabender Unternehmer geworden ist, möchte er dieser Sponsor für seine Angestellten sein.

Und nun? Glauben Sie, dass dieser weitsichtige, großzügige Unternehmer eine Medaille vom Staat bekam? Weit gefehlt! Stattdessen bekam er eine drakonische Geldstrafe wegen Steuerhinterziehung, die von den Behörden damit begründet wurde, dass die Investition in die Fortbildung seiner Angestellten gleichzusetzen sei mit einer indirekten Lohnerhöhung, was sich ebenfalls in einem erhöhten Steuerabgaben-Paket hätte niederschlagen müssen. Dieser Unternehmer wurde bestraft, weil er seinen Angestellten eine Qualitäts-Bildung zukommen lassen wollte!

Nichts hat sich in dieser perfiden Elite seit ihrer pseudo-demokratischen Regierungsbildung geändert. Sie versklaven ihr unmündiges Volk immer noch und fühlen sich selbst als höhere Wesen. Sie wollen, dass sich das Volk lediglich in Samba-Schulen bildet und dass sie sich im Kampf und Kriegsgeschrei ihrer Fußball-Teams verausgaben – nichts weiter. Denken, infrage stellen, lernen, forschen, das interessiert sie nicht. Und wenn da jemand ist, der das ändern möchte, mit richtiger Erziehung und Bildung, wird er hoch bestraft, um eventuelle andere Weltverbesserer abzuschrecken. Der Hauptgrund für die allgemeine Verunsicherung der Bürger in den Großstädten ist das Drogenproblem. Das Dealen mit und der Konsum von Marihuana, Kokain und vor allem Crack haben in Brasilien zu einem verheerenden Anstieg von Kriminalität und humaner Zerstörung geführt.

Unter den unübersehbaren Massen jener unterprivilegierten Randbevölkerung in den Favelas der Großstädte finden die Drogendealer sicheren Unterschlupf und auch die willigen, halbwüchsigen Kinder, die sie als Boten einzusetzen pflegen. Und weil diese Kinder oft mehr verdienen als ihre schwer arbeitenden Eltern, bleibt ihr Tun ein geduldetes Familiengeheimnis. Längst weiß man, dass die besten Kunden der Dealer nicht etwa auf der Straße, sondern in den Hochhauspalästen der besseren Gesellschaft zu finden sind – unter den Söhnen und Töchtern eben jener Elite von Politikern, Unternehmern und Großkapitalisten, die in der Stadt das Sagen haben und von der Polizei ehrfürchtig mit „Senhor Doutor" (Herr Doktor) angesprochen werden – sie sind das Gesetz.

Soweit eine Skizzierung des Hintergrundes, vor dem sich aus meiner Sicht der Alltag der Brasilianer in den Großstädten von heute abspielt und der vielleicht so ohne weiteres von einem Außenstehenden nicht zu verstehen wäre, besonders, wenn dieser angelockt von den üblichen Tourismus-Klischees nach Brasilien kommt.

Wirtschaftlich hat Brasilien inzwischen eine Erfolgsgeschichte besonders im Export von Rohstoffen vorzuweisen, und nicht nur seine Führungsschicht, sondern auch ausländische Handelspartner scheinen zu glauben, dass allein dieser Erfolg dem Land die ersehnte bessere Zukunft näherbringt. Allerdings wird der brasilianische Agrar-Gigantismus schon jetzt von Umweltkatastrophen größten Ausmaßes begleitet. Und immer, schon seit Jahrzehnten, ist es der Regenwald, der durch solche zweifelhaften Erfolge am meisten in Mitleidenschaft gezogen wird. Die Brasilianer haben zugegeben, dass bereits 17% seiner Gesamtfläche, das sind 700.000 Quadratkilometer, vernichtet worden sind. Einige Wissenschaftler vertreten die Meinung, dass ab einem Verlust von 20% dies unwiderrufliche Konsequenzen für das Weltklima und den Wasserhaushalt haben wird.

Die skrupellos ausgebeutete Natur, deren Aufschrei auch aus den Kehlen einiger tausend Indianer, Umweltschützer und Wissenschaftler unbeachtet verhallt, fängt nun endlich an, sich zu wehren.

Im November 2008 erlebte der Staat Santa Catarina die größte Überschwemmungskatastrophe aller Zeiten – 150 Tote und 6.000 zerstörte Häuser, so die traurige Bilanz.

Im Januar 2010 fiel an Rio de Janeiros Sonnenküste so viel Niederschlag, dass in Angra dos Réis ein Erdrutsch die Behausungen vieler Bewohner unter sich begrub – mehr als 50 Tote und Hunderte Verletzte. In derselben Region wurden 30 weitere Erdrutsche infolge der starken Regenfälle registriert.

Im April 2010 geschah dasselbe in Niterói, der Nachbarstadt von Rio de Janeiro – 85 Tote, zusammen mit den zahllosen weiteren Erdrutschen in den umliegenden Gemeinden 153 Tote und mehr als 1.000 Obdachlose.

Zwischen Oktober und Dezember 2010 kam es dann in Amazonien zur Trockenheit des Jahrhunderts – 250.000 Menschen in den Staaten Amazonas und Pará waren davon betroffen – Millionen Tonnen Fisch verfaulten im Schlamm der ausgetrockneten Flussläufe. 1998 hatte man bereits eine ähnliche Trockenheit erlebt, 2005 eine größere und dann 2010 die größte seit Menschengedenken. Im Januar 2011 verursachten dagegen wieder ungewöhnlich starke, anhaltende Regenfälle eine beispiellose Katastrophe in den Gemeinden von Petrópolis, Teresópolis und Nova Friburgo (Staat Rio de Janeiro) – 903 Menschen tot, 405 vermisst, 35.000 obdachlos und eine Woche später circa 500 Fälle von Leptospirose.

Im Jahr 2014 erlebte schließlich der dichtbevölkerte Südosten – mit den Metropolen São Paulo und Rio de Janeiro – die größte Wasserknappheit aller Zeiten, weil die alljährlich zu erwartenden Niederschläge zum Jahresbeginn plötzlich ausblieben und im Mai 2014 die acht gigantischen Reservatorien São Paulos im Cantareira-Gebirge fast leer waren.

Obwohl Brasilien mit seinen zahllosen Strömen und Flüssen 13% des Flusswasser-Volumens unseres Planeten besitzt, steht in der

Metropolregion São Paulos, der größten Bevölkerungskonzentration des Landes, der Zeiger bereits auf Rot. Das unkontrollierte Bevölkerungswachstum, die Expansion der bewohnten Gebiete in Quellregionen, die man hätte schützen müssen, die ignorante Verschwendung des Wassers durch die Bevölkerung – beim Autowaschen und Rasensprengen sowie die ebenso ignorante Entsorgung des Mülls – all das kompromittiert die Wasserversorgung. Und immer wieder werden die Warnungen jener Wissenschaftler missachtet, die einen kausalen Zusammenhang zwischen den geringen und unregelmäßigen Niederschlägen im Südosten und der fortschreitenden Regenwaldzerstörung im Norden für wahrscheinlich halten.

Brasiliens Exporterfolge werden voraussichtlich auch in den nächsten Jahren anhalten, denn die Bevölkerung unseres Planeten wächst weiter und braucht die Agrarprodukte und die anderen Rohstoffe aus Brasilien mehr denn je. Die Kehrseite dieser Medaille zeichnet sich allerdings längst ab: Die gigantischen Monokulturen hinterlassen einen ausgelaugten Boden, dessen Produktivität trotz vermehrtem Einsatz von chemischen Düngern weiter absinkt. Also meint man die angestrebte Produktionssteigerung durch weitere Regenwaldvernichtung kompensieren zu müssen.

Den Wert des Wassers erkennen wir erst, wenn die Quellen versiegen!
Ein Philosoph der Landstraße

Der Riese erwacht

Die beiden bedeutendsten Ziele der wiedergewählten brasilianischen Präsidentin Dilma Rousseff seien, so sagte sie, ihrer aufstrebenden Nation „mehr Macht zu verleihen" und ihren Bürgern „zu mehr Wohlstand zu verhelfen". Gigantische Vorhaben, die wohl mittels Ausbeutung der natürlichen Rohstoffe und Bodenschätze Brasiliens umgesetzt werden sollen – so wie es schon die ersten portugiesischen Invasoren vor mehr als fünfhundert Jahren betrieben, heute allerdings mit einer unvergleichlich effektiveren Technologie, sodass eine definitive Vernichtung des Amazonas-Regenwaldes nun in greifbare

Nähe rückt. Mit einem zunehmenden Export von seltenen Bodenschätzen, genmanipuliertem Soja und Mais soll endlich der Weg vom Entwicklungsland zu einer führenden Wirtschaftsmacht eingeschlagen werden.

Vorbild der ersten Präsidentin Brasiliens ist ihr charismatischer Vorgänger und Mentor, Luis Inácio Lula da Silva, der es vom Gewerkschaftsführer bis zum Präsidenten des Riesenlandes brachte. Als er sein Diplom als demokratisch gewählter Präsident am 14.Dezember 2002 vom „Tribunal Superior Eleitoral" erhielt, ließ Luiz Inácio Lula da Silva seinen Emotionen freien Lauf und konnte seine Tränen nicht zurückhalten:

„Wenn es jemanden in Brasilien gegeben haben sollte, der daran zweifelte, dass ein einfacher Arbeiter seine Fabrik hinter sich lassen könnte, um Präsident der Republik zu werden, dem hat das Jahr 2002 das Gegenteil bewiesen. Und ich, der ich so viele Male kritisiert wurde, kein Hochschuldiplom zu besitzen, erhalte als mein erstes Diplom: das des Präsidenten meines Landes."

Der 1945 im armen Staat Pernambuco, Nordostbrasilien, geborene „Lula" (diesen Kosenamen hat ihm seine Mutter gegeben, und er wurde später von seinem Volk übernommen) wuchs auf in einer Region, die besonders die Bewohner des Inlandes immer wieder mit einer mörderischen Trockenheit bestraft. Aus dem Elend seines Elternhauses zog es ihn, wie so viele seiner Landsleute, in die wachsende Industriewelt São Paulos, in der er auch seine mangelhafte Schulbildung in Abendkursen erweiterte und es als Metallarbeiter schließlich zu bescheidenem Wohlstand brachte. Sein unermüdliches Engagement als Gewerkschaftsfunktionär, mit dem er die Industriebosse in ihre Schranken verwies und immer mehr seiner bedürftigen Landsleute für seine Ideen gewann, in denen eine „Regierung des Volkes" die Hauptrolle spielte, konnte sich – nach mehreren vergeblichen Kandidaturen, die von seinen Gegnern aus der intellektuellen Oberschicht, mit allen erdenklichen Mitteln, immer wieder verhindert wurden – schließlich durchsetzen.

Seinen Wahlsieg im Oktober 2002 hatte Lula allerdings ausschließlich der Überzahl jener Bevölkerung zu verdanken, die in diesem Land durch eine korrupte Politiker-Gang, und eine superreiche Minderheit, seit Jahrzehnten von den erwirtschafteten Pfründen ausgeschlossen worden war. In Lula sahen sie ihren Helden und Retter, der sie aus dem Schatten endlich ins Licht der jungen Demokratie holen würde, so hatte er es versprochen. Er war einer der ihren, und deshalb vertrauten sie ihm.

In seinem Regierungsprogramm, mit den Vorhaben für die nächsten vier Jahre, hatte Lula bereits als Präsidentschaftskandidat versprochen, den Zugang aller Brasilianer zu einer qualifizierten öffentlichen Schulbildung als seine oberste Prämisse zu betrachten. „Erziehung bedeutet keine Kosten, sondern sie ist eine Investition für eine bessere Zukunft", sagte er noch vor seiner Wahl – und, dass er „eine Schule bauen würde von der Größe Brasiliens!"

In seiner Eigenschaft als „Präsident Lula" förderte er überall im Land große Industrieprojekte und die Produktionen der Großgrundbesitzer – Soja, Mais, Fleisch, Früchte, Kaffee – die mit wachsender Tendenz in alle Welt exportiert wurden. Neben zahlreichen sozialen Maßnahmen richtete er das umstrittene Programm „Fome Zero" (Null Hunger) ein, aus dem die Ärmsten der Armen eine monatliche Unterstützung von umgerechnet 80 Euro erhielten, wenn sie im Gegenzug ihre Kinder in die staatlichen Schulen schickten.

Die Opposition sträubte sich vergeblich gegen diesen „Assistenzialismus", wie sie diese Sozialhilfe nannten. Viele der bis dato unbeachteten und benachteiligten Menschen bekamen so zum ersten Mal etwas Geld in die Hand, um es für Güter ihres dringendsten Bedarfs ausgeben zu können – und das taten sie und wurden von den Wirtschaftsforschern als „neue C-Klasse" eingestuft.

Blickt man heute zurück auf die acht Jahre seines Wirkens, dann muss man anhand der Tatsachen allerdings zu dem Schluss kommen, dass Lula sein vollmundiges Versprechen nicht erfüllt hat. Das offizielle brasilianische Institut für Geografie und Statistik (IBGE) hat ermittelt, dass sich der Analphabetismus im Land während Lulas gesamter Amtszeit kaum verändert hat.

Insgesamt hat die Regierung Lula vielen Brasilianern zu einem bescheidenen Wohlstand verholfen, andererseits gab es nie zuvor so viele Korruptionsskandale wie während seiner Amtszeit – die meisten unter den Politikern seiner eigenen Partei. Lula selbst hatte sich einen Standardspruch angewöhnt, den er stets wiederholte, wenn ihn die Medien auf einen neuen Skandal ansprachen: „Não sei de nada" – ich weiß von nichts. Außerdem hatte er nicht viel übrig für den Schutz der Natur und deren nachhaltige Nutzung – seine Minister für Umwelt kündigten regelmäßig schon nach kurzer Zeit im Amt.

Immerhin reichte Lulas Prestige bei einer dankbaren Mehrheit seines Volkes dazu, ihn in einer zweiten Amtsperiode zu bestätigen. Eine illustre amerikanische Zeitung bezeichnete ihn sogar als beliebtestes Staatsoberhaupt der Welt.

Als Nachfolgerin hatte Lula seine Energieministerin und PT-Politikerin Dilma Rousseff auserkoren, die durch seine aktive Unterstützung im Jahr 2010 die Wahlen auch gewann – sie wurde Brasiliens erste Präsidentin und kündigte an, Lulas Programm fortzusetzen, sowohl seinen wirtschaftlichen als auch seinen sozialen Kurs.

Bald erkannte sie jedoch, dass ihr Lulas beeindruckendste Fähigkeit, nämlich Menschen zu begeistern und Arme wie Reiche hinter sich zu bringen und für ein gemeinsames Ziel zu vereinen, nicht gegeben war. Dilma Rousseff ist eher spröde, die geborene Technokratin, die sich bald nach ihrem Regierungsantritt einer Reihe unterschiedlicher Widerstandsgruppen gegenüber sah. Besonders die empörten Proteste der städtischen Mittelklasse gegen industrielle und politische Korruption, in Verbindung mit den „verprassten Milliarden für die Fußball-WM, anstatt einer infrastrukturellen Investition für Bildung und Gesundheit der Bürger", erschütterten plötzlich Brasiliens Großstädte landesweit. Zur selben Zeit protestierten indigene Völker, Fischer und Kleinbauern gegen die Zerstörung ihrer Lebensgrundlagen durch Großprojekte, wie zum Beispiel den Staudamm des Wasserkraftwerks Belo Monte.

Das umstrittene Projekt im Regenwald

Die Konstruktion des weltweit drittgrößten Wasserkraftwerks inmitten des Amazonas-Regenwaldes hat zu ähnlichen Protestaktionen geführt wie die Milliardenausgaben für die Fußball-WM – hier die Bürger der Dschungelstadt Altamira (Staat Pará) und die in derselben Munizip lebenden Indios, dort die Bürger der Großstädte und ihrer Favelas. Die einen verlieren ihre Häuser, weil sie vom gestauten

Wasser verschlungen werden, die anderen werden um dringend notwendige Investitionen in Gesundheits- und Bildungswesen betrogen, weil die Regierung es vorzieht, Milliarden in Prestigeobjekte zu stekken, mit denen sie hofft, endlich den Ruch des Entwicklungslandes loszuwerden.

Der Österreicher Erwin Kräutler, Bischof und Träger des „Alternativen Nobelpreises", hat seinen Amtssitz in dem Städtchen Altamira. Seit mehr als einem Jahrzehnt widersetzt er sich mit dem Bündnis „Xingu Vivo" (Lebendiger Xingu) dem Mammut-Projekt des Kraftwerks, bis jetzt sind die gewaltlosen Protestaktionen jedoch erfolglos, die Präsidentin setzte mittels juristischer Rückendeckung den Bau der Monsteranlage durch.

Für den Staudamm, der inzwischen unaufhaltsam wächst und dessen aufgestaute Wassermassen die Stadt Altamira überfluten werden, wurden zahllose Unternehmen aus dem In- und Ausland und Arbeiter aus allen Teilen Brasiliens unter Vertrag genommen. Die zu erwartende Energieleistung wurde von den Experten der Norte Energia auf 11.000 Megawatt veranschlagt – damit kann man 18 Millionen Menschen mit Strom versorgen. In diesem Fall soll der Strom mittels einer Trasse zur Küste geleitet werden, um dort Brasiliens enorme Bauxitvorkommen mit der Elektrizität aus Belo Monte zu Aluminium zu verarbeiten.

Don Erwin, so nennen seine Mitstreiter ihren Bischof, befürchtet nicht zu Unrecht den Bau weiterer Staudämme weiter oben am Rio Xingu, um die Kapazität des Wasserkraftwerks von Belo Monte zu optimieren. Aus diesem Grund sind bereits indigene Bewohner von weit her nach Altamira angereist. Zum Beispiel das Volk der Munduruku vom Rio Tapajós, die Hunderte von Kilometern auf dem Wasserweg zurücklegten, um auf der Baustelle in Altamira zu protestieren. Zusammen mit Don Erwin ließen sie sich vor den anrollenden Bulldozern auf der Erde nieder und blockierten die Arbeiten über mehrere Tage. Klar, dass sie den Bau des Dammes damit nicht verhindern konnten, aber sie setzten ein Zeichen, das weltweit gehört und gesehen wurde.

Sogar das Europäische Parlament in Brüssel setzte sich mit dem Fall auseinander. In einer Anhörung äußerte sich der brasilianische

Staatsanwalt Felício Pontes, dass Belo Monte ein Beispiel sei – ein Vorläufer von insgesamt 150 geplanten Staudämmen im brasilianischen Amazonasgebiet. Eine Horrorvorstellung. Wenn dieses letzte zusammenhängende Regenwaldgebiet unserer Erde betoniert und geflutet wird, ist es vorbei mit der „Grünen Lunge", und die Menschheit steht vor den unabsehbaren Folgen dieser ignoranten Politik.

> *Politiker sind wie Windeln, man muss sie öfter wechseln – und immer aus demselben Grund!*
>
> Ein Philosoph der Landstraße

Das Faß läuft über

Eigentlich fing der 13. Juni 2013 an wie immer: mit dem üblichen versmogten Morgendunst, dem träge fließenden Verkehr, dem gewohnten Hupkonzert der Ungeduldigen an den verstopften Kreuzungen und jenen zwischen den Fahrzeugen durchflitzenden Passanten. Aber es sollte kein Tag wie jeder andere werden.

Der Tropfen, der das über Jahrzehnte bis zum Rand mit Frust gefüllte Fass der Großstadtbrasilianer zum Überlaufen brachte, war eine auf den ersten Blick unbedeutende Fahrpreiserhöhung der öffentlichen Verkehrsmittel um 20 Centavos (circa 8 Cent) in São Paulo. Knapp 20.000 Paulistas protestierten gegen diese Maßnahme. Am darauf folgenden Montag, dem 17. Juni, überraschte eine Protestwelle aus 65.000 Menschen in São Paulo und 100.000 in Rio de Janeiro die Regierenden. In der Landeshauptstadt Brasília besetzten tausende Demonstranten den Nationalkongress, in allen Austragungsorten der bevorstehenden WM 2014 gingen ähnlich viele Brasilianer auf die Straße, um zu protestieren – sogar im Ausland, in Los Angeles, New York, Chicago und Boston, organisierten Hunderte Brasilianer die Solidarität mit ihren Landsleuten (Facebook machte es möglich).

Ihnen ging es aber nicht mehr um die Ticketpreise, sondern ihre Wut richtete sich, wie ihre Plakate verkündeten, gegen Jahrhunderte der Unterdrückung, falscher Versprechungen der Regierenden – und vor allem gegen die verschwendeten Milliarden für die WM 2014 und die Olympiade 2016. Ein Poet dichtete zu diesem Anlass: „Es geht nicht um die eine oder andere Partei – es ist eine ganze Kaste, die uns seit dem Übergang vom Kaiserreich zur Republik beherrscht und unsere Hoffnungen sabotiert. Nun bewegt sich das Volk in den geschmückten Straßen, und in uns erglüht ein Funke der lang verdrängten Hoffnungen. Hoffnungen auf ein Brasilien der Gerechten, einer wahrhaftigen Gleichheit und einer behüteten Kindheit. Es sind nicht die zwanzig Centavos, die diese Massen mobilisieren, sondern die verborgene Hoffnung, die unsere Herzen bewegt. Das Maß ist voll, der Gigant ist erwacht – lasst uns endlich gemeinsam unsere Geschichte gestalten – sie, wir, ihr und ich!"

„Ein vereintes Volk braucht keine Partei" stand auf anderen Plakaten zu lesen, und die Worte „Ohne Partei, ohne Partei!" wurden zum Demo-Motto der Massen, unter dessen rezitiertem Rhythmus sie sich vorwärts bewegten. Tatsächlich stellte man nach einer Befragung fest, das rund 85% der Demonstranten keiner Partei angehörten. Und dass dieser Protest sich gegen weit mehr richtete als eine simple Tariferhöhung der öffentlichen Verkehrsmittel – das bestätigte auch ein Spruchband, auf dem stand: „Entschuldigen Sie die Störung, aber wir werden dieses Land verändern!"

Brasilien erlebt im Juni 2013 die größten Unruhen seit Ende der Militärdiktatur im Jahre 1985. Während im Land der „Confederations Cup der FIFA" stattfindet, als Testlauf für die WM im folgenden Jahr, sind es am Abend des 20.Juni bereits zwei Millionen Menschen, die in 438 Städten des Landes ihrem Unmut gegen die erwähnten Missstände Luft machen. In Rio de Janeiro sind es allein 300.000, obwohl man dort inzwischen die Erhöhung der Bustarife zurückgenommen hat und andere Städte diesem Beispiel gefolgt sind.

Die Mehrheit der Demonstranten zieht friedlich durch die Stadt. Ihr Ziel ist die Präfektur, der Amtssitz des Bürgermeisters. Dann eskaliert die Situation plötzlich: Polizisten beschießen die Bewegung mit Tränengasgranaten, berittene Einheiten und gepanzerte Fahrzeuge gehen brutal gegen sie vor. In Rio werden an die 50 Menschen durch Gummigeschosse der Polizei verletzt, in Brasilia mehr als 100.

Die Folge sind Straßenschlachten, die von Vandalen dazu benutzt werden, Feuer zu legen, Gemeingut zu zertrümmern und Geschäfte zu plündern.

Am 21. Juni 2013 kündigt Dilma Rousseff in einer landesweit übertragenen Fernsehansprache ihren Einsatz für ein „besseres Brasilien" an und spricht von einem „großen Pakt", den sie mit ihren verdrossenen Bürgern zu schließen beabsichtigt, um die von ihnen angeprangerten Mängel im Bildungs-, Gesundheits-, und Transportwesen zu beseitigen. Sie verspricht unter anderem, mehr Geld aus der Ölförderung in Schulen und Universitäten zu investieren und das Gesundheitswesen mit Ärzten aus dem Ausland aufzubessern. Allein für die urbane Mobilität will sie 50 Milliarden Reais (circa 17 Milliarden Euro) zur Verfügung stellen.

Präsidentin Dilma wird ausgepfiffen, als sie sich an der Seite von Sepp Blatter zur Eröffnung des Confederations-Cup mit den folgenden, scheinbar einsichtigen Worten an das Publikum wendet: „Friedliche Demonstrationen sind legitim. Es liegt in der Natur der Jugend zu demonstrieren … Demonstrationen gehören zur Demokratie."

Nur vier Wochen vor dem Anpfiff der WM 2014 kommt es in São Paulo erneut zu Protestmärschen, bei denen die Polizei sich wieder durch brutale Gewaltanwendung profiliert. Die Forderungen der Demonstranten sind im Grunde dieselben wie im Vorjahr, Tenor ist die Kritik an der Regierung wegen ihrer Geldverschwendung für Prestigeobjekte, während sie Investitionen in Bildung, Gesundheit und Infrastruktur vernachlässigt. Unter den zahlreichen Anti-FIFA-Plakaten, wie „FIFA GO HOME" findet sich auch die Forderung „Wir wollen Schulen und Krankenhäuser nach FIFA-Standard".

Brasiliens Bevölkerung ist endlich aufgewacht und beweist mit landesweiten Protestaktionen, dass sie nicht länger bereit ist, sich belügen, betrügen und für dumm und politisch unmündig verkaufen zu lassen.

Korruption gibt es überall, aber in Brasilien ist sie politische Kultur!

Ein Philosoph der Landstraße

Nach der WM 2014

Alle brasilianischen Fußballträume, die sich landesweit um den „Hexa" – den sechsfachen Weltmeistertitel – rankten, sind durch eine Elf aus dem fernen Alemanha in den ersten dreißig Minuten der ersten Halbzeit wie Seifenblasen zerplatzt – mit 5:0 ging die deutsche Mannschaft in die Pause und mit einem Endstand von 7:1 bescherte sie den Brasilianern die höchste Niederlage aller Zeiten. Die gelb-grünen Fans auf den Tribünen brachen in Tränen aus – das ganze Land stand nach diesem Spiel unter Schock. Der brasilianische Fußballsport war tief getroffen worden, der brasilianische Nationalstolz hatte einen Dämpfer erhalten, von dem er sich erst wieder erholen wird, wenn sich Brasiliens „Seleção" in überzeugender Form beweisen kann.

Es hat gedauert, aber man ist in den Alltag zurückgekehrt. Die Organisatoren der WM haben der Welt gezeigt, dass Diebstahl, Überfälle und die Risiken einer Entführung, innerhalb und außerhalb der Stadien, vor denen die internationale Presse ausgiebig gewarnt hatte, durch ein kompetentes Sicherheitssystem verhindert werden können. Natürlich gab es erneute Proteste an einigen Orten in São Paulo, Rio de Janeiro und Belo Horizonte, jedoch, nach Ansicht der Tagespresse, von unbedeutender Natur. Die brasilianischen Medien zogen es vor, beide Augen zuzudrücken und von einer artikulierten Meldung dieser „Störfälle" abzusehen, zum Wohle der sich im Land befindlichen Touristen. Die erfreuten sich ihrerseits an der Musik und der brasilianischen Küche, begeisterten sich an den typischen Fleischpasteten, die überraschenderweise dem Geschmack der Ausländer besonders schmeichelten.

Allerdings wurden die in diese WM investierten 32 Milliarden Reais (circa 10 Milliarden Euro) für die Stadien und unfertigen Bauwerke in den Medien erneut in Frage gestellt. In diesem Zusammenhang wiesen zahlreiche Artikel auch auf die Tatsache hin, dass Brasilien als Gastgeber ein großes Fest vorbereitet habe, bei dem es schließlich nur Zaungast sein durfte – wegen dem Fiasko der Seleção Brasileira, die ihre Träume vom Hexa begraben musste.

Brasilien sieht den Präsidentschaftswahlen entgegen, die von seinen Bürgern wohlüberlegte Entscheidungen verlangen. Dies ist der

Beginn eines neuen Kooperationsversuchs zwischen denen, welche die Macht haben, und jenen, die Veränderungen wollen. Eine harte Aufgabe in den kommenden vier Jahren für die diskreditierten Politiker, die sich einer aufgewühlten Bevölkerung gegenüber sehen. Die schamlose Korruption in Regierungskreisen hat endlich das Vertrauen des Volkes erschüttert.

Trotz aller Probleme hat sich das brasilianische Volk gegenüber den Besuchern der WM respektvoll und entgegenkommend verhalten und seine eigene Unzufriedenheit zum Wohl der Touristen vorübergehend hintenan gestellt.

Ein besonders drastisches Beispiel war der sich noch im Bau befindliche Viadukt in Belo Horizonte, der plötzlich einstürzte und zwei Menschen unter sich begrub. Dieser Vorfall empörte die Bevölkerung. Ein Jugendlicher, der gerade noch den herabstürzenden Betonteilen ausweichen konnte, machte seinem Entsetzen Luft, indem er auf den zusammengebrochenen Pfeilern die Bevölkerung zur Revolte gegen die skrupellosen, korrupten Autoritäten aufrief und Gerechtigkeit für die unter den Trümmern Begrabenen forderte. Das Geschehen wurde in den Medien kaum erwähnt – auch von den TV-Kanälen verschwiegen – um den Glanz der WM nicht zu schmälern. Es gab eine Vereinbarung unter den Regierenden, dass Katastrophen, Gewalt und Verbrechen während der WM nicht kommentiert werden sollten.

Jedoch empörte sich ganz Brasilien über die demonstrative Gleichgültigkeit seiner Autoritäten. Die Tragödie von Belo Horizonte wurde von den Machthabern einfach ignoriert. Die Politiker versuchten nicht, irgendwas zu erklären, sondern den Vorfall in absoluter Stille auszusitzen – einer strategischen Stille, denn schließlich befand man sich im Wahljahr, und diesen bedauerlichen Unfall inmitten der WM-Festlichkeiten zu diskutieren und aufzubauschen, das durfte unter keinen Umständen passieren.

Allerdings gab es hinter den Kulissen auch eine größere Gruppe von Brasilianern, die sich zufrieden mit der Organisation der Fußball-Weltmeisterschaft zeigte, nämlich diejenigen, die durch ihre Geschäfte mit den Touristen einen schönen Gewinn eingefahren hatten. Das waren in erster Linie Hotelbesitzer und Favela-Bewohner – tatsächlich gelang es auch den Favelados, Zimmer und sogar ganze Häuschen an den Hügeln von Rio de Janeiro zu vermieten. Darüber hinaus brachten die Karawanen der südamerikanischen Fußball-Fans ebenfalls etwas ein, wenn sie einen Standplatz für ihre Autos und Trailer suchten. Selbst auf dem Sand des Copacabana-Strandes breiteten einige mutige Abenteurer ihre Schlafsäcke aus.

Besser zu verlieren, als nicht mitgespielt zu haben!

Ein Philosoph der Landstraße

Meine Flucht nach Belo Horizonte

In der Stadt am Zuckerhut kann man inzwischen nicht mehr von Lebensqualität sprechen. Wenn man ganz besonderes Pech hat, ist man auch im eigenen Appartement, im zehnten Stock einer Wohnmaschine, heutzutage nicht mehr sicher, denn spezialisierte Einbrecherbanden, mit einem Dutzend oder mehr bewaffneten Mitgliedern, überfallen den Portier und durchsuchen anschließend eine Wohnung nach der anderen nach Wertgegenständen, Scheckkarten und Bargeld, während ihre Kumpanen die anwesenden Bewohner mit modernsten Waffen in Schach halten. Die Polizei trifft in den meisten Fällen erst ein, wenn sie wieder weg sind – selten, dass sie mal einen von denen erwischen – und es werden andauernd Fälle aufgedeckt, in denen die Polizei von den Banditen für's Wegsehen oder Zuspätkommen bezahlt wurden.

Ich wollte jedenfalls weg von hier und dachte, wenn ich mich weiter ins Inland verziehe, kann ich mich wieder freier bewegen, besonders wegen meiner Kamera. Was soll ich in einer so traumhaft schön gelegenen Stadt wie Rio de Janeiro, wenn ich meine Kamera in einer Einkaufstüte verstecken und mir immer einen Freund als Bodyguard mitnehmen muss, weil ich ein paar Bilder machen will? Da lud mich ein deutscher Bekannter ein, der mit seiner brasilianischen Familie in Belo Horizonte lebte, ihn mit meinen Sprachkenntnissen bei seinen internationalen Geschäften zu unterstützen. Als er mir noch mietfreies Wohnen anbot, willigte ich ein, packte meine wenige unverzichtbare

Habe in einen Koffer und stieg in den Bus. Werner erwartete mich am Busbahnhof mit seinem Pick-up. Nach einer halben Stunde Fahrt vor seinem Grundstück angekommen, wollte ich jedoch meinen Augen nicht trauen: selbst hier eine vier Meter hohe Mauer mit Starkstromdrähten und einem Portier-Häuschen mit kugelsicherem Glas. Und er bestätigte meine Befürchtungen, dass Überfälle und Einbrüche längst auch in Belo Horizonte alltäglich seien, jedoch sein Anwesen überall alarmgesichert sei und er scharfe Hunde habe.

Mein Garten

Ich habe mich dann wieder etwas beruhigt, als Werner mir ein kleines Holzhaus auf einem 100.000 Quadratmeter großen Fazenda-Grundstück in der Nachbarschaft zeigte, in dem er mich einzuquartieren gedachte. Die Mauer war dort nur etwa anderthalb Meter hoch und hatte auch keinen Elektrodraht, weil es bisher zwischen den vielen Pflanzen, Fruchtbäumen und Palmen nichts Besonderes zu stehlen gab – höchstens ein paar Bananen oder Mangos. Und ich war von dem riesigen Grundstück begeistert – ein Eldorado für meine Fotoleidenschaft. Der kleine Bungalow mit Küche, Duschbad, Wohn- und Schlafzimmer sowie einem Abstellraum, hätte auch für zwei Personen reichlich Platz geboten und war von Werner bereits mit den nötigsten Utensilien eingerichtet worden – sogar einen Fernseher hatte er für mich installiert.

Eine besondere Überraschung für mich war eine Rottweiler-Hündin, die in einem Zwinger untergebracht war, wenige Meter vor dem Zweiteingang zur Küche, und die mich aufmerksam fixierte, solange ich an Werners Seite herumspazierte. Zum Abschluss der Besichtigung meines neuen Wohnbereichs stellte er uns dann einander vor – ihr Name war „Raínha" (Königin), wobei ich es vorzog, in einem Meter Abstand vor dem Gitter des Zwingers Position zu beziehen, während Werner dem kräftigen Tier das dichte, schwarze Fell kraulte. „Wenn du ihr dann täglich das Futter bringst, wird sie sich mit dir anfreunden, verlass dich drauf", damit wollte er wohl meine Zweifel zerstreuen, die deutlich in meinem Gesicht geschrieben standen.

Von meiner neuen Wohnung aus waren es nur fünfhundert Meter bis zum Büro in Werners Haus, und meine Arbeitszeit, von 10:00 bis 17:00 Uhr, war auch kaum als anstrengend zu bezeichnen. Das Büro befand sich in einem Anbau seiner doppelstöckigen Villa, dort konnte ich mich ungestört meiner Arbeit widmen, die zuerst einmal aus dem Ordnen und digitalen Erfassen eines riesigen Papierwustes bestand, der sich im Lauf von Jahren angesammelt hatte, in denen Werner als selbständiger Immobilienmakler tätig war.

Das Schönste an meiner Zeit in Belo Horizonte war die immergrüne Umgebung meiner neuen Wohnung – der riesige Garten, in dem ich mich frühmorgens vor meiner täglichen Büroarbeit und an den freien Wochenenden am liebsten aufhielt. Mit einer solch üppigen Natur ringsherum und den zahlreichen Tieren, die ich während meines Aufenthalts entdeckte und fotografierte, war das wie Urlaub.

Gleich in den ersten Tagen entzückte mich eine Gruppe Büschelaffen (Callithrix), die zu den kleinsten Primaten gehören – etwa so groß wie Eichhörnchen, mit schwarz-grauem Fell, einem Ringelschwanz und weißen Haarbüscheln vor den Ohren. Sie lebten am Rand eines bewaldeten Teils des Grundstücks, wanderten aber täglich auf der Suche nach Nahrung von Baum zu Baum durch den gesamten Garten, und es gelang mir, sie daran zu gewöhnen, sich bei mir auf der Veranda kleine Bananenstücke abzuholen. Sie wurden im Lauf der Zeit so zutraulich, dass sich das eine oder andere der possierlichen Tierchen sogar auf meinen Arm setzte, um ein Stück Banane aus meiner Hand zu nehmen. Sie störten sich auch nicht daran, dass Raínha, die Rottweilerin, jedes Mal empört knurrend an ihrem Gitter hochsprang, wenn sich die Äffchen auf der Veranda zeigten.

Werner hatte einen Gärtner angestellt, der auf dem großen Grundstück für Ordnung in der wuchernden Pflanzenwelt sorgte. Sein Name war Valério, er selbst stellte sich mir als „Val" vor und dabei blieben wir dann, während sich aus unserer Begegnung eine Freundschaft entwickelte, die zu den schönsten und unvergesslichsten meiner Brasilienzeit gehört. Val kannte sich auch gut mit der lokalen Fauna aus und besonders über Kolibris habe ich von ihm viel gelernt. Der Gärtner Val war ein einfacher Mann, aufgewachsen auf einer Fazenda im Interior von Minas Gerais, seine Kenntnisse beruhten auf seiner langjährigen Beobachtung der Tiere. Daher wusste er, wie man die Kolibris ködert, damit ich von diesen superschnellen Winzlingen brauchbare Fotos schießen konnte. Er zeigte mir, wie man aus Wasser und einem Anteil Zucker und Honig einen Sud kocht, der die Kolibris anlockt – das Wichtigste ist das Abkochen dieser Lösung, denn sonst bilden sich Pilze im Schnabel des Vogels, die ihn töten, das lernte ich von ihm. Val gestaltete für meine Zwecke eine Plastikflasche um, indem er an ihrem unteren Teil ein kleines Röhrchen durch die Wand stieß, die süße Lösung in die Flasche füllte und zum Schluss noch eine rote Blüte über das Röhrchen schob, „pra atraír o bichinho" – um das Tierchen anzulocken.

Und das Wunder geschah tatsächlich: Etwa zwei Stunden, nachdem wir die Flasche aufgehängt hatten, war der erste da. Blau schillernd umkreiste er die Flasche, um dann zielsicher das mit der roten Blüte verzierte Röhrchen anzusteuern und mit seinem leicht gekrümmten, langen Schnabel ein paar Tropfen zu naschen. Ruckartig verschwand er, als ich auf die Veranda trat. Vielleicht sollte ich die Kolibris zuerst einmal an mich gewöhnen? Also setzte ich mich an das entgegengesetzte Ende der Veranda und wartete. Und er kam tatsächlich wieder ... und wieder. Insgesamt noch fünf Mal sah ich ihn an diesem Nachmittag aus dem Röhrchen saugen, hielt jedes Mal den Atem an und wagte nicht mich zu rühren.

Der Sonntag war dann der Tag meines ersten Kolibri-Shootings: Noch vor Sonnenaufgang hatte ich das Stativ vor meinem Sessel, in circa fünf Metern Entfernung von der Flasche aufgebaut, und die mit einem mittleren Teleobjektiv bestückte Kamera auf das mit einer frischen, roten Blüte geschmückte Röhrchen fixiert. Gerade als die ersten glühenden Sonnenfinger sich über die angrenzenden Hügel tasteten, stand ein winziges, grün schimmerndes Federbällchen im Schwirrflug vor dem Röhrchen – seine Flügelchen bewegten sich so schnell, dass sie einen deutlich hörbaren Brummton erzeugten, ihre Bewegungen für das bloße Auge aber nur als verschwommene Schatten erkennbar waren, die über dem kleinen, schillernden Körper schwebten. Kaum hatte ich meine ersten Fotos im Kasten, gab es ein Problem: Der blaue Kolibri mit dem Scherenschwanz war plötzlich da und griff den kleineren Grünen an, der den Futterplatz räumen musste – und kaum war er weg, zeigte sich ein zweiter Scherenschwanz, der nunmehr, direkt vor der Flasche, mit dem ersten Streit anfing – jedoch waren ihre Angriffs- und Abwehrbewegungen so rasant schnell, dass ich ihnen kaum mit den Augen, geschweige denn mit der Kamera, folgen konnte. Wenn zwei sich streiten, freut sich der Dritte: Während die beiden Scherenschwänze sich in wilder Verfolgungsjagd von der Flasche enfernten, nutzte ein dritter Winzling, nicht größer als eine dicke Hummel, den Moment, um sich aus dem Röhrchen zu bedienen. Insgesamt waren es dann fünf verschiedene Kolibri-Arten, die an diesem Sonntag die Futterquelle anflogen, aber mehrmals mit dem Scherenschwanz in Konflikt gerieten, der die Flasche anscheinend als sein persönliches Eigentum betrachtete und jeden Konkurrenten sofort angriff, wenn er ihn beim Mundraub erwischte.

Die Prophezeiung

Als ich nach einem Jahr in Belo Horizonte Bilanz zog, empfand ich meine Gesamtsituation durchaus als nicht schlecht: Ich wohnte mietfrei, in reiner Luft, abseits von städtischem Stress, Lärm und Gestank, ohne direkte Nachbarn, weil sich mein Häuschen ja auf einem riesigen, bewaldeten Grundstück befand, hatte in Val einen guten Freund gefunden, Pflanzen und Tiere um mich herum boten mir täglich neue Motive für meine Kamera und ich hatte einen bequemen, wenn auch mäßig bezahlten Job. Alles in allem war ich nicht unzufrieden.

Die Brasilianer haben einen Spruch, der lautet: „Was gut ist, währt nur kurze Zeit." Ein Spruch von und für Pessimisten und so einer bin ich eigentlich nicht, aber was mir dann im Jahr 2010 in Belo Horizonte passierte, hat den Rest von meinem Brasilien-Optimismus einfach ausgelöscht.

Eines Nachmittags betrete ich meinen Garten und bemerke schon von weitem eine Leiter, die an der Hauswand unter dem hoch angebrachten, kleinen Küchenfenster lehnt. Es ist offen – und ich ahne Schlimmes. Nachdem ich die dreifach gesicherte Tür zum Wohnzimmer aufgeschlossen habe, empfängt mich ein Durcheinander von abgerückten Möbeln, umgestürzten Hockern und herausgerissenen, leeren Schubladen. Meine Nikon-Ausrüstung mit sämtlichem Zubehör ist weg, Laptop, Fernglas, meine Musikanlage und alle CDs, sogar ein Spezialgerät, mit dem man Diapositive digitalisieren kann – alles haben die Einbrecher mitgenommen – und aus meinem Kleiderschrank im Schlafzimmer haben sie meine lederne Motorradkombi geklaut.

Ich rufe Werner an und er kommt sofort rüber, um mich zu beruhigen, denn ich bin wirklich außer mir vor Wut und Enttäuschung – dass meine Kamera weg ist, trifft mich am meisten. Er ist dagegen, die Polizei zu benachrichtigen, und verspricht mir, dass er eine Alarmanlage in mein Häuschen einbauen wird. Und ich solle mal versuchen, wie sich die Rottweilerin macht, wenn ich sie im Garten frei herumlaufen lasse.

„Es gibt doch jetzt sowieso nichts mehr zu stehlen", entgegne ich resigniert.

Das leuchtet ihm anscheinend ein, denn sein Versprechen mit der Alarmanlage hat er nie eingelöst.

Gleich am nächsten Tag starte ich trotzdem den Versuch mit Raínha, der Rottweilerin – zusammen mit Val, den sie ja schon länger kennt und von dem sie sich auch streicheln lässt.

Ich kann nur hoffen, dass sie sich gemerkt hat, wer ihr immer das Futter hinstellt – in diesen Momenten hat sie mich bisher stets respektiert. Aber wird sie das auch tun, wenn sie frei herumläuft, nach Jahren der Einzelhaft in einem Zwinger? Und was ist mit der nur anderthalb Meter hohen Mauer, die den Garten begrenzt? Wird sie die nicht einfach überspringen und fortlaufen, um nie mehr eingesperrt zu werden?

„Wir werden sehen", meint Val trocken und öffnet langsam die Tür des Hundezwingers …

Raínha trottet gemächlich bis zur offenen Tür, mustert uns beide erstaunt, lässt sich von Val streicheln und tut dann ihre ersten Schritte in die „Freiheit" des großen Grundstücks. Noch einmal bleibt sie kurz stehen, mit einem Blick zurück, aber dann gibt es kein Halten mehr: Mit großen Sätzen rennt sie hinein ins Grün, den Hügel hinunter, wo ein breiter Bachlauf das Grundstück begrenzt. Dort gibt es keine

Mauer, aber meine Befürchtung, dass sie das Flüsschen durchschwimmen könnte, ist unbegründet – sie ist ziemlich wasserscheu. Also rast sie wieder den Hügel hoch, diesmal an der Begrenzungsmauer entlang – immer wieder hält sie kurz an, um etwas zu beschnüffeln oder sich in einem Blätterhaufen ausgelassen zu wälzen – es ist offensichtlich, wie sehr sie sich über ihre plötzliche Freiheit freut.

Und ich bin perplex, dass sie, nachdem sie sich etwa eine halbe Stunde lang ausgetobt hat, hechelnd und mit hängender Zunge zu uns zurückkommt, sich von mir streicheln lässt und dann willig wieder in ihren offenen Zwinger trottet.

Heute frage ich mich, ob das, was dann weiter geschah, wohl nötig war, um mich aus einer gewissen Lethargie zu reißen, in der ich nach einem weiteren Jahr in Belo Horizonte zu versinken drohte: Morgens trottete ich ins Büro, saß meine paar Stunden ab, ohne bei der Sache zu sein, war unzufrieden mit meinem Gehalt, war unzufrieden mit Werners leeren Versprechungen und an den Wochenenden lag ich nur noch in der Hängematte auf der Veranda und trauerte meiner Nikon nach – es musste etwas geschehen – und es geschah.

Eines Nachmittags kommt Werner ins Büro gestürmt und ruft: „Es ist 'was passiert bei dir – los, komm mit!" Wir rasen rüber und finden Val ganz bleich und aufgelöst am Tor zum Grundstück.

Raínha, meine liebgewonnene Rottweilerin, liegt erschlagen vor der Treppe zur Wohnzimmertür, die Zunge hängt weit aus dem Maul, das Blut ist noch nicht getrocknet.

Die Tür ist mit Gewalt aufgebrochen worden, die wenigen Möbel von den Wänden gerückt und umgestürzt, der Fernseher ist weg, der neue Herd in der Küche und die Gasflaschen ebenfalls, mein Kleiderschrank ist völlig ausgeräumt – nur ein paar schmutzige Unterhosen sind noch im Wäschekorb, auch alle Schuhe sind weg – diesmal ruft Werner die Polizei.

Und die kommt in Gestalt zweier Beamter etwa vier Stunden später, als bereits die Schmeißfliegen über Raínhas Kadaver kreisen. Nach ihren lapidaren Entschuldigungen für die Verspätung bitten wir die Polizisten ins verwüstete Wohnzimmer. Werner verabschiedet sich, nicht ohne mich zu warnen, mich mit Auskünften zurückzuhalten, und überlässt mich der Polizei. Die Fragen stellt der Ältere der beiden, er sitzt auf meinem Sofa, der Jüngere steht etwas abseits und sagt kein Wort. Ich habe auf einem Hocker Platz genommen und bin gespannt, wie er nun das Interview führen wird.

„Ein schöner Hund", beginnt er und erzählt dann von einem „Dobbermã", den er mal gehabt hat und der der Liebling der ganzen Familie gewesen sei.

Die Zeit vergeht, er zählt immer noch die Qualitäten seines Dobermanns auf, und ich frage mich, was er damit eigentlich bezweckt. Schließlich erhebt er sich und ich begleite ihn durch die beiden anderen Zimmer und die Küche, um ihm zu zeigen, was gestohlen wurde – er macht sich jedoch keinerlei Notizen.

„Die paar Sachen" – damit meint er wohl meine Kleidungsstücke – „sind nicht der Rede wert, kann man leicht wieder beschaffen. Und Ihr Chef ist sehr vermögend, er stellt Ihnen bestimmt wieder einen Herd und einen Fernseher hin. Schade um den Hund!" – damit verabschiedet er sich.

In der Woche, die auf den zweiten Einbruch folgte, fasste ich den Entschluss, mich endgültig aus meinen Brasilienträumen zu lösen und in die nüchterne Realität meiner deutschen Heimat zurückzukehren. Dona Bea aus Bahia fiel mir ein, aus deren Mund mir der „Exu" prophezeit hatte: „Du wirst dieses Land nach vielen Jahren wieder verlassen!" Jetzt war es an der Zeit, aus meinem Albtraum aufzuwachen.

Als mich Werner nur mit einem Koffer voll schmutziger Wäsche zum Flughafen fährt und dort verabschiedet, sagt er noch: „Du wirst sehen, in ein paar Monaten kommst du wieder zurück – Deutschland wird dir nicht mehr gefallen!"

Schlage nie eine Tür zu, es könnte sein, dass du wiederkommen willst!
Ein Philosoph der Landstraße

Epilog

Nun bin ich bereits seit vier Jahren wieder in Deutschland, und es gefällt mir immer noch. Jedoch muss ich zugeben, dass mir einige Dinge aus meinem Brasilienleben fehlen. Vor allem vermisse ich das warme, sonnige Klima, die Begegnungen mit meinen zahlreichen Freunden und Bekannten, die überraschend vielfältigen Fotomotive, die unvergleichlich vielgestaltigen Landschaften und das Vergnügen, bei Sonnenuntergang mit einer netten Freundin und einer Caipirinha am Meeresstrand sitzen zu können.

Auch mit dem hiesigen Winter kann ich mich noch immer nicht anfreunden. Die grauen Novembertage mit bedecktem Himmel und Nieselregen drücken schwer auf mein Gemüt. In den letzten drei Jahren habe ich in puncto Freundschaft ein paar Anläufe gemacht, es aber wohl meinem „verbrasilianerten Charakter" zu verdanken, dass es damit nur langsam vorangeht – und mit einigen meiner verbliebenen Familienmitglieder verstehe ich mich auch nicht mehr.

Bei Fotomotiven muss ich ebenfalls erhebliche Abstriche machen, besonders was meine bevorzugte Tierfotografie angeht: Die Tiere, die ich in Brasilien in freier Wildbahn fotografieren konnte, finde ich hier höchstens im Zoo hinter Gittern. Und die hiesige freie Wildbahn ist bezüglich ihrer Artenvielfalt vergleichsweise arm.

Vielgestaltige Landschaften hat Deutschland zwar, aber das Umherreisen geht auch nicht so, wie ich gerne wollte, denn dazu reicht meine armselige Rente nicht. Und schließlich der Sonnenuntergang am Meer, mit netter Freundin und einer Caipirinha? Originalen Cachaça und Limonen habe ich inzwischen in einem Supermarkt entdeckt, aber das Meer und die Freundin …?

Nun soll aber mein Schwanengesang nicht bedeuten, dass ich den Schritt bereue, nein, so weit ist es noch nicht. Denn wirklich schwer wog bei meiner Entscheidung die plötzliche, persönliche Unsicherheit in Brasilien – die Gefährdung von Gesundheit und Leben, der ich mich in den dortigen Großstädten tagtäglich ausgesetzt fühlte – die Unmöglichkeit, meine Kamera ans Auge zu setzen, ohne Gefahr zu laufen, dass sie mir von einem Dieb entrissen würde.

Deutschland bietet mir in erster Linie wieder Sicherheit und die persönliche Freiheit, überall meine Kamera benutzen zu können. Das ist mir wichtig. Auch der Ernst und die Seriosität, mit der hier Politik gemacht wird, gefallen mir. Dass ich nur eine mickrige Rente bekomme, gefällt mir nicht, aber das habe ich mir mit meinem abenteuerlichen Lebenswandel wohl selbst zuzuschreiben.

Manchmal träume ich von Brasilien, aber es sind keine Fantasien, sondern Träume, die ich gelebt habe. In ihnen erscheinen Gestalten und Orte, mit denen ich vertraut bin: Rio mit Josué und Diogo, Bruno und Célia, Milton, Marcelly und Tufão – Bahia, mit Dona Batuca, Bea und Bernardo – der Gaúcho Rodrigo – Roberto, Jonas, Joaquim und die Indios – sogar von Val und Rainha habe ich schon geträumt. Ich weiß nicht, was solche Träume bedeuten oder ob sie überhaupt eine Bedeutung haben. Vielleicht sind sie nur die Folge meiner Konzentration auf die Protagonisten meiner Vergangenheit, die während der Wochen und Monate meiner Arbeit an diesem Buch wieder aus dem Nebel meiner Erinnerungen ins Licht getreten sind.

Nein, einsam fühle ich mich nicht. Nur irgendwie fremd und isoliert. Ich habe mir ein kleines Dorf zwischen Weinbergen als neue Heimat ausgesucht, weil ich keine großen Städte mehr mag. Hier gibt es nicht mal eine Einkaufsmöglichkeit – dazu muss ich zehn Kilometer weit fahren. Meine kleine Wohnung am Rhein habe ich von Brasilien aus über das Internet gefunden – kannte also die hiesigen Versorgungsmöglichkeiten, beziehungsweise -unmöglichkeiten, nicht.

Doch die Ruhe in dem kleinen Weinort behagt mir sehr: kein Verkehrslärm, keine dröhnenden Lautsprecher, kein Kindergeschrei, kein nervtötendes Hundegebell – nur rücksichtsvolle Nachbarn, die niemals mit einer Hupe diesen Frieden stören würden und sogar ihre Autotüren andrücken, anstatt sie zuzuknallen. Die Dorfbewohner pflegen höflich zu grüßen, auch Kinder, denen man auf der Straße begegnet, grüßen mich respektvoll.

Einige Bürger gehen mit ihren Hunden Gassi und wenn die unterwegs ihr Häufchen abgesetzt haben, greifen Herrchen und Frauchen es mit einer Tüte auf. Das war das erste, was ich meinen brasilianischen Freunden Bruno und Célia per E-Mail mitgeteilt habe – Célia wird staunen und Bruno wird wieder sagen: „Ihr Deutschen seid verrückt!"

Aber im Ernst: Die beispielhafte Sauberkeit auf den Straßen Deutschlands war ebenfalls eine große Überraschung für mich. Und die vielen Blumen überall. Und es gibt natürlich eine lange Liste weiterer, ebenso positiver Überraschungen, wenn man so lange Zeit im Ausland verbracht hat. Allein die architektonische Schönheit deutscher Städte – im überseeischen Ausland wird man kaum Vergleichbares finden. Auch die deutschen Gebirgslandschaften sind hinreißend schön. Der ordentlich funktionierende Verkehr beeindruckt mich nach meinen lebensgefährlichen Eindrücken in den brasilianischen Großstädten. Autofahrer, die nicht nur an roten Ampeln anhalten, sondern auch, wenn ein Passant seinen Fuß auf einen Zebrastreifen setzt, sind für mich immer noch ein Grund zum Staunen. Die allgemeine Höflichkeit, mit der man an einer Ladentheke bedient wird, verschönert mir den Tag – Sie müssten mal die mürrischen brasilianischen Dienstleister erleben!

Und so geht es weiter. Die täglichen Neuentdeckungen in meiner Heimat haben sich immer noch nicht erschöpft, aber natürlich gibt es auch enttäuschende – sogar solche, bei denen die Brasilianer besser abschneiden. Zum Beispiel bei der Integration von Flüchtlingen. In Deutschland scheint mir das vielerorts ein Problem zu sein, in Brasilien kennt man solche Probleme überhaupt nicht. Schon der brasilianische Slogan „Brasil, um país para todos" (Brasilien, ein Land für alle) verdeutlicht die Einstellung der Brasilianer zu dieser Frage – und die multikulturelle Bevölkerung Brasiliens beweist ihre Realität.

Es ist also nicht so, dass ich Brasilien abgehakt hätte – im Gegenteil, ich schreibe fast täglich Artikel für das BrasilienPortal (www.brasilienportal.ch), der größten deutschsprachigen Informationsplattform über dieses Land. Ich pflege auch meine Kontakte zu den wenigen verbliebenen Freunden drüben per E-Mail und Skype. Schließlich bin ich, wenn man allein meine in Brasilien verbrachten Jahre betrachtet, nur noch ein halber Gringo – aber auch nur ein halber Deutscher, je nachdem, wie man es sieht – und deshalb werde ich mich wohl für den Rest meines Lebens zwischen zwei Stühlen arrangieren müssen.

Wenn die Entfernungen uns trennen, vereinen uns die Gedanken!

Ein Philosph der Landstraße

Rio de Janeiro im Morgennebel

Rio: Die Copacabana, ein Panorama, das alle Sinne bewegt

Rio: Ethnische Vielfalt im Maracana-Stadion

Rio: Die Begegnung mit Josué

Favela Rocinha: Begegnung am Waschtrog

Favela Rocinha: Dona Benta

Rio: 120.000 Menschen leben in der Favela Rocinha

Rio: Straßenkarneval, Treffpunkt Altstadt

Rio: Schminken am Treffpunkt

Rio: Straßenkarneval

Minas Gerais: Ouro Preto, ein UNESCO-Weltkulturerbe

Brasilia: Aufgang zum Amtssitz des Präsidenten

Pantanal: Die Tiefebene während der Regenzeit

Pantanal: Wasserschweine sind hier zahlreich

Pantanal: Der Hyazinth-Ara ist bedroht

Pantanal: Piranha mit messerscharfen Zähnen

Pantanal: Ozelot auf der Lauer

Gauchos bei ihrer Arbeit

Der Gaúcho versorgt sein Pferd zuerst

Bahia: Heimweg am Strand entlang

Bahia: Babá de Xangô Dona Batuca

Bahia: Fischer flicken ihre Netze

Bahia: Candomblé-Szenario

Bahia: Ein fast einsamer Traumstrand

Jangadeiros: Aufs Meer bei Tagesanbruch

Jangadeiros: Nebenverdienst

Jangadeiros: Der Sohn lernt vom Vater

Jangadeiros: Der „Mestre" – Floßkapitän

Amazonien: Wartungsarbeiten an der Transamazônica-Piste

Nordost: Komm-Komms Familie

Amazonien: Hütte im Regenwald

Erste Begegnung des Autors mit den Xavante, 1970

Xingu: Yawalapiti-Jungen

Xingu: Takumã, Häuptling der Kamaiurá

Xingu: Wasserholen mit Alutöpfen

Xingu: Kalapalo-Tänzerinnen

Xingu: Tanz der Kalapalo

Douglas Fernandes, creative commons by-2.0, flickr.com, bearbeitet vom MANA-Verlag

Cretive Commons by-sa 3.0, commons.wikimedia.org, bearbeitet vom MANA-Verlag